AF748305

संत एवं गुरू
और
विश्व संत एवं गुरू

notionpress
.com

संत एवं गुरू
और
विश्व संत एवं गुरू

लव कुश सिंह "विश्वमानव"

सत्यकाशी पीठ
पांचवां और अन्तिम शंकराचार्य पीठ

Notion Press

Old No. 38, New No. 6
McNichols Road, Chetpet
Chennai - 600 031

First Published by Notion Press 2020

ISBN 978-16-48997-81-5

समर्पण

यह पुस्तक समर्पित है -

उन सभी खोजी आत्माओं को,

जो सत्य की ज्योति को अपने भीतर

और संसार के हर कोने में जलाना चाहते हैं।

भारतीय संविधान के धारा-51 (ए)

नागरिक का मौलिक कर्तव्य के अनुसार

01. संविधान के प्रति प्रतिबद्धता, इसके आदर्शों, धाराओं, राष्ट्रीय ध्वज व राष्ट्रीय गान का आदर करना।
02. स्वतंत्रता के लिए संघर्ष हेतु प्रेरित करने वाले सुआदर्शों का अनुकरण करना व उन्हें चिरस्थायी बनाना।
03. भारत की सर्वोच्चता, एकता और अखण्डता की रक्षा करना तथा समर्थन करना।
04. जब भी आवश्यकता पड़े देश की रक्षा करना व राष्ट्रीय सेवाओं हेतु समर्पित होना।
05. समाज में भाई-चारें की भावना का विस्तार करना, मातृत्व भाव, धार्मिक, भाषायिक, क्षेत्रीय विभिन्नताओं में एकता कायम करना तथा नारी सम्मान आदि का ध्यान देना।
06. अपने मिश्रित संस्कृति का मूल्यांकन करना उसको स्थायित्व देना और इसकी परम्परा को कायम रखना।
07. प्राकृतिक सम्पदा की रक्षा करना जिसमें जलवायु, जंगल, झील, नदियां, जंगली जीवों व समस्त जीवों के प्रति दया का भाव सम्मिलित है।
08. वैज्ञानिक भावना को प्रोत्साहित करना, मानवीय भावनाओं के स्वरूप की परख करते रहना।
09. जन सम्पत्ति की सुरक्षा करना और हिंसा आदि का परित्याग करना।
10. व्यक्तिगत, सामूहिक गतिविधियों के प्रत्येक क्षेत्र में सर्वोच्चता हासिल करना, जिससे राष्ट्र शतत उत्थान, प्रयत्न व प्राप्ति की ओर अग्रसर होता रहे।
11. जो कि माता-पिता या अभिभावक हो, वे अपने 6 साल से 14 साल के बच्चों को शिक्षा या अन्य ऐसे सुअवसरों का लाभ उन्हें मुहैया करावें।

मूल जीवन मंत्र

"हे प्रभु, तेरे प्यार में बस दो ही बातें है। एक तो अपना कल्याण करूँ, दूसरा तुझ जैसा बन सबका कल्याण करूँ"

विषय- सूची

भाग-1: संत एवं गुरू

भाग-2: विश्व संत एवं गुरू

(ख) राष्ट्रीय क्रान्ति मोर्चा
(ग) राष्ट्रीय सहजीवन आन्दोलन
(घ) स्वराज-सुराज आन्दोलन
(च) विश्व एकीकरण आन्दोलन (सैद्धान्तिक)

2. प्राकृतिक सत्य मिशन के विश्वव्यापी स्थापना का स्पष्ट मार्ग
3. राम कृष्ण मिशन और प्राकृतिक सत्य मिशन

- विश्वधर्म मन्दिर

भाग-4: समष्टि धर्म दृष्टि

अनिर्वचनीय कल्कि महाअवतार भोगेश्वर श्री लव कुश सिंह "विश्वमानव" का मानवों के नाम खुला चुनौती पत्र
अनिर्वचनीय कल्कि महाअवतार का काशी-सत्यकाशी क्षेत्र से विश्व शान्ति का अन्तिम सत्य-सन्देश

भाग-5: परिवर्तन

सीधी समझ
नये भारत में, नये मनुष्य के उदय के लिए
व्यवस्था के परिवर्तन या सत्यीकरण का पहला प्रारूप और उसकी कार्य विधि
वे शब्द जिसके बिना युग परिवर्तन सम्भव नहीं

भाग-6: केन्द्र या मध्य (भारत) में पांचवां और अन्तिम सत्यकाशी पीठ

सत्यकाशी पीठ: स्थान
सत्यकाशी पीठ: इतिहास और उद्देश्य
पाँचवाँ और अंतिम शंकराचार्य पीठ: इसकी विशेषता

भाग-7: सत्यकाशी पीठ के कार्य

धारा-उद्धार: धर्म की पुनर्स्थापना
मनुष्य चेतना का रूपांतरण
साधना, दीक्षा और आध्यात्मिक अनुष्ठान
वैश्विक कार्य: मानवता के लिए संदेश
शिव-तत्व और कल्कि-तत्व का मिलन
"सार्वभौम सत्य-सिद्धान्त" पर आधारित "युग परिवर्तन श्रृंखला" के नवयुग के शास्त्र-साहित्य

मुख पृष्ठ की व्याख्या

इस पुस्तक का आवरण आध्यात्मिक ऐक्य, ज्ञान-ज्योति और वैश्विक संत–परंपरा के समन्वय का अत्यंत प्रभावशाली दृश्य प्रस्तुत करता है। कवर के केंद्र में खुला हुआ एक दिव्य ग्रंथ है, जिसके ऊपर ज्ञान-वृक्ष उग रहा है-मानो शाश्वत सत्य की जड़ें इसी ग्रंथ में निहित हैं और उसकी शाखाएँ सम्पूर्ण विश्व में प्रकाश फैला रही हैं।

ग्रंथ से निकलता सुनहरी आभा का तेज आकाश में फैलकर उच्च आध्यात्मिक ऊर्जा का अनुभव कराता है। इस प्रकाश-वृक्ष के आसपास ध्यानमग्न संतों की आकृतियाँ शांत, गूढ़ और ध्यान-संनद्ध वातावरण रचती हैं, जिससे यह स्पष्ट होता है कि यह पुस्तक संत परंपरा के अंतरतम रहस्य पर आधारित है।

नीचे पृथ्वी का दृश्य है-नीले और हरे रंगों से बनी विश्व-गोलक-जिसके चारों ओर विभिन्न परंपराओं के संत, ऋषि और गुरु हाथों में हाथ थामे खड़े हैं। उनकी उपस्थिति दर्शाती है कि सत्य और अध्यात्म किसी एक मत, धर्म या भूभाग तक सीमित नहीं, बल्कि पूरे मानव समुदाय की साझा धरोहर है।

शीर्षक **"संत एवं गुरु और विश्व संत एवं गुरु"** बड़े, गाढ़े लाल अक्षरों में प्रमुखता से अंकित है, जो विषय की गंभीरता और महत्ता को दर्शाता है। इसके नीचे **"सत्यकाशी पीठ"** और उपशीर्षक **"पाँचवां और अन्तिम शंकराचार्य पीठ"** कवर को एक परंपरागत, प्रामाणिक एवं दार्शनिक स्वर देता है।

समग्र रूप से यह आवरण ज्ञान, एकता, वैश्विक गुरु-परंपरा, आध्यात्मिक ऊर्जा और शाश्वत सत्य की महिमा का अद्भुत संयोजन है-जैसे कोई प्राचीन, वैश्विक आध्यात्मिक विरासत आधुनिक रूप में पुनः प्रकट हो रही हो।

भूमिका

मानव सभ्यता के इतिहास में संत और गुरु परंपरा केवल आध्यात्मिक मार्गदर्शक नहीं रही-वे मानव–विकास के अदृश्य सूत्रधार, मानसिक क्रांति के जनक और चेतना-विकास के वैज्ञानिक रहे हैं। जहाँ राजाओं ने राष्ट्रों का विस्तार किया, वहाँ संतों ने चेतना का विस्तार किया। जहाँ राजनीति ने समाजों को संगठित किया, वहीं गुरु-परंपरा ने मन को एकीकृत किया। इस पुस्तक का मूल संदेश यही है कि-**मन का विकास ही मानवता का वास्तविक विकास है**, और इसी विकास में भारत का वैश्विक योगदान सर्वाधिक महान रहा है।

स्वामी विवेकानन्द के शब्द-"वेदान्त का आदर्श मनुष्य के सच्चे स्वरूप को जानना है" -इस ग्रंथ की पहली ध्वनि हैं। जब विज्ञान और आध्यात्म एक साथ विकसित न हों, तब मानव-अस्तित्व दिशाहीन हो जाता है। आज का समय इसी परिवर्तन का आह्वान है-जहाँ यूरोप की वैज्ञानिक शक्ति और एशिया की आध्यात्मिक शक्ति मिलकर मानवता का नया पृष्ठ लिखने को तैयार हैं ।

संत परंपरा का वैश्विक रूप

यह पुस्तक यह स्पष्ट करती है कि संत और गुरु केवल भारतीय अवधारणाएँ नहीं हैं; वे समस्त मानवता की साझा धरोहर हैं। यही कारण है कि बुद्ध, यीशु, लाओत्से, कृष्ण, गोरख, राम, नानक-सभी में एक ही चेतना प्रवाहित होती है। ओशो द्वारा अघोर को "सरलता और निर्दोषता" का मार्ग बताया जाना इस सार्वभौमिक संतत्व को ही दर्शाता है।

संत वह है जिसका अंतर "ओवरफ्लोइंग" हो जाए-जहाँ भीतर का आनंद बहकर विश्व का हो जाए। गुरु वह है जो ज्ञान नहीं देता, बल्कि ज्ञान प्राप्ति की दिशा दिखाता है-जैसा श्री अरविन्द कहते हैं कि शिक्षक "प्रशिक्षक नहीं, पथप्रदर्शक है" ।

गुरु का विज्ञान: मन का मानक

दस्तावेज़ में एक अत्यंत महत्वपूर्ण विश्लेषण है-

कि मानव-मन की यात्रा तीन मानकों में विभाजित है:

- **निवृत्ति मार्ग**-संत, साधु (ब्रह्मा-स्थिति)
- **प्रवृत्ति मार्ग**-गृहस्थ युक्त संन्यासी (विष्णु-स्थिति)
- **ध्यान मार्ग**-योगी, तांत्रिक (महेश-स्थिति)

यही तीन मानक मानव समाज के विज्ञान, धर्म और जीवन का मूल संतुलन बनाते हैं।

शासन और संतत्व का संगम

दस्तावेज़ में एक गहन विचार उभरता है-
जब शासक साधक बन जाए, तभी धर्मराज्य संभव है;
जब शासन ब्रह्म-ज्ञान का उपकरण बन जाए, तभी विश्व संत-परंपरा का उद्देश्य पूर्ण होता है।

यह वह बिंदु है जहाँ राजनीति और करुणा जुड़ते हैं,
विज्ञान और वेदांत मिलते हैं,
और व्यक्ति "राजऋषि" बन जाता है ।

मानवता का संकट और अंतिम अवतार-तत्व

दस्तावेज़ यह भी बताता है कि मानव-संस्कृति का अंतिम संकट स्वयं मनुष्य ने ही उत्पन्न किया-एक ऐसा संकट जिसे मनुष्यों को पता भी नहीं था कि वह पैदा हो चुका है। इसी संकट के समाधान को "अंतिम अवतार" का कार्य बताया गया है-वह अवतार जो "आदर्श वैश्विक व्यक्ति" के रूप में प्रकट होगा ।

विश्वशास्त्र-मानवता का नया शास्त्र

पुस्तक का सबसे महत्वपूर्ण संदेश है-
कि लोकतंत्र तभी सत्य होगा जब वह "सत्य-आधारित" होगा।
और सत्य आधारित व्यवस्था के लिए आवश्यक है-**मानकशास्त्र**,
जिसे दस्तावेज़ में "विश्वशास्त्र" कहा गया है ।

यह विचार अत्यंत क्रांतिकारी है-
कि एक नागरिक तभी सच्चा लोकतांत्रिक नागरिक है जब वह वैश्विक ज्ञान से युक्त हो।

भारत का वैश्विक नेतृत्व

भारत को विश्व गुरु बनने का मार्ग भी स्पष्ट किया गया है- कि भारत अपने संविधान में "विश्व शिक्षा पाठ्यक्रम" को शामिल करे और वैश्विक नागरिकता का मार्ग प्रशस्त करे ।

प्राचीन ब्राह्मण–परंपरा का मूल

दस्तावेज़ यह भी स्मरण कराता है कि प्राचीन ब्राह्मणों का ईश्वर निराकार था-मूर्ति या कर्मकांड नहीं, बल्कि सत्य का विश्व-व्यापी रूप। वे धर्म, अर्थ, काम, मोक्ष और चार आश्रम-ब्रह्मचर्य, गृहस्थ, वानप्रस्थ, संन्यास-के वैज्ञानिक निर्माता थे ।

आध्यात्मिकता का सरल निष्कर्ष

सारदा देवी के वचनों में इस पुस्तक की आत्मा झलकती है-

"कोई वस्तु छोटी नहीं, कोई मनुष्य पराया नहीं"
और मृत्यु महात्मा के लिए खेल है, भय नहीं ।

समापन

यह पुस्तक केवल संतों की जीवनी नहीं,
केवल आध्यात्म का ग्रंथ भी नहीं,
और न ही केवल ज्ञान का संकलन है-
यह **मानवता के अगले युग की रूपरेखा** है।

यह वह ग्रंथ है
जहाँ विज्ञान और अध्यात्म एक होते हैं,
जहाँ मन का विज्ञान-मानक बन जाता है,
जहाँ संतत्व-वैश्विक मार्गदर्शन बन जाता है,
जहाँ भारत-विश्व गुरु की भूमिका ग्रहण करता है,
और जहाँ मनुष्य-सिर्फ नागरिक नहीं, बल्कि **विश्व-नागरिक** बनता है।

यह पुस्तक एक युग की उद्घोषणा है-
संतों का वैश्विक युग।

✍ ***लव कुश सिंह "विश्वमानव"***

एक शोधक, चिंतक और मार्गदर्शक, जिन्होंने अपना जीवन *मानवता, आत्मा और नव-सृष्टि* के अध्ययन एवं लेखन को समर्पित किया है।

- प्रमुख ग्रंथ: *विश्वशास्त्र*
- दृष्टि: *नव-मनुष्य और नव-संसार का निर्माण*

गुरू

सूर्य ग्रहण

सूर्य ग्रहण का उल्लेख हमारे प्राचीन शास्त्रों में भी मिलता है। प्राचीन काल में हमारे पूर्वज सूर्य ग्रहण काल की गणना करने में समर्थ थे। सूर्यग्रहण की घटना को सामान्यत: राजा और राज्य की कुशलता के पक्ष से शुभ नहीं माना जाता है। सूर्य ग्रहण से सता परिवर्तन की घटनाओं की जानकारी प्राचीन धार्मिक पुस्तकों में भी मिलती है।

महाभारत के तथ्यों के अनुसार जिस दिन पांडवों ने कौरवों के साथ जुए में अपना राजपाट हार दिया था, उस दिन सूर्यग्रहण था। इसका कारण ज्योतिष शास्त्र में ढूंढने का प्रयास करने पर पायेंगे कि ज्योतिष शास्त्र में सूर्य को राजा का स्थान दिया गया है और सूर्य ग्रहण के दिन सूर्य का ग्रास होता है। यही कारण है कि जिस देश में एक समय वर्ष में तीन या तीन से अधिक सूर्यग्रहण होते हैं, वहां पर सत्ता परिवर्तन और प्राकृतिक आपदाएं आने की संभावनाएं अधिक होती हैं।

महाभारत के ही एक अन्य अध्याय के अनुसार जब महाभारत युद्ध में जिस दिन अर्जुन ने कौरवों के सेनापति जयद्रथ का वध किया था, उस दिन भी सूर्यग्रहण था तथा जिस दिन भगवान श्री कृष्ण की नगरी द्वारका जलमग्न हुई थी, उस दिन भी सूर्य ग्रहण था तथा फिर से यह नगरी जब कृष्ण के प्रपौत्र ने दोबारा से द्वारका नगरी बसाई थी, उस दिन भी सूर्य ग्रहण होने के तथ्य सामने आते हैं।

ग्रहण का शाब्दिक अर्थ ही स्वीकार करना, आत्मसात करना या लेना है। स्वयं में ज्ञान का प्रकाश प्रजज्वलित करने में सूर्य ग्रहण काल विशेष रुप से उपयोगी सिद्ध हो सकता है। स्वंय के अन्तर्मन से क्रोध, कलेश, घ्रणा जैसे अंधकार को मिटाने के लिये ग्रहण मोक्ष काल के बाद दैविक आराधना, पूजा अर्चना इत्यादि विशेष रुप से की जाती सकती है।

प्रकृति अपने सन्तुलन के लिए अपनी भाषा परिवर्तन या आदान-प्रदान के रुप से भूकम्प, रोग-व्याधि, बाढ़, सूखा, तूफान, अतिवृष्टि (अधिक वर्षा) इत्यादि व्यक्त करती रहती है। साथ ही खगोलिय घटनाओं को भी प्रदर्शित करती रहती है। ये घटनाएँ आश्चर्यजनक, संकटमय, विनाशक तो होती ही हैं साथ ही वह एक सूचक भी होती हैं खगोलीय घटनाओं में सूर्य व चन्द्र ग्रहण साधारण घटना है जो खगोल विज्ञानियों के अनुसार वर्ष में दो से पाँच बार तक हो सकते हैं। वहीं भारतीय ज्योतिष विज्ञान इस घटना से भक्ति के उत्पन्न होने के कारण काल के आयु की क्षति मानता है।

- 8 जुलाई 165 ई0 पू0, 28 जुलाई 118 ई0 पू0, 23 जुलाई 117 ई0 पू0 में पूर्ण सूर्यग्रहण जो भारत के कुरुक्षेत्र में दिखाई दिया था।
- 14 दिसंबर 1955 को बीसवीं सदी का सबसे लंबा सूर्य ग्रहण था। ये पूर्ण सूग्र ग्रहण था जो कुल बारह मिनट तक दिखाई दिया था।
- 17 नवम्बर 1966 की रात लियोनिड (लियो सिंह सहित) उल्काओं की बौछार।
- 16 अक्टुबर 1967-लव कुश सिंह "विश्वमानव" का जन्म
- 1901 से 2000 तक कुल 228 सूर्य ग्रहण हुए हैं इनमें आंशिक सूर्य ग्रहण 73 थे और पूर्ण सूर्य ग्रहण 71

दिनांक 24 अक्टूबर 1995 से 16 जुलाई 2000 तक का समय सर्वाधिक खगोलीय घटनाओं वाला समय

खगोलिय घटनाएँ तो अक्सर घटा करती हैं परन्तु दिनांक 24 अक्टूबर 1995 से 16 जुलाई 2000 के समय में सर्वाधिक घटनाएं हो चुकी थी। अन्तिम कल्कि अवतार के अवतरण/प्रकट होने तक जो खगोलिय घटना घट चुकी थी वे इस प्रकार थी।

दिनांक 24 अक्टूबर 1995 से 16 जुलाई 2000 तक का समय सर्वाधिक खगोलीय घटनाओं वाला समय रहा है। जिसमें-

24 अक्टूबर 1995

अमावस्या दीपावली के दिन पूर्ण सूर्यग्रहण

1995 के अन्त में

गणेश जी का दूध पीना तथा उत्तर भारत के शिव मन्दिरों में स्थित शिवलिंगों का रंग बदलना जिससे तीसरे नेत्र के खुलने का अनुमान अलग घटना है। (देखें-"अमर उजाला" इलाहाबाद संस्करण 25-6-1999)

18 से 22 नवम्बर 1997

(पाँच दिन) तक आठ ग्रहों का 130 डिग्री के बीच आना

1 जनवरी 1998

ईसाई, ईस्लाम और हिन्दू का महत्वपूर्ण दिन क्रमशः नया वर्ष 1 जनवरी 1998, रमजान का प्रारम्भ और वृहस्पतिवार (विष्णु का दिन) प्रथम बार एक ही दिन संयोग हुआ।

15 जून 1998

ऐतिहासिक शिकागो वकृतता के बाद स्वामी विवेकानन्द के भारत लौटने का 100 वर्ष भी पूर्ण हुआ। शिकागो वकृतता के समय स्वामी विवेकानन्द के उम्र 30 वर्ष 7 माह 29 दिन के बराबर उम्र लव कुश सिंह "विश्वमानव" ने 15 जून 1998 को पूर्ण किया है।

फरवरी व मार्च 1999

एक ही महीनें में दो पूर्ण चाँद

11 अगस्त 1999

पूर्ण सूर्य ग्रहण

सन् 1999

1999 में ही सावन मास का मलमास या पुरुषोत्तम मास या अधिक मास या अधिमास के रुप में शिवभक्ति के लिए अतिरिक्त माह हुआ है।

15 अगस्त 1999

14-15 अगस्त 1947 की रात जब भारत स्वतन्त्र हुआ था तब आठो ग्रह सहित सूरज चाँद अर्थात् पूरा सौरमण्डल भारत के आकाश में अनुपस्थित था जबकि उपरोक्त समय के स्वतन्त्रता दिवस 15 अगस्त 1999 को मंगल और चाँद को छोड़ सभी ग्रह और तारे पहली बार लाल किले पर झण्डा फहराने के समय उपस्थित थे। (देखें-"दैनिक जागरण" वाराणसी संस्करण, दि0 15-08-1999)

18 नवम्बर 1999

उल्काओं की आतिशबाजी का नजारा

22 दिसम्बर 1999

133 वर्ष बाद सबसे बड़ा चाँद

5 मई 2000

26 डिग्री के बीच सूर्य-चाँद सहित पाँच ग्रहों का आना

16 जुलाई 2000

गुरुपूर्णिमा के दिन ही पूर्ण चन्द्रग्रहण है।

26 अक्टुबर 2000

दिपावली तथा मुसलमानों का ज्योति पर्व "मेराजुन्नबी" की एकता

17 नवम्बर 2000

लियो (सिंह) राशि की ओर से उल्कापात

13 दिसम्बर 2000

जेमिनी (मिथुन) राशि की ओर से उल्कापात

सन् 2000

भारत के लिए संविधान के 50 वर्ष पूरे।

21 जून 2001

पूर्ण सूर्यग्रहण जिसकी अवधि 4 मिनट 57 सेकंड थी. यह अंगोला, ज़ाम्बिया, मोज़ाम्बिक और मेडागास्कर में दिखाई दिया था।

4 दिसंबर 2002

पूर्ण सूर्यग्रहण जिसकी अवधि दो मिनट चार सेकंड यह दक्षिण अफ्रीका, दक्षिण ऑस्ट्रेलिया, मोज़ाम्बिक, बोत्सवाना में दिखाई दिया दिया।

23 नवंबर 2003

पूर्ण सूर्यग्रहण जिसकी अवधि एक मिनट 57 सेकंड थी. यह सिर्फ़ पूर्वी अंटार्कटिका में दिखाई दिया था।

29 मार्च 2006

पूर्ण सूर्यग्रहण जिसकी अवधि 4 मिनट 7 सेकंड यह पूर्ण सूर्य ग्रहण नाइजीरिया, टोगो, ब्राज़ील, घाना, जॉर्जिया, दक्षिण पश्चिमी रूस और कज़ाक़स्तान में दिखाई दिया था।

1 अगस्त 2008

पूर्ण सूर्यग्रहण जिसकी अवधि 2 मिनिट 27 सेकंड यह सिर्फ़ सुमात्रा और जकार्ता में देखा जा सका था।

22 जुलाई 2009

पूर्ण सूर्यग्रहण जिसकी अवधि 6 मिनिट 39 सेकंड यह मध्य और उत्तरपूर्वी भारत में देखा जाएगा। इसके अलावा भूटान, चीन, म्यामार में देखा जा सकेगा. सबसे लंबे समय के लिये यह बिहार के तरेगना में दिखाई देगा।

22 जुलाई 2009

के पूर्ण सूर्य ग्रहण की ख़ास बात ये है कि ये दो चंद्र ग्रहणों के बीच आया है, 7 जुलाई और 6 अगस्त को चंद्रग्रहण हुआ था। अब इस तरह का लंबा सूर्य ग्रहण अब जून 2114 में ही दिखाई देगा।

23 दिसम्बर, 2012

23 दिसम्बर, 2012 की दोपहर एक बजे से राहु एवं केतु अपनी राशि बदलेंगे। दो विषम ग्रह राहु और शनि एक ही घर में बैठने जा रहे हैं। दोनों एक साथ कुल 18 महीने रहेंगे। ऐसा योग पूरे 147 वर्ष बाद बनने जा रहा है। यह योग सन् 1865 में बना था। 2012 के बाद यह योग अब सन् 2161 में 194 साल बाद बनेगा। 147 वर्ष बाद बन रहे इस योग से राजनीतिक व सामाजिक दृष्टि से कई परिवर्तन होंगे। ज्योतिषाचार्य रवि किशन मिश्रा, इलाहाबाद के अनुसार-कुंभ के अवसर पर शनि-राहु का योग पड़ना किस्मत में कई उलटफेर की ओर इशारा करता है। परोपकार करने वाले और सच्चे दिल वाले लोगों के लिए यह योग फलदायक होगा। (ज्योतिषाचार्य रामनरेश त्रिपाठी, इलाहाबाद के अनुसार) (साभार-18 दिसम्बर, 2012 दैनिक जागरण, वाराणसी)

बुधवार, 28 अगस्त, 2013

हम सबने जन्माष्टमी का महापर्व मनाया। महापर्व इसलिए क्योंकि श्री कृष्ण भगवान के जन्म के बाद पहली बार यह योग बना है। अर्थात् पूरे 5241 वर्षों बाद। 28 अगस्त, 2013, रात्रि 12 बजकर 12 मिनट का दिन, नक्षत्र, घड़ी, लगन, मुहूर्त, योग आदि विशेष सभी उसी समान था । जब भगवान श्री कृष्ण का जन्म हुआ था। उस समय चन्द्रमा वृष राशि में उच्च लग्न में स्थित था, सूर्य सिँह राशि में स्थित था, नक्षत्र भी रोहिणी थी, भाद्रपद कृष्ण अष्टमी और दिन भी बुधवार था, काल सर्प योग भी था। अर्थात् ऐसे योग भगवान श्री कृष्ण के जन्म के बाद पहली बार बने हैं। ये सब देख कर मन उत्साहित हुआ क्योंकि इतिहास गवाह है। जब-कंस और रावण आएंगे भगवान किसी न किसी रूप में हमारे सामने जरूर आयेंगे चाहे श्रीराम के रूप में या श्रीकृष्ण रूप में। तो क्या इस होनी को एक दिव्य संकेत माने! हमे ऐसा लगता है-अवश्य ही कुछ अच्छा होने वाला है, क्योंकि जब कंस था, तभी भगवान श्री कृष्ण का जन्म हुआ था। और अब तमाम तरीके के समस्याएं कंस की तरह समाज में जो फैली है संभवतः इंनके खात्मे का समय आ गया है।

मंगलवार, 31 दिसम्बर, 2013

रात 12 बजे से सन् 2014 का पंचांग तिथि, दिन, घड़ी, ग्रह, नक्षत्र ठीक वैसे ही हैं जैसे भारत के स्वतन्त्रता वर्ष 1947 के थे। ज्योतिष के जानकार इसे बड़े बदलाव का संकेत मानते हैं।

2014

इस साल दो चंद्र ग्रहण और दो सूर्य ग्रहण पड़ेंगे। दोनों ही चंद्र ग्रहण पूर्ण होंगे, जबकि सूर्य में एक आंशिक और एक सामान्य ग्रहण होगा।

15 अप्रैल को पूर्ण चंद्र ग्रहण साल का पहला चंद्र ग्रहण पूर्ण चंद्र ग्रहण के रूप में 15 अप्रैल को पड़ेगा। ग्रहण भारत में नहीं दिखेगा। पश्चिमी एशिया, उत्तर एवं दक्षिण अमेरिका में दिखाई देगा।

29 अप्रैल को सूर्य ग्रहण यह साल 2014 का पहला सूर्य ग्रहण होगा। इसका प्रभाव मेष राशि पर पड़ेगा। यह ग्रहण भारत के कई शहरों से देखा जा सकेगा। इसके अलावा ऑस्ट्रेलिया, अंटार्कटिका, भारतीय महासागर एवं प्रशांत महासागर से देखा जा सकेगा।

8 अक्टूबर 2014 को पूर्ण चंद्र ग्रहण यह साल का दूसरा चंद्र ग्रहण होगा। यह भी पूर्ण चंद्र ग्रहण है। यह भारत में दिल्ली से लेकर चेन्नई तक कई शहरों से दिखाई देगा। यह ग्रहण पश्चिमी एशिया, ऑस्ट्रेलिया, दक्षिण एवं उत्तरी अमेरिका में दिखाई देगा।

23 अक्टूबर को सूर्य ग्रहण कनाडा और अमेरिका से दिखाई देगा, भारत में नहीं। यह आंशिक ग्रहण है, और इसका भारत पर ज्यादा प्रभाव नहीं पड़ेगा।

2015

2015 में दो चंद्रग्रहण होने के साथ-साथ दो सूर्यग्रहण भी होंगे। इनमें एक आंशिक और दूसरा पूर्ण सूर्यग्रहण होगा। खास बात यह है कि सूर्य ग्रहण इस बार किसी भी राशि को प्रभावित नहीं करेगा। पहला चंद्रग्रहण चार अप्रैल को और दूसरा चंद्र ग्रहण 28 सितंबर को होगा। 20 मार्च 2015 को सूर्य ग्रहण है जो भारत में दिखाई नहीं देगा। इसके बाद चार अप्रैल को चंद्रग्रहण है। हिंदू माह के अनुसार दोनों ग्रहण एक ही माह में पड़ रहे हैं। सूर्य ग्रहण अमावस्या को और चंद्र ग्रहण पूर्णिमा को है। शास्त्रों में कहा गया है कि एक माह में दो ग्रहण हों तो राजा को हानि होती है। इस ग्रहण से किसी शीर्ष नेता या देश की सेना को हानि हो सकती है।

मंगलवार, 17 फरवरी 2015 ई0-महाशिवरात्रि

बीस साल बाद बना शुभ संयोग-1994 के 20 वर्ष बाद 2015 में महाशिवरात्रि के अवसर पर तीन दिन में तीन शुभ संयोग बने। महाशिवरात्रि, महानिशा काल में शिव पूजन और महामंगल योग। महानिशा काल में महाकाल का पूजन राष्ट्र मंगल की दृष्टि से शुभ फल प्रदान करने वाला रहता है।

2016

8– 9 मार्च 2016- पूर्ण सूर्य ग्रहण 8-9 मार्च को पूर्ण सूर्य ग्रहण पड़ेगा, जो सुमात्रा, बोरनेओ, सुलावेसिया से अच्छी तरह दिखाई देगा। आंशिक रूप से यह दक्षिण एवं पूर्वी एशिया और ऑस्ट्रेलिया से दिखेगा। भारत में यह ग्रहण 9 मार्च को सुबह 4 बजे दिखाई देगा।

23 मार्च 2016- आंशिक चंद्र ग्रहण 23 मार्च को यह चंद्र ग्रहण एशिया, ऑस्ट्रेलिया, उत्तरी अमेरिका और दक्षिण अमेरिका के कुछ भागों में स्पष्ट दिखाई देगा। आंशिक रूप से यह एशिया, ऑस्ट्रेलिया, भारतीय महासागर, आर्कटिक, अंटार्कटिका से दिखेगा।

1 सितंबर- सूर्य ग्रहण यह ग्रहण भारत, अफ्रीका, मडागास्कर, अटलांटिक महासागर और भारतीय महासागर से दिखाई देगा। अफ्रीका में यह आंशिक रूप से ही दिखाई देगा।

16-17 सितंबर- चंद्र ग्रहण यह ग्रहण एशिया, ऑस्ट्रेलिया और पूर्वी अफ्रीका में दिखाई देगा। आंशिक रूप से यूरोप, दक्षिण अमेरिका, अटलांटिक और अंटार्कटिका में दिखेगा।

2017

साल 2017 का दूसरा सूर्यग्रहण 21 अगस्त को दिखाई देगा, ये पूर्ण सूर्यग्रहण होगा। भारतीय समय के मुताबिक यह ग्रहण रात में 9.15 मिनट से शुरु होगा और रात में 2.34 मिनट पर खत्म होगा। इससे पहले साल का पहला सूर्यग्रहण 26 फरवरी को लगा था और इससे दो सप्ताह पहले यानि 7 अगस्त को रक्षाबंधन वाले दिन खंडग्रास चंद्रग्रहण था

2018

13 जुलाई 2018, भारत में सुबह 7 बजकर 18 मिनट, खत्म होने का समय 8 बजकर 13 मिनट 5 सेकेंड। इससे पहले 31 जनवरी को साल का पहला चंद्रग्रहण देखा गया था। इस चंद्रग्रहण के दौरान 152 साल बाद बहुत दुर्लभ संयोग बना था। 27 जुलाई को होने वाला चंद्र ग्रहण भारत में दिखाई देगा और सदी का सबसे लंबा चंद्रग्रहण होगा।

2019

6 जनवरी, का पहला सूर्यग्रहण भारतीय समयानुसार सुबह 5 बजकर 4 मिनट से शुरू होकर 9 बजकर 18 मिनट तक चला। हालांकि यह आंशिक सूर्यग्रहण भारत और आसपास के देशों में नहीं दिखाई दिया। जापान, कोरिया, रूस समेत अन्य कुछ देशों में यह नजर आया।

साल का दूसरा सूर्यग्रहण 2 जुलाई को पूर्ण ग्रहण, ये ग्रहण भी भारत में दिखाई नहीं दिया। 2 जुलाई को लगने वाला सूर्य ग्रहण चार घंटे 33 सेकेंड तक चलेगा। अगर आप इस वर्ष के पूर्ण सूर्यग्रहण को नहीं देख पाते हैं तो आपको 14 दिसंबर, 2020 तक का इंतजार करना होगा।

2020

इस साल जून के महीने में दो ग्रहण लगने वाले हैं। पहला चंद्र ग्रहण लगेगा और उसके बाद सूर्य ग्रहण। वहीं जुलाई में फिर चंद्र ग्रहण लगेगा। कुल मिलाकर इस साल 5 ग्रहण लगने वाले हैं। जिसमें से एक चंद्र ग्रहण 10 जनवरी 2020 को लग चुका है और चार ग्रहण लगने वाले हैं। 5 जून को लगने वाला चंद्र ग्रहण भारत, यूरोप, अफ्रीक, एशिया और ऑस्ट्रेलिया में दिखाई देगा, वहीं 21 जून को लगने वाला सूर्य ग्रहण भारत, दक्षिण पूर्व यूरोप और एशिया में दिखाई देगा।

इस साल के सूर्य ग्रहण पर अधिकतर ज्योतिषियों की नजरें हैं क्योंकि यह ग्रहण मिथुन राशि में लगेगा। 21 जून को लगने वाले ग्रहण का सूतक काल 12 घंटे पहले ही लग जाएगा। इस साल पड़ने वाले ग्रहण बहुत महत्वपूर्ण माने जा रहे हैं। क्योंकि ज्योतिषियों के अनुसार इन ग्रहण से मिथुन राशि के जातकों पर विशेष प्रभाव पड़ेगा। उस समय कुल छह ग्रह वक्री होंगे जो अच्छा संकेत नहीं है। कहा जा रहा है कि ग्रहण के कारण ग्रहों की ऐसी स्थिति विश्व भर के लिए चिंताजनक मानी जा रही है।

5 जून 2020 चंद्र ग्रहण - रात्रि को 11 बजकर 15 मिनट से 6 जून को 2 बजकर 34 मिनट तक भारत, यूरोप, अफ्रीक, एशिया और ऑस्ट्रेलिया में दिखाई देगा।

21 जून 2020 सूर्य ग्रहण - 21 जून की सुबह 9 बजकर 15 मिनट से दोपहर 15 बजकर 03 मिनट तक भारत, दक्षिण पूर्व यूरोप और एशिया में दिखाई देगा।

5 जुलाई 2020 चंद्र ग्रहण - सुबह 08 बजकर 37 मिनट से 11 बजकर 22 मिनट तक अमेरिका, दक्षिण पूर्व यूरोप और अफ्रीका में दिखाई देगा।

ग्रहों के सम्मिलन व समय के योग से ज्योतिष विज्ञान काल परिवर्तन और नये युग की शुरुआत तथा ईश्वर के अवतरण की सूचना का प्रतीक मानता है। तो वर्तमान, विज्ञान उसे मात्र एक ब्रह्माण्डीय घटना मानता है।

उपरोक्त घटनाएं एवं संयोग विश्व, भारत, अन्तर्राष्ट्रीय, राज्य, समाज, परिवार और व्यक्ति सहित विज्ञान और धर्म क्षेत्र के समक्ष व्यक्त थी परन्तु वह एक-एक कर घटित होती गयी और वह इतिहास बन गयी। सभी घटनाएं अलग-अलग क्षेत्रों के समक्ष अलग-अलग रुप में ज्ञान में थी, न कि एक साथ। परिणामस्वरुप कोई भी परिणाम विश्व, भारत, राज्य, अन्तर्राष्ट्रीय, समाज, परिवार, व्यक्ति, विज्ञान व धर्म क्षेत्र देने में सक्षम नहीं था अर्थात् वह इन घटनाओं से पूर्ण मुक्त था।

खगोल व ज्योतिष विज्ञान के अनुसार उपरोक्त घटनायें युग की समाप्ति और भगवान के अवतरण के समय का सूचक होती हैं। वर्तमान कलियुग की आयु 4,32,000 वर्ष मानी गयी है। जिसका प्रारम्भ 18 फरवरी 3102 ई0 पू0 माना जाता है। सर्वज्ञपीठम् कालीमठ, वाराणसी के स्वामी ब्रह्मानन्द नाथ सरस्वती के अनुसार ग्रहण से उत्पादित पुण्य से कलियुग का 10,000 वर्ष आयु कम हो जाता है। (देखें-"अमर उजाला" इलाहाबाद संस्करण, दिनांक-11-08-1999 पूर्ण सूर्यग्रहण के अवसर पर प्रकाशित) और 821 वर्ष कलियुग का शेष रहने पर कल्कि अवतार का अवतरण माना गया है। इस प्रकार कलियुग का व्यतीत कुल वर्ष 5102 वर्ष हुआ और यदि कल्कि अवतार अभी होता है तो कलियुग के कुल आयु 4,32,000 में से 5102+821 वर्ष घटकर 4,26,071 वर्ष ग्रहण द्वारा उत्पादित पुण्य से समाप्त हो जाने चाहिए। जिसके लिए 43 ग्रहण की आवश्यकता है। खगोल वैज्ञानिकों का ऐसा अनुमान है कि वर्ष में सूर्यग्रहण की स्थिति 2 से 5 बार तक आती है। कलियुग के व्यतीत वर्ष 5102 वर्षों में क्या 43 ग्रहण नहीं आये होंगे? जबकि 20 मार्च 2015 तक 14 सूर्यग्रहण अभी होंगे। यदि यह माना जाय तो ग्रहण से उत्पन्न पुण्य सिर्फ भारत में ही होता है तो क्या 5102 वर्षों के दौरान भारत में 43 ग्रहण नहीं हुये होंगे? जबकि चन्द्रग्रहण से उत्पादित पुण्य से कलियुग की आयु कम होना अलग है। इस प्रकार देखने पर कलियुग की आयु लगभग समाप्त हो चुकी है।

16 जुलाई 2000 गुरुपूर्णिमा के दिन पूर्ण चन्द्रग्रहण और 5 जुलाई 2001 को अंश चन्द्रग्रहण गुरुओं के लिए प्रकाशमय पूर्णिमा नहीं बल्कि अन्धकारमय अमावस्या था। क्योंकि एक ओर यह पूर्ण चन्द्रग्रहण 13 अगस्त 1859 के बाद हुआ जो अब यह सन् 3000 के बाद ही होगा तो गुरु पूर्णिमा के पावन अवसर पर ही हुआ। जो मात्र व्यष्टि गुरुओं के भरमार का प्राकृतिक रुप से विरोध का सूचक था।

गुरु के सम्बन्ध में स्वामी विवेकानन्द जी कहते हैं-"हम गुरु के बिना कोई ज्ञान प्राप्त नहीं कर सकते। अब बात यह है कि यदि मनुष्य, देवता अथवा कोई स्वर्गदूत हमारे गुरु हो, तो वे भी तो ससीम हैं, फिर उनसे पहले उनके गुरु कौन थे? हमें मजबूर होकर यह चरम सिद्धान्त स्थिर करना ही होगा कि एक ऐसे गुरु हैं जो काल के द्वारा सीमाबद्ध या अविच्छिन्न नहीं हैं। उन्हीं अनन्त ज्ञान सम्पन्न गुरु को, जिनका आदि भी नहीं और अन्त भी नहीं, ईश्वर कहते हैं। (राजयोग, रामकृष्ण मिशन, पृष्ठ-134)

वर्तमान समय में व्यक्ति (व्यष्टि) के गुरुओं की भरमार है परन्तु समाज (समष्टि) के गुरु का पूर्ण अभाव है। वह वही है जो वर्तमान और भविष्य की वैश्विक आवश्यकता-वर्तमान व्यवस्थानुसार विश्व-शान्ति-एकता-स्थिरता-विकास-सुरक्षा के लिए प्रबन्ध का माडल दे सकें, साथ ही पूर्ण मानव, स्वस्थ समाज, स्वस्थ लोकतन्त्र और स्वस्थ उद्योग की प्राप्ति का आधारशिला रख फल रुप में विश्वव्यापी पूर्ण एकात्म करें। वर्तमान समय और कुछ भी नहीं अनन्तज्ञान सम्पन्न गुरु निष्कलंक कल्कि अवतार का ही समय है जिसका रुप समष्टि गुरु का ही रुप है। उसका समस्त कार्य उपरोक्त सार्वाधिक खगोलीय घटनाओं की अवधि में ही सम्पन्न हुआ है। जिसके सम्बन्ध में सन् 1996 में ही हालैण्ड निवासी भविष्यवक्ता मि0 क्राइसे ने स्पष्ट कहा था कि-"मैं भारत में एक महापुरुष को स्पष्ट रुप से देख रहा हूँ जो विश्व के लिए योजनाएँ बना रहा है।" भारतीय आध्यात्म के अनुसार भी पूर्ण ब्रह्मावतार पूर्ण सत्व गुण रूप श्रीराम तथा पूर्ण विष्णु अवतार पूर्ण रज गुण रूप श्रीकृष्ण हो चुके हैं। अभी जो शेष थे वह हैं-पूर्ण शिव-शंकर अवतार पूर्ण तम गुण रूप। यही अन्तिम निष्कलंक कल्कि अवतार हैं। शिवगुरु हैं, कल्याण स्वरुप हैं और जब तक इनका आगमन नहीं हुआ था तब तक नेता, वर्तमान व्यष्टि गुरु, चिन्तक इत्यादि का भारत और विश्व का कल्याण कर देने का प्रयत्न निष्फल, भ्रमात्मक और समय गवाने वाला ही था। हमें शिव-शंकर के पूर्ण प्रेरक पूर्णावतार के रुप में व्यक्त लव कुश सिंह "विश्वमानव" द्वारा व्यक्त कर्मों पर चिन्तन और समर्पण करना चाहिए और समर्पण करना ही पड़ेगा।

भाग-1

संत एवं गुरू

संत श्री रामानन्द

गोरक्षनाथ

धर्म सम्राट करपात्री जी

सांई बाबा शिरडी वाले

अवधूत भगवान राम

श्री रामकृष्ण परमहंस एवं श्रीमाँ शारदा देवी

महर्षि अरविन्द

आचार्य रजनीश "ओशो"

श्री सत्योगानन्द "भुईधराबाबा"

श्री श्री रविशंकर

संत श्री रामानन्द

पूज्य जगद्गुरु श्री स्वामी श्री रामानंदाचार्यजी

परिचय

जन्म सं. 1356 माघ, कृष्णा सप्तमी, तीर्थराज प्रयाग के कान्यकुब्ज ब्राह्मण परिवार में पिता श्री पुण्य सदन और माता सुशीला के घर हुआ। बचपन का नाम रामदत्त था। 12 वर्ष की उम्र में विशिष्टाद्वैत श्री सम्प्रदाय के आचार्य राघवानन्द जी से दीक्षा ली। इन्होंने जाति-पाँति के भेद को मिटाकर महान् क्रान्ति की, इनका कहना था कि

"जाति पाँति पूछे नहीं कोई। हरि को भजै सो हरि का होई।।"

लोक सम्पर्क के निकट आने तथा जाति-पाँति के भेदभाव का मतभेद होने के कारण श्री सम्प्रदाय से अलग होकर "रामावत सम्प्रदाय" चलाया। इन्होंने म्लेच्छ हो जाने वाले हिन्दुओं को राममन्त्र देकर कण्ठीमाला दी। वर्ण-जाति के नियम शिथिल कर सर्वसाधारण को एकता के सूत्र में पिरोया। उनमें से संयमशील साधुओं की टोली संगठित कर प्रचार को भेजा। इनके विभिन्न जाति के 12 प्रमुख शिष्य थे। 1. कबीर दास-जुलाहा, 2. रैदास (रविदास)-चमार, 3. सैना-नाई, 4. सदन-कसाई, 5. नरहरिदास-ब्राह्मण, 6. धन्ना-जाट, 7. पीपा- राजपूत इत्यादि थें। संवत 1505 में 120 वर्ष की आयु में परलोक सिधारे। ज्ञानतिलक, रामरक्षा इनकी प्रमुख रचनाओं में है।

1. कबीर दास

कबीर के जीवन के सम्बन्ध में, इतिहासकारों द्वारा सर्वमान्य आलेख हमारे सामने नहीं है। चौदहवीं शताब्दी के अन्त में भारत की राजनैतिक, सामाजिक एवं धार्मिक स्थिति विपदाग्रस्त थी। उस समय निर्गुण भक्ति में, भारतीय और सूफी संत परम्पराओं का इन्होंने समन्वय किया। कहते हैं कि नीरू नाम का जुलाहा अपनी विवाहिता पत्नी नीमा का गौना कराकर पहले-पहल अपने घर ला रहा था, रास्ते में लहरतारा तालाब (काशी-वाराणसी) के किनारे एक शिशु को पाया तथा नाम कबीर रखा। कबीर अधिकांश जीवन काशी में व्यतीत किये और अन्त में मगहर चले गये वहीं 120 वर्ष की आयु में शरीर छोड़ दिये। इन्हें हिन्दू और मुसलमान दोनों मानते हैं। इनकी रचनाओं में "कबीर बीजक" प्रमुख है। अन्य रचनाओं में साखी, सबद और रमैनी प्रमुख है। उत्तरी भारत के जन हृदय पर इनका प्रभाव पड़ा। कबीर पन्थ नाम से अलग पन्थ चल पड़ा।

2. रैदास (रविदास)

निष्ठापूर्वक भगवत् नाम लेने का इन्हें ऐसा आभास हो गया कि अपने जाति कर्म (चर्मकार) का कार्य करते हुए, भगवान का अन्तःसाक्षात्कार किया। इनकी साधना की उच्चावस्था को देखकर राजरानी मीरा ने इन्हें अपना गुरू मान लिया और कृष्ण भक्ति में तल्लीन हो गई। ये संत रैदास के नाम से जाने जाते हैं। दिन में दो जोड़े

जूते बनाते, जिसमें से एक जोड़ा उस मार्ग पर जाने वाले संत को बिना मूल्य लिए पहना देते। दूसरा जोड़ा साधारण लाभ लेकर बेच देते और उसी से अपना जीवन निर्वाह करते। इन्होंने कई भजन, पद लिखे उनमें से नीचे लिखा सर्वाधिक प्रचलित है-

प्रभुजी! तुम चन्दन हम पानी, जाकी अंग-अंग बास समानी।
प्रभुजी! तुम दीपक हम बाती, जाकी ज्योति बरै दिन-राती।
प्रभुजी! तुम मोती हम धागा, जैसे सोनेहिं मिले सुहागा।
प्रभुजी! तुम घन-बन हम मोरा, जैसे चितवत् चन्द चकोरा।
प्रभुजी! तुम स्वामी हम दासा, ऐसी भगति करै रैदासा।।

अमृतसर में हीं पाँचवें गुरू अर्जुनदास ने "हरमन्दिर साहब (स्वर्ण मन्दिर)" की स्थापना की। उन्होंने ही अपने पिछले गुरूओं तथा उनके समकालीन हिन्दू-मुस्लिम संतों के पदों एवं भजनों का संग्रह कर "आदि ग्रन्थ" बनाकर एक बहुत बड़ा ऐतिहासिक व शाश्वत कार्य किया। गुरू अर्जुनदास को मुस्लिम शासकों ने नदी में डुबोकर हत्या करवा दी। आदि ग्रन्थ में पाँच सिक्ख गुरूओं- गुरू नानक, गुरू अंगददेव, गुरू अमरदास, गुरू रामदास और गुरू अर्जुनदास के साथ 15 संतों- शेख फरीद, जयदेव, त्रिलोचन, सधना, नामदेव, वेणी, रामानन्द, कबीर, रविदास, पीपा, सैठा, धन्ना, भीखन, परमानन्द और सूरदास एवं 14 रचनाकारों- हरिबंस, बल्हा, मथुरा, गयन्द, नल्ह, भल्ल, सल्ह भिक्खा, कीरत, भाई मरदाना, सुन्दरदास, राइ बलवंड एवं सत्ता डूम, कलसहार और जालप की रचनाओं को भी ससम्मान शामिल करके अपनी उदार मानवतावादी दृष्टि का परिचय दिया। यह अद्भुत कार्य करते समय गुरू अर्जुनदास के सामने धर्म, जाति, क्षेत्र और भाषा की किसी सीमा ने अवरोध पैदा नहीं किया क्योंकि इन सभी गुरूओं, संतों एवे कवियों का सांस्कृतिक, वैचारिक एवं चिन्तनपरक आधार एक ही है। गुरू अर्जुनदास ने जब आदिग्रन्थ का सम्पादन कार्य 1604 ई0 में पूर्ण किया तब उसमें पहले पाँच गुरूओं की वाणियाँ थी। दसवें गुरू गोविन्द सिंह ने अपने पिता गुरू तेग बहादुर की वाणी शामिल करके आदिग्रन्थ को अन्तिम रूप दिया। इस "गुरू ग्रन्थ साहिब" में 15 संतों के कुल 778 पद हैं। जिनमें 541 कबीर के, 122 शेख फरीद के, 60 नामदेव के और 40 संत रविदास के हैं। अन्य संतों के 1 से 4 पद को ग्रन्थ में स्थान दिया गया है। ग्रन्थ में ये रचनाएँ पिछले 400 वर्षों से अधिक समय से बिना किसी परिवर्तन के पूरी तरह सुरक्षित हैं।

गोरक्षनाथ

परिचय

गोरखनाथ या गोरक्षनाथ जी महाराज 11वीं से 12वीं शताब्दी के नाथ योगी थे। गुरू गोरखनाथ जी ने पूरे भारत का भ्रमण किया और अनेकों ग्रन्थों की रचना की। गोरखनाथ जी का मन्दिर उत्तर प्रदेश के गोरखपुर नगर में स्थित है। गोरखनाथ के नाम पर इस जिले का नाम गोरखपुर पड़ा है। गुरू गोरखनाथ जी के नाम से ही नेपाल के गोरखाओं ने नाम पाया। नेपाल में एक जिला है- गोरखा, उस जिले का नाम भी इन्हीं के नाम से पड़ा। माना जाता है कि गुरू गोरखनाथ सबसे पहले यहीं दिखे थे। गोरखा जिला में एक गुफा है जहाँ गोरखनाथ का पग चिन्ह है और उनकी एक मूर्ति भी है। यहाँ हर साल वैशाख पूर्णिमा को एक उत्सव मनाया जाता है जिसे रोट महोत्सव कहते हैं और यहाँ मेला भी लगता है।

डा0 बड़थ्वाल की खोज में निम्नलिखित 40 पुस्तकों का पता चला था, जिन्हें गोरखनाथ रचित बताया जाता है। डा0 बड़थ्वाल ने बहुत छानबीन के बाद इनमें प्रथम 14 ग्रन्थों को निसंदिग्ध रूप से प्राचीन माना, क्योंकि इनका उल्लेख प्रायः सभी प्रतियों में मिला। तेरहवीं पुस्तक "ग्यान चौंतीसा" समय पर मिल सकने के कारण उनके द्वारा संपादित संग्रह में नहीं आ सकी, परन्तु बाकी 13 को गोरखनाथ की रचनाएँ समझकर उस संग्रह में उन्होंने प्रकाशित कर दिया। पुस्तकें ये हैं-

1. सबदी 2. पद 3. शिष्यादर्शन 4. प्राण सांकली 5. नरवै बोध 6. आत्मबोध 7. अभय यात्रा जोग 8. पंद्रह तिथि 9. सप्तवार 10. मछिन्द्र गोरख बोध 11. रोमावली 12. ग्यान तिलक 13. ग्यान चौंतीसा 14. पंचमात्रा 15. गोरखगणेश गोष्ठी 16. गोरखदत्त गोष्ठी (ग्यानद दीपबोध) 17. महादेव गोरखगुष्टि 18. शिष्ट पुराण 19. दयाबोध 20. जाति भौंरावली (छंद गोरख) 21. नवग्रह 22. नवरात्र 23. अष्टपारछया 24. रहरास 25. ग्यान माला 26. आत्मबोध-2 27. व्रत 28. निरंजन पुराण 29. गोरख वचन 30. इंद्री देवता 31. मूलगर्भावली 32. खाणीवाणी 33. गोरखसत 34. अष्टमुद्रा 35. चौबीस सिध 36. षडक्षरी 37. पंच अग्नि 38. अष्ट चक्र 39. अवलि सिलूक 40. काफिर बोध।

मत्स्येन्द्रनाथ और गोरखनाथ के समय के बारे में इस देश में अनेक विद्वानों ने अनेक प्रकार की बातें कही हैं। वस्तुतः इनके और इनके समसामयिक सिद्ध जालन्धरनाथ और कृष्णपाद के सम्बन्ध में अनेक दंतकथाएँ प्रचलित हैं। गोरखनाथ और मत्स्येन्द्रनाथ विषयक समस्त कहानियों के अनुशीलन से कई बातें स्पष्ट रूप से जानी

जा सकती हैं। प्रथम यह कि मत्स्येन्द्रनाथ और जालन्धरनाथ समसामयिक थे, दूसरी यह कि मत्स्येन्द्रनाथ, गोरखनाथ के गुरू थे और जालन्धरनाथ कानुपा या कृष्णपाद के गुरू थे, तीसरी यह की मत्स्येन्द्रनाथ कभी योग मार्ग के प्रवर्तक थे, फिर संयोगवश ऐसे एक आचार में सम्मिलित हो गये थे जिसमें स्त्रियों के साथ अबाध संसर्ग मुख्य बात थी- सम्भ्वतः यह वामाचारी साधना थी। चौथी यह कि शुरू से ही जालन्धरनाथ और कानिपा की साधना पद्धति मत्स्येन्द्रनाथ और गोरखनाथ की साधना पद्धति से भिन्न थी।

प्रमाणों के आधार पर नाथमार्ग के आदि प्रवर्तकों का समय 9वीं शताब्दी का मध्य भाग ही उचित जान पड़ता है। इस मार्ग में पूर्ववर्ती सिद्ध भी बाद में चलकर अंतर्भुक्त हुए हैं और इसलिए गोरखनाथ के समबन्ध में ऐसी दर्जनों दंतकथाएँ चल पड़ी हैं, जिनको ऐतिहासिक तथ्य मान लेने पर तिथि-सम्बन्धी झमेला खड़ा हो जाता है।

धर्मसम्राट करपात्री जी

परिचय

स्वामी श्री का जन्म संवत् 1964 विक्रमी (सन् 1907 ई.) में श्रावण मास, शुक्ल पक्ष, द्वितीया को ग्राम भटनी, जिला प्रतापगढ़, उत्तर प्रदेश में सनातनधर्मी सरयूपाणी ब्राह्मण स्व0 श्री रामनिधि ओझा एवं परमधार्मिक सुसंस्कृता स्व0 श्रीमती शिवरानी जी के आँगन में हुआ। बचपन में उनका नाम हरि नारायण रखा गया। स्वामी श्री 8 वर्ष की आयु से ही सत्य की खोज हेतु घर से पलायन करते रहे। वस्तुतः 9 वर्ष की आयु में सौभाग्यवती कुमारी महादेवी जी के साथ विवाह सम्पन्न होने के पश्चात् 16 वर्ष की अल्पायु में गृहत्याग कर दिया। तब उनकी एक पुत्री भी जन्म ले चुकी थी। उसी वर्ष वे ज्योतिर्मठ के शंकराचार्य स्वामी ब्रह्मानन्द सरस्वती जी महाराज से नैष्ठिक ब्रह्मचारी की दीक्षा ली और हरि नारायण से हरिहर चैतन्य बनें।

17 वर्ष की आयु से हिमालय गमन प्रारम्भ कर अखंड साधना, आत्मदर्शन, धर्म सेवा का संकल्प लिया। काशी धाम में शिखासूत्र परित्याग के बाद विद्वत सन्यास प्राप्त किया। एक ढ़ाई गज कपड़ा एवं दो लंगोटी मात्र रखकर भयंकर शीतोष्ण वर्षा को सहन करना इनका 18 वर्ष की आयु में ही स्वभाव बन गया था। त्रिकाल स्नान, ध्यान, भजन, पूजन तो चलता ही था। विद्याध्ययन की गति इतनी तीव्र थी कि सम्पूर्ण वर्ष का पाठ्यक्रम घंटों और दिनों में हृदयंगम कर लेते थे। स्वामी जी की स्मरण शक्ति फोटोग्राफीक थी, यह इतनी तीव्र थी कि एक बार कोई चीज पढ़ लेने के वर्षों बाद भी बता देते थे कि ये अमुक पुस्तक के अमुक पृष्ठ पर अमुक रूप में लिखा हुआ है। गंगातट पर फूंस की झोपड़ी में एकाकी निवास, करों (हथेली) में भिक्षा ग्रहण करना और वह भी 24 घंटे में एक बार, भूमिशयन, निरावरण चरण यात्रा इत्यादि इनकी तपस्या की दिनचर्या थी। गंगातट नखर में प्रत्येक प्रतिपदा को धूप में एक लकड़ी की कील गाड़ कर एक पैर से खड़े होकर तपस्या करते रहते थे। 24 घंटे व्यतीत होने पर जब सूर्य की धुप से कील की छाया उसी स्थान पर पड़ती, जहाँ 24 घंटे पूर्व थी, तब दूसरे पैर का आसन बदलते थे। ऐसी कठोर साधना थी इनकी। करों में भिक्षा माँगने के कारण "करपात्री" कहलाये। नैष्ठिक ब्रह्मचारी पं0 श्री जीवन दत्त महाराज जी से संस्कृत अध्ययन, षडदर्शनाचार्य पं0 स्वामी श्री विश्वेश्वरानन्द जी महाराज से व्याकरण शास्त्र, दर्शन शास्त्र, भागवत, न्यायशास्त्र, वेदांत अध्ययन ग्रहण किया। 24 वर्ष की आयु में परम तपस्वी 1008 श्री स्वामी ब्रह्मानन्द सरस्वती जी महाराज से विधिवत् दण्ड ग्रहण कर अभिनवशंकर के रूप में प्राकट्य हुआ। एक सुन्दर आश्रम की संरचना कर पूर्ण रूप से सन्यासी बन कर "परमहंस परिव्राजकाचार्य 1008 श्री स्वामी हरिहरानन्द सरस्वती श्री करपात्री जी महाराज" कहलाये।

सम्पूर्ण देश में पैदल यात्राएँ करते धर्म प्रचार के लिए सन् 1940 में "अखिल भारतीय धर्म संघ" की स्थापना वाराणसी में की, जिसका दायरा सकुचित नहीं किन्तु वह आज भी प्राणी मात्र में सुख-शान्ति के लिए प्रयत्नशील है। उसकी दृष्टि में समस्त जगत और उसके प्राणी सर्वेश्वर-सर्वशक्तिमान भगवान के अंश या रूप हैं। संघ के सिद्धान्त में अधार्मिकों का नहीं बल्कि अधर्म का नाश हो, को प्राथमिकता दी गई है। यदि मनुष्य स्वयं शांत और सुखी रहना चाहता है तो औरों को भी सुखी और शान्त बनाने का प्रयत्न आवश्यक है। इसलिए धर्म संघ के हर कार्य के आदि-अंत में धर्म की जय हो, अधर्म का नाश हो, प्राणियों में सद्भावना हो, विश्व का कल्याण हो, ऐसे पवित्र जयकारों का प्रयोग होना चाहिए। यदि सब एक संकल्प से भगवान की प्रार्थना करेंगे तो अवश्य ही सब संकट मिट जाएँगे। इससे सद्भावना, संगठन, सामंजस्य बढ़ेगा और फिर राष्ट्रीय, अन्तर्राष्ट्रीय तथा समस्त विश्व का कल्याण होगा।

स्वामी करपात्री भारत के एक महान सन्त, स्वतन्त्रता संग्राम सेनानी एवं राजनेता थे। उनका अधिकांश जीवन वाराणसी में ही बीता। वे अद्वैत दर्शन के अनुयायी के एवं शिक्षक थे। सन् 1948 में उन्होंने "अखिल भारतीय राम राज्य परिषद्" की स्थापना की जो परम्परावादी हिन्दू विचारों का राजनैतिक दल था। धर्मशास्त्र में इनकी अद्वितीय एवं अतुलनीय विद्वता को देखते हुए इन्हें "धर्मसम्राट" की उपाधि प्रदान की गई। स्वामी करपात्री जी महाराज महान विचारक, उत्कृष्ट तत्ववेत्ता, विलक्षण दार्शनिक, ओजस्वी वक्ता, उद्भट विद्वान, अद्भुत लेखक, वेद शास्त्रों के मर्मज्ञ, कर्म-ज्ञान-भक्ति के साक्षात् स्वरूप तथा त्याग-वैराग्य के दैदीप्यमान सूर्य थे। वेदादि शास्त्रों के प्रामाण्य स्थापन तथा मान्यता के लिए इन्होंने देश के कोने-कोने में जो प्रवचन और साहित्य सृजन किये वह मानव जाति की अमूल्य निधि है। उनकी लेखनी ने संस्कृत व हिन्दी दोनों भाषाओं में अद्भुत ग्रन्थों की रचना की है। 50 से ऊपर लिखे उनके अनमोल ग्रन्थों में धर्म, संस्कृति, आध्यात्म, आस्तिभाव तथा शास्त्रों के प्रामाण्य का प्रतिपादन बड़े अनूठे ढंग से हुआ है। मार्क्सवाद और रामराज्य, विचार पियूष, रामायण मीमांसा, भक्ति रसार्णव, भक्ति सुधा तथा वेदार्थ परिजात उनके ऐसे प्रतिनिधि महाग्रन्थ हैं जिनमें राजनीति, इतिहास, समाज दर्शन, भक्ति दर्शन तथा वेदशास्त्रानुमोदित विचारधारा की मार्मिक विवेचना हुई है। माघ शुक्ल चतुर्दशी सम्वत् 2038 (7 फरवरी, 1982 ई0) को केदार घाट, वाराणसी में स्वईच्छा से उनके पंचप्राण महाप्राण में विलीन हो गये। उनके निर्देशानुसार उनके नश्वर पार्थिव शरीर का केदार घाट स्थित श्री गंगा महारानी की पावन गोद में जल समाधि दी गई।

धर्मसम्राट करपात्री जी के विचार

उन्होंने वेदों की अपौरूषयेता का अत्यन्त प्रभावशाली ढंग से समर्थन किया है और उसमें सर्वोच्च प्रामाण्य की प्रतिष्ठा की है। उनका कहना है कि वेद अन्तिम प्रमाण हैं। उसके निरूपणार्थ किसी भाषा में छोटे-मोटे जो भी ग्रन्थ लिखे गये हैं, वे सब प्रमाण हैं। स्वामी करपात्री जी अद्वैत मत के आधार पर आत्म सिद्धान्त की विवेचना आत्म रक्षा, बोध, आनन्द, स्वतन्त्रता, स्वाधीनता आदि के आधार पर की है। उनके अनुसार आत्मा धर्म दर्शन का केन्द्र बिन्दु है। वे अद्वैत मत को मानते हुए ब्रह्म को सत्यज्ञानमत मानते हैं। ईश्वर को वे धार्मिकता का मूलाधार मानते हैं। वेदों, ब्राह्मण ग्रन्थों, आरण्यक, उपनिषदों, रामायण, महाभारत एवं भगवद्गीता में ईश्वर विषयक विचारों का स्पष्टीकरण, व्याख्या एवं सम्यक मूल्यांकन करते हुए उनका कहना है कि एक ही परमात्मा मायात्मक ज्ञान शक्ति, क्रिया शक्ति आदि के योग से विविध नाम रूप का आधार बनता है। वही शिव, विष्णु आदि भी होता है तथा अपनी अनिर्वचनीय शक्ति के द्वारा राम, कृष्ण आदि के रूप में प्रकट होता है। भक्त गण अपनी-अपनी भावना के अनुसार उनकी उपासना करते हैं। जिस-जिस भाव में उनकी उपासना की जाती है, वही-वही होकर वह अनुभव का विषय होने लगता है। नाम-रूप-क्रिया की अनेकता होने पर भी परमात्मा में अनेकता का गन्ध भी नहीं है। वह एक है, आद्वितीय है, निर्गुण है। अनिर्वचनीय माया सब भेदों का निर्वाह कर लेती है। परमार्थ तत्व ज्यों का त्यों निर्गुण, निर्विकार, निर्विशेष तथा निधर्मक ही रहता है। अद्वैत वेदान्ती होते हुए भी स्वामी करपात्री जी ने शंकराचार्य की तरह देवी-देवताओं की भक्तिपरक रचनाएँ की हैं। वितराग सन्यासी होते हुए भी देवी-देवताओं की उपासना पद्धति को स्वयं अपनाकर उन्होंने आदर्श उपस्थित किया।

स्वामी जी स्वातन्त्रयोत्तर भारत के केवल धार्मिक और आध्यात्मिक चिन्तक मात्र नहीं थे, अपितु वे एक सामाजिक एवं राजनीतिक चिन्तक भी हैं। उन्होंने विशुद्ध भारतीय संस्कृति के आधार पर राष्ट्र के नवजागरण का प्रयास किया है। उनके अनुसार वेद शास्त्र परीक्षित तदनुसारी रहन-सहन, आचार-विचार ही वैदिक संस्कृति है। अनादि वेद शास्त्र एवं तदनुसारी धारणा-ध्यान-सामधि सम्पन्न महर्षियों के सिद्धान्त पर ही सर्वोपकारक संस्कृति निर्भर है जो इतनी व्यापक है कि उसमें सब प्रकार की सभी हलचलों पर नियंत्रण किया गया है। अतएव यहाँ सामाजिक, वैयक्तिक, नैतिक और धार्मिक आधारों के क्षेत्र अत्यन्त भिन्न नहीं हैं बल्कि सबका ही सबके साथ सम्बन्ध है इसलिए वैदिक संस्कृति समस्त मानव जाति के लिए कल्याणकारी है। सनातन धर्म की व्याख्या करते हुए वे कहते हैं कि सनातन परमात्मा ने सनातन जीवों के कल्याण के लिए ही सनातन वेदों के द्वारा जो सनातन विधान बनाया है वही सनातन धर्म है। विद्वतजनों की धारणा है कि धर्म और नीति अलग है, धर्म का राजनीति से कोई सम्बन्ध नहीं है परन्तु स्वामी जी के अनुसार राजनीति के बिना धर्म विधुर होता है तो धर्म के बिना राजनीति विधवा होती है। वैशेषिक सूत्र में कणाद ने धर्म की परिभाषा देते हुए लिखा है कि जिसमें अभ्युदय (इहलोकिक-परलौकिक) एवं निःश्रेयस (मोक्ष) की प्राप्ति होती है वही धर्म है। स्वामी जी के अनुसार बिना धार्मिक भावनाओं का प्रतिष्ठान हुए राष्ट्र का सुसंगठन हो ही नहीं सकता क्योंकि धर्मविहिन राष्ट्र अराजकता को प्राप्त होता है। विभिन्न मतावलम्बियों एवं धर्मानुयायीयों का देश होने के कारण भारतवर्ष में धर्म सापेक्ष व्यवस्था को सफलीभूत बनाने के लिए उन्होंने पक्षपातविहिन शब्द प्रयुक्त किया। कोई भी धर्म या सम्प्रदाय शासन से दूर या उपेक्षित न रहे इसके लिए वे एक धर्म विभाग की स्थापना पर जोर देते हैं जिसमें धर्मों के आचार्य प्रतिनिधि के रूप में रहें और जिस धर्म की व्यवस्था का प्रश्न हो, उस धर्म पर उसका प्रतिनिधि अपना निर्णय दे। इस प्रकार शासन धर्म नियंत्रित भी होगा और किसी के साथ पक्षपात भी नहीं हो सकेगा। स्वामी जी के रामराज्य की व्याख्या वैदिक संहिताओं, धर्मशास्त्र, अर्थशास्त्र, मनुस्मृति, शुक्र नीति एवं महाकाव्यों के आधार पर की गयी है।

धर्मसम्राट स्वामी करपात्री जी रचित पुस्तकें-

1.वेदार्थ परिजात, 2. गोपी गीत, 3. भ्रमर गीत, 4. पूँजीवाद, 5. विचार-पियूष, 6. रामायण मीमांसा, 7. श्री राधा-सुधा, 8. भक्ति-सुधा, 9. शंका-सुधा, 10. बदलती दुनिया, 11. तिथ्यादी-निर्णय, 12. कुम्भ निर्णय, 13. वेदान्त-प्रश्नोत्तरी, 14. प्रवचन-पीयूष, 15. दश-नामापराध, 16. भक्ति रसावर्ण, 17. माक्र्सवाद और रामराज्य, 18. राहुलजी की भ्रान्ति, 19. माक्र्स और ईश्वर, 20. रास और प्रयोजन, 21. अभिनव करपात्री, 22. श्री करपात्री संस्मरण, 23. करपात्री एक अध्ययन, 24. श्री विद्या रत्नाकर, 25. श्री विद्या वरिवस्या, 26. वेदस्वरूप विमर्श, 27. वेद प्रमाण्य मीमांसा, 28. सर्व सिद्धान्त समन्वय, 29. नास्ति-अस्तिवाद, 30. प्रवचन संग्रह, 31. गीता के हुकुमनामा, 32. आदर्श विचार, 33. वेद का स्वरूप और प्रमाण्य, 34. अहमर्थ और परमार्थ सागर, 35. संकीर्तन मीमांसा और वर्णाश्रम, 36. धर्म-संघर्ष और शान्ति, 37. समाजवाद और रामराज्य, 38. क्या संभोग से समाधि?, 39. अभिनव शंकर स्वामी करपात्री, 40. विश्व राष्ट्र और संस्कृति, 41. विदेश यात्रा और शास्त्रीय पक्ष, 42. रामायण-महाभारत काल मीमांसा, 43. गीता जयंती और मीज्मो-क्रान्ति, 44. राष्ट्रीय स्वयंसेवक संघ और हिन्दू धर्म, 45. वेदान्त रस सागर और विभीषण शरणागति, 46. सनातन सिद्धान्त एवं राजनीति में अधिकार, 47. शुक्ल यजुर्वेद संस्कृति हिन्दी टीका, 48. करपात्र चिन्तन

सांई बाबा शिरडी वाले

परिचय

शिरडी के सांई बाबा को श्रद्धालु अपने ज्ञान, भक्ति और अनुभव के अनुसार विभिन्न रूपों में जानते, मानते और पूजते हैं। कुछ उन्हें साधारण, अपितु उच्च कोटि का फकीर मानते हैं। कुछ सद्‌गुरू, संत और कुछ उन्हें साक्षात् परब्रह्म के रूप में मानते हैं। शिरडी के साई बाबा क्या थे? लोगों की भावनाएँ क्या हैं? इस सम्बन्ध में गोस्वामी तुलसीदास जी की वाणी कहती है- "जिनके रही भावना जैसी, प्रभु मूरति तिन्ह देखी तैसी"। वस्तुतः अध्यात्म जगत् का सम्पूर्ण रहस्य श्रद्धालु की श्रद्धा और भावना पर ही निर्भर करता है। उसके लिए वह वैसा ही सत्य है। शिरडी मध्य रेलवे के मनमाड स्टेशन से आगे तीसरे स्टेशन कोपर गाँव के पास है। नासिक से राज्य परिवहन निगम की बसें भी चलती हैं।

शिरडी के सांई बाबा की महिमा को देखते हुए, सहज ही विचार आता है कि वे कहाँ के थे? कहाँ पैदा हुए थे? क्या साधना की? आदि-आदि, परन्तु संत समष्टि के होते हैं। उनका अपना कोई जीवन नहीं होता। वे सदा अपने को रहस्य में रखकर ही जगत् का कल्याण करते हैं और लोग उनके चरणों में श्रद्धवनत हो जाते हैं। साई बाबा कहाँ पैदा हुए? यह कहीं कुछ वदित नहीं होता। इतना अवश्य मिलता है कि आज से लगभग 100 वर्ष पूर्व शिरडी में आने वाली एक बारात के साथ बाबा आये थे, और बारात चली जाने के बाद, वहीं एक नीम के पेड़ के नीचे, पुरानी मस्जिद के पास बैठे रह गये। उनका नाम, गाँव किसी को पता नहीं था। माल्हसापति (खण्डेराव) नाम के एक भक्त ने, उनकी वेशभूषा देखकर, उनसे कहा कि "आओ सांई" और आगे चलकर गाँव में सांई बाबा के नाम से प्रसिद्ध हो गये। उनका नाम, माता-पिता, कुल गाँव के विषय में कोई जानकारी उपलब्ध नहीं है।

बाबा का स्थान उसी नीम के पेड़ के नीचे हो गया और आने वाले लोगों को उन्होंने अपनी साधना की सिद्धि से चमत्कृत किया। दुखियों को दुःख से, रोगियों को रोग से मुक्ति मिलने लगी, तो बाबा के प्रति लोगों की श्रद्धा बढ़ती चली गई। बायजाबाई नाम की एक माता उनकी सेवा में रहने लगी। उसे कई अनुभव हुए और चमत्कार देखे, तो उसकी आस्था और दृढ़ होती चली गई। बायजाबाई नित्य सेवा में रहते हुए साई बाबा के लिए भोजन-प्रसाद तैयार करती। हिन्दू और मुसलमान दोनों समुदाय के लोग बाबा के पास जाते और अपनी कामनाएँ सफल करते। बाबा मानव मात्र के लिए एक थे। वे कहते थे कि - "सबका मालिक एक है।" मानव, मानव के प्रति उनके मन में कोई भेद नहीं था।

लखनऊ कांग्रेस के 1916 ई. के अधिवेशन पश्चात्, महर्षि शुद्धानन्द भारती के साथ तिलक जी शिरडी पहुँचें और सांई बाबा के इस चमत्कारी वाक्य - "इतनी आवाज करने से आजादी नहीं मिलेगी" को सुनकर (यही वाक्य अधिवेशन में शुद्धानन्द भारती जी ने कहा था) कहा, कैसे मिलेगी? सांई बाबा ने खड़े होकर घोषित किया -

"अल्लाह अच्छा करेगा, अल्लाह मालिक....!" तिलक जी सांई बाबा के परम भक्त हो गये। बाबा की विनम्रता, चमत्कारों से लोग आकर्षित होने लगे। कलकत्ता की एक वृद्ध ईसाई भी बाबा का चमत्कार देखकर उनकी भक्त बन गईं।

साई बाबा ने सदैव ही अंहकार और पाखण्ड का विरोध किया। समन्वय की भावना से बाबा सबको आदर, सम्मान देते, सभी में ईश्वर का निवास है। बाबा के ग्यारह वचन सिद्धान्त माने जाते हैं। मंगलवार, 15 अक्टुबर, सन् 1918 ई. की विजयदशमी को बाबा समाधि में लीन हो गये। इससे पूर्व बायजाबाई को बाबा ने नौ रूपये दिये। वह खजाना बाबा के आशीर्वाद के रूप में आज भी बायजाबाई के परिवार के पास है। सभी सम्पन्न व श्रद्धालु हैं। उनके जीवन की अनेक चमत्कारी घटनाएँ हैं। वर्तमान में शिरडी के सांई बाबा का बहुमान्य स्थान है। प्रतिवर्ष लाखों श्रद्धालु दर्शनार्थ जाते हैं। भोजन, प्रसाद, भण्डारे की समुचित व्यवस्था है। अब इस स्थान का प्रबन्ध सांई सेवा ट्रस्ट के हाथ में है, जिसकी व्यवस्था शासन के नियंत्रण में चलती है। आज भी श्रद्धालुओं को बाबा के चमत्कार देखने को मिलते हैं। उनका मानना है –

"सांई का नाम जबान पर रख, जमीन-आसमाँ तो क्या, खुद, खुदा तेरा हो जायेगा।"

"सांई को भगवान कहना शास्त्र और वेद सम्मत नहीं है। इसलिए उनको भगवान, संत और गुरू नहीं माना जा सकता। सनातन धर्म ने देश को एक बनाया है। गंगा ने पूरे देश में एकता का पाठ सिखाया। लोग सांई को अवतार मान रहे हैं, जबकि अवतार उसे माना जाता है जो अपनी इच्छा से शरीर का धारण करते हैं।"

(कबीरधाम, कवर्धा, छत्तीसगढ़, में आयोजित धर्म संसद का निर्णय)

- स्वामी स्वरूपानन्द

द्वारिका पीठाधीश्वर जगद्गुरू शंकराचार्य एवं संरक्षक, काशी विद्वत परिषद्

अवधूत भगवान राम

परिचय

परमपूज्य बाबा अघोरेश्वर भगवान राम जी का जन्म बिहार राज्य के भोजपुर जिले के गुण्डी नाम के छोटे से गाँव में भाद्रपद महिने के शुक्ल पक्ष, सप्तमी, रविवार, संवत् 1994 (सन् 1937) को हुआ था। उनके माता-पिता का नाम श्री बैजनाथ सिह और श्रीमती लखराजी देवी था। माता जी के सन्यास लेने के बाद उनका नाम महामैत्रायिनी योगिनी पड़ा। बालक के अलौकिक क्रियाकलापों को देखकर परिवार वालों ने आपका नाम भगवान रखा। दुर्भाग्य से जब भगवान पाँच वर्ष के थे उनके पिता का निधन हो गया। उनकी मृत्यु के बाद उनके दादा श्री बाबू हृदय प्रसाद सिंह और दादी ने ही उनकी परवरिश की। भगवान शिक्षा के क्षेत्र में कम तथा मन्दिर में जाकर पूजा-अर्चना-ध्यान करने में अधिक रूचि लेते थे। उन्हें भक्त प्रह्लाद, भक्त ध्रुव आदि बहुत पसन्द थे। वह अपने साथियों से बहुत प्यार करते थे। भगवान के आध्यात्मिक झुकाव को देखते हुए उनके परिवार के सदस्यों ने गाँव में ही एक छोटा सा मन्दिर स्थापित किया जिसमें भगवान स्वयं एक शिवलिंग स्थापित किये। जिसमें वे स्वयं अधिक से अधिक समय जप और ध्यान में बिताते थे। वे अपने परिवार के साथ केवल 7 वर्ष तक रहे। फिर वे कभी भी एक स्थान पर नहीं रहे। उन्होंने अपने तप के दिनों में भोजन, कपड़े, आराम, गर्मी, सर्दी, सुरक्षा इत्यादि के लिए कभी ध्यान नहीं देते थे।

आपके पूर्वजों का सम्बन्ध राजवंशों से रहा है। भारत के पश्चिमी भाग स्थित लोहागढ़ से सैकड़ों वर्ष पहले आपके पूर्वज भोजपुर में आ बसे थे। राज्यों एवं जमींदारीयों के उन्मूलन के बाद भी आपका परिवार सम्पन्न किसानों का है। आपका गोत्र भारद्वाज, शाखा वाजसनेयी, सूत्र पास्करगृहसूत्र, वेद यजुर्वेद तथा कुल देवी चण्डी है। कहते हैं त्रेता युग में मर्यादा पुरूषोत्तम राम को महर्षि विश्वामित्र ने पतित पावनी गंगा और सोनभद्र से घिरी हुई पवित्र धरती पर शिक्षा दी थी। इसी पवित्र धरती के सोनभद्र तथा गंगा नदी के तटों पर संतों का सतसंग आपको शैशव काल से ही प्राप्त होता रहा। गंगा और सोन के तटों पर, विन्ध्याचल के वनों और पर्वतों में आप साधनारत और विचरते रहे। काशी, गया, जगन्नाथपुरी तथा विन्ध्याचल के तीर्थों में, गंगा की कछारों पर स्थित श्मशानों में आप साधनारत रहे।

आप 9 वर्ष की उम्र में अपना गाँव छोड़ कर भगवान विश्वनाथ के दर्शन की इच्छा से पवित्र शहर काशी आ गये परन्तु आप रास्ता नहीं जानते थे जहाँ आपको रेशम की साड़ी में एक बूढ़ी औरत ने मार्गदर्शन दिया और गंगा स्नान के उपरान्त विश्वनाथ जी तथा अन्नपूर्णा मन्दिर का दर्शन कराकर अदृश्य हो गयी जिससे आपको हैरानी हुई और आप हरिश्चन्द्र घाट की ओर चले गये। वहाँ से वे बाबा किनाराम आश्रम गये जहाँ उस वक्त 11वें पीठाधीश्वर बाबा राजेश्वर राम थे। आपने अघोर दीक्षा के माध्यम से अघोर मार्ग अपनाया और भगवान से भगवान राम हो गये। हालांकि भगवान राम, किनाराम आश्रम में अधिक समय तक नहीं रहे। 13 वर्ष की उम्र में वे आश्रम छोड़ कर गंगा और सोन के तटों पर फिरते रहे। 15 वर्ष की उम्र में सकलडीहा, (चन्दौली जिला) के निकट मेहरौरा के श्मशान

भूमि में गंगा तट पर तीन दिन और तीन रात के गम्भीर तपस्या के उपरान्त आपको आत्मज्ञान प्राप्त हुआ। क्षेत्र के लोगों द्वारा उन्हें सम्मान दिया जाने लगा और उनके द्वारा लोगों को आशीर्वाद। उनकी उपस्थिति मात्र से ही लोगों की पीड़ा दूर हो जाती थी। लोगों ने उनके अन्दर के सर्वशक्तिमान और चमत्कार का अनुभव किया। धीरे-धीरे उनकी प्रसिद्धि दूर-दूर तक बढ़ती गई।

विन्ध्याचल के काली खोह नामक स्थान पर आप जब रूके थे उस समय जशपुर (छत्तीशगढ़) के तात्कालिक शासक राजर्षि विजय भूषण सिंहदेव जी आपका दर्शन किये और जशपुर में आमंत्रित किये। वहाँ आपको भूमिदान मिली जिसमें आपने आश्रम स्थापित किये। प्रत्यक्ष रूप से, मानव समाज से आपका सम्पर्क 21 सितम्बर, 1961 को हुआ जब आपने श्री सर्वेश्वरी समूह की स्थापना की और दलितों, उपेक्षितों एवं असहायों की सेवा का व्रत लिया। कुष्ठ सेवा आश्रम की स्थापना, बीमारों की सेवा, असहाय लड़कियों का विवाह आदि अनेक सेवा कार्यक्रम आप द्वारा प्रतिपादित हुए। अवधूत भगवान राम कुष्ठ सेवा आश्रम, पड़ाव में 1962 में स्थापित हुआ। 26 मार्च, 1985 को अघोर परिषद् ट्रस्ट, जो ट्रस्ट अधिनियम के तहत पंजीकृत है, की आपने स्थापना की।

आपने अफगानिस्तान, ईरान, नेपाल, भूटान, संयुक्त राज्य अमेरिका, मैक्सिको तथा अन्य कई देशों में भक्तों के आग्रह पर तथा सेवा व्रत के अपने अनुष्ठान के सन्देश के निमित्त भ्रमण किया। आपने एक सच्चे सुधारवादी की भाँति अघोर परम्परा के प्रति समाज में फैली गलतफहमी की निन्दा की जिसके लिए आपने अघोर अनुसंधान संस्थान और पुस्तकालय की भी ट्रस्ट के अधीन स्थापना की। औघड़-अघोरेश्वरों की परम्परा को समाज के साथ आपने पहली बार सम्बन्धित किया है। आप पुरानी लीक पीटने के बजाय देश और काल की आवश्यकताओं के अनुसार व्यवस्था निर्धारित करने पर बल देते हैं। जानकारों के अनुसार आप किसी विशेष उद्देश्य की पूर्ति हेतु अवतरित हुए थे।

उदास, कोढ़ी, बेसहारा और शोशित लोगों के लिए जीवन भर सेवा करने के बाद 29 नवम्बर, 1992 को मैनहट्टन, संयुक्त राज्य अमेरिका में वे अपने नश्वर शरीर को छोड़ दिये। उनके शिष्य गुरूपद सम्भव राम जी उनके साथ थे। उनकी इच्छा के अनुसार उनके शरीर को वाराणसी के गंगा तट पर अन्त्येष्टि प्रस्तावित था। इस स्थान को अघोरेश्वर भगवान राम महाविभूति स्थल कहते हैं जो सर्वेश्वरी समूह संस्थान देवस्थानम् से एक किलोमीटर पर स्थित है।

उनके अन्तिम शब्द थे- "रमता है तो कौन घाट-घाट में विराजत है, रमता है तो कौन, बता दे कोई"। मैं अघारेश्वर, स्वतन्त्र रूप से हर जगह जाने के लिए, सभी समय में, सूरज की किरणों में मौजूद हूँ, चाँद की किरणों में, हवा के अणुओं में और पानी की हर बूँद में मैं अघारेश्वर, सभी में मौजूद हूँ, लताओं में, पेड़ों में, पृथ्वी, फूल और वनस्पतियों में मैं अघोरेश्वर, पृथ्वी और आकाश के बीच अंतरिक्ष के हर कण और हर परमाणु में मोजूद हूँ, मैं प्रकाश और अँधेरे में भी मैं हूँ, मैं साकार और निराकार भी रहा हूँ, मैं खुशी में और दुःख में भी रहा हूँ, मैं आशा और निराशा में भी हूँ, मैं एक ही समय में अतीत, वर्तमान और भविष्य में घूमने में, मैं ज्ञेय और अज्ञेय भी हूँ, मैं स्वतन्त्र हूँ, यह सत्य है, सत्य है।

अघोर के सम्बन्ध में आचार्य रजनीश "ओशो" के विचार

अघोर का अर्थ होता है- सरल। किसी को "घोरी" कहो तो गाली हो सकती है घोर का अर्थ है- जटिल। अघोर का अर्थ होता है- सरल, बच्चे जैसा निर्दोष। अघोर तो सिर्फ थोड़े से बुद्धों के लिए उपयोग में लाया जा सकता है। गौतम बुद्ध-अघोरी, कृष्ण-अघोरी, क्राइस्ट-अघोरी, लोओत्सु-अघोरी। गोरख-अघोरी। सरल निर्दोष, सीधे-साधे। इतने सरल कि गणित जीवन में है ही नहीं। हिसाब किताब लगाने का भाव ही चला गया है।

अवधूत भगवान राम की वाणी

1. सुधर्मा, सहज जन मुझ अघोरेश्वर के अनुशासन में रहकर जन्म-मृत्यु से, भव से, भव की भयावहता से मुक्त तभी होता है, जब प्राण वायु को जानता है और उसमें रमता है। जो प्राण वायु का संचय करता है, उसे

सहजता और समाधि सरलता से सुलभ होती है। प्राण वायु ही अघोरेश्वर है, औघड़ है, सर्वेश्वरी है, सममुँह है, विषमता रहित है। यही अघोरेश्वर का धर्मज्ञान है, धर्म चक्षु है, धर्म श्रवण है, धर्म निहितता है, समाधिबोध है। यह बार-बार जन्म-मरण ग्रहण करने से वंचित होता है। भुने बीज से सदृश होता है। मुझ अघोरेश्वर के बोधन ज्ञान से, मुझ अघोरेश्वर के उपदेश के वगैर ज्ञान विमुक्त बोध नहीं होता है।

2. औघड़-अघोरेश्वर की जो विद्या है, जीव-संज्ञा से छूटने की और ब्रह्म-संज्ञा में प्रवेश पाने के लिए जो शिष्य परम्परा रही है, उसका लोप सा हो गया है। सुधर्मा, उसी परम्परा को ब्रह्म-संज्ञा में प्रविष्ट कर, औघड़-अघोरेश्वर अपने-आप में परिपूरित रहते हैं। जीव-संज्ञा को भुला देते हैं। औघड़-अघोरेश्वर की जो सहज विद्या है या जो मन्त्र है, पद है, उसे शिष्य परम्परा को चाहिए कि बिलाने से, परोक्ष होने से रोके। उसे शिष्य परम्पराओं में अभ्यास करावें, उसे अभ्यास करे, तभी वह परोक्ष होने से बच सकती है। अघोरेश्वर, औघड़ों को सहज और सुलभ उपलब्ध हुए विद्या रूपी जवाहरात को सुरक्षित रखना चाहिए, सुधर्मा।
3. सुधर्मा, औघड़ और घर के होते हैं। और घर क्या है? जहाँ संयम है, सतर्कता है, सहनशीलता है, सम्यक दृष्टि है, समवर्तिता है, आत्मबुद्धि है, आत्मा में, प्राण वायु में जो रमण करता है वही और घर का होता है। जो ये घर का है उसमें सतर्कता नहीं है, संयम नहीं है, आत्मबुद्धि नहीं है, देह बुद्धि है, प्राण के प्रति जागरूकता नहीं है। जो कलुषित है, आलसी है, दीन और धर्म से अपरिचित है। अघोरेश्वर के मन्त्र और क्रिया से अपरिचित है, वह ये घर का है।
4. सुधर्मा, अघोरेश्वर किन-किन गुणों के होने से होते हैं? अघ कुकृत्य से विरत होने वाले को अघोरेश्वर कहते हैं। अघ अपायगति विरत को अघोरेश्वर कहते हैं। इन्द्रियों के भोग से, भव के भोग से, भव के अघ से विरत को अघोरेश्वर कहते हैं।
5. अघोरेश्वर के स्वभाव में, आचरण में, व्यवहार में, चर्या में न परिवर्तन होता है, न परिणाम होता है, न घटाव-बढ़ाव होता है। एक सा एक रस बने रहते हैं। सब पर समदृष्टि, सबके लिए करूणा, मैत्री और दया होती है। न अघारेश्वर अभाव में होता है न परिणाम होता है, न उतार-चढ़ाव होता है। संसार में कोई ऐसा दूसरा प्राणी नहीं है।
6. लोक के पुण्य क्षेत्र अघोरेश्वर होते हैं, औघड़ होते हैं। दान देने योग्य होते हैं, श्रद्धा देने योग्य होते हैं, सम्मान देने योग्य होते हैं, पूजनीय होते हैं, सराहनीय होते हैं।
7. मुझ अघोरेश्वर के अलौकिक-लौकिक विचारों में श्रद्धा रखने वाला अवधूत, औघड़ कहा जाता है। वे दान के अधिकारी होते हैं। दान देने वाला, सम्मान देने वाला, मान को प्राप्त होता है।
8. जो औघड़ बहुश्रुत होता है, स्मृतिमान होता है, वह अघोरेश्वर के अनुकूल होता है।
9. क्रोध, लोभ, प्रशंसा, मान, बड़ाई को जो महत्व देता है वह औघड़ साधु सिद्धि को प्राप्त नहीं होता, असिद्धि को प्राप्त होता है, आतुरता को प्राप्त होता है।
10. जो आश्रम के आश्रित रहते हैं वे औघड़ साधु यदि सुरा, नशीली वस्तुएँ, मैथुन से विरत नहीं होते हैं तो आश्रम की मर्यादा, प्रतिष्ठा और स्वयं अपनी मर्यादा प्रतिष्ठा खोकर असिद्धि के भागी होते हैं, अयोग्य होते हैं, मुझ अघोरेश्वर द्वारा प्रतिष्ठित आश्रमों में रहने के अयोग्य होते हैं, निन्दनीय, अशोभनीय, आलसी होते हैं, वैमनस्य बढ़ाने वाले होते हैं।
11. सुधर्मा, सबसे मूल्यवान धन एकान्तवास होता है। वचन धन भी होता है। विश्वास धन भी होता है। तप धन भी होता है। सुष्पता धन भी होता है। सेवा धन भी होता है। विवेक धन भी होता है। शालीनता धन भी होता है। श्रद्धा धन भी होता है। शील धन होता है। इन सब तरह के धन के साथ अच्छा धनवान ब्रह्मचर्य के साथ एकान्तवास करता है। वह महान धनवान है। वह देव को खरीदता है। धन की क्रय शक्ति से संसार के सभी रत्नों के पाने का जो आनन्द होता है, ब्रह्मचर्य के साथ एकान्तवास की शक्ति से प्राप्त आनन्द उससे कहीं अधिक होता है।
12. सन्देश वाहक और दूत का काम करने वाला कभी साधु नहीं हो सकता, वह असाधु है।

13. सुधर्मा, गौवें काली हों, चाहे लाल हों, चाहे सफेद हों, चाहे चितकबरी हों, उनका दूध एक सा ही रंग का सफेद होता है। उसी प्रकार मनुष्य चाहे क्षत्रिय हो, चाहे ब्राह्मण हो, चाहे वैश्य हो, चाहे शूद्र हो, चाहे चाण्डाल हो, वह यदि सुब्रत है मुझ अघोरेश्वर के प्रति श्रद्धावान है, शील सम्पन्न है, सत्यवादी है, भय-लज्जा युक्त है, जरा-मरण के बन्धन से परे होने के लिए तत्पर है, पूर्ण रूप से ब्रह्मचर्य का पालन करने वाला है, तो ऐसे आसक्ति रहित कृत-कृत्य प्राणी का श्रद्धा रूपी दूध स्वच्छ और निर्मल होता है। दूसरे को पुष्ट करने वाला होता है। दधि या घृत देने वाला होता है। वहाँ जाति, देश अथवा प्रान्त का भेद नहीं होता।
14. सुधर्मा, पहले के लोग झूठ बोलने से, गलत कहने से भयभीत होते थे। अदालत (न्यायालय) में ईश्वर की शपथ लेते समय वह समझते थे कि हम गृहस्थ हैं, बाल-बच्चेदार हैं। हम झूठ नहीं बोलेंगे। उसका असर बाल-बच्चों पर होने का पूरा भय बना रहता था। अब के घूसखोर लोगों से यदि कोई सज्जन कहता है कि आयु अल्प है, गलत काम नहीं करना चाहिए, तो घूसखोर लोग कहते हैं कि हम बाल-बच्चेदार हैं, यदि ऐसा नहीं करेंगे तो उनके उदर की भूख कैसे मिटायेंगे? वे समाज को धोखा देते हैं, राष्ट्र को धोखा देते हैं।
15. आत्महित तथा परहित में लगा हुआ आदमी, आदमी है। आजकल के नेताओं की तरह परहित की दुहाई देने वाला, आत्महित भी नहीं कर पाता, परहित भी नहीं। मानवता से दूर रहने वाला अमानव है।
16. सुधर्मा, देश में नेताओं को, मिनिस्टरों को, मुख्यमंत्रियों को, राष्ट्रपतियों को तूने सुना है, जानता भी है। इनमें परिवर्तन होता है, परिणाम होता है। एक सा सदैव कोई नहीं रहता। ऐसे ही साधुओं में, औघड़ों में, ऊँचे जनों में भी परिणाम होता है, परिवर्तन होता है। अघोरेश्वर में न कोई परिणाम होता है, न परिवर्तन होता है। बहुत सी संस्थाओं में, बहुत सी पार्टियों में परिणाम होता है, परिवर्तन होता है, सदैव एक सा नहीं रहता है। बराबर घट-बढ़ होता है।
17. सुधर्मा, पशु और मनुष्य के बीच एक विशेष अन्तर यह है कि मनुष्य अपने स्वभाव, विचार और चिन्तन को बदल सकता है, जो पशुओं के लिए असाध्य है। मनुष्य में और पशु में इतना ही अन्तर है। मनुष्य गलत काम करता है और बार-बार करता है। वह खुद ही अपने आपको माफ नहीं कर सकता। अपने आपकी अवहेलना के सिवाय और कुछ नहीं कर सकता।
18. सुधर्मा! जहाँ शासक और अधिकारी राष्ट्र भक्त, समाज सेवक और चरित्रवान होते हैं, उस राष्ट्र में स्मगलर, मुनाफाखोर या तो बिला जाते हैं, भाग जाते हैं, या प्रवर्तन कर लेते हैं। ऐसा ही जानना चाहिए सुधर्मा और ऐसे ही समझना भी चाहिए। जनता का कष्ट, सुधर्मा साधु को भी व्यथित करता है। औघड़-अघोरेश्वर को भी जलती हुई जनता का उष्ण ताप छूता है, सुधर्मा। जो जल रहा है, जो जला रहा है, उसे उष्णता तो लगती ही है सुधर्मा। जो उस देश में रह रहा है वह भी वंचित नहीं रहता है, सुधर्मा।
19. सुधर्मा, पूरे जगत में कर्म से ही साधु होता है, कर्म से ही चोर होता है, कर्म से ही ब्राह्मण होता है, कर्म से ही क्षत्रिय होता है, कर्म से ही वैश्य होता है, कर्म से ही शूद्र होता है। जन्म से कुछ भी नहीं होता। चतुर मनुष्यों का यही निश्चय है।
20. सुधर्मा, नियम का, समय काल पाकर, परिवर्तन-परिमार्जन करना चाहिए। एक ही खूँटा से पशु सरीखे बँधे रहने को छोड़ना चाहिए जिसमें ऐसा होता है सुधर्मा, वह युग पुरूष समय और काल का जानने वाला होता है। उसी के साथ वह उन्नति भी करता है। विधान तुमने देखा है, सुना भी है कि हजारों साल से रूपान्तर होते-होते आज इस रूप में दिख रहा है। कर्तव्य के साथ अधिकार का अधिकार सबको है। यह पहले नहीं था।
21. सुधर्मा, जरूरत है इस युग में अनगढ़ मानव को गढने की। मनुष्य स्वार्थी, संकीर्णता से ग्रसित हो गया है। इन दुर्बलताओं के आक्रान्त मनमानी शक्ल दीखने में अक्सर आते हैं। पेट ओर परिवार को आदर्श मान बैठे हैं।
22. सुधर्मा, मान का भी जो त्याग करता है, वही शील और शालीनता रूपी अतौल धन को प्राप्त करता है, जिसे न अग्नि नष्ट कर सकती है, न चोर चुरा सकता है और न राज्य कर उसे ले सकता है।

23. सुधर्मा, ग्रामीण गृहस्थों के घर-परिवार में कलह का कारण आलसी बहुओं का आगमन, निष्क्रिय बहुओं का आगमन, चोर बहुओं का आगमन, कामचोर बहुओं का आगमन होता है।
24. सुधर्मा, स्त्रियाँ दो बातों से असंतुष्ट रहकर ही शरीर त्याग करती हैं- मैथुन तथा सन्तानोत्पत्ति के न होने से।
25. सुधर्मा, कामातुर मनुष्य सांझ को ही अपने स्त्री के पास चला जाता है। खाना खाये रहता है। उत्तेजना उसके वीर्य को इतना पतला कर देती है कि कि लड़की जन्म लेती है। सुधर्मा, इसलिए खाना पच जाये, अर्धरात्रि खत्म हो जाय, तब स्त्री के पास जाने के लिए पुराने लोग कहते हैं। वीर्य परिपक्व रहे, पुत्र उत्पन्न होगा।
26. सुधर्मा, जो प्राणी अनुकूल है अपना, वह खून है अपना। जो छल-छिद्र से, कपट से, स्वार्थ से अपने अनुकूल होने का दम भरता है, वह खून नहीं पानी है।
27. सुधर्मा, संसार के बहुत से चतुर लेखकों की लेखनी, सुनिश्चित नहीं है कि वह आयु वाली होगी। हाँ, सुधर्मा! महापुरूषों की अनुभूति को व्यक्त करने वाली लेखनी लम्बी आयु वाली होती है। जन समूह की वह स्वीकृति प्राप्त की हुई होती है। अखबार, पत्र-पत्रिकाओं की तरह अल्पायु नहीं होती सुधर्मा।
28. सुधर्मा, सूर्य और चन्द्रमा के प्रकाश रश्मि की व्यापकता की तुलना में, पूर्ण व्यापकता, निमित्त मात्र में पूरे भूमण्डल में शब्द की व्यापकता है।

श्री रामकृष्ण "परमहंस"

परिचय

गदाधर का जन्म कलकत्ते से सत्तर मील दूर पश्चिम में कामारपुकुर ग्राम में 18 फरवरी, 1836 ई0 बुधवार को हुआ था। बाद में ये ही श्रीरामकृष्ण के नाम से प्रसिद्ध हुए। धार्मिकता श्रद्धा एवं भक्तिपूर्ण सरल ग्रामीण वातावरण में लालित-पालित होने के कारण गदाधर के हृदय में बाल्यकाल से ही भगवान के दर्शन की तीव्र अभीप्सा थी। पढ़ने लिखने की ओर विशेष ध्यान न देकर वे साधु-संन्यासियों एवं तीर्थयात्रियों के बीच समय बिताते और अपने अन्य समवयस्क संगी-साथियों को लेकर धार्मिक नाटक खेला करते थे। उपयुक्त शिक्षा की ओर उनका मन लगे इसके लिए गदाधर को सत्रह वर्ष की आयु में कलकत्ते लाया गया। परंतु गदाधर ने देखा कि सभी प्रकार से जागतिक ज्ञान का लक्ष्य केवल भौतिक उन्नति ही है। अतः उन्होंने मन ही मन संकल्प किया कि वे अपना जीवन केवल आध्यात्मिक ज्ञान उपलब्धि में लगायेगे जिससे शाश्वत शान्ति की प्राप्ति निश्चित रूप से हो सके। अब परिस्थितियाँ कुछ इस प्रकार की होती गयी कि अल्प समय के भीतर ही वे दक्षिणेश्वर स्थित कालीमन्दिर के पुजारी बन गये जिसे कलकत्ते की एक धनी एवं धार्मिक विधवा रानी रासमणि ने बनवाया था। भगवान की पूजा करना उनकी रूचि का काम था, अतः उन्होंने अपने इस नये कार्य के कर्तव्यों को बड़ी उमंग तथा उत्साहपूर्वक अपना लिया। धीरे-धीरे उनकी पूजा-अर्चना माँ जगदम्बा के साक्षात दर्शन के लिए एक उत्कट अभिलाषा के रूप मे बदल गयी। वे दिन-रात प्रार्थना करते, ध्यान करते और माँ जगदम्बा के दर्शन के लिए फुट-फुटकर रोते। दिन के बीत जाने पर वे रो-रोकर कहते "हे माँ, और एक दिन बीत गया और अभी भी मुझे तेरा साक्षात्कार नहीं हुआ।" वे बहुत कम भोजन करते और सोते प्रायः बिल्कुल नहीं थे। अन्ततः उन्हें भगवददर्शन प्राप्त हुआ। श्रीरामकृष्णदेव अब कठोर आध्यात्मिक साधनाओं में लगे गये और उन्होंने हिन्दू धर्म के विभिन्न पथो का अवलम्बन करते हुए तथा ईसाई धर्म एवं इस्लाम के नियमों का पालन करते हुए, सभी प्रकार से भगवान का साक्षात्कार किया। इस प्रकार विभिन्न रूपों में भगवान के साथ एकत्व का रसास्वादन श्रीरामकृष्ण ने किया- कभी तो अपने को अद्वैत में सम्पूर्ण रूप से लय करके और कभी माँ जगदम्बा के शिशु सन्तान बनकर के बाद द्वैत के ब्रम्हा के रूप को रखते हुए इन सब अनुभवो के बाद उन्होंने घोषणा की, "मैंने देखा है कि भगवान एक ही हैं जिनकी ओर सभी (धर्म) अग्रसर हो रहे हैं।" जिन दिनों श्रीरामकृष्ण इस आध्यात्मिक परमानन्द का अनुभव कर रहे थें तभी उनके गाँव कामारपुकुर में यह जनश्रुति पहुँच चुकी थी कि वे पागल हो गये है। उनके इस पागलपन को ठीक करने के लिए उनकी माता तथा बड़े भाई ने उनका विवाह सारदादेवी से करा दिया, जो अब श्रीमाँ सारदा के नाम से विख्यात हैं किन्तु यह विवाह कैसा विचित्र था। श्रीरामकृष्ण वास्तव में उनको माँ जगदम्बा मानकर उनकी पूजा करते थें। उन दोनों का मिलन केवल आध्यात्मिक स्तर पर ही रहा तथापि श्रीरामकृष्ण ने सारदादेवी को गृहस्थी के सब कार्यों से लेकर ब्रह्मज्ञान तक सभी प्रकार की शिक्षा दी आध्यात्मिक जीवन की सभी साधनाओं के विषय में उपदेश दिया। श्रीरामकृष्ण की ही तरह

सारदादेवी भी पवित्रता से भी अधिक पवित्र थी। वे मूर्तिमन्त सतीत्व थी। श्रीरामकृष्ण कहा करते थे- "जब कमल खिलता है तब भ्रमर आप ही आप आ जाते है।" सभी प्रकार के सभी धर्मो के अनुयायी स्त्री-पुरूष उनके पास आध्यात्मिक शान्ति पाने के लिए आते थें। जो भी सच्ची स्पृहा लेकर आता वह उनके असीम प्रेम का अनुभव करता था और उनके सान्निध्य तथा उपदेशों के द्वारा आध्यात्मिक उन्नति प्राप्त करता था। उनका महाप्रयाण 16 अगस्त 1886 को हुआ किंतु इसके पूर्व ही उन्होंने नवयुवकों के एक दल का अपने आध्यात्मिक उद्देश्य को आगे बढ़ाने के लिए विशेष रूप से शिक्षित कर दिया था। श्रीरामकृष्णदेव के महाप्रयाण के बाद इन नवयुवको ने संसार त्याग दिया और उनके नाम पर एक साधु संघ का गठन किया जिसका उद्देश्य था- "अपनी व्यक्तिगत मुक्ति तथा समस्त जगत का हित।" इनमें सब से अधिक गतिशील तथा तेजस्वी थे - स्वामी विवेकानन्द, जिनके नेतृत्व में उन सब ने श्रीरामकृष्ण के सन्देश का भारत तथा अन्य देशों में प्रचार किया।

श्रीरामकृष्णदेव की वाणी

भगवान के असंख्य नाम और अनन्त रूप हैं जिनके माध्यम से उनके निकट पहुँचा जा सकता है। जिस किसी भी नाम और रूप में उनकी पूजा करोगे उसी माध्यम से उन्हें प्राप्त कर लोगे। सत्य एक ही है, अन्तर है नाम और रूप का। एक ही जलाशय के तीन या चार घाट है, पर हिन्दू पानी पीते है उसे "जल" कहते है दूसरे पर मुसलमान उसी को "पानी" कहते है और अंग्रेज तीसरे पर उसी को "वाटर" कहते है। तीनो का तात्पर्य एक ही वस्तु से है, भेद केवल नाम का है इसी प्रकार कुछ लोग सत्य को "अल्लाह" के नाम से पुकारते है, कुछ "गाड" कहकर कुछ लोग "ब्रह्म" कहकर, कुछ लोग "काली" कहकर तो कुछ लोग "राम", "ईसा", "दुर्गा" तथा "हरि" नाम लेकर पुकारते है। कोई भी निश्चित रूप से यह नहीं कह सकता कि भगवान केवल यह हैं और कुछ नहीं। वे निराकर हैं और फिर साकार भी। भक्तों के हित वे रूप धारण करते है। किन्तु ज्ञानी की दृष्टि में वे अरूप ही है। जानते हो यह किस प्रकार है? सच्चिदानन्द परब्रह्म एक अनन्त समुद्र के समान है। तेज ठण्डक के कारण समुद्र में यत्र बर्फ की चट्टाने तैयार हो जाती है। इसी प्रकार मानो अपने उपासको की भक्ति की शीतलता के प्रभाव में अनन्त अपने को शान्त में रूपान्तरित करता है। और उपासकों के सम्मुख साकार भगवान के रूप में प्रकट होता है। दूसरे जिस प्रकार सूर्योदय होने पर समुद्र के ऊपर की बर्फ पिघल जाती है। उसी प्रकार ज्ञान का उदय होने पर देहधारी भगवान फिर अनन्त एवं निराकार ब्रह्म में लय हो जाते है तब साधक को ऐसा अनुभव नहीं होता है कि भगवान एक व्यक्ति है, और न तब भगवान के रूप ही दिखाई देते है। परन्तु यह ध्यान रखो कि साकार एवं निराकार दोनो एक ही सत्य के दो पक्ष है। भगवान निराकार हैं, और साकार भी, फिर वे इन दोनों अवस्थाओं के परे जो है, वह भी हैं केवल वे ही स्वयं जानते हैं कि वे क्या क्या हैं। जो लोग उनसे प्रेम करते हैं उनके हित वे नाना प्रकार से नाना रूपों में स्वयं को व्यक्त करते हैं। किन्तु निश्चय ही वे साकार अथवा निराकार की सीमा से आबद्ध नहीं है। निर्गुण और सगुण ब्रह्म और शक्ति इन दोनों में कोई भेद नहीं है। दोनो एक है। भगवान जब निष्क्रिय अवस्था में होते हैं अर्थात जब वे सृष्टि, स्थिति एवं संहार के कार्य में रत नहीं रहते तब हम उन्हें ब्रह्म कहते है किन्तु जब वे इन कार्यकलापों में लगे रहते है, तब हम उन्हें काली अथवा शक्ति कहते हैं। सत्य और असत्य का विवेक सदा करना चाहिए। केवल भगवान ही सत्य हैं, वे ही नित्य वस्तु हैं बाकी सभी कुछ असत्य है, अनित्य है। इस प्रकार के विवेक द्वारा अपने मन से अनित्य वस्तुओं को झाड़ फेंकना चाहिए। जब तक लज्जा, घृणा और भय ये तीनों विद्यमान है, तब तक भगवान के दर्शन नहीं हो सकते। जो भगवान के लिए व्याकुल होता है, वह खाने-पीने जैसे तुच्छ बातों पर बहुत ध्यान नहीं देता। मनुष्य को कर्म करना ही होगा तभी वह भगवान के दर्शन पा सकता है। कर्म किये बिना भक्ति नहीं हो सकती, न उनके दर्शन ही हो सकते हैं। कर्म का अर्थ है- ध्यान, जप इत्यादि। भगवान का नाम-गुण कीर्तन करना भी कर्म है। दान, यज्ञ ये सब भी कर्म ही है। जब मनुष्य नीचे लिखे तीन भावों में से किसी एक में प्रतिष्ठित हो जाता है। तभी वह भगवान को पाता है 1.यह सब कुछ मैं हूँ। 2. यह सब तू है। 3. तू प्रभू है और मै दास हूँ। तुम राधा और कृष्ण को मानो या न मानो किन्तु उनके एक दूसरे के प्रति आकर्षण को अवश्य स्वीकार करो। अपने हृदय में भगवान के लिए उसी प्रकार की व्याकुलता लाने का प्रयत्न करो। उन्हें प्राप्त करने के लिए केवल व्याकुलता की

आवश्यकता है। मैं कौन हूँ? इसका भँली-भाँति विचार करने पर दिखाई देता है कि मैं नाम की कोई वस्तु है ही नहीं। एक प्याज लो और उसके छिलके को अलग करते जाओ पहले बाहरी छिलके फिर मोटे सफेद छिलके मिलेगें, इन्हें एक-एक करके निकालते जाओ, अन्त में तुम्हें कुछ भी नहीं मिलेगा। उस अवस्था में फिर मनुष्य को अपने अंह का अस्तित्व ही नहीं मिलता है। और तब उसे ढूढ़ने वाला ही कहाँ रह जाता है। उस अवस्था में उसे अपने शुद्ध बोध में ब्रह्म के यथार्थ स्वरूप का जो अनुभव होता है। उसका वर्णन कौन कर सकता है? जब तक भगवान बाहर तथा दूर प्रतीत होते हैं तब तक अज्ञान है परन्तु जब अपने अंतर में उनका अनुभव होता है, तब यथार्थ ज्ञान का उदय होता है। जो अपने हृदय मन्दिर में देखता है वह उन्हें जगत मन्दिर में भी देखता है। जब तक आदमी समझता है कि भगवान वहाँ है तब तक वह अज्ञानी है परन्तु जब वह अनुभव करता है कि भगवान यहाँ है तभी उसे ज्ञान प्राप्त होता है। ज्ञान एकत्व की ओर ले जाता है। अज्ञान नानत्व की ओर। निम्न श्रेणी का भक्त कहता है- भगवान है किन्तु वे बड़ी दूर स्वर्ग में हैं। मध्यम श्रेणी का भक्त कहता है कि- भगवान सभी जीवो में प्राण एवं चैतन्य के रूप में है। उत्तम श्रेणी का भक्त कहता है- भगवान स्वयं ही सब कुछ बने हुये हैं। मैं जो देखता हूँ वह भगवान का एक रूप मात्र है। एकमात्र वे ही माया, जगत एवं समस्त जीव बनें हैं। भगवान को छोड़ और कुछ है ही नहीं। प्रेम का अर्थ भगवान के प्रति प्यार है जिसमें मनुष्य सारे जगत को भूल जाता है। और साथ ही अपना शरीर जो इतना प्रिय है उसे भूल जाता है। चैतन्यदेव के अन्दर प्रेम उदित हुआ था। याद रखो भक्त का हृदय भगवान का निवास स्थान होता है यह ठीक है कि वे सभी प्राणियो मे वास करते है। किन्तु भक्त के हृदय में वे स्वयं को विशेष रूप से प्रकट करते है। भक्त का हृदय भगवान का बैठक खाना है। पे्रम प्रीति तीन प्रकार की होती है। समर्था (स्वार्थहीन), समंजसा (पारस्परिक) और साधारणीय (स्वार्थयुक्त)। समर्था प्रीति ही सबसे उच्च कोटि की है इसमे प्रेमी केवल प्रेमास्पद का ही सुख चाहता है। इसके लिए चाहे स्वयं को कष्ट ही क्यों न सहन करना पड़े। समंजसा प्रीति मध्यम कोटि की है इसमे प्रेमी प्रेमास्पद के सुख के साथ स्वयं के सुख का भी ध्यान रखता है। साधारणी प्रीति सब से निम्न कोटि की है इसमे पे्रमी केवल अपनी ही सुख चाहता है। प्रेमास्पद के सुख-दुःख की कोई परवाह नहीं करता है। यदि तुम्हें पागल ही होना है तो संसार की वस्तुओं के लिए पागल क्यों होते हो। पागल ही होना है तो केवल भगवान के लिए पागल बनो। शुद्ध ज्ञान और भक्ति एक ही वस्तु है दोनो साधक को एक ही लक्ष्य पर पहुँचाते है। भक्ति का मार्ग अधिक सरल है। ज्ञान मानो पुरूष है और भक्ति नारी है। ज्ञान की गति भगवान के बैठकखाने तक ही है। किन्तु भक्ति उनके अन्तःपुर तक प्रवेश कर सकती है। तुम्हारे लिए कर्म का पूर्ण रूप से त्याग कर देना सम्भव नहीं। तुम्हारी इच्छा हो या न हो तुम्हारा स्वभाव ही तुमसे कर्म करवायेगा इसीलिए शास्त्र कहते हैं - अनासक्त होकर कर्म करो। अनासक्त होकर कर्म करना यानी कर्मफल की आंकाक्षा न रखना इस प्रकार मोहमुक्त भाव से कर्म करने का नाम कर्मयोग है। यह संसार कर्मक्षेत्र है। यहाँ कर्तव्य करने के लिए हमारा जन्म हुआ है। जैसे लोगो का निवास देहात में होता है किन्तु वे काम करने के लिए कलकत्ते आते है। परमहंस अवस्था को प्राप्त होने पर सभी कर्म छूट जाते है तब मनुष्य सदा भगवान का स्मरण मनन और ध्यान करता रहता है उसका मन सदा भगवान से युक्त रहता है। यदि वह कभी कुछ कर्म करता है तो वह केवल लोक शिक्षा के लिए होता है। चाहे जो व्यक्ति गुरू नहीं हो सकता जब एक बड़ा भारी शहतीर पानी पर तैरता है तो उस पर पशु भी बैठकर आगे निकल जाते है। किन्तु एक सड़ियल लकड़ी के टुकड़े पर यदि कौआ भी बैठ जाय तो वह उसको लेकर डूब जाती है। इसीलिए प्रत्येक युग में मनावजाति को शिक्षा देने के लिए भगवान गुरू रूप में अवतीर्ण होते है। एकमात्र सच्चिदानन्द ही गुरू हैं। किसी नये देश में जाना हो तो ऐसे भक्ति के निर्देशानुसार ही चलना चाहिए जो वहाँ का रास्ता जानता है। बहुत सारे लोगो से पूछते रहने पर गोलमाल हो जाता है। इसी प्रकार भगवान के निकट जाना हो तो उसे एक ही गुरू का आदेश मानकर चलना चाहिए जो उस पथ को भँलि- भाँति जानता है। सभी गुरू बनना चाहते है किन्तु शिष्य भला कौन बनना चाहता है। भगवान मनुष्य के सामने प्रकट होते है और बात करते है तभी मनुष्य को उनका आदेश प्राप्त होता है। ऐसे आदेश प्राप्त गुरू के वाक्यों में अद्भूत शक्ति होती है। वे पहाड़ों को भी हिला देने वाले होते है। कोरे भाषणों से क्या होता है। लोग दो चार दिन उन्हें सुनते है और फिर भूल जाते है। लोग कोरे शब्दों को ग्रहण नहीं करते। अपनी श्रद्धा में सदैव दृढ़ एवं अचल रहो सारे ढ़ोग तथा असहिष्णुता का परित्याग करो। संसार में

बदलचन स्त्री की भाँति रहो। बदचलन स्त्री अपनी घर गृहस्थी के काम काज ठीक तरह से करती है। किन्तु उसका मन दिन रात अपने यार की ओर ही लगा रहता है। इसी प्रकार तुम भी संसार से सब काम काज करते रहो, किन्तु अपने मन को सदा भगवान की ओर लगाये रहो। साधु अथवा देवता के समीप कभी रिक्त हस्त नहीं जाना चाहिए। जब किसी महापुरूष के पास जाओ तो कुछ न कुछ भेंट एक छोटा सा फल ही सही अवश्य ले जाओ। रूपये से केवल दाल रोटी आदि ही प्राप्त हो सकती है। उसे आना सर्वस्व अथवा एकमात्र ध्येय या साध्य मत समझो। जब किसी को भगवान के दिव्य प्रेम का नशा चढ़ जाता है, तब उसके कौन पिता, कौन माता या कौन पत्नी? तब उसके लिए कोई कर्तव्य शेष नहीं रह जाता है। वह सब ऋणो से मुक्त हो जाता है। इस अवस्था में मनुष्य जगत को भूल जाता है। अपनी देह जो सब को इतनी प्रिय होती है। उस देह तक को भूल जाता है। पण्डित और साधु पुरूष में एक बड़ा अंतर है। कोरे पण्डित का मन कामिनी और कांचन पर ही लगा रहता है। किन्तु साधु का मन हरि के चरण कमलों में लगा रहता है। कहा जाता है कि इस कलियुग में यदि कोई एक दिन और एक रात भगवान के लिए रोये तो वह उनके दर्शन पा जाता है। जिसके पास विश्वास है, उसके पास सब कुछ है, जिसके पास विश्वास नहीं उसके पास कुछ भी नहीं। भगवान के नाम पर विश्वास हो तो असम्भव सम्भव हो सकता है। विश्वास ही जीवन है और अविश्वास ही मृत्यु। भगवान के लिए बड़ो की आज्ञा का उल्लंघन करना पाप नहीं है। भरत ने राम के लिए कैकेयी की आज्ञा का उल्लंघन किया, गोपियों ने कृष्ण के दर्शन के लिए अपने पति के आदेश का उल्लंघन किया। और प्रहलाद ने भगवान के लिए अपने पिता की आज्ञा का उल्लंघन किया था। यदि तुम स्वयं को भगवान के चर णों में समर्पित कर दो तो भगवान भी तुम्हारे भविष्य के बारे में चिन्ता करेगें भगवान हमारे बिल्कुल अपने हैं। तुम उन पर जोर जबरजस्ती भी कर सकते हो।

श्रीमाँ शारदा देवी

परिचय

श्री सारदामणि देवी का, जिन्हें सारदा नाम से भी पुकारा जाता था, तथा जो आगे चलकर भारत और विदेशों में श्रीमाँ के नाम से विख्यात हुई। जन्म 22 दिसम्बर 1853 को पश्चिम बंगाल के बाकुड़ा जिले के जयरामबाटी नामक गाँव में हुआ था। सारदा के माता और पिता श्यामासुन्दरी देवी और श्री रामचन्द्र मुखर्जी धर्मनिष्ठ ब्राह्मण थे और अपने धार्मिक तथा सामाजिक परम्पराओं को श्रद्धापूर्वक निभाते थे। पिता रामचन्द्र बहुत ही सरल और उदार प्रकृति के थे और पिता परिवार का भरण-पोषण पैतृक भूमि पर खेती बारी करके करते थे पुरोहिताई से भी उनकी कुछ आमदनी हो जाया करती थी। श्यामासुन्दरी कर्मठ महिला थी। दुनिया के दाँव पेंच से अनभिज्ञ वे अपने घरेलू कार्यों में ही व्यस्त रहती थी। सारदा ने अपने माता-पिता की ईश्वर भक्ति का परिचय देते हुए कहा था- "यदि वे धर्मप्राण न होते तो भगवती उनके शिशु रूप में कैसे जन्म लेती।" कहा जाता है कि सारदा के जन्म से पहले ही उसके माता पिता का पूर्वाभास हो गया था कि एक दिव्यात्मा उनके घर में अवतरित होने वाली है। सारदा अपने गाँव के सीधे सादे ग्रामीणों के बीच पली और बढ़ी। ग्रामवासी अपने दैनिक जीवन की नीरसता को धार्मिक अनुष्ठानों द्वारा या भक्ति-भाव से नाच गाकर दूर करते थे। धार्मिक अनुष्ठानों के प्रति निष्ठा उन्हें आत्मिक संतुष्टि देती थी जिसके कारण वे दारिद्रय के कष्ट को काफी हद तक सहन कर पाते थे। इस रमणीय और सरल परिवेश में सारदा के जीवन के कई वर्ष कटे। एक बार उन्होंने कहा था- "जननी जन्मभूमिश्च स्वर्गादपि गरीयसी", यानि जननी और जन्मभूमि स्वर्ग से भी महान है। सारदा स्वयं एक सौम्य और सरल लड़की थी। वह स्वयं अपने साथियों के साथ कभी नहीं झगड़ती, बल्कि उनके झगड़ो को ही निपटाया करती। वह पारिवारिक जिम्मेदारियों को कुशलतापूर्वक निभाती और अपनी माँ को कपास चुनने में, गाय-बकरी को चारा देने में ओर छोटे भाई-बहनों को संभालने में मदद करती। यदा-कदा वह अपने भाईयों के साथ पाठशाला भी चली जाती। उसी दौरान वह रामायण और महाभारत भी पढ़ने लगी थी। पर भारत की आध्यात्मिक परम्पराओं से उसका परिचय साधुओं के भजन-कीर्तन और ग्रामीण नाटकों के माध्यम से ही हुआ जिनमें भारतीय आख्यानों की कथाएँ प्रस्तुत होती। पाँच वर्ष की आयु में सारदा का विवाह तेईस वर्षीय श्रीरामकृष्ण से हो गया। इस समय श्रीरामकृष्ण ईश्वर के ध्यान में पूर्णतया लीन रहते। उन्हें आने खाने-पीने, सोने और अन्य शारीरिक जरूरतों का कुछ होश न रहता। लोग तो उन्हें पागल ही समझने लगे थे। उनके सम्बन्धियों ने उन्हें सामान्य बनाने के उपाय के तौर पर उनका विवाह करने की सोची। इसे ईश्वर की इच्छा जानकर वे राजी हो गये। उन्होंने तो यहाँ तक बताया कि उनकी वधू कहाँ मिलेगी। किन्तु विवाह के तुरन्त बाद ही वे दक्षिणेश्वर लौट आए और खुद को आध्यात्मिक साधना में लीन कर दिया। लगभग आठ वर्षों के बाद श्रीरामकृष्ण कामारपुकुर लौटे और तभी सारदा का पहली बार अपने पति से परिचय हुआ। श्रीरामकृष्ण अपनी पत्नी के प्रति, जो उनके ही निर्देशों पर निर्भर थी, अपने उत्तरदायित्वों के विषय में पूर्ण रूप से सजग थे। अतः उन्होंने सारदा को सांसारिक तथा आध्यात्मिक शिक्षा देना प्रारम्भ किया। उन्होंने जिस तरह मोहमाया न रखना, आत्मसंयम, ध्यान-धारणा इत्यादि आध्यात्मिक साधनाओं की आवश्यकता पर जोर डाला उसी तरह आतिथ्य धर्म, बड़ों के प्रति सम्मान का प्रदर्शन, निःस्वार्थ भाव इत्यादि गृहस्थ के कर्तव्यों से भी उसे परिचित कराया। यहाँ तक कि उन्होंने सारदा को

दीपक की बत्ती काटना, नाव या ट्रेन से यात्रा करना इत्यादि भी सिखाया इस प्रकार की शिक्षा का मूल उद्देश्य था- व्यक्ति, अवसर, स्थान और परिस्थिति के अनुरूप उचित, विवेकपूर्ण व्यवहार सिखाना। सारदा इस शिक्षा का जीवनपर्यन्त पालन करती रही। श्रीरामकृष्ण का संग पाकर उसके आनन्द की सीमा न रही। उसने स्वयं कहा था- "ऐसा लगता था मानो हृदय में किसी ने आनन्द का पूर्ण घट स्थापित कर दिया हो, उस दिव्य आनन्द का वर्णन नहीं किया जा सकता।" श्रीरामकृष्ण सारदा के भावी जीवन से पूर्वपरिचित थे ही, अतः वे लगातार उसे संसार की निरर्थकता और ईश्वर की सत्यता की शिक्षा देते रहे। एक दिन अकेले में श्रीरामकृष्ण ने सारदा से पूछा- "क्या तुम मुझे संसार मार्ग में खींचने के लिए आई हो?", "बिल्कुल नहीं" सारदा ने रंचमात्र दुविधा किए बिना उत्तर दिया- "मैं आपको संसार मार्ग पर क्यों खीचने लगी? मैं तो आपके इष्टपथ में आपकी सहायता करने ही आई हूँ।" एक दिन सारदा ने श्री रामकृष्ण के पैर सहलाते हुए उनसे पूछा- "आप मुझे किस रूप मे देखते है?" श्रीरामकृष्ण ने उत्तर दिया- "जो माँ काली मन्दिर में हैं उसी ने इस शरीर को उत्पन्न किया है, अब नहबतखाने में है फिर वही इस समय मेरे पैर सहला रही है।" उस रात दोनों एक ही कमरे में सोए किन्तु दोनों में एक दूसरे के लिए किसी प्रकार का शारीरिक आकर्षण नहीं था। श्रीरामकृष्ण सारदा देवी के दिव्यरूप और जीवन के मकसद से भली भाँति परिचित थे। उन्होंने उन्हें शिष्यों में आध्यात्मिकता को उभारने के तरीकों के बारे में विस्तृत रूप में निर्देश दिया। अपनी महायात्रा के कुछ समय पहले उन्होंने उनसे कहा- "तुम क्या कुछ भी नहीं करोगी क्या, (अपनी ओर इशारा करके) यही सब करेगा?" लेकिन, सारदा देवी धीरे से बोली, "मैं तो एक औरत हूँ मैं क्या कर सकती हूँ?" नहीं, नहीं श्रीरामकृष्ण ने कहा, " तुम्हें बहुत कुछ करना होगा।" एक अन्य अवसर पर उन्होंने उनसे कहा- "देखो कोलकाता के लोग मानो अँधेरे में कीड़ों की तरह कुलबुला रहे हैं, तुम उनको देखना।" फिर उन्होंने अपने शरीर की ओर संकेत करते हुए कहा, "आखिर इसने किया ही क्या है? तुम्हें इससे कहीं ज्यादा करना होगा।" कई वर्षों बाद सारदा देवी ने अपने शिष्य से कहा था- "ठाकुर (यानि श्रीरामकृष्ण) हर प्राणी में जगदम्बा की अभिव्यक्ति देखते थे। उन्होंने मुझे संसार में ईश्वर के मातृरूप का प्रकाश करने के लिए छोड़ दिया है।" हिन्दू धर्म का यह वैशिष्ट्य है कि इसमें ईश्वर को मातृरूप में भी देखा जाता है। परब्रह्म तो अनाम, निराकार, गुणातीत और निर्विकार है। ब्रह्म की दृष्टि से न कोई सृष्टि है, न उसका पालन और न ही विनाश। ब्रह्म की अबोधगम्य रचानात्मक शक्ति है जो संसार की सृष्टि, स्थिति और प्रलय करती है। ब्रह्म और उसकी शक्ति-शब्द और उसके अर्थ के समान ही अभिन्न है। शक्ति और जननी के बीच एक विशिष्ट समानता यह है, कि सभी जीव उन्हीं से उत्पन्न सामान्यतः हर स्त्री मातृत्व की ईश्वर प्रदत्त इच्छा होती है। जिन स्त्रियों में यह रचनात्मक शक्ति शारीरिक स्तर पर होती है। वे सन्तानोत्पत्ति से इस इच्छा की पूर्ति करती है, पर जिन स्त्रियों की आत्मा में रचना की शक्ति है वे आध्यात्मिक सन्तानों द्वारा इस इच्छा को संतुष्ट करती है। सारदा देवी दूसरी श्रेणी की महिला थी। और इस कारण वे अनेकानेक आध्यात्मिक सन्तानों की माँ थी। श्रीरामकृष्ण के देहावसान के पन्द्रह दिन बाद श्रीमाँ अपने शोक को भुलाने के लिए उनके शिष्यो के साथ तीर्थाटन के लिए निकली उन्होंने वाराणसी, अयोध्या, हरिद्वार तथा इलाहाबाद जैसे कई तीर्थों की यात्रा की इस दौरान श्रीरामकृष्ण ने इन्हें कई बार दर्शन दिए जिससे उनका शोक कुछ हलका हुआ। वृन्दावन में वे एक बालिका की भाँति आनन्दपूर्वक एक मन्दिर से दूसरे मन्दिर जाती। यहीं श्रीरामकृष्ण ने उन्हें स्वामी योगानन्द को औपचारिक रूप से दीक्षा देने का निर्देश दिया और इस प्रकार स्वामी योगानन्द श्रीमाँ के पहले शिष्य बने। अमेरिका से लौटकर स्वामी विवेकानन्द ने गंगा के तट पर बेलुड़ मठ की स्थापना की। यह मठ श्रीरामकृष्ण के अनुयायियों का स्थायी निवास हो गया जब श्रीमाँ ने बेलुड़ मठ देखा तो प्रसन्न हो गई और कहा- "आखिरकार मेरी सन्तानों को एक आश्रय मिल गया है। श्रीरामकृष्ण की कृपा उन पर हुई है।" उपरी तौर से श्रीमाँ एक साधारण गृहस्थ जैसे ही रहती थी। जयरामबाटी में वे सब्जियाँ काटना, खाना पकाना, झाड़ू लगाना, कपड़े धोना, बर्तन माँजना, आटा गूँथना, आदि गृहस्थी के कामों में व्यस्त रहती थी। इसके साथ ही वे अपने सम्बन्धियों और उनसे मिलने जयरामबाटी आने वाले भक्तों का अपार धैर्य और स्नेह के साथ सेवा-शुश्रशा करती। श्रीमाँ के व्यक्तित्व में मानवी, दैवी, गुरू और एक माँ के गुणों का अद्भूत सम्मिश्रण था। ऐसे तो वे एक सामान्य हिन्दू गृहिणी जैसी ही दिखती थी। अपने एक संबंधी की मृत्यु पर वे खूब रोई थी। दूसरे दिन अपने शोक का कारण बतलाते हुए उन्होंने कहा- "मैं इस संसार में रहती हूँ, मुझे

संसार रूपी वृक्षों के फलो का स्वाद तो चखना ही होगा।" श्रीरामकृष्ण ने एक बार कहा था- "जब जब ईश्वर मानवरूपी में अवतरित होते है तो मानव की तरह ही व्यवहार करते हैं, उन्हें भी भूख प्यास लगती है और रोग, शोक तथा भय सताते है।" एक दिन श्रीमाँ के एक शिष्य ने उनसे पूछा अच्छा क्या आपको सदैव अपने स्वरूप का ज्ञान नहीं रहता? माँ ने कहा - "हर घड़ी कहाँ रहता है? वैसा होने से क्या ये सब कामकाज किए जा सकते है? पर हाँ काम काज के बीच जब भी इच्छा होती है। तभी थोड़ा ध्यान करने से ही मेरी चेतना झट उद्दीपित हो जाती है। और महामाया की सारी लीला समझ में आ जाती है।" श्रीमाँ अपने पति की तरह ही ईश्वर का अवतार थी। एक ही शक्ति, श्रीरामकृष्ण और श्रीमाँ के रूपों में प्रकट हुई थी। श्रीरामकृष्ण ने दक्षिणेश्वर के अपने कमरे में इसी दिव्य शक्ति की साकार रूप से पूजा की थी। वे चाहे साध्वी हो या जगदम्बा की अवतार अपने शिष्यों के लिए वे गुरू भी थी और माँ भी। वे उन अतिविरल और असाधारण गुरूओं में से थी जो न केवल अपने शिष्यों के हृदय में आध्यात्मिक चेतना जागृत करते हैं। बल्कि उनकी मुक्ति होने तक उनकी सहायता करते रहते है। अपनी अन्तिम बीमारी के समय श्रीमाँ ने कहा था- "क्या तुम सोचते हो कि मृत्यु के बाद भी मुझे तब तक छुटकारा मिल सकता है, जब तक मेरी सारी सन्तानें जिनका भार मैंने लिया है, मुक्त नहीं हो जाती? मंत्र देना क्या खेल है? कितना बोझ सिर पर लेना पड़ता है, शिष्यों के लिए कितना चिन्ता करनी पड़ती है।" अपनी मृत्यु के पाँच दिन पहले उन्होंने भ्रमित और ईष्र्या-द्वेष से प्रताड़ित संसार को अपना अन्तिम संदेश दिया एक शोकाकुल महिला भक्त से उन्होंने धीरे-धीरे कहा- "एक बात कह देती हूँ। यदि शान्ति चाहती हो, बेटी तो किसी का दोष मत देखना दोष केवल अपना ही देखना संसार को अपनाना सीखो कोई पराया नही, बेटी संसार तुम्हारा ही है।" मंगलवार, 29 जुलाई 1920 को दिन के करीब डेढ़ बजे उन्होंने कुछ गहरी साँसें ली और महासमाधि में लीन हो गई। वे फिर इस भौतिक संसार में नहीं लौटी। दीर्घकालीन रोग से पीड़ित उनका शरीर शान्त हो गया और उसमें से एक दिव्य ज्योति निकलने लगी। कई लोग इस ज्योति से धोखे में आ गए और उन्हें लगा कि श्रीमाँ अब भी जीवित है। उनके शरीर को मालाओं से सुसज्जित कर गंगा के उस पार बेलुड़ मठ ले जाया गया। वहाँ चन्दन काष्ठ की चिता पर उनका अन्तिम संस्कार सम्पन्न हुआ। उनके पुनीत जीवन के स्मारक के रूप मे उसी स्थान पर आज एक सफेद मन्दिर स्थापित है। उनके जन्मस्थान पर भी एक सफेद मन्दिर का निर्माण किया गया। इस मन्दिर पर लहराती ध्वजा पर एक ही शब्द लिखा है- "**माँ!**"

श्रीमाँ सारदा देवी की वाणी

सचमुच ठाकुर (राम कृष्ण परमहंस) ईश्वर ही थे। उन्होंने दूसरे के दुःखों और कष्टों को दूर करने के लिए मानवी देह धारण की थी। वे वैसे ही रहे जैसे एक राजा अपने नगर में वेश बदलकर घूमता है जैसे ही लोगों ने उन्हें पहचाना वैसे ही वे अदृश्य हो गये। ठाकुर सत्य से कितने जुड़े हुए थे। वे कहा करते कि सत्य कलियुग की तपस्या है। व्यक्ति सत्य का पालन करके ईश्वर को पा सकता है। जब ठाकुर चले गये तब मैनें भी जाने का विचार किया वे तत्काल मेरे सामने प्रकट होकर बोले, नहीं तुम्हें यहाँ रहना होगा यहाँ बहुत सा कार्य बाकी है। उन्होंने बताया कि वे तीन सौ वर्ष तक सूक्ष्म शरीर में अपने भक्तों के हदय में निवास करेगें। जिसका मन शुद्ध होता है वह सभी को शुद्ध समझता है। औरतों का इतना क्रोध करना क्या अच्छा है? उन्हें सहनशील होना चाहिए बचपन में माँ-बाप की गोद और युवावस्था में पति का आश्रय छोड़ उनके लिए और कहीं मर्यादा का स्थान नहीं है। स्त्रियाँ सामान्य रूप से संवेदनशील होती है। एक ही शब्द उन्हें क्रोधित कर देता है और आजकल शब्द भी कितने सस्ते हो गये है। उनमें सहनशीलता होनी चाहिए और कितनी भी कठिनाई क्यों न हो, उन्हे माँ, बाप या पति के साथ ही रहना चाहिए। एक दिन एक स्त्री भक्त ने श्रीमाँ से कहा कि- वे उसकी लड़की को विवाह करने के लिए आदेश दे। इस पर श्रीमाँ ने कहा- सारा जीवन दूसरे की दासी बनकर रहना उसकी इच्छानुसार चलना यह क्या कम कष्ट की बात है? यद्यपि अविवाहित जीवन में विपत्ति की कुछ सम्भावना रहती है फिर भी यदि कोई विवाह करने की इच्छा नहीं रखे तो उसे विवाह करने के लिए और जीवन भर सांसारिकता में फँसने के लिए बाध्य नहीं करना चाहिए। जो लड़कि याँ पूर्ण संन्यास के जीवन को ग्रहण करना चाहती है। उन्हें ब्रह्मचर्य का जीवन बिताने के लिए प्रोत्साहित

करना चाहिए। एक दिन एक सन्यासी की माता ने श्रीमाँ से प्रार्थना की कि वे उसके पुत्र को सांसारिक जीवन में लौटने के लिए कहे श्रीमाँ ने उत्तर दिया संन्यासी की माता बनना तो एक दुर्लभ सौभाग्य है। लोग तो एक पीतल के लोटे को भी नहीं छोड़ सकते। क्या संसार का त्याग करना सहज है? तुम क्यों चिंता करती है? अपनी ससुराल जानेवाली एक महिला से श्रीमाँ बोली किसी से घनिष्टता मत बढ़ाना परिवार के सामाजिक उत्सवो में अधिक भाग मत लेना कहती रहना रे मन अपने आप में रहो। दूसरों के बारे में जानने के लिए उत्सुक मत होना। ध्यान और प्रार्थना की अवधि धीरे धीरे बढ़ाती जाना। एक महिला किसी लड़के को गोद लेना चाहती थी। उससे श्रीमाँ ने कहा ऐसा काम मत करना जिसके प्रति जो कर्तव्य हो उसे करती रहना पर प्रेम एक भगवान को छोड़ किसी से न करना। सांसारिक प्रेम सदा अकथनीय दुःखों को साथ लाता है। अगर तुम किसी मनुष्य से प्रेम करोगी तो तुम्हें इसके लिए दुःख सहना होगा। वह धन्य है जो केवल भगवान से प्रेम करती हैं। भगवान से प्रेम करने पर दुःख नहीं भोगना पड़ता। एक बात कहती हूँ- यदि शान्ति चाहो बेटी तो किसी का दोष मत देखना दोष देखना अपना संसार को अपना बना लेना सीखो कोई पराया नहीं है, बेटी यह सारी दुनिया तुम्हारी अपनी है। मृत्यु का कोई निश्चित समय नहीं है इसलिए किसी विशेष अवसर की प्रतीक्षा किये बिना जब भी मौका मिले, सत्संकल्पों को व्यवहार में उतारना चाहिए। मृत्यु समय-असमय का विचार नहीं करती। देखो किसी महापुरूष की सेवा करते हुए भी व्यक्ति गलती कर सकता है। यह ऐसे होता है जब व्यक्ति को ऐसी सेवा का सौभाग्य मिलता है तो उसका अहंकार बढ़ जाता है। तब वह जिनकी सेवा करता है। उन्हीं को कठपुतली के समान नियंत्रण करना चाहता है। वह उनके खाने, बैठने या उठने तक में हुक्म चलाता है। उसकी सेवा की भावना जाती रहती है। अनेक महापुरूष सम्पत्ति और वैभव से घिरे रहते है। इससे बहुत से लोग आकर्षित होकर उनका सेवक बनना चाहते है। ऐसे सेवक अपनी स्थिति के नशे में चूर रहते है और इस प्रकार वे खुद अपने पैरो में कुल्हाड़ी मार लेते है। बताओ भला कितने लोग सच्ची सेवा भावना से कार्य करते है। कोई भी व्यक्ति हमेशा दुःख नहीं भोग सकता। कोई भी व्यक्ति इस जगत में जीवन भर कष्ट में नहीं रहेगा। प्रत्येक कर्म का फल होता है और उसके अनुसार ही व्यक्ति सुख या दुःख का भोग करता है। कठिनाई तो आएगी पर वे सदा नहीं रहेगी। तुम देखोगे कि वे सब पुल के नीचे से बहकर निकलने वाले पानी के समान विलीन हो जाएगी। क्या तुम सोचते हो कि मृत्यु होने के बाद भी मुझे तब तक छुटकारा मिल पाएगा जब तक मेरी सन्तानें जिनका भार मैनें लिया मुक्त नहीं हो जाती है। मुझे तो उनके साथ निरन्तर रहना पड़ेगा। मैनें तो उनके सब कुछ का, उनके सारे पाप और पुण्य का भार लिया है। मैं उन लोगों को छोड़ नहीं सकती है जिन्हें अपनी सन्तान के रूप में स्वीकार किया है। धनी व्यक्तियों को अपने धन से भगवान और भक्तों की सेवा करनी चाहिए और निर्धनों को भगवान का नाम जपते हुए उनका भजन करना चाहिए। जान लो कि अपनी माता की सेवा ही तुम्हारा सर्वोच्च कर्तव्य है, यदि वह तुम्हारी आध्यात्मिक प्रगति में बाधक होती हो तो बात दूसरी है। कोई वस्तु कितनी ही छोटी क्यों न हो पर उसकी अवमानना नहीं करनी चाहिए। अगर तुम किसी वस्तु का सम्मान करोगे तो उसके द्वारा तुम्हें भी सम्मान मिलेगा छोटे से छोटा काम भी सम्मानपूर्वक करना चाहिए। व्यक्ति कितना ही आध्यात्मिक क्यों न हो पर शरीर धारण करने का पूरा महसूल उसे चुकाना ही पड़ता है। एक महात्मा और सामान्य व्यक्ति में यह अंतर है कि जहाँ सामान्य व्यक्ति देहत्याग के समय रोता है। वहाँ महात्मा हँसता है। मृत्यु तो उसके लिए एक खेल के समान है। जब पति और पत्नी एकमत होकर आध्यात्मिक साधना करते है। तब आध्यात्मिक प्रगति सरलता से होने लगती है। केवल ईश्वर ही सत्य है बाकी सब कुछ मिथ्या है। जीवन का उद्देश्य ईश्वर की अनुभूति करना तथा उनके चिन्तन में निरन्तर लीन रहना है।

महर्षि अरविन्द

परिचय

भारतभूमि का चिन्मयी - भारतमता के रूप में दर्शन कर, भारतीयों को नवीन चेतना देने वाले, राष्ट्रवादी महर्षि अरविन्द घोष का जन्म 15 अगस्त, 1872 ई. में हुआ। पिता का नाम कृष्णधन घोष और माता का नाम स्वर्णलता देवी था। प्रारम्भिक शिक्षा दार्जिलिंग में हुई। उच्च शिक्षा इग्लैण्ड के मानचेस्टर और कैम्ब्रिज में प्राप्त की। इनके पिता चाहते थे कि पुत्र आई.सी.एस. करके उच्चाधिकारी बने, परन्तु सन् 1890 में आई.सी.एस. की अश्वारोहण की परीक्षा में जानबूझकर असफल होने से उत्तीर्ण न हो सके।

इग्लैण्ड से लौटकर, बड़ौदा राज्य में अंग्रेजी के प्राध्यापक बनें। वहाँ ब्रह्मानन्द व विष्णु भास्कर लेले नाम के दो योगियों के सम्पर्क में आये। 29 वर्ष की आयु में भूपालचन्द्र बसु की कन्या मृणालिनी से इनका विवाह हुआ। सन् 1903 में भगिनी निवेदिता से भेंट हुई। 1906 ई. में कलकत्ता वापस आये। "वन्देमातरम्" पत्र सम्पादन के माध्यम से राष्ट्रसेवा प्रारम्भ की। अलीपुर बम काण्ड में इन्हें बन्दी बनाकर, अलीपुर कारागृह में भेज दिया गया। जेल में इन्हें आत्म साक्षात्कार प्राप्त हुआ। जेल से मुक्ति के पश्चात् अंग्रेजों ने अपने राज्य की सीमा से बाहर कर दिया। आध्यात्मिक चेतना इतनी प्रगाढ़ जागृत हुई कि 1910 ई. में सन्यासी होकर पांडिचेरी में रहने लगे। 1914 ई. में "आर्य" नामक अंग्रेजी मासिक प्रारम्भ किया। 1918 ई. में इनकी पत्नी का देहावसान हुआ। श्रीमती मीरा रिचर्ड नाम की फ्रांसीसी महिला ने प्रभावित होकर इनका शिष्यत्व ग्रहण किया। बाद में वे श्रीमाँ के नाम से जानी गईं। 24 नवम्बर, 1926 को इन्हें सिद्धि प्राप्त हुई। दि लाइफ डिवाइन, योगिक साधना, ऐसेज आन गीता आदि 15 ग्रन्थ लिखे। उनका विश्वास था कि भारत एक दिन अखण्ड होकर रहेगा। 5 दिसम्बर 1950 को अपनी इहलीला समाप्त कर परम तत्व में समा गये।

श्री अरविन्द की प्रमुख कृतियां द मदर, लेटर्स आन योगा, सावित्री, योग समन्वय, दिव्य जीवन, फ्यूचर पोअट्री है। प्रमुख शिष्य चम्पक लाल, नलिनि कान्त गुप्त, कैखुसरो दादा भाई सेठना, निरोदबरन, एम.पी.पण्डत, प्रणब, इन्द्रसेन थे।

श्री अरविन्द के भारतीय शिक्षा चिन्तन में महत्वपूर्ण योगदान किया। उन्होंने सर्वप्रथम घोषणा की कि - मानव सांसारिक जीवन में भी दैवी शक्ति प्राप्त कर सकता है। मानव भौतिक जीवन व्यतीत करते हुए तथा अन्य मानवों की सेवा करते हुए अपने मानस को "अति मानस" तथा स्वयं को "अति मानव" में परिवर्तित कर सकता है। श्री अरविन्द के दर्शन का लक्ष्य "उदात्त सत्य का ज्ञान" है जो "समग्र जीवन दृष्टि" द्वारा प्राप्त होता है। समग्र जीवन दृष्टि मानव के ब्रह्म में लीन या एकाकार होने पर विकसित होती है। ईश्वर के प्रति पूर्ण समर्पण द्वारा मानव "अति मानव" बन जाता है अर्थात वह सत, रज व तम की प्रवृत्ति से ऊपर उठकर ज्ञानी बन जाता है। अतिमानव की स्थिति में व्यक्ति सभी प्राणियों को अपना ही रूप समझता है। जब व्यक्ति शारीरिक, मानसिक तथा आत्मिक दृष्टि से एकाकार हो जाता है तो उसमें दैवी शक्ति का प्रादुर्भाव होता है। समग्र जीवन-दृष्टि हेतु अरविन्द ने योगाभ्यास पर अधिक बल दिया है। योग द्वारा मानसिक शान्ति एवं संतोष प्राप्त होता है। अरविन्द की दृष्टि में योग का अर्थ जीवन को त्यागना नहीं है बल्कि दैवी शक्ति पर विश्वास रखते हुए जीवन की समस्याओं एवं चुनौतियों का साहस से सामना करना है। अरविन्द की दृष्टि में योग कठिन आसन व प्राणायाम का अभ्यास करना भी नहीं है बल्कि ईश्वर के प्रति

निष्काम भाव से आत्म समर्पण करना तथा मानसिक शिक्षा द्वारा स्वयं को दैवी स्वरूप में परिणित करना है। मस्तिष्क के विचार स्तर चित्त, मनस, बुद्धि तथा अन्त्रतज्ञान होते हैं जिनका क्रमशः विकास होता है। अन्त्रतज्ञान में व्यक्ति को अज्ञान से संदेश प्राप्त होते हैं जो ब्रह्मज्ञान के आरम्भ का परिचायक है। अन्त्रतज्ञान द्वारा ही मानवता प्रगति के वर्तमान दशा को पहुँचती है। श्री अरविन्द की मस्तिष्क की धारणा की परिणत "अतिमानस" की कल्पना व उसके अस्तित्व में है। अतिमानस चेतना का उच्च स्तर है तथा दैवी आत्म शक्ति का रूप है। अतिमानस की स्थिति तक शनैः शनैः पहुँचना ही शिक्षा का लक्ष्य होना चाहिए। भारतीय प्रतिभा की तीन विशेषताएँ हैं- आत्मज्ञान, सर्जनात्मकता तथा बुद्धिमत्ता। भारतीय आध्यात्मिक ज्ञान जैसी उत्कृष्ट उपलब्धि बगैर उच्च कोटि के अनुशासन के अभाव में संभव नहीं हो सकती जिसमें कि आत्मा व मस्तिष्क की पूर्ण शिक्षा निहित है।

प्रत्येक दार्शनिक अंततः एक शिक्षाविद् होता है क्योंकि शिक्षा, दर्शन का गत्यात्मक पक्ष है। वे वर्तमान शिक्षा-पद्धति से असन्तुष्ट थे। उनका कहना था- सूचनात्मक ज्ञान कुशाग्र बुद्धि का आधार नहीं हो सकता। यह ज्ञान तो नवीन अनुसंधान तथा भावी क्रियाकलापों का आरम्भ मात्र होता है। अरविन्द इस प्रकार की शिक्षा पद्धति चाहते थे जो विद्यार्थी के ज्ञान क्षेत्र का विस्तार करे, जो विद्यार्थीयों की स्मृति, निर्णयन शक्ति एवं सर्जनात्मक क्षमता का विकास करे तथा जिसका माध्यम मातृभाषा हो। शिक्षा द्वारा पुनर्जागरण तीन दिशाओं की ओर उन्मुख होना चाहिए।

1. प्राचीन आध्यात्म ज्ञान की पुर्नस्थापना,
2. इस आध्यात्म ज्ञान की दर्शन, साहित्य, कला, विज्ञान व विवेचनात्मक ज्ञान में प्रयोग तथा
3. वर्तमान समस्याओं का भारतीय आत्मज्ञान की दृष्टि से समाधान की खोज तथा आध्यात्म प्रधान समाज की स्थापना।

श्री अरविन्द के अनुसार- शिक्षा का प्रमुख लक्ष्य विकासशील आत्मा के सर्वांगीण विकास में सहायक होना तथा उसे उच्च आदर्शों के लिए प्रयोग हेतु सक्षम बनाना है। अरविन्द के विचार महात्मा गाँधी द्वारा प्रतिपादित शिक्षा के लक्ष्यों के समान है। श्री अरविन्द का विश्वास था कि मानव दैवी शक्ति से समन्वित है और शिक्षा का लक्ष्य इस चेतना शक्ति का विकास करना है। इसीलिए वे मस्तिष्क को छठीं ज्ञानेन्द्रिय मानते थे। शिक्षा का प्रयोजन इन छः ज्ञानेन्द्रियों का सदुपयोग करना सिखाना होना चाहिए। मस्तिष्क का उच्चतम सीमा तक पूर्ण प्रशिक्षण होना चाहिए अन्यथा बालक अपूर्ण तथा एकांगी रह जायेगा। अतः शिक्षा का लक्ष्य मानव व्यक्तित्व के समेकित विकास हेतु अतिमानस का उपयोग करना है। शिक्षा के पाठ्यक्रम के विषय में अरविन्द चाहते थे कि अनेक विषयों का सतही ज्ञान कराने की अपेक्षा विद्यार्थीयों को कुछ चयनित विषयों का ही गहन अध्ययन कराया जाये। वे भारतीय इतिहास एवं संस्कृति को पाठ्यक्रम का अभिन्न अंग मानते थे क्योंकि उनका विचार था कि प्रत्येक बालक में इतिहास बोध होता है जो परकथाओं, खेल व खिलौनों के माध्यम से प्रकट होता है। अतः बालकों को अभिरूचि अपने देश के साहित्य एवं इतिहास के प्रति विकसित करनी चाहिए। श्री अरविन्द के अनुसार प्रत्येक व्यक्ति में जिज्ञासा, खोज, विश्लेषण व संश्लेषण करने की प्रवृत्ति होती है। अतः वे विज्ञान को पाठ्यक्रम में स्थान देते थे। विज्ञान द्वारा मानव प्राकृतिक वातावरण को समझता है तथा उसमें वस्तुनिष्ट बुद्धि के विकास हेतु अनुशासन आता है। मस्तिष्क को प्रधानता देने के कारण अरविन्द पाठ्यक्रम में मनोविज्ञान विषय को भी सम्मिलित करना चाहते थे जिससे कि "समग्र जीवन दृष्टि" विकसित हो सके। इसी उद्देश्य से वे पाठ्यक्रम में दर्शन एवं तर्क शास्त्र को भी स्थान देते थे।

श्री अरविन्द के अनुसार शिक्षण एक विज्ञान है जिसके द्वारा विद्यार्थीयों के व्यवहार में परिवर्तन आना अनिवार्य है। वास्तविक शिक्षण का प्रथम सिद्धान्त है कि कुछ भी पढ़ाना सम्भव नहीं अर्थात बाहर से शिक्षार्थी के मस्तिष्क पर कोई चीज न थोपी जाये। शिक्षण प्रक्रिया द्वारा शिक्षार्थी के मस्तिष्क की क्रिया को ठीक दिशा देनी चाहिए। प्रत्येक विद्यार्थी को व्यक्तिगत अभिवृत्ति एवं योग्यता के अनुकूल शिक्षा देनी चाहिए। विद्यार्थी को अपनी प्रवृति अर्थात "स्वधर्म" के अनुसार विकास के अवसर मिलने चाहिए। श्री अरविन्द शिक्षक का महत्व प्रकट करते हुए कहते थे कि- शिक्षक प्रशिक्षक नहीं है, वह तो सहायक एवं पथप्रदर्शक है। वह केवल ज्ञान ही नहीं देता बल्कि

वह ज्ञान प्राप्त करने की दिशा भी दिखलाता है। शिक्षण-पद्धति की उत्कृष्टता उपयुक्त शिक्षक पर ही निर्भर होती है।

महर्षि अरविन्द की वाणी

1. उत्पीड़न आज तक धार्मिक निष्ठा को नष्ट नहीं कर सका और आत्मचेतन भारत तो किसी तानाशाह की दण्डशलाका से दमित होने के लिए बहुत बड़ी ताकत है। अत्याचार कुचलते नहीं बल्कि सम्प्रत्यय और विश्वास की मोर्चाबन्दी करते है। और धरती पर ऐसी कोई शक्ति नहीं जो सच्चे लोगों के रक्त में एक बार अंकुरित हुये स्वतन्त्रता के बीज को उन्मूलित कर सके।
2. यह जनशक्ति ही है जो हमारी सम्पूर्ण आशा है...... सम्पूर्ण आश्वासन, भविष्य की हमारी सम्पूर्ण संभावना..... इसे सामाजिक और राजनीतिक प्रभुता प्राप्त करने के लिए अपने परिणाम, प्रबलता और महत्व में अनन्तगुना होना है।
3. एक चीज जिसे हमें सबसे पहले प्राप्त करना है वह है शक्ति-शारीरिक, मानसिक और नैतिक शक्ति और सर्वोपरि रूप से आध्यात्मिक शक्ति, जो दूसरी सारी शक्तियों का अक्षय स्रोत है। अगर हममें शक्ति है तो दूसरी हर चीज बहुत आसानी और स्वाभाविकता के साथ हमसे जुड़ जायेगी।
4. जिन्होंने अपने देश को स्वतन्त्र किया है वे सम्पूर्ण आत्मत्याग की यातना से गुजरे हैं। जो भारत को स्वतन्त्र करने की उत्कृष्ट आकांक्षा से प्रेरित हैं, उन्हें पहले उस मूल्य को अदा करना होगा, माता जिसका माँग करती है। पुनरूद्धार का अर्थ है पुनर्जन्म- नया जन्म और यह बुद्धि से नहीं मिलता, किसी नीति से नहीं मिलता, न ही इसे यांत्रिक परिवर्तन से प्राप्त किया जा सकता है। यह एक नया हृदय पाने से आता है, सब कुछ यज्ञाग्नि में झोंक देने से आता है। इसके लिए "माता" में पुनः जन्म लेना होता है।
5. भारत माता जो आदि जननी हैं। वह वस्तुतः पुनर्जन्म लेने का प्रयास कर रही हैं। वह असह्य वेदना और आँखों में आँसू लिए हैं उसे कठिनाई किस बात की है? इतनी विशाल होते हुए भी वह अशक्त क्यों हैं? अवश्य ही हममें कोई भारी दोष होगा। हमारे पास बाकी सब चीजे हैं बस हम शक्ति शून्य हैं। ऊर्जा का हममें अभाव है। हमने शक्ति को त्याग दिया है अथवा शक्ति द्वारा हम त्याग दिये गये हैं। हमारी माता का वास हमारे अन्तः करण में, मस्तिष्क में है। भुजाओं में नहीं है।
6. लोग अपने देश को एक जड़ पदार्थ का टुकड़ा समझते है। खेत, वन और पहाड़ियों - नदियों के रूप में, लेकिन मैं अपने देश को अपनी माता मानता हूँ। मैं उसकी अराधना करता हूँ। माता के रूप में उसकी पूजा करता हूँ। यदि कोई राक्षस किसी पुत्र की माता की छाती पर चढ़कर उसका खून चूसने लगे तो वह पुत्र क्या करेगा? मैं यह जानता हूँ कि मुझमें इस गिरे हुए राष्ट्र को उबारने की शक्ति है। मैं शारीरिक शक्ति की बात नहीं कर रहा हूँ। मैं कोई तलवार या बंदूक उठाकर लड़ने नहीं जा रहा हूँ। मैं ज्ञान की शक्ति से विजय प्राप्त करूँगा।
7. मातृभूमि में जीना गर्व की बात है और मातृभूमि के लिए मरना सौभाग्य की।
8. "आत्म-विश्वास, आत्म ज्ञान, आत्मसत्ता के बोध से सम्पन्न अपनी सरकार" यह श्री अरविन्द के स्वराज की परिभाषा थी जितनी राजनीतिक उतनी ही वेदान्तिक।
9. हमारा देश यह राष्ट्र "प्रकृति" की कर्मशाला की एक नयी और अनगढ़ या आधुनिक परिस्थितियों द्वारा रची गयी जाति नहीं है, बल्कि इस धरती पर प्राचीनतम जातियों और सबसे महान सभ्यताओं में से एक है। तेज और ओज में सबसे अधिक अदम्य, महत्ता में सबसे अधिक उर्वर, जीवन में गहनतम और अन्तः शक्ति में असाधारण। भारत की स्वतन्त्रता, एकता और महानता अब विश्व के लिए आवश्यक हो गयी है।
10. हमें हर व्यक्तिगत स्वार्थ को बृहत्तर राष्ट्रीय सन्दर्भ में मिटा देना सीखना है, ताकि मानवता में ईश्वर विकसित हो सके। यह राष्ट्रीयता है जो इस समय युग-धर्म, काल धर्म है और ईश्वर इसे हमारी, हम सबकी "एक माता" के अन्दर अभिव्यक्त कर रहा है।

11. आओ, माता की पुकार सुनों। वह हमारे हृदय में हैं और अपने प्रकाट्य की प्रतीक्षा कर रही हैं। उसकी सेवा करो अपने शरीरों से या अपनी बुद्धि से या वाणी या समृद्धि से अथवा अपनी प्रार्थना और आराधना से पीछे मत हटो।
12. हमारा उद्देश्य होगा मानवता के लिए भारत के निर्माण में सहायक होना- यह राष्ट्रीयता की चेतना है जिसका हम दावा करते हैं। और अनुसरण करते हैं। हम मानवता से कहते हैं- वह समय आ गया है जब तुम्हें बड़ा कदम उठाना है और भौतिक सत्ता से निकलकर एक उच्चतर, गहनतर और विशालतर जीवन में उठना है जिसकी ओर मानवता संचरण कर रही है।
13. राष्ट्र निर्माण... इस महान कार्य में राजनीति तो केवल एक अंग है। हम केवल राजनीति को ही अर्पित नहीं होंगे, न केवल सामाजिक समस्याओं, न ईश्वर-मीमांसा या दर्शन या साहित्य या विज्ञान को बल्कि हम इन सबको एक "सत्व" में एक अस्तित्व में शामिल करेंगे और हमें विश्वास है कि यह सर्वाधिक महत्वपूर्ण है। यही हमारा राष्ट्रीय धर्म है। जिसके सार्वभौम होने का विश्वास भी हमें है।
14. यह भारत है जो इस सर्वोच्च आगे महान नियति के लिए नियत है। यह भारत है जो अपने अन्दर से विश्व के भावी धर्म को उत्सर्जित करेगा- उस शाश्वत धर्म को, जो सम्पूर्ण मानवजाति को "एक आत्मा" के रूप में निर्मित कर सकता है।
15. एक राष्ट्र के रूप में हम अपने जीवन की परिपूर्णता चाहते हैं.... हमारा उद्देश्य, हमारा दावा है कि हम एक राष्ट्र के रूप में विनाश को प्राप्त नहीं होंगे, बल्कि एक राष्ट्र के रूप में जियेंगे।
16. भारत की रचना विधाता ने संयोग के बेतरतीब ईंटों से नहीं की है। भारत की नियति का निर्माण करने वाला देवता चक्षुहीन अर्थात अंधा नहीं है। इसकी योजना किसी चैतन्य शक्ति ने बनाई है। जो इसके विपरीत कार्य करेगा वह मरेगा ही मरेगा।

आचार्य रजनीश "ओशो"

परिचय

रजनीश चन्द्र मोहन का जन्म 11 दिसम्बर, 1931 को भारत के मध्य प्रदेश राज्य के जबलपुर शहर में हुआ था। 1960 के दशक में वे "आचार्य रजनीश" के नाम से "ओशो रजनीश" उसके उपरान्त "ओशो" नाम से जाने गये। वे एक आध्यात्मिक नेता थे तथा भारत तथा विदेशों में जाकर प्रवचन दिये। "ओशो" अपने विवादास्पद नये धार्मिक (आध्यात्मिक) आन्दोलन के लिए मशहूर हुए और भारत और संयुक्त राज्य अमेरिका में रहे। "ओशो" ने प्रचलित धर्मों की व्याख्या की तथा प्यार, ध्यान और खुशी को जीवन का प्रमुख मूल्य माना। "ओशो" ने सैकड़ों पुस्तकें लिखी और हजारों प्रवचन दिये। उनके प्रवचन पुस्तकों, आडियो कैसेट तथा विडियो कैसेट के रूप में उपलब्ध है। अपने क्रान्तिकारी विचारों से उन्होंने लाखों अनुयायी और शिष्य बनाये। अत्यधिक कुशल वक्ता होते हुए इनके प्रवचनों के करीब 600 पुस्तकें हैं। "सम्भोग से समाधि की ओर" इनकी सबसे चर्चित और विवादास्पद पुस्तक है। इनके नाम से कई आश्रम चल रहे हैं। "ओशो" ने हर एक पाखण्ड पर चोट की। सन्यास की अवधारणा का उन्होंने भारत की विश्व को अनुपम देन बताते हुए सन्यास के नाम पर भगवा कपड़े पहनने वाले पाखण्डियों को खूब लताड़ा। "ओशो" ने सम्यक सन्यास को पुनर्जिवित किया है। "ओशो" ने पुनः उसे बुद्ध का ध्यान, कृष्ण की बासुरी, मीरा के घुंघरू और कबीर की मस्ती दी है। सन्यास पहले कभी भी इतना समृद्ध न था जितना आज "ओशो" के संस्पर्श से हुआ है। इसलिए यह नव-सन्यास है। उनकी नजर में सन्यासी वह है जो अपने घर-संसार, पत्नी और बच्चों के साथ रहकर पारिवारिक, सामाजिक जिम्मेदारीयों को निभाते हुए ध्यान व सत्संग का जीवन जिए। उनकी दृष्टि में एक सन्यास है जो इस देश में हजारों वर्षों से प्रचलित है। उसका अभिप्राय कुल इतना है कि आपने घर-परिवार छोड़ दिया, भगवे वस्त्र पहन लिए, चल पड़ जंगल की ओर। वह सन्यास तो त्याग का दूसरा नाम है। वह जीवन से भगोड़ापन है, पलायन है। और एक अर्थ में आसान भी है- अब है कि नहीं, लेकिन कभी अवश्य आसान था। भगवे वस्त्रधारी सन्यासी की पूजा होती है। उसने भगवे वस्त्र पहन लिए, उसकी पूजा के लिए इतना पर्याप्त था। वह दरअसल उसकी नहीं, उसके वस्त्रों की पूजा होती थी। वह सन्यास इसलिए भी आसान था कि आप संसार से भाग खड़े हुए तो संसार की सब समस्याओं से मुक्त हो गए। क्योंकि समस्याओं से कौन मुक्त नहीं होना चाहता? लेकिन जो लोग संसार को त्यागने की हिम्मत न जुटा सके, मोह में बँधे रहे, उन्हें त्याग का यह कृत्य बहुत महान लगने लगा। वे ऐसे सन्यासी की पूजा और सेवा करते रहे और सन्यास के नाम पर पर निर्भरता का यह कार्य चलता रहा। सन्यासी अपनी जरूरतों के लिए संसार पर निर्भर रहा और तथाकथित त्यागी भी बना रहा। लेकिन ऐसा सन्यास आनन्द न बन सका, मस्ती न बन सका। दीन-हीनता में कहीं कोई प्रफुल्लता होती है? धीरे-धीरे सन्यास

पूर्णतः सड़ गया। सन्यास से वे बांसुरी के गीत खो गये जो भगवान श्रीकृष्ण के समय गूंजे होंगे, सन्यास के मौलिक रूप में। अथवा राजा जनक के समय सन्यास ने जो गहराई छुई थी, वह संसार में कमल की भाँति खिलकर जीने वाला सन्यास नदारद हो गया। 19 जनवरी, 1990 को उनकी इस धरती की यात्रा हमेशा के लिए रूक गयी और वे अगली यात्रा पर निकल पड़े।

अक्टुबर व नवम्बर 1978 में दिये गये प्रवचन का अंश-

1. एक तरह का सिद्ध एक ही बार होता है, दोबारा नहीं होता। क्योंकि जो सिद्ध हो गया, फिर नही लौटता। गया फिर वापस नहीं आता। एक ही बार तुम उसकी झलक पाते हो- बुद्ध की, महावीर की, क्राइस्ट ही, मुहम्मद की, एक ही बार झलक पाते हो, फिर गये सो गये। फिर विराट में लीन हो गये। फिर दोबारा उनके जैसा आदमी नहीं होगा, नहीं हो सकता। मगर बहुत लोग नकलची होंगे। उनको तुम साधु कहते हो। उन नकलीची का बड़ा सम्मान है। क्योंकि वे तुम्हारे शास्त्र के अनुसार मालूम पड़ते हैं। जब भी सिद्ध आयेगा सब अस्त व्यस्त कर देगा सिद्ध आता ही है क्रान्ति की तरह ! प्रत्येक सिद्ध बगावत लेकर आता है, एक क्रान्ति का संदेश लेकर आता है एक आग की तरह आता है- एक तुफान रोशनी का! लेकिन जो अँधेरे में पड़े हैं। उनकी आँखे अगर एकदम से उतनी रोशनी न झेल सके और नाराज हो जाय तो कुछ आश्चर्य नहीं।
2. जो एक गुरू बोल रहा है, वह अनन्त सिद्धों की वाणी है। अभिव्यक्ति में भेद होगा, शब्द अलग होंगे, प्रतीक अलग होंगे मगर जो एक सिद्ध बोलता है, वह सभी सिद्धों की वाणी है। इनसे अन्यथा नहीं हो सकता है। इसलिए जिसने एक सिद्ध को पा लिया, उसने सारे सिद्धों की परम्परा को पा लिया। क्योंकि उनका सूत्र एक ही है। कुंजी तो एक ही है, जिसमें ताला खुलता है अस्तित्व का।
3. परमात्मा त्यागी नहीं है, परमात्मा परम भोगी है, इस सारे अस्तित्व के भोग में लीन है। परमात्मा स्वयं त्यागी नहीं है। लेकिन तुम्हारे तथाकथित महात्माओं ने तुम्हें समझा दिया है। इस त्याग के कारण या तो तुम दीन हो जाते हो- एक परिणाम, कि तुम्हें लगता है मैं गर्हित, मैं निंदित, मैं पापी, मैं नारकीय, मुझसे त्याग नहीं होता! या, अगर तुम चालबाज हुये, चालाक हुये- वह तरकीब निकाल लेगा वह त्याग का आवरण खड़ा कर लेगा।
4. जिसको ज्ञान होता है वह ब्रह्मस्वरूप हो गया। जिसने स्वयं को जाना वह स्वयं ब्रह्म हो गया। उसे जानते ही वही हो जाता है। फिर शेष सब उसके बाद है। वह समयातीत हो गया, काल और क्षेत्र के बाहर चला गया। वह प्रथम है, वही अन्तिम है। सबसे पहले वही, सबसे अन्त में भी वही। असल में फिर एक ही है, दो नहीं है। फिर कौन गुरू, कौन चेला। फिर कौन भक्त, कौन भगवान! इतना भेद भी नहीं बचता, नहीं बचना चाहिए। इस अभेद में ही आनन्द की वर्षा है, अमृत का अनुभव है।
5. जब इन्द्रिया बाहर की तरफ जाती है, अलग-अलग हो जाती हैं। जैसे कि तुम किसी वर्तुल के केन्द्र से रेखायें खीचों परिधि की तरफ तो जैसे-जैसे ये परिधि की तरफ बढ़ेगी, एक दुसरे से अलग होने लगेगी। अगर तुम परिधि से केन्द्र की तरफ खीचों, तो जैसे-जैसे केन्द्र की तरफ आने लगेगी, वैसे-वैसे करीब होने लगेगी। केन्द्र पर आकर एक हो जायेगी। उस केन्द्र का नाम आत्मा है, जिस पर सारी इन्द्रिया एक हैं।
6. मेरी दृष्टि में- जो सबसे चमकते हुये सितारे हैं वे हैं- कृष्ण, पंतजली, बुद्ध, महावीर, नागार्जुन, शंकर, गोरख, कबीर, नानक, रामकृष्ण, कृष्णमूर्ति। राम की कोई मौलिक देन नहीं है, कृष्ण की मौलिक देन है। इसलिए हिन्दूओं ने भी राम को पूर्णावतार नहीं कहा। नागार्जुन, बुद्ध में समाहित हैं। जो बुद्ध में बीज रूप था, उसी को नागार्जुन ने प्रकट किया है। ऐसे ही कृष्णमूर्ति भी बुद्ध में समा जाते हैं। कृष्णमूर्ति, बुद्ध का नवीनतम संस्करण हैं। रामकृष्ण, कृष्ण में सरलता से लीन हो जाते हैं। मीरा, नानक, कबीर में लीन हो जाते हैं। जैसे कबीर की ही शाखायें हैं। जैसे कबीर में जो इकट्ठा था। वह आधा नानक में प्रकट हुआ है, और आधा मीरा में। मीरा की इकतारे पर कबीर की नारी गायी है। नानक में कबीर का पुरूष बोला है। कबीर को गोरख में लीन किया जा सकता है। शंकर तो कृष्ण में सरलता से लीन हो जाते हैं। कृष्ण के ही एक अंग का दार्शनिक विवेचन हैं। बुद्ध की महिमा में महावीर की महिमा लीन हो सकती है। अब इन चार (कृष्ण, पंतजली, बुद्ध, गोरख) से मैं किसी

को भी छोड़ न सकूगाँ। जैसे चार दिशाएं है। ऐसे ये चार व्यक्तित्व है। जैसे काल और क्षेत्र के चारो आयाम है। ऐसे ये चार आयाम है। जैसे परमात्मा की हमने चार भुजाएं सोची है। ऐसे ये चार भुजाएँ है। ऐसे तो एक ही हैं, लेकिन उस एक को चार भुजाएँ है। भारत की सारी संत-परम्परा गोरख की ऋणी है जैसे पंतजली के बिना भारत में योग की कोई सम्भावना न रह जायेगी, जैसे बुद्ध के बिना ध्यान को आधार शिला उखड़ जायेगी, जैसे कृष्ण के बिना प्रेम की अभिव्यक्ति को मार्ग न मिलेगा- ऐसे गोरख के बिन उस परम को पाने के लिए विधियों की जो तलाश शुरू हुई, साधना की जो व्यवस्था बनी, वह न बन सकेगी।

7. कृष्ण ने कहा है कि जब सब सो जाते हैं तब भी योगी जागता है। इसका मतलब यह नहीं है कि योगी बैठे हैं या खड़े हैं कमरे में और जाग रहे हैं। इसका अर्थ यह है कि शरीर सो जाता है मगर भीतर एक ज्योति जलती रहती है। एक होश सधा रहता है। ऐसा अगर हो जाय तो फिर न तो तुम जानोगे कभी बुढ़ापा आया और न जानोगे कि कभी मौत आयी। इसका मतलब यह नहीं है कि बूढ़े नहीं होओगे। शरीर बूढ़ा होगा, मगर तुम बूढ़े नहीं होओगे। शरीर ही मरेगा, तुम अमृत हो गये। गोरख के दो नाम प्रचलित हैं। एक नाम है- गोरख गोपाल। वह सदा ताजे, युवा रहे। दुसरा नाम है बूढ़ाबाल। बूढ़े हो गये फिर भी बालक के जैसे रहे, उतने ही ताजे। जैसे- सुबह-सुबह की ताजी-ताजी ओस, सुबह-सुबह खिली हुई फूल की कली, ऐसे ही ताजे रहे, उनकी ताजगी कभी न गयी।
8. तंन्त्र, वाममार्ग, अघोरपंथ, नाथपंथ। ये सब नाम तंन्त्र के ही नाम है। वाम मार्ग का अर्थ होता है। बायें हाथ का रास्ता। तुम्हारे पास दो हाथ है- एक दायां हाथ है, तुम्हारा दायां हाथ जुड़ा है बायें मस्तिष्क से जिससे- तर्क, गणित, कर्मठता कार्यकुशलता, चालाकी, राजनीति, संसार, गद्य, विज्ञान, हिसाब/किताब, उपयोगिता, बाजार। तुम्हारा दायां मस्तिष्क जो कि बायें हाथ से जुड़ा है, काव्य का स्रोत है- अनुभूति, भाव, कला, प्रज्ञा, आनन्द, मस्ती, नृत्य, संगीत, उत्सव, कल्पना। जो भी मधुर है। जो भी स्त्रैण है, जो भी सुन्दर है उस सब का जन्म तुम्हारे दायें मस्तिष्क में होता है। यह तो बायां हाथ है वह तुम्हारे भीतर स्वांतः सुखाय का प्रतीक है। इसका कोई लक्ष्य नहीं है इसकी कोई दिशा नहीं है। यह कहीं जा नहीं रहा है। यह तो इसी क्षण में आनन्द मस्त, मुग्ध, होकर जीने की कला है। संसार सदा से दायें हाथ पर जोर देता रहा है, क्योंकि दायें हाथ में उपयोगिता है।
9. वाममार्ग का अर्थ होता है- जीवन का लक्ष्य काम नहीं, विश्राम है। जीवन का लक्ष्य धन नहीं है, ध्यान है। जीवन का लक्ष्य गणित नहीं है, काव्य है। जीवन का चरमशिखर विज्ञान से उपलब्ध नहीं होगा, धर्म से उपलब्ध होगा। वाममार्ग कहता है- प्रेम प्रार्थना है। कुछ भी छोड़ना नहीं है, क्योंकि जो परमात्मा ने दिया है उसकी उपयोगिता है उसका उपयोग करो और सीढ़ी बनाओ। वाममार्ग का अद्भुत संदेश है- अगर तुम बुद्धिमान हो तो जहर का ऐसा उपयोग करोगे कि वह औषधि हो जाये अगर तुम बुद्धु हो तो औषधि को भी जहर बना लोगे। वाममार्ग है- जीवन का सहज स्वीकार, उत्साहपूर्ण स्वीकार ! जीवन का उसकी समग्र विधा में जीने की क्षमता साहस।
10. अघोर का अर्थ होता है- सरल। किसी को "घोरी" कहो तो गाली हो सकती है घोर का अर्थ है- जटिल। अघोर का अर्थ होता है- सरल, बच्चे जैसा निर्दोष। अघोर तो सिर्फ थोड़े से बुद्धों के लिए उपयोग में लाया जा सकता है। गौतम बुद्ध-अघोरी, कृष्ण-अघोरी, क्राइस्ट-अघोरी, लोओत्सु-अघोरी। गोरख-अघोरी। सरल निर्दोष, सीधे-साधे। इतने सरल कि गणित जीवन में है ही नहीं। हिसाब-किताब लगाने का भाव ही चला गया है।
11. कृष्ण वाममार्गी है। तुम बुद्ध से ज्यादा प्रभावित हो जाते है क्योंकि वह राजमहल छोड़कर जाते हैं। तुम कृष्ण की अगर प्रशंसा भी करते हो तो थोड़े दबे-दबे कंठ से, थोड़े डरे-डरे, थोड़े भयभीत। अगर लोग कृष्ण की प्रशंसा भी करते हैं तो गीता वाले कृष्ण की करते हैं। पूरे कृष्ण को स्वीकार करने की हिम्मत बहुत कम लोगों की है। क्योंकि कृष्ण तो तुम्हारे जैसे मालुम पड़ते हैं बल्कि तुमसे भी आगे बढ़े हुये। तुम्हारा कृष्ण का स्वीकार अधुरा है। तुम कृष्ण में से बहुत सी बातें काट-छांट कर डालना चाहोगे। तुम कृष्ण में संशोधन करने को सदा तत्पर हो। कृष्ण को लोग अपने-अपने हिसाब से मानते हैं। जितना मान सकते हैं उतना मान लेते हैं। बाकी छोड़ देते हैं। कृष्ण को पहचानने के लिए बड़ी गहरी आँखें चाहिए। कृष्ण को पहचानने के लिए जब तक भीतर की आँख न खुली हो। तब तक पहचानना मुश्किल है। क्योंकि वे वहीं खड़े हैं, भेद तो कुछ भी नहीं।

उपर से भेद नहीं है भीतर से भेद है। तो जब तक भीतर देखने की क्षमता न हो, तब तक तुम कृष्ण को न समझ पाओगे।

12. उसके लिए सब हंसी खेल है, सब लीला है। इसलिए हमने कृष्ण को पूर्णावतार कहा। राम गम्भीर हैं छोटी-छोटी बात का हिसाब रखते हैं। नियम मर्यादा से चलते हैं- मर्यादा पुरूषोत्तम हैं। कृष्ण अमर्याद हैं न कोई नियम है न कोई मर्यादा। कृष्ण के लिए जीवन लीला है।

13. कृष्ण का महत्व अतीत के लिए कम भविष्य के लिए ज्यादा है। सच ऐसा है कि कृष्ण अपने समय से कम से कम पाँच हजार वर्ष पहले पैदा हुये। सभी महत्वपूर्ण व्यक्ति अपने समय से पहले पैदा होते हैं और सभी गैर महत्वपूर्ण व्यक्ति अपने समय के बाद पैदा होते हैं। बस महत्वपूर्ण और गैर महत्वपूर्ण में इतना फर्क है और सभी साधारण व्यक्ति अपने समय के साथ पैदा होते हैं महत्वपूर्ण व्यक्ति को समझना आसान नहीं होता। उसका वर्तमान और अतीत उसे समझने में असमर्थता अनुभव करता है जब हम समझने योग्य नहीं हो पाते तब हम उसकी पूजा शुरु कर देते हैं या तो हम उसका विरोध करते हैं। दोनों पूजाएं हैं एक मित्र की एक शत्रु की।

14. राम कितने ही बड़े हों, लेकिन इस मुल्क के चित्त में वे पूर्ण अवतार की तरह नहीं हैं, अंश हैं उनका अवतार। उपनिषद् के ऋषि कितने ही बड़े ज्ञानी हों, लेकिन अवतार नहीं हैं। कृष्ण पूर्ण अवतार हैं। परमात्मा अगर पृथ्वी पर पूरा उतरे तो करीब-करीब कृष्ण जैसा होगा। इसलिए श्रीकृष्ण इस मुल्क के अधिकतम मन को छु पाये हैं; बहुत कारणों से। एक तो पूर्ण अवतार का अर्थ होता है, मल्टी-डाइमेन्सनल; जो मनुष्य के समस्त व्यक्तित्व को स्पर्श करता हो। राम वन-डाइमेन्सनल है। अब तक कृष्ण को पूरा प्रेम करने वाला आदमी नहीं हुआ। क्योंकि पूरे कृष्ण को प्रेम करना तभी सम्भव है, जब वह आदमी भी मल्टी-डाइमेन्सनल हो। हम आम तौर पर एक आयामी होते हैं। एक हमारा ट्रैक होता है व्यक्तित्व का, एक रेल की पटरी होती है, उस पटरी पर हम चलते हैं।

15. कृष्ण का व्यक्तित्व बहुत अनूठा है अनूठेपन की पहली बात तो यह है कि कृष्ण हुए तो अतीत में लेकिन हैं भविष्य के। मनुष्य अभी भी इस योग्य नहीं हो पाया है कि कृष्ण का सम-सामयिक बन सके। अभी भी कृष्ण मनुष्य के समझ से बाहर है। भविष्य में यह सम्भव हो पायेगा कि कृष्ण को हम समझ पाये। इसके कुछ कारण हैं। सबसे बड़ा कारण यह है कि कृष्ण अकेले ही ऐसे व्यक्ति हैं जो धर्म की परम गहराइयों और ऊँचाइयों पर होकर भी गम्भीर नहीं हैं, उदास नहीं हैं, रोते हुए नहीं हैं साधारण सन्त का लक्षण रोता हुआ होना है। जिन्दगी से उदास, हारा हुआ, भागा हुआ। कृष्ण अकेले ही इस समग्र जीवन को पूरा ही स्वीकार कर लेते हैं। जीवन की समग्रता की स्वीकृति उनके व्यक्तित्व में फलित हुई है। इसलिए इस देश में और सभी अवतारों को आंशिक अवतार कहा है। कृष्ण को पूर्ण अवतार कहा गया है, राम भी अंश ही हैं परमात्मा के, लेकिन कृष्ण पूरे परमात्मा हैं और यह कहने का, यह सोचने का, ऐसा समझने का कारण है। और वह कारण यह है कि कृष्ण ने सभी कुछ आत्मसात् कर लिया है। कृष्ण अकेले हैं तो शरीर को उसकी समस्त में स्वीकार कर लेते हैं, 'टोटलिटी' में। यह एक आयाम में नहीं सभी आयाम में सच है।

16. कृष्ण शान्तिवादी नहीं हैं, कृष्ण युद्धवादी नहीं हैं। असल में वाद का मतलब ही होता है कि दो में से हम एक चुनते हैं। एक अन्य वादी है। कृष्ण कहते हैं, शान्ति में शुभ फलित होता हो तो स्वागत है, युद्ध में शुभ फलित होता हो तो स्वागत है। कृष्ण जैसे व्यक्तित्व की फिर जरुरत है जो कहे कि शुभ को भी लड़ना चाहिए, शुभ को भी तलवार हाथ में लेने की हिम्मत चाहिए निश्चित ही शुभ जब हाथ में तलवार लेता है, तो किसी का अशुभ नहीं होता। अशुभ हो नहीं सकता क्योंकि लड़ने के लिए कोई लड़ाई नहीं है। लेकिन अशुभ जीत न पाये इसलिए लड़ाई है तो धीरे-धीरे दो हिस्सा दुनियाँ के बट जायेंगे, जल्दी ही जहाँ एक हिस्सा भौतिकवादी होगा और एक हिस्सा स्वतंत्रता, लोकतन्त्र, व्यक्ति और जीवन के और मूल्यों के लिए होगा। लेकिन क्या ऐसे दूसरे शुभ के वर्ग को कृष्ण मिल सकते हैं? मिल सकते हैं। क्योंकि जब भी मनुष्य की स्थितियाँ इस जगह आ जाती हैं। जहाँ कि कुछ निर्णायक घटना घटने को होती है, तो हमारी स्थितियाँ उस चेतना को भी पुकार लेती हैं, उस चेतना को

भी जन्म दे देती है वह व्यक्ति भी जन्म जाता है। इसलिए मैं कहता हूँ कि कृष्ण का भविष्य के लिए बहुत अर्थ है।

17. मेरे लिए सन्यास की कोई मर्यादा नहीं, कोई बन्धन नहीं मेरे लिए सन्यास का कोई नियम नहीं, कोई अनुशासन नहीं। मेरे लिए सन्यास कोई डिसिप्लिन नहीं है मेरे लिए सन्यास व्यक्ति के परम विवेक में स्वतन्त्रता की उद्भावना है उस व्यक्ति को मैं सन्यासी कहता हूँ जो परम स्वतन्त्रता में जीने का साहस करता है। न ही कोई बन्धन ओढ़ता है, न ही कोई व्यवस्था, न ही कोई अनुशासन ओढ़ता है। सन्यासी का मेरे लिए यही अर्थ है। जीवन की सघनता में खड़े होकर अगर कोई सन्यास के फूल खिलाना चाहता है तो एक ही अर्थ हो सकता है कि वह कर्ता न रह जाय, भोक्ता न रह जाय अभिनेता हो जाय, साक्षी हो जाय। देखें, करे लेकिन कहीं भी बहुत गहरे में बधें नहीं सन्यास सदा ही सावधिक है। आप कभी भी वापस लौट सकते हैं, कौन बाधा डालने वाला है? सन्यास आप ने लिया था, सन्यास आप छोड़ दे। आप के अतिरिक्त इसमें और कोई निर्णायक नहीं है। कम से कम सन्यासी सिर्फ धर्म का होना चाहिए। वह जैन न हो, ईसाई न हो, हिन्दू न हो। वह तो सिर्फ धर्म का हो। साथ ही ध्यान रहे, अब तक सन्यास सदा ही गुरु से बँधा रहा है- कोई गुरु दीक्षा देता है। सन्यास ऐसी चीज नहीं है जिसे कोई दे सके। सन्यास ऐसी चीज है जो लेनी पड़ती है, देता कोई नहीं या कहना चाहिए कि परमात्मा के सिवा कौन दे सकता है सन्यास?"

18. रास का जो अर्थ है, वह सृष्टि की जो धारा है, उस धारा का ही गहरे- से -गहरा सूचक है। जीवन दो विरोधियों के बीच का खेल है। ये विरोधी लड़ भी सकते हैं, तब युद्ध हो जाता है। ये विरोधी मिल भी सकते हैं, तब प्रेम हो जाता है लेकिन लड़ना हो कि मिलना हो, दो की अनिवार्यता है। सृजन दो के बिना मुश्किल है। हम कृष्ण को गोपियों के साथ नाचते हुए देखते हैं। यह हमारी स्थूल आँखे जो देख सकती हैं, उतना ही दिखाई पड़ रहा है लेकिन कृष्ण का गोपियों के साथ नाचना साधारण नृत्य नहीं है। कृष्ण का गोपियों के साथ नाचना उस विराट रास का छोटा सा नाटक है जो समस्त में चल रहा है। नृत्य उसकी एक बहुत छोटी सी झलक है। उस रास का कोई कामुक अर्थ नहीं रह गया। कृष्ण, कृष्ण की तरह वहाँ नहीं नाचते कृष्ण वहाँ पुरुष तत्व की तरह नाचते है। गोपिकाएँ स्त्रियों की तरह वहाँ नाचती हैं, गहरे में वे प्रकृति ही हो जाती हैं। प्रकृति और पुरुष का नृत्य है वह। वहाँ व्यक्तियों से कोई लेना-देना नहीं है। 'इन्डिविजुअल' का कोई मतलब नहीं है, इसलिए यह भी सम्भव हो पाया कि एक कृष्ण बहुत गोपियों के साथ नाच सका। अन्यथा एक व्यक्ति बहुत स्त्रियों के साथ नाच नहीं सकता है। एक व्यक्ति बहुत स्त्रियों के साथ प्रेम का खेल नहीं खेल सकता है। और प्रत्येक गोपी को ऐसा दिखाई पड़ सका कि कृष्ण उसके साथ भी नाच रहा है। निश्चित ही- इसे हम व्यक्तिवाची मानेंगे तो कठिनाई में पड़ेंगे। विराट प्रकृति और विराट पुरुष के सम्मिलन का वह नृत्य निकटतम है। अद्वैत के नृत्य निकटतम है उत्सव के। नृत्य निकटतम है रहस्य के। यह जो नृत्य चल रहा है चाँद के नीचे, आकाश के नीचे, इस नृत्य को साधारण नृत्य मैं नहीं कहता हूँ इसलिए यह किसी के मनोरंजन के लिए नहीं हो रहा है, किसी को दिखाने के लिए नहीं हो रहा है। कहना चाहिए एक अर्थों में 'ओवर फ्लोइंग' है इतना आनन्द भीतर भरा है कि वह सब तरफ बह रहा है।

19. जिसने बिना धैर्य के ध्यान किया, वह राजसी है जिसने बिना ध्यान के धैर्य रखा वह तामसी है और जिसने धैर्य और ध्यान का सन्तुलन बना लिया, वह सात्विक है। तब तुम्हें कृष्ण का सुख समझ में आ जायेगा की वह सत्व का क्या अर्थ है। धैर्य ऐसा, जैसे आलसी पुरुषों में होता है उन्हें कुछ पाने की जल्दी नहीं होती। पाने का ख्याल ही नहीं होता, कोई दौड़ ही नहीं होती। वे बैठे हैं, मिट्टी के ढेर हैं, कोई जीवन नहीं है, कोई उर्जा नहीं है, कोई गति नहीं है। फिर राजसी पुरुष हैं उनमें दौड़ तो बहुत होती है, रुकने की क्षमता नहीं होती ठहर नहीं सकते, प्रतीक्षा नहीं कर सकते, भाग सकते हैं जब कभी राजसी व्यक्ति जैसी उर्जा और आलसी जैसा धैर्य होता है तब ध्यान और धैर्य का संगम होता है। तब सोने में सुगन्ध आ जाती है तब सत्व का जन्म है। जीवन एक कला है वहाँ विपरीत को मिलाने की क्षमता होनी चाहिए।

20. धर्म कोई विषय थोड़े ही है। धर्म की कोई सीमा थोड़े ही है। धर्म तो समस्त जीवन का नाम है। जीवन में जो कुछ भी समाविष्ट है, धर्म उस सभी के सम्बन्ध में वक्तव्य देने का हकदार है। राजनीतिज्ञ, धर्म के सम्बन्ध में वक्तव्य नहीं दे सकता क्योंकि राजनीति की सीमा है। लेकिन धार्मिक व्यक्ति, राजनीति के सम्बन्ध में वक्तव्य दे सकता है क्योंकि धर्म की कोई सीमा नही है धर्म असीम है, धर्म तो पूरे जीवन को घेरता है जैसे आकाश घेरता है। धर्म से तो कोई भी चीज छोड़ी नहीं जा सकती। धार्मिक व्यक्ति की दृष्टि तो सब सम्बन्धों में होगी।
21. भारत ने एक राजनीति तय कर ली- धर्म निरक्षेपता की इसका परिणाम धर्म पर होने वाला है। यह बात गलत है। कोई राष्ट्र, धर्मनिरपेक्ष नहीं होना चाहिए। हाँ किसी विशिष्ट सम्प्रदाय का प्रभुत्व न हो यह ठीक है, लेकिन धर्मनिरपेक्ष तो कोई राज्य कैसे हो सकता है? हिन्दू न हो, मुसलमान न हो, यह ठीक है। होना ही नहीं चाहिए हिन्दू और मुसलमान। लेकिन यह अति है कि राष्ट्र हिन्दू हो जाता है कि मुसलमान हो जाता है, दूसरी अति है कि राज्य अधार्मिक हो जाता है कि हमें धर्म से कुछ लेना देना नहीं है। आदमी के प्राण का इतना बहुमुल्य हिस्सा और तुम कहोगे हमें उससे कुछ लेना देना नहीं है! उसके घातक परिणाम होंगे। राज्य को धर्म के तरफ सुविधा बनानी ही होगी। राज्य को धार्मिक नहीं होने की जरूरत है, हिन्दू, मूसलमान के अर्थ में, मगर होने की जरूरत है इस अर्थ में कि देश में ध्यान बढ़े, प्रेम बढ़े, शान्ति बढ़े। लोगों के जीवन में योग उतरे। लोगों के जीवन में एक अंतरंग अनुशासन जन्में और लोगों के भीतर आत्मा पैदा हो।
22. यह जमाना बुरा आया है। अब तो एक ही उपाय है कि जो तुम्हारे हृदय में हो उसको तुम्हारे आचरण में बहने दो। अब वे दिन गये जब सूक्ष्म में जीते थे। अब तो स्थूल में बताना होगा। यह स्थूल युग आया। लोग शरीर को मानते हैं, आत्मा को तो मानते ही कहाँ? लोग संसार को मानते हैं, परमात्मा को मानते ही कहाँ? लोग पत्थर को मानते हैं, प्रेम को मानते ही कहाँ? यहाँ तो लोग जिसका दर्शन हो सके, स्पर्श हो सके, इंद्रियों से पकड़ में आ सके, उसको मानते हैं। तो अब तुम्हें धर्म को भी इस तरह लाना होगा। इसलिए अब हृदय में रखने की बात नहीं है इसे अपने हाथ में लाना होगा। बुद्ध ने करूणा बरसाई, मगर वह हृदय की थी, अस्पताल नहीं खोले, नही तो हाथ की हो जाती। बीमारों के हाथ पैर नहीं दबाये, नहीं तो हाथ की हो जाती। अगर इस दुनिया में ईसाईयत का प्रभाव बढ़ता जाता है तो इसका और कुछ कारण नहीं है, उसका कारण है कि ईसाईयत के पास स्थूल की पकड़ है और जो पुराने धर्म है- हिन्दू हैं, जैन हैं, बौद्ध हैं, इनकी पकड़ अभी स्थूल पर नहीं है। इसकी पकड़ अभी सूक्ष्म पर है। ये पुराने दिनों की बात कर रहें हैं। ये सतयुग की बाते कर रहें है। अब जमाना और है जो चीज तुल सकती है तराजू पर, वही मानी जायेगी। हिन्दू बहुत परेशान रहते हैं कि लोग ईसाई क्यों बनाये जा रहें हैं, लोगों को रिश्वत दी जा रही है, लोगों को ईसाई बनाया जा रहा है। यह सब बकवास है। कोई किसी को जबरदस्ती ईसाई नहीं बना रहा है लेकिन ईसाईयत इस युग के बड़े अनुकूल मालूम पड़ती है गरीब को लगता है कि कुछ सहारा मिला। ईसाई मिशनरी आता है, वह पहले भोजन की ही बात करता है। ध्यान की तो वह कभी बात करता ही नहीं, वहाँ सिर्फ भोजन है। अस्पताल खोल देता है। स्कूल खोल देता है। लोगों को लगता है कि यह बात ठीक है, यह धर्म की बात हो रही है। आज दुनिया में एक तिहाई ईसाई है। सारे धर्मों पर छाती चली गयी है। उसका कुछ कारण इतना है कि देश के धर्म सतयुग की भाषा ही बोले चले जाते हैं। अभी भी हम कहते हैं कि साधु की सेवा करो और ईसाई कहता है कि साधु वह जो सेवा करें। इन दोनों का फर्क समझ लो।
23. यह पूरा देश भाग्य के भोरोसे पर मर गया, इस पूरे देश पर आलस्य छा गया है, यह पूरा देश काहिल और सुस्त हो गया है, और इसमें अपनी काहिली और सुस्ती को बड़ा आध्यात्मिक रंग दिया कि भाग्य में जो होगा सो होगी। तो गरीबी है। भिखमंगी है तो भिखमंगी, गुलामी है तो गुलामी। भाग्य से सब कुछ होगा। उसकी जब इच्छा होगी तो सब ठीक हो जायेगा, हमें तो घिसटना है। इस देश का दुःख है कि हमने यह सूत्र पकड़ लिया आलस्य का, हम पड़े रह गये। पश्चिम की पीड़ा यह है कि उन्होंने सक्रियता पकड़ ली, इतनी ज्यादा पकड़ ली कि अब ये रात सोये कैसे, यह भी भूल गये। पश्चिम पागल हुआ जा रहा है। अतिसक्रियता के कारण। और पूर्व दीन-दरिद्र हो गया अति निष्क्रियता के कारण।

24. उपाधियाँ मिलती है- पीएच0 डी0, डी0 लिट0 और डी0 फिल0 और उनका बड़ा सम्मान होता है। उनका काम क्या है? उनका काम यह है कि वे तय करते हैं कि गोरखनाथ कब पैदा हुए थे। कोई कहता है दसवीं सदी के अंत में, कोई कहता है ग्यारहवीं सदी के प्रारम्भ में। इस पर बड़ा विवाद चलता है। बड़े-बड़े विश्वविद्यालयों के ज्ञानी सिर खपा कर खोज में लगे रहते हैं। शास्त्रों की, प्रमाणों की, इसकी, उसकी। उनकी पूरी जिन्दगी इसी में जाती है। इससे बड़ा अज्ञान और क्या होगा? गोरख कब पैदा हुए, इसे जानकर करोगे क्या? इसे जान भी लिया तो पाओगे क्या? गोरख न भी पैदा हुए, यह भी सिद्ध हो जाये, तो भी क्या फायदा? हुए हों या न हुए हों, अर्थहीन है। गोरख ने क्या जिया उसका स्वाद लो। इसलिए तुम्हारे विश्वविद्यालय ऐसी व्यर्थता के कामों में संलग्न हैं कि बड़ा आश्चर्य होता है कि इन्हें विश्वविद्यालय कहो या न कहो। इनका काम ही........तुम्हारे विश्वविद्यालय में चलने वाली जितनी शोध है, सब कूड़ा-करकट है।
25. दुनिया में दो तरह की शिक्षायें होनी चाहिए, अभी एक ही तरह की शिक्षा है। और इसलिए दुनिया में बड़ा अधुरापन है। बच्चों को हम स्कूल भेजते हैं, कालेज भेजते हैं, युनिवर्सिटी भेजते हैं, मगर एक ही तरह की शिक्षा वहाँ- कैसे जियो? कैसे आजिविका अर्जन करें? कैसे धन कमाओं? कैसे पद प्रतिष्ठा पाओं। जीवन के आयोजन सिखाते हैं जीवन की कुशलता सिखाते हैं। दूसरी इससे भी महत्वपूर्ण शिक्षा वह है- कैसे मरो? कैसे मृत्यु के साथ आलिंगन करो? कैसे मृत्यु में प्रवेश करो? वह शिक्षा पृथ्वी से बिल्कुल खो गयी। ऐसा अतीत में नहीं था। अतीत में दोनों शिक्षाएं उपलब्ध थीं। इसलिए जीवन को हमने चार हिस्सों में बाँटा था। पच्चीस वर्ष तक विद्यार्थी का जीवन, ब्रह्मचर्य का जीवन। गुरू के पास बैठना। जीवन कैसे जीना है, इसकी तैयारी करनी है। जीवन की शैली सीखनी है। फिर पच्चीस वर्ष तक गृहस्थ का जीवन: जो गुरू के चरणों में बैठकर सिखा है उसका प्रयोग, उसका व्यावहारिक प्रयोग। फिर जब तुम पचास वर्ष के होने लगो तो तुम्हारे बच्चे पच्चीस वर्ष के करीब होने लगेंगे। उनके गुरू के गृह से लौटने के दिन करीब होने लगेंगे। अब उनके दिन आ गये कि वे जीवन को जिये। फिर भी पिता और बच्चे पैदा करते चला जाये तो यह अशोभन समझा जाता था। यह अशोभन है। अब बच्चे, बच्चे पैदा करेंगे। अब तुम इन खिलौनों से उपर उठो। तो पच्चीस वर्ष वानप्रस्थ। जंगल की तरफ मुँह- इसका अर्थ होता है कि अभी जंगल गये नहीं, अभी घर छोड़ा नहीं लेकिन घर की तरफ पीठ जंगल की तरफ मुँह। ताकि तुम्हारे बेटों को तुम्हारी सलाह की जरूरत पड़े तो पूछ लें। अपनी तरफ से सलाह मत देना। वानप्रस्थी स्वयं सलाह नहीं देता। फिर पचहत्तर वर्ष के जब तुम हो जाओगे, तो सब छोड़कर जंगल चले जाना। वे शेष अंतिम पचीस वर्ष मृत्यु की तैयारी थे। उसी का नाम सन्यास था। पचीस वर्ष जीवन के प्रारम्भ में जीवन की तैयारी, और जीवन के अंत में पच्चीस वर्ष मृत्यु की तैयारी।
26. आज भारत गरीब है। भारत अपनी ही चेष्टा से इस गरीबी से बाहर नहीं निकल सकेगा, कोई उपाय नहीं है। भारत गरीबी के बाहर निकल सकता है, अगर सारी मनुष्यता का सहयोग मिले। क्योंकि मनुष्यता के पास इस तरह के तकनीक, इस तरह का विज्ञान मौजूद है कि इस देश की गरीबी मिट जाये। लेकिन तुम अकड़े रहे कि हम अपनी गरीबी खुद ही मिटायेंगे, तो तुम हीं तो गरीबी बनाने वाले हो, तुम मिटाओंगे कैसे? तुम्हारी बुद्धि इसकी भीतर आधार है, तुम इसे मिटाओंगे कैसे? तुम्हें अपने द्वार-दरवाजे खोलने होंगे। तुम्हें अपना मस्तिष्क थोड़ा विस्तार करना होगा। तुम्हे मनुष्यता का सहयोग लेना होगा। और ऐसा नहीं कि तुम्हारे पास कुछ देने को नहीं है। तुम्हारे पास कुछ देने को है दुनिया को। तुम दुनिया को ध्यान दे सकते हो। अगर अमेरिका को ध्यान खोजना है तो अपने बलबूते नहीं खोज सकेगा अमेरिका। उसे भारत की तरफ नजर उठानी पड़ेगी। मगर वे समझदार लोग हैं। ध्यान सीखने पूरब चले आते हैं। कोई अड़चन नहीं है उन्हें बाधा नहीं है। बुद्धिमानी का लक्षण यही है कि जो जहाँ से मिल सकता हो ले लिया जाये। यह सारी पृथ्वी हमारी है। सारी मनुष्यता इकट्ठी होकर अगर उपाय करे तो कोई भी समस्या पृथ्वी पर बचने का कोई भी कारण नहीं है।
27. जब कोई देश गरीब होता है तब वहाँ कम्युनिज्म उठता है, धर्म नहीं। तब लोग मारने-मरने की उतारू हो जाते हैं। तब घिराव होता है, हड़तालें होती हैं, दंगे-फसाद होते हैं, हत्यायें-हिंसायें होती हैं। तब भजन नहीं उठता। भूखा अदमी हिंसा कर सकता है, प्रेम नहीं। भूखा आदमी क्रुद्ध होता है। भूखा आदमी करूणावान नहीं हो

सकता है। इसलिए मैं तुमसे कहता हूँ यह देश ज्यादा दिन गरीब रह गया- जैसा कि इस देश के नेताओं ने तय कर रखा है कि गरीबी रहे- तो इस देश में सिवाय कम्युनिज्म के और कोई सम्भावना न रह जायेगी। जाने-अनजाने यह देश कम्युनिज्म की तरफ ले जाया जा रहा है। ले जाने वाले शायद इस बात से परिचित भी न हो, होश भी न हो उन्हें, शायद वे तो यही कोशिश करते हैं कि देश कम्युनिस्ट न हो जाये, मगर तुम्हारे कोशिशों का सवाल नहीं है, अगर देश गरीब रहता है तो कम्युनिज्म के सिवाय कुछ और नहीं हो सकता। भजन नहीं पैदा हो सकता।

28. मैं इस देश को फिर से युवा करना चाहता हूँ। लेकिन बुढ़े नाराज हैं। बहुत नाराज हैं। पंण्डित, पुरोहित, पुरातनवादी बहुत नाराज हैं। उन्हें लगता है, मैं धर्म भ्रष्ट कर रहा हूँ। उन्हें पता ही नहीं। उन्हें अपने संस्कृति का भी पता नहीं।

29. इस देश को कुछ बाते समझनी होगी। एक तो इस देश को यह बात समझनी होगी कि तुम्हारी परेशानियों, तुम्हारी गरीबी, तुम्हारी मुसीबतों, तुम्हारी दीनता के बहुत कुछ कारण तुम्हारे अंध विश्वासों में है, कम से कम डेढ़ हजार साल पिछे घिसट रहा है। ये डेढ़ हजार साल पूरे होने जरूरी है। भारत को खिंचकर आधुनिक बनाना जरूरी है। मेरी उत्सुकता है कि इस देश का सौभाग्य खुले, यह देश भी खुशहाल हो, यह देश भी समृद्ध हो। क्योंकि समृद्ध हो यह देश तो फिर राम की धुन गुंजे, समृद्ध हो यह देश तो फिर लोग गीत गाँये, प्रभु की प्रार्थना करें। समृद्ध हो यह देश तो मंदिर की घंटिया फिर बजे, पूजा के थाल फिर सजे। समृद्ध हो यह देश तो फिर बाँसुरी बजे कृष्ण की, फिर रास रचे! यह दीन दरिद्र देश, अभी तुम इसमें कृष्ण को भी ले आओगे तो राधा कहाँ पाओगे नाचनेवाली? अभी तुम कृष्ण को भी ले आओगे, तो कृष्ण बड़ी मुश्किल में पड़ जायेंगे, माखन कहाँ चुरायेंगें? माखन है कहाँ? दूध, दही की मटकिया कैसे तोड़ेंगे? दूध, दही की कहाँ, पानी तक की मटकिया मुश्किल हैं। नलों पर इतनी भीड़ है! और एक आध गोपी की मटकी फोड़ दी, जो नल से पानी भरकर लौट रही थी, तो पुलिस में रिपोर्ट दर्ज करा देगी कृष्ण की, तीन बजे रात से पानी भरने खड़ी थी नौ बजते-बजते पानी भर पायी और इन सज्जन ने कंकड़ी मार दी। धर्म का जन्म होता है जब देश समृद्ध होता है। धर्म, समृद्ध की सुवास है। तो मैं जरूर चाहता हूँ यह देश सौभाग्य शाली हो लेकिन सबसे बड़ी अड़चन इसी देश की मान्यताएं हैं। इसलिए मैं तुमसे लड़ रहा हूँ। तुम्हारे लिए।

30. मनुष्य जाति की अस्सी प्रतिशत क्षमता युद्व में चली जाती है। यही अस्सी प्रतिशत क्षमता खेतों में लगे, कारखानों में लगें, यह पृथ्वी स्वर्ग हो जायेगी। जो सपना तुम्हारे ऋषि-महर्षि देखते थे- आकाश में स्वर्ग का, वह अब पृथ्वी पर बन सकता है, कोई रूकावट नहीं। लेकिन पुरानी आदतें। यह हमारा देश, वह उनका देश। हमें भी लड़ना है। गरीब से गरीब देश भी अणुबम बनाने की चेष्टा में संलग्न है। भूखे मर रहे, मगर अणुबम बनाना है। भारत देश जैसे देश के पीछे भी यही भाव है। भूखे मर जाये, मगर अपनी शान रखनी है।

31. इन आने वाले पच्चीस वर्षों में बड़ी निर्णायक घड़ी है। या तो आदमी नष्ट होगा और यह पृथ्वी आदमी से शून्य हो जायेगी, या फिर एक नये आदमी का जन्म होगा- एक नयी सुबह! लेकिन ये जो छोटे-छोटे चिराग जले हैं, इन्हीं से आशा बनी है।

ब्रह्मलीन श्री श्री 1008 सत्योगानन्द "भुईधराबाबा" (भगवान रामकृष्ण की अगली कड़ी)

परिचय

वर्तमान से 100 वर्ष पूर्व स्वामी विवेकानन्द जी ने कहा था कि - "यह तत्व कि ईश्वर कल्याणकारी और परम दयालु हैं, हमारा पिता, माता, मित्र, प्राणों में प्राण और आत्मा की अन्तरात्मा है, केवल भारत ही जानता रहा है। अन्त में जो शैवों के लिए शिव, वैष्णवों के लिए विष्णु, कर्मियों के लिए कर्म, बौद्धों के लिए बुद्ध, जैनों के लिए जिन, ईसाइयों और यहूदियों के लिए जिहोवा, मुसलमानों के लिए अल्ला और वेदान्तियों के लिए ब्रह्म है- जो सब धर्मों, सब सम्प्रदायों के प्रभु हैं- जिनकी सम्पूर्ण महिमा भारत ही जानता था, वे ही सर्वत्यागी, दयामय प्रभु हम लोगों को आशीर्वाद दें, हमारी सहायता करें, हमें शक्ति दें, जिससे हम अपने उद्देश्यों को कार्यरूप में परिणत कर सकें।" (स्वामी विवेकानन्द राष्ट्र को आह्वान-पृष्ठ संख्या-42 से)। शिव से निकले अनेक सम्प्रदाय जैसे शैव, अघोर, गोरख इत्यादि हैं। शिव अर्थात अदृश्य/सत्य/सुन्दर/एक/एकत्व/ शान्ति/ स्थिरता/ एकता/ समष्टि/ धर्म/अद्वैत/वेदान्त/धर्म/ ज्ञान/वेद/आत्मा/ब्रह्म/देश-कालमुक्त/विश्वास/मैं/ओउम/ईश्वरनाम/विकास दर्शन/मार्गदर्शन दर्शन/CENTRE जो प्रत्येक जीव, निर्जीव, मानव और देवताओं में विद्यमान है और उसका होना भी ऐसा है कि उसका न होना है। जिसके सम्बन्ध में स्वामी विवेकानन्द जी ने कहा है कि- "प्रत्येक आत्मा अव्यक्त ब्रह्म है। वाह्य एवं अन्तः प्रकृति को वशीभूत करके आत्मा के इस ब्रह्म भाव को व्यक्त करना ही जीवन का चरम लक्ष्य है- कर्म, उपासना, मन संयम अथवा ज्ञान। इनमें से एक, एक से अधिक या सभी उपायों को सहारा लेकर अपने ब्रह्मभाव को व्यक्त करो और मुक्त हो जाओ। बस यही धर्म का सर्वस्व है. मत, अनुष्ठान-पद्धति, शास्त्र, मन्दिर अथवा बाह्य क्रिया तो उसके गौण अंग-प्रत्यंग मात्र हैं (विवेकानन्द राष्ट्र को आहवान-पृष्ठ सं0-32 से)। अद्वैत का गूढ़ सत्य सिद्धान्त भी यही है कि प्रत्येक विषय का एक सूक्ष्म रूप अर्थात् अदृश्य रूप है तथा दूसरा स्थूलरूप अर्थात दृश्य रूप है। इन दोनों रूपों में अवस्था परिवर्तन होता रहता है। जो वर्तमान पदार्थ अर्थात दृश्य विज्ञान द्वारा भी प्रमाणित है। जबकि आत्मा इन दोनों रूपों में समान रूप से विद्यमान रहती है। समस्त विषयों को व्यक्त कर, मूल्यांकित एवं वर्गीकृत करने का माध्यम मानव शरीर ही है और प्रत्येक शरीर में आत्मा विद्यमान है। फिर निश्चित ही मानव शरीर में कोई अन्य विषय है जो विषयों को व्यक्त, मूल्यंकित और वर्गीकृत करता है। वह है - मन। मन मूलतः तीन अवस्था में केन्द्रित होता है - स्थूल, सूक्ष्म एवं आत्मा अवस्था में। स्थूल अवस्था में मन, मानव को पशु अर्थात असुरी प्रवृति से युक्त करता है। सूक्ष्म अवस्था में मन, मानव को दैवीय अर्थात सूरी प्रवृति से युकत करता है जबकि आत्मीय अवस्था में मन, मानव को ईश्वरीय प्रवृति से युक्त करता है। मन की निम्नतम भूमि-स्थूल अवस्था में मन शुद्ध रूप में स्वयं के लिए कर्म, मध्यम भूमि-सूक्ष्म अवस्था में मन शुद्ध रूप से मानव जाति के लिए कर्म तथा सर्वोच्च भूमि-आत्मीय अवस्था में मन सम्पूर्ण ब्राह्माण्ड अर्थात तीनों लोकों के लिए कर्म करता है। मन की यही तीनों अवस्था तीनों लोकों- मृत्यु लोक, स्वर्ग लोक और ब्रह्म लोक को व्यक्त करती है। मन की इन्हीं अवस्थाओं से मन अपने आपको उस लोक में स्थित पाता है। और तदनुसार स्थूल अवस्था में कर्म और भोग, सूक्ष्म अवस्था में मन का सम्बन्ध सिर्फ भोग तथा आत्मीय अवस्था में मन का सम्बन्ध न ही कर्म और न ही भोग से होता है। यह अवस्था मन के साथ स्थूल शरीर (सशरीर) के रहने और न रहने (अशरीर) दोनों अवस्थाओं में होता है। जिनका नियंत्रण मन पर होता है। वे इच्छा, आवश्यकता और समयानुसार तीनों अवस्थाओं में विचरण करते हैं। तीनों लोकों अर्थात् सम्पूर्ण ब्रह्माण्ड के लिए एवं आत्मा की वास्तविक सत्ता के लिए तीन आवश्यक विषय हैं- ज्ञान, कर्म और ध्यान। जिसे प्रत्येक मानव को समयानुसार आत्मसात् करने के लिए मानव मन द्वारा ब्रह्मा, विष्णु और शंकर के रूप में प्रक्षेपित किये गये हैं। जिनका सम्बन्ध क्रमशः आत्मीय ज्ञान सहित आत्मीय-कर्म और आत्मीय ज्ञान एवं आत्मीय कर्म सहित आत्मीय-ध्यान अर्थात् एकात्म ज्ञान, एकात्म ज्ञान सहित एकात्म कर्म और एकात्म कर्म एवं एकात्म ज्ञान सहित एकात्म ध्यान से है। इन्हीं तीन विषयों को सर्वोच्च विकसित स्तर का व्यक्त अर्थात सार्वजनिक प्रमाणित स्तर ही आत्मा का दृश्य व्यक्त रूप है। इन तीनों विषयों का आपसी सम्बन्ध इतना अधिक है कि एक के बिना दूसरा सम्भव नहीं है। जिस प्रकार आत्मीय ज्ञान

के बिना आत्मीय कर्म नहीं हो सकता। उसी प्रकार आत्मीय कर्म के बिना आत्मीय ज्ञान नहीं हो सकता। और यदि आत्मीय ध्यान नहीं तो आत्मीय ज्ञान तथा आत्मीय कर्म दोनों सिद्ध नहीं हो सकता। क्योंकि आत्मीय ध्यान का सम्बन्ध काल और सम्पूर्ण ब्रह्माण्ड पर प्रभाव डालने वाले क्रियाकलापों की वर्तमान स्थिति से होता है। जिसके बिना आत्मीय ज्ञान और आत्मीय कर्म का सम्पूर्ण ब्रह्माण्ड से योग असम्भव है। शिव से निकले गोरख जिनके द्वारा स्थापित गोरखपुर में गोरखनाथ मठ और नाथ परिवार। जिनका कोई नियम नहीं, जिनकी कोई रीति नहीं। जिनका कहना था- 'मरो हे जोगी मरो, मरन है मीठा' अर्थात आओ तुम्हें मैं मरना सीखाता हूँ। देखो मरने में ही जीवन है। सत्य भी यही है कि अपने मन को मारो तुम मर जाओगे और तुम्हें जो जीवन मिलेगा वह आत्मा में स्थित जीवन मिलेगा। परिणामस्वरूप तुम, तुम न रहकर नाथ बन जाओगे। अपने मालिक स्वयं बन जाओगे। अहंकार युक्त "शारीरिक मैं" से तुम आत्म विश्वास युक्त "आत्मीय मैं" में स्थित हो जाओगे। इसी 'नाथ' परिवार के सदस्य हैं-विष्णु महायज्ञ और ज्ञान यज्ञ के सफलतापूर्वक पूर्णकर्ता एवं प्रबन्धकगण -श्री श्री 108 बाबा महेन्द्रनाथ एवं श्री श्री 108 बाबा दीपनाथ। यात्रा के दौरान श्री श्री 108 सत्ययोगानन्द "भुईधराबाबा" से इनकी मुलाकात जब उत्तरकाशी में हुई तो वे यह भी न सोच पाये होंगे कि यह मिलन ही नहीं बल्कि 'नाथ' शब्द की वास्तविकता को सिद्ध करने का यह महामिलन है। सत्ययोगानन्द एक 37 वर्षीय श्वेत वस्त्रधारी विगत आठ वर्षों से स्वतः प्रेरित होकर गृहत्याग करने के उपरान्त वाराणसी (काशी) से 18 किमी0 राष्ट्रीय राज मार्ग संख्या-7 पर ग्राम गोपालपुर गंगा किनारे भूमि में एक कुटिया बनाकर रहते थे। बीच-बीच में वे देशाटन के लिए भी जाया करते थे। वे आस-पास के ग्रामवासियों को दवा भी दिया करते थे। उनका कोई गुरू नहीं था। वे एक समभाव में स्थित सन्यासी थे जो किसी से गले मिलकर ही स्वागत करते थे। पैर छूना उनके समभाव भावना के विरूद्ध था। सन्यासीयों में 'नन्द' परिवार ज्ञान पर आधारित परिवार होता है। उत्तरकाशी का यह मिलन 'नाथ' परिवार और 'नन्द' परिवार का महामिलन था। इनकी सर्वोच्चता और वास्तविकता तभी सिद्ध हो सकती थी। जब ज्ञान, कर्म और ध्यान की सर्वोच्च स्थिति को सम्पूर्ण ब्रह्माण्ड के कल्याणार्थ प्रयोग की जाती।

सत्ययोगानन्द से बाबा महेन्द्रनाथ और बाबा दीपनाथ बहुत ही प्रभावित हुये और उनके द्वारा प्रस्वावित, योजनाबद्ध और ब्रह्माण्ड के कल्याणार्थ सदी का सर्वाधिक लम्बा चलने वाला यज्ञ- विष्णु महायज्ञ और ज्ञान यज्ञ में सहयोग हेतु उनके साथ गोपालपुरम् चले आये। यज्ञ की समस्त योजना, सम्बन्ध, संचालन और सम्पर्क सत्ययोगानन्द का अपना ज्ञान, कर्म, ध्यान और व्यक्तित्व था। बाबा दीपनाथ और बाबा महेन्द्रनाथ तो उनके सहयोगी मात्र थे जो महान शुभ कार्य में सहयोग करने के लिए साथ आये थे। उन्हें यज्ञ की योजना, सम्पर्क और संचालन का कोई ज्ञान न था। योजनाबद्ध यज्ञ को कार्यरूप देते हुये विष्णु महायज्ञ और ज्ञान यज्ञ भगवान विष्णु के दिन बृहस्पतिवार, 13 नवम्बर, 1997 प्रारम्भ पूर्व व्यापक प्रचार के साथ प्रारम्भ हुआ तथा उसकी अवधि भगवान शिवशंकर के दिन सोमवार 22 जून 1998 (आषाढ़ मास शिवरात्री) तक रखी गई। इस महायज्ञ के आयोजन से धर्म-संस्कृति की नगरी काशी तथा धर्म क्षेत्र में व्यापक हलचल मच गई। जहाँ इस यज्ञ की सफलता नाथ एवं नन्द परिवार को धर्म क्षेत्र में सर्वोच्चता दिला सकती थी। वहीं असफलता निम्नतम स्तर तक पहुँचा सकती थी। सत्ययोगानन्द की योजना के प्रारम्भ के 21 वें दिन बुधवार 3 दिसम्बर 1997 को आयोजक एवं संचालनकर्ता सत्ययोगानन्द जी ब्रह्मलीन हो गये और महायज्ञ सहित 'नाथ' एवं 'नन्द' परिवार का भविष्य संकट में पड़ गया। सत्ययोगानन्द के साथ ही उनके ज्ञान पत्र, योजना एवं सम्पर्क सूत्र भी सहयोगी बाबाजी लोग समाधिस्त कर दिये। परिणामस्वरूप प्रश्नों की एक लम्बी कतार उत्पन्न हो गई। महायज्ञ कैसे सफल होगा? महायज्ञ कौन सफल करेगा? सत्ययोगानन्द क्यों ब्रह्मलीन हो गये? सत्ययोगानन्द को जब ब्रह्मलीन होना ही था तो बाबा महेन्द्रनाथ और बाबा दीपनाथ को क्यों धर्म संकट में डाल दियें? सत्ययोगानन्द जी में क्या कमी थी जिसमें यज्ञ अधूरे में छोड़ गये? सत्ययोगानन्द जी को क्या प्राप्त नहीं हो सका? इत्यादि इत्यादि।

उपरोक्त प्रश्नों का उत्तर तब तक न प्राप्त हो सका जब तक कि सत्ययोगानन्द के ब्रह्मलीन होने के छठवें दिन सोमवार, 8 दिसम्बर, 1997 को दृश्य आत्मीय ज्ञान के रूप में कर्मवेदः प्रथम, अन्तिम तथा पंचमवेद, दृश्य आत्मीय कर्म के रूप में प्रकृतिक सत्य मिशन और दृश्य ध्यान के रूप में काल की वर्तमान स्थिति तथा

विश्वमानक - शून्य श्रृखंला मन की गुणवत्ता का विश्वमानक से युक्त होकर विश्व व्यापी धर्म स्थापनार्थ भगवान विष्णु *(यज्ञ प्रारम्भ होने का विष्णु का दिन बृहस्पति वार, 13, नवम्बर, 1997)* और कर्मवेद के अधिकारी भगवान शंकर *(यज्ञ के पूर्णाहूति का शंकर का दिन, सोमवार, 22 जून, 98 आषाढ़ मास शिवरात्री, विश्वमानव का जन्म दिन, सोमवार, 16 अक्टूबर 1967, यज्ञ के उद्देश्य विश्वमानव की प्राप्ति का दिन सोमवार, 8 दिसम्बर, 1997, शिकागो वक्तृता के दिन स्वामी विवेकानन्द के उम्र के बराबर विश्वमानव का उम्र पूर्ण होने का दिन सोमवार, 15 जून, 1998)* के संगम विश्वमानव *(स्वामी विवेकानन्द की अगली एवं पूर्णब्रह्म की अन्तिम कड़ी)* की प्राप्ति नहीं हो गई। विश्वमानव द्वारा यज्ञ के कार्यक्रम को बढ़ाते हुये और ''धर्म द्वारा विश्व प्रबन्ध'' के लिए प्रस्तुत किये गये आमंत्रण पत्र में लिखा था- ''सत्य गुरू अपने शिष्य के प्रति तथा भक्त अपने भगवान के प्रति प्राणों की आहूति भी दे देते हैं। पूर्व जन्म में जब मेरे स्थूल शरीर का नाम स्वामी विवेकानन्द था तब वे (भगवान रामकृष्ण) मेरा सहयोग दृश्य एवं अदृश्य रूप से करते रहे लेकिन वे मेरे सफलताओं का दृश्य दर्शन नहीं कर सकें। वर्तमान में ब्रह्मलीन श्री श्री 1008 सत्ययोगानन्द जी (भगवान रामकृष्ण के पुर्नजन्म) पुनः मेरे दृश्य कार्य में दृश्य सहयोग कर गये लेकिन पुनः वे मेरे सफलताओं का दृश्य नहीं कर सकें। अब यह संयोग 300 वर्ष बाद जब पूर्ण सूर्य ग्रहण होगा तभी होगा। तब भी वह मेरी सहायता करेंगे लेकिन वे मेरे विरूद्ध होंगे। बस यही है, मेरा मन स्तर खेलों का ब्रह्माण्डीय ओलम्पिक और इस ओर आना ही स्वयं को ईश्वर, अल्ला, यीशु, सत्य-धर्म-ज्ञान इत्यादि अपने इष्ट तक उठाना है। प्रत्येक विषय का एक चक्र है। सभी मन स्तर चक्र का चरम विकसित चक्र मैं हूँ। तुम इस ओर ही आ रहे हो, बस तुम्हें उसका ज्ञान नही। उसका ज्ञान होगा कर्मों से। क्योंकि कर्म, ज्ञान का ही दृश्य रूप है। एक ही देश-काल विवाद मुक्त अदृश्य ज्ञान है- आत्मा और उसका एक ही देश-काल विवाद मुक्त दृश्य कर्म है- आदान-प्रदान। यही विवाद मुक्त, दृश्य, सम्पूर्ण, समस्त विषयों को परिभाषित करने का अन्तर्राष्ट्रीय मानक का विषय है।''

स्वामी विवेकानन्द ने स्वंय अपने गुरू भगवान रामकृष्ण परमहंस के सम्बन्ध में कहा था कि- ''अब तक ऐसे अद्‌भुत पुरूष के जन्म लेने का समय आ गया था, जो शंकर के समान प्रतिभा सम्पन्न मस्तिष्क एवं चैतन्य के अद्‌भुत विशाल, उन्नत हृदय का एक साथ अधिकारी हो, जो देखे कि सभी सम्प्रदाय एक ही आत्मा, एक ही ईश्वर की शक्ति से चलित हो रहे हैं और प्रत्येक प्राणों में वही ईश्वर विद्यमान है, जिसका हृदय भारत में अथवा भारत के बाहर दरिद्र, दुर्बल, पातित सबके लिए द्रवित हो, लेकिन साथ ही जिसकी विशाल बुद्धि ऐसे महान तत्वों की परिकल्पना करे, जिससे भारत में अथवा भारत के बाहर सब सम्प्रदायों में साधित हो और इस अद्‌भुत समन्यव द्वारा वह हृदय और मस्तिष्क के सार्वभौम धर्म को प्रकट करें'' (विवेकानन्द राष्ट्र को आह्वान, पृष्ठ -35)'' ऐसे ही सत्य-धर्म-ज्ञान से युक्त थे-श्री श्री 1008 सत्ययोगानन्द "भुईधराबाबा"। सत्ययोगानन्द जी का एकात्म अर्थात् आत्मीय ज्ञान तो पूर्ण था परन्तु एकात्म ध्यान पूर्ण न होने के कारण एकात्म अर्थात आत्मीय कर्म भी अपूर्ण था। जिस प्रकार नरेन्द्र दत्त (स्वामी विवेकानन्द का पूर्व नाम) को पहचानकर भगवान राम-कृष्ण परमहंस तड़प रहे थे कि वे कब नरेन्द्र को उसकी वास्तविकता से परिचित कराकर अपने उद्देश्यों के लिए प्रेरित करें। ठीक उसी प्रकार सत्ययोगानन्द जी (रामकृष्ण परमहंस की अगली कड़ी) भी भलि-भाँति जानते थे कि उनका पूर्वजन्म का शिष्य (स्वामी विवेकानन्द वर्तमान में विश्वमानव) कहाँ और किस क्षेत्र में निवास कर कार्य कर रहा है। इसी कारण उन्होनें विश्वमानव के भोगेश्वर रूप की सत्यता के दो मार्ग-धर्म और राज्य क्षेत्र में से धर्म क्षेत्र के भोग द्वारा विश्वमानव को कर्म द्वारा व्यक्त करने के लिए, विश्वमानव के कर्म क्षेत्र चुनार क्षेत्र (जो पंचम, आन्तिम तथा सप्तम काशी - सत्यकाशी का क्षेत्र है) में ही सदी का सर्वाधिक लम्बा यज्ञ का आयोजन किये थे। सत्ययोगानन्द जी का एकात्म अर्थात आत्मीय ध्यान पूर्ण न होने का कारण यह था कि भगवान रामकृष्ण जब अपने शरीरत्याग के अन्तिम क्षणों में थे तब उन्होंने नरेन्द्र दत्त के सिर पर हाथ रखकर यह कहा था कि ''लो नरेन्द्र जो भी मेरे पास था वो सब मैंने तुम्हें दे दिया, अब मैं भिखारी हो गया हूँ रे। जिसे स्वतंत्रता की स्वर्ण जयंती वर्ष के स्वतन्त्रता दिवस के दिन दिल्ली दूरदर्शन के अन्तर्राष्ट्रीय चैनल पर विशेष रूप से प्रदर्शित फिल्म ''स्वामी विवेकानन्द'' के एक दृश्य में फिल्मांकन भी किया गया है। इसी कारण सत्ययोगानन्द जी अपने पूर्वजन्म के इच्छानुसार ही रिक्त थे। इस रिक्तता अर्थात सर्वस्व त्याग ने ही उन्हें सम्पूर्ण बना दिया जिससे वे सदा ही विश्व के प्रथम और पूरण अन्तिम मानव-विश्वमानव के गुरू के रूप में स्थापित रहेंगे। ऐसा

नहीं कि विश्वमानव को इसका ध्यान नहीं था। महायज्ञ के प्रारम्भ पूर्व ही वे समझ गये थे कि यह महायज्ञ उनको व्यक्त करने के लिए आयोजित हुआ है। वे अपने कार्यक्रमानुसार व्यक्त होने के लिए महायज्ञ प्रारम्भ होने के पाँच दिन उपरान्त छठें दिन सोमवार, 18 नवम्बर 1997 को एक पत्र सत्ययोगानन्द जी के नाम लिखकर सन्देश वाहक को देकर आवश्यक कार्य से बिहार प्रदेश अर्थात समय के साथ अपने क्रियाकलापों को जोड़ सकने के लिए चले गये। ज्ञान की बातें करने वाले सन्देशवाहक ध्यान की अपूर्णता के कारण पत्र के महत्व को न समझ सका और विश्वमानव के 7 दिसम्बर 1997 को आने तक पत्र सत्ययोगानन्द जी तक न पहुँचा सका। परिणामस्वरूप शुद्ध आत्मा-विश्वमानव और सत्ययोगानन्द जी का साक्षात मिलन न हो सका और यह मिलन 300 वर्षों के लिए स्थगित हो गया।

जब कोई उद्देश्य और अवधि दोनों से जुड़ा होता है तो उसकी सफलता के दो मार्ग होते हैं। प्रथम-अवधि का पूर्ण होना तथा द्वितीय-अवधि पूर्व उद्देश्य की प्राप्ति। सत्ययोगानन्द जी महायज्ञ की अवधि को पूर्ण नहीं कर पाये थे लेकिन उद्देश्य और यज्ञ को पूर्ण कराने हेतु विश्वमानव और कर्मवेदः प्रथम, अन्तिम तथा पंचमवेद अवधि पूर्व ही प्राप्त हो चुकी थी। जो विष्णु महायज्ञ और ज्ञान यज्ञ की सर्वोच्च विश्वव्यापी सत्य सफलता का सत्य प्रमाण है। सत्ययोगानन्द जी में ध्यान की अपूर्णता थी जो पूर्वजन्मानुसार उनकी इच्छा थी, विश्वमानव से मिलन उनका उद्देश्य था वे उन्हें ध्यान की अपूर्णता के कारण प्राप्त हाते न दिखाई दिया जिससे उन्हें अपने कर्मों की असफलता भी दिखाई देने लगी। परिणामस्वरूप उनका ब्रह्मलीन होना ही एक मात्र रास्ता था। जिसे वे शरीर त्याग के आवश्यक माध्यम द्वारा स्वेच्छा से स्वीकार किये।

"नाथ" परिवार के सदस्य श्री श्री 108 बाबा महेन्द्र नाथ एवं श्री श्री 108 बाबा दीपनाथ को इस महायज्ञ से जोड़ने का कारण यह था कि गोरख जिन्होंने "नाथ" परिवार को जन्म दिया। वे स्वयं समयानुसार एकात्म ज्ञान, एकात्म कर्म और एकात्म ध्यान से पूर्ण मानव थे। इसी कारण उन्होंने कर्म के लिए शिक्षा स्वयं को मारने अर्थात मन को मारने की शिक्षा दी तथा जीवन के लिए कोई नियम नहीं बनाये। वे जानते थे कि आदि में "मैं (आत्मा)" तो प्रत्येक समय सिद्ध है लेकिन अन्त में "मैं (आत्मा)" तभी सिद्ध हो सकती है जब एकात्म ज्ञान एवं एकात्म कर्म सहित एकात्म ध्यान हो। और एकात्म ध्यान तभी हो सकता है जब नियम न हो क्योंकि नियम न होना ही व्यापकता है। बिना व्यापक हुये एकात्म ध्यान की चरम विकसित अव्यस्था नहीं प्राप्त की जा सकती। और बिना एकात्म ध्यान के एकात्म कर्म और एकात्म कर्म की सत्यता सिद्ध नहीं हो सकती। इसी को समयानुसार व्यक्ति को आत्मसात् करने के लिए शिवपुराण की कथायें हैं। जिसमें एकात्म ज्ञान के देवता ब्रह्मा, एकात्म ज्ञान सहित एकात्म कर्म के देवता विष्णु को एकात्म ज्ञान एवं एकात्म कर्म सहित एकात्म ध्यान एवं एकात्म समर्पण के देवता शंकर को ध्यानानुसार त्रिलोक के कल्याणार्थ कर्म करना पड़ता है। चूँकि आत्मा का व्यक्त रूप एकात्म ज्ञान-एकात्म वाणी, एकात्म कर्म-एकात्म ज्ञान और एकात्म ध्यान-एकात्म समर्पण का संयुक्त रूप है जो अद्वैत के गुढ़ सिद्धान्त "बहुरूप में प्रकाशित एक सत्ता" का व्यक्त रूप है वह भगवान शंकर के पास है। इसलिए वे ही आत्मा की व्यक्त रूप के अन्तिम साहित्य कर्मवेदः प्रथम, अन्तिम तथा पंचमवेद के अधिकारी हैं। सत्ययोगानन्द जी इस ज्ञान से भली-भाँति परिचित थे इसलिए उन्होंने "नाथ" परिवार को अपने साथ लेकर आत्मा के दृश्य रूप और बहुरूप में प्रकाशित एक सत्ता विश्वमानव को व्यक्त करने के लिए महायज्ञ आयोजित किये थे। जिस प्रकार स्वामी विवेकानन्द और विश्वमानव एक ही उद्देश्य के दो रूप - ज्ञान और कर्म अर्थात विचार और स्थापना के लिए दो शरीरों के माध्यम हैं, उसी प्रकार भगवान रामकृष्ण और सत्ययोगानन्द जी एक ही उद्देश्य के दो रूप ज्ञान और कर्म द्वारा स्वामी विवेकानन्द और विश्वमानव को उत्प्रेरित करने के लिए दो भौतिक शरीरों के माध्यम हैं।

श्री श्री रवि शंकर

THE ART OF LIVING

परिचय

श्री श्री रवि शंकर, एक आध्यात्मिक नेता एवं मानवतावादी धर्मगुरू हैं। उनके भक्त उन्हें आदर से प्रायः "श्री श्री" के नाम से पुकारते हैं। वे अन्तर्राष्ट्रीय जीवन जीने की कला फाउण्डेशन (International Art of Living Foundation) के संस्थापक हैं।

श्री श्री रवि शंकर का जन्म भारत के तमिलनाडु राज्य में 13 मई, 1956 को हुआ। उनके पिता का नाम वेंकेट रत्नम था जो भाषाविद् थे। उनकी माता श्रीमती विशलक्षी सुशील महिला थीं। आदि शंकराचार्य से प्रेरणा लेते हुए उनके पिता ने उनका नाम शंकर रखा। शंकर शुरू से ही आध्यात्मिक प्रवृत्ति के थे। मात्र 4 वर्ष की उम्र में वे भगवद्गीता के श्लोकों का पाठ कर लेते थे। बचपन में ही उन्होंने ध्यान करना शुरू कर दिया था। उनके शिष्य बताते हैं कि फीजिक्स में अग्रिम डिग्री उन्होंने 17 वर्ष की उम्र में ही ले ली थी। शंकर पहले महर्षि महेश योगी के शिष्य थे। अपनी विद्वता के कारण शंकर महेश योगी के प्रिय शिष्य बन गये। उन्होंने अपने नाम के आगे "श्री श्री" जोड़ लिया जब प्रख्यात सितार वादक रवि शंकर ने उन पर आरोप लगाया कि वे उनके नाम की कीर्ति का इस्तेमाल कर रहे हैं। रवि शंकर लोगों को सुदर्शन क्रिया सिखाते हैं। इसके बारे में वो कहते हैं कि 1982 में 10 दिवसीय मौन के दौरान कर्नाटक के भद्रा नदी के तीरे लयबद्ध सांस लेने की क्रिया एक कविता या एक प्रेरणा की तरह उनके जेहन में उत्पन्न हुई। उन्होंने इसे सीखा और दूसरों को सिखाना शुरू किया। 1982 में श्री श्री रवि शंकर ने आर्ट आफ लिविंग की स्थापना की। यह शिक्षा और मानवता के प्रचार-प्रसार के लिए कार्य करती है। 1997 में इण्टरनेशनल एशोसियेशन फार ह्यूमन वैल्यू की स्थापना की जिसका उद्देश्य वैश्विक स्तर पर उन मूल्यों को फैलाना है जो लोगों को आपस में जोड़ती है।

श्री श्री रवि शंकर कहते हैं कि सांस, शरीर और मन के बीच एक कड़ी की तरह है जो दोनों का जोड़ती है। इसे मन को शांत करने के लिए इस्तेमाल किया जा सकता है। वे इस बात पर भी जोर देते हैं कि ध्यान के अलावा दूसरे लोगों की सेवा भी करनी चाहिए। वे विज्ञान और आध्यात्म को एक-दूसरे को विरोधी नहीं, बल्कि पूरक मानते हैं। वे एक ऐसी दुनिया बनाने का प्रयत्न कर रहें हैं जिसमें रहने वाले लोग ज्ञान से परिपूर्ण हों ताकि तनाव और हिंसा से दूर रह सकें। 2001 में जब आतंकवादियों ने WORLD TRADE CENTRE पर हमला किया तो आर्ट आफ लिविंग फाउण्डेशन ने पूरे न्यूयार्क के लोगों के निःशुल्क तनाव को दूर कराने के कोर्स करवाये। इस संस्था ने कोसोव में युद्ध से प्रभावित लोगों के लिए सहायता कैम्प भी लगाया था। इराक में भी संस्था ने 2003 में युद्ध प्रभावित लोगों का तनाव मुक्ति के उपाय बताए। इराक के प्रधानमंत्री के निमंत्रण पर श्री श्री रवि शंकर ने इराक का दौरा किया और वहाँ के शिया, सुन्नी तथा कुरदिश समुदाय के नेताओं से बातचीत की। 2004 में पाकिस्तान के उन नेताओं से भी मिले जो विश्व शान्ति स्थापना के पक्षधर थे। संसार ने जब सुनामी देखा तो संस्था के लोग मदद के लिए वहाँ भी खड़े थे। दुनिया भर के कैदियों के उत्थान के लिए भी संस्था निरन्तर कार्य करती रहती है। उन्हें नेशनल

वेटरैन्स फाउण्डेशन एवार्ड, अमेरिका (2007), वर्शद कन्नडिगा, ईटीवी (2007), आर्डर पोल स्टार, मंगोलिया का सर्वश्रेष्ठ पुरस्कार भी प्राप्त हुए है।

द आर्ट आफ लिविंग फाउण्डेशन

श्री श्री रवि शंकर द्वारा संस्थापित बिना लाभ काम करने वाली स्वयंसेवी संस्था है। द आर्ट आफ लिविंग, एक बहुपक्षीय, बिना किसी लाभ वाली शैक्षिक और मानवतावादी गैर सरकारी संस्था है जो 140 देशों में मौजूद है। परमपूज्य श्री श्री रवि शंकर द्वारा 1982 में संस्थापित विश्व की सबसे बड़ी स्वयंसेवी संस्था है। संस्थापक की हिंसा रहित, तनाव रहित वासुदेव-कुटुम्बकम् की दृष्टि से प्रेरित होकर संस्था मानवता के उद्धार और जीवन के स्तर में सुधार की बढ़ोत्तरी के कई पहल करने में लगी हुई है। संस्था का उद्देश्य है कि व्यक्तिगत, सामाजिक, राष्ट्र और सम्पूर्ण विश्व के स्तर पर शान्ति स्थापित करना। उसके कार्य क्षेत्र में द्वन्द समाधान, आपदा और आघात में सहायता, गरीबी उन्मूलन, महिला सशक्तिकरण, कैदियों का पुनःस्थापन, सबके के लिए शिक्षा, महिला भ्रूण हत्या के खिलाफ अभियान और बाल श्रमिक और पर्यावरण की निरन्तर स्थिरता सम्मिलित है। श्री श्री का शान्ति का मार्गदर्शक सिद्धान्त है कि जब तक हमारा तनाव रहित मन और हिंसा रहित समाज नहीं होगा तो हम विश्व शान्ति को प्राप्त नहीं कर सकते। संस्था कई तनाव निष्कासन और स्वयं के विकास के लिए कार्यक्रम प्रस्तुत करता है। जो अधिकांश श्वास तकनीक, ध्यान और योग पर आधारित है। इन कार्यक्रमों ने हजारों लोगों को विश्वभर में निराशा, हिंसा और आत्महत्या करने की प्रवृत्ति से निकलने में मदद की है। प्रार्थना और जिम्मेदारी को जोड़ते हुए संस्था ने 10 लाख से भी अधिक लोगों को विश्व भर में प्रेरित किया है कि वे अपना जीवन मानवता की सेवा और विश्व स्तर पर ध्यान बाँटना और सेवा के लिए समर्पित किया है। अपने सहभागी संस्थाओं के द्वारा संस्था इन क्षेत्रों में कई सामाजिक योजनाओं को सूत्रबद्ध करते हुए क्रियान्वित करती है।

संस्था, कई स्वयं के विकास के लिए तनाव निष्कासन कार्यक्रम का आयोजन करती है जो लोगों को जीवन की चुनौतियों का लालित्यपूर्ण रूप से सामना करने की शक्ति प्रदान करता है। सुदर्शन क्रिया, आर्ट आफ लिविंग कोर्स का आधार है। जो लोग सुदर्शन क्रिया सीखने की इच्छा जताते हैं उन्हें एक समझौते पर हस्ताक्षर करना पड़ता है कि वे सुदर्शन क्रिया को किसी अन्य व्यक्ति को नहीं बताएंगे। सुदर्शन क्रिया के बारे में ऐसा कहा जाता है कि यह शरीर, मन और भावनाओं को ऊर्जा से भर देती है तथा उन्हें प्राकृतिक स्वरूप में ले आती है। इसे सिखने के कोर्स की फीस हर देश में अलग-अलग है। अमेरिका में एक व्यक्ति से 375 डालर लिए जाते हैं। कालेज के विद्यार्थीयों को कुछ छूट दी जाती है।

संस्थापक की तत्वज्ञान की हमारी पहली और सर्वोत्तम प्रतिबद्धता है- विश्व की सेवा करने से प्रेरित होकर, द आर्ट आफ लिविंग अभियान के विभिन्न उद्देश्यों में मानवता को उठाना और जीवन के स्तर में बढ़ोत्तरी करना। इन कार्यक्रमों का केन्द्र बिन्दु है कि विश्व भर में समुदायों को सशक्त बनाते हुए उनकी स्वयं के सम्मान को बढ़ाना और उन्हें निरन्तर और स्थिर सामाजिक विकास की प्रक्रिया में भागीदार बनाना। अंततः इस पहल का उद्देश्य है कि एक आनन्दमय और स्वस्थ समाज का निर्माण करना जहाँ पर हिंसा और अज्ञान की कोई जगह नहीं है।

इसके अलावा कुछ और संस्थाएं है जो श्री श्री रवि शंकर की देख-रेख में काम करती हैं जैसे-वेद विज्ञान विद्यापीठ, श्री श्री सेन्टर फार मीडिया स्टडीज, श्री श्री कालेज और आयुर्वेदिक साइंस एण्ड रिसर्च, श्री श्री मोबाइल एग्रीकल्चरल इनिसिएटीव्स और श्री श्री रूरल डेवलपमेन्ट ट्रस्ट।

भाग-2

विश्व संत एवं गुरू

व्यष्टि विश्व संत एवं गुरू

श्रीमद् निम्बार्काचार्य
आदि शंकराचार्य
श्रीमद् रामानुजाचार्य
श्रीमद् माध्वाचार्य
श्रीमद् वल्लभाचार्य

समष्टि विश्व संत एवं गुरू

स्वामी विवेकानन्द - रामकृष्ण मिशन

स्वामी सत्यमित्रानन्द गिरि - भारत माता मन्दिर (ऋषिकेश)

लव कुश सिंह "विश्वमानव"

- **प्राकृतिक सत्य मिशन (Natural Truth Mission)**
  1. राष्ट्रीय रचनात्मक आन्दोलन: स्वायत्तशासी उपसमिति /संगठन
     I. प्राकृतिक सत्य एवं धार्मिक शिक्षा प्रसार केन्द्र (CENTRE)
     II. ट्रेड सेन्टर (TRADE CENTRE)
     III. विश्व राजनीतिक पार्टी संघ (WPPO)
        (क) परिचय
        (ख) राष्ट्रीय क्रान्ति मोर्चा
        (ग) राष्ट्रीय सहजीवन आन्दोलन
        (घ) स्वराज-सुराज आन्दोलन
        (च) विश्व एकीकरण आन्दोलन (सैद्धान्तिक)
  2. प्राकृतिक सत्य मिशन के विश्वव्यापी स्थापना का स्पष्ट मार्ग
  3. राम कृष्ण मिशन और प्राकृतिक सत्य मिशन

विश्वधर्म मन्दिर

व्यष्टि विश्व संत एवं गुरू

आचार्य और दर्शन

ब. आस्तिक ईश्वर कारण है अर्थात ईश्वर को मानना

ब. वैदिक ग्रन्थों पर आधारित

ब. ज्ञानकाण्ड अर्थात उपनिषद् पर आधारित

वेदान्त (वेदांत), जिसका शाब्दिक अर्थ है- वेदों का अन्त (अथवा सार)। हिन्दू दर्शन की सबसे महत्वपूर्ण शाखा है। यह ज्ञानयोग की एक शाखा है जो व्यक्ति को ज्ञान प्राप्ति की दिशा में उत्प्रेरित करता है। इसका मुख्य स्रोत उपनिषद् है जो वेद ग्रन्थों और अरण्यक ग्रन्थों का सार समझे जाते हैं। वेदान्त की तीन शाखाएँ जो सबसे ज्यादा जानी जाती हैं वे हैं- अद्वैत वेदान्त, विशिष्टाद्वैत वेदान्त और द्वैत वेदान्त। आदि शंकराचार्य, रामानुजाचार्य और मध्वाचार्य, जिनको क्रमशः इन तीनों शाखाओं का प्रवर्तक माना जाता है। इनके अलावा भी ज्ञानयोग की अन्य शाखाएँ हैं। ये शाखाएँ अपने प्रवर्तकों के नाम से जानी जाती हैं जिनमें भास्कर, वल्लभ, चैतन्य, निम्बारक, वाचस्पति मिश्र, सुरेश्वर और विज्ञान भिक्षु मुख्य हैं। आधुनिक काल में जो प्रमुख वेदान्ती हुये हैं उनमें रामकृष्ण परमहंस, स्वामी विवेकानन्द, अरविन्द घोष, स्वामी शिवानन्द और रमण महर्षि उल्लेखनीय हैं। ये आधुनिक विचारक अद्वैत वेदान्त शाखा का प्रतिनिधित्व करते हैं। दूसरे वेदान्तों के प्रवर्तकों ने भी अपने विचारों को भारत में भलिभाँति प्रचारित किया है परन्तु भारत के बाहर उन्हें बहुत कम जाना जाता है। ऐतिहासिक रूप से किसी गुरू के लिए आचार्य बनने या समझे जाने के लिए वेदान्त की पुस्तकों पर टीकाएँ या भाष्य लिखने पड़ते हैं। इन पुस्तकों में तीन महत्वपूर्ण पुस्तक शामिल है- उपनिषद्, भगवद्गीता और ब्रह्मसूत्र। तद्नुसार आदि शंकराचार्य, रामानुज और मध्वाचार्य तीनों ने इन तीन महत्वपूर्ण पुस्तकों पर विशिष्ट रचनायें दी हैं।

1. **द्वैताद्वैत दर्शन - श्रीमद् निम्बार्काचार्य**

2. **अद्वैत दर्शन - आदि शंकराचार्य**

3. **विशिष्टाद्वैत दर्शन - श्रीमद् रामानुजाचार्य**

4. **द्वैत दर्शन - श्रीमद् माध्वाचार्य**

5. **शुद्धाद्वैत दर्शन - श्रीमद् वल्लभाचार्य**

व्यष्टि विश्व संत एवं गुरू

द्वैताद्वैत दर्शन - श्रीमद् निम्बार्काचार्य

परिचय

सनातन संस्कृति की आत्मा श्रीकृष्ण को उपास्य के रूप में स्थापित करने वाले निम्बार्काचार्य वैष्णवाचार्यों में प्रचीनतम माने जाते हैं। राधा-कृष्ण की युगलोपासना को प्रतिष्ठापित करने वाले निम्बार्काचार्य का प्रादुर्भाव कार्तिक पूर्णिमा को हुआ था। भक्तों की मान्यतानुसार निम्बार्काचार्य का आविर्भाव काल द्वापरान्त में कृष्ण के प्रपौत्र ब्रजनाभ और परीक्षित पुत्र जनमेजय के समकालीन बताया जाता है। इनके पिता अरूण ऋषि की, श्रीमद्भागवत में परीक्षित की भागवतकथा श्रवण के प्रसंग सहित अनेक स्थानों पर उपस्थिति को विशेष रूप से बतलाया गया है। हालांकि आधुनिक शोधकर्ता निम्बार्काचार्य के काल को विक्रम की 5वीं सदी से 12वीं सदी के बीच सिद्ध करते हैं। सम्प्रदाय की मान्यतानुसार इन्हें भगवान के प्रमुख आयुध "सुदर्शन" का अवतार माना जाता है। इनका जन्म वैदुर्यपत्तन (दक्षिण काशी) के अरूणाश्रण में हुआ था। इनके पिता अरूण मुनि और इनकी माता का नाम जयंती था। जन्म के समय इनका नाम नियमानन्द रखा गया और बाल्यकाल में ही ये ब्रज में आकर बस गये। मान्यतानुसार अपने गुरू नारद की आज्ञा से नियमानन्द ने गोवर्धन की तलहटी को अपनी साधना स्थली बनाया। बचपन से ही यह बालक बड़ा चमत्कारी था। एक बार गोवर्धन स्थित इनके आश्रम में एक दिवाभोजी यति (केवल दिन में भोजन करने वाला सन्यासी) आया। स्वाभाविक रूप से शास्त्र चर्चा हुई पर इसमें काफी समय व्यतीत हो गया और सूर्यास्त हो गया। यति बिना भोजन किये जाने लगा। तब बालक नियमानन्द ने नीम के वृक्ष की ओर संकेत करते हुए कहा कि अभी सूर्यास्त नहीं हुआ है, आप भोजन करके ही जाएँ। लेकिन यति जैसे ही भोजन करके उठा तो देखा कि रात्रि के दो पहर बीत चुके हैं। तभी से इस बालक का नाम "निम्बार्क", यानि निम्ब (नीम का पेड़) पर अर्क (सूर्य) के दर्शन कराने वाला हो गया। निम्बार्काचार्य ने ब्रह्मसूत्र, उपनिषद् और गीता पर अपनी टीका लिखकर अपना समग्र दर्शन प्रस्तुत किया। इनकी यह टीका वेदान्त परिजात सौरभ (दसश्लोकी) के नाम से प्रसिद्ध है। इनका मत "द्वैताद्वैत" या "भेदाभेद" के नाम से जाना जाता है। निम्बार्काचार्य के अनुसार जीव, जगत और ब्रह्म में वास्तविक रूप से भेदाभेद सम्बन्ध है। निम्बार्काचार्य इन तीनों के अस्तित्व को उनके स्वभाव, गुण और अभिव्यक्ति के कारण भिन्न (पृथक) मानते हैं तो तात्विक रूप से एक होने के कारण तीनों को अभिन्न मानते हैं। निम्बार्काचार्य के अनुसार उपास्य राधाकृष्ण ही पूर्ण ब्रह्म हैं। डा0 सर्वपल्ली राधाकृष्णन् ने अपनी सुविख्यात पुस्तक "भारतीय दर्शन" में निम्बार्काचार्य और उनके दर्शन की चर्चा करते हुए लिखा है कि- "निम्बार्काचार्य की दृष्टि में भक्ति का तात्पर्य उपासना न होकर प्रेम अनुराग है। प्रभु सदा अपने अनुरक्त भक्त के हित साधन के लिए प्रस्तुत रहते हैं। भक्तियुक्त कर्म ही ब्रह्मज्ञान प्राप्ति का साधन है।" सलेमाबाद (जिला अजमेर) के राधामाधव मन्दिर, वृन्दावन के निम्बार्क-कोट, नीमगाँव (गोवर्धन) सहित भारत के विभिन्न हिस्सों में निम्बार्काचार्य जयंती विशेष समारोहपूर्वक मनायी जाती है।

अद्वैत दर्शन - आदि शंकराचार्य

परिचय

भगवान श्रीकृष्ण द्वारा भगवद्गीता में कथित वचन- "जब जब धर्म की हानि और अधर्म की वृद्धि होती है तब तब मैं अवतार धारणा करता हूँ" को चरितार्थ करने हमारी पावन मातृभूमि भारतवर्ष में विभिन्नकाल में तेजस्वी सन्त और महापुरूष अवतरित होते रहे हैं। एक बार पुनः इसी वचन को हम दक्षिण भारत में केरल राज्य के कालडी नामक ग्राम में आठवीं शताब्दी ई0 में पूर्ण होता हुआ पाते है। जब श्रीशंकर ने सनातनी नम्बूदरी ब्राह्मण दम्पति विशिष्टा और शिवगुरू के घर में जन्म लिया। आठ वर्ष की आयु में शंकर का उपनयन -संस्कार हो गया था, पर इसके पूर्व ही उन्होंने पण्डितों को आश्चर्यचकित करते हुए अनेक धर्मग्रन्थों में प्रवीणता प्राप्त कर ली थी। सोलह वर्ष की अल्पायु में ही शिक्षा पूरी करके उन्होंने षट्दर्शन का सांगोपांग अध्ययन कर लिया। फलतः उनका मन बाह्य जगत से पूर्णतया विरक्त हो गया। अब उन्होंने संन्यास ग्रहण करने का निश्चय कर लिया। उनके इस संकल्प में उनकी प्रिय एवं वात्सल्यपूर्ण माँ ही एक बड़ा अवरोध थी। क्योंकि अपनी माँ का वे अत्यधिक आदर करते थे। वैराग्य और प्रेम में द्वन्द्व खड़ा हो गया किन्तु शंकर को तो सर्वोच्च कोटि का अखिल विश्व का धर्मगुरू होना था। अतः कुछ विचित्र परिस्थितियों के उत्पन्न हो जाने से उन्हें माँ की सन्यासी होने की आज्ञा मिल गयी। शंकर ने अपनी माँ को वचन दिया था- "यद्यपि मैं एक सन्यासी का जीवन व्यतीत करने जा रहा हूँ किन्तु तुम्हारे जीवन के अन्तिम दिनों में तुम्हारे पास ही होउगाँ।" तीव्र वैराग्य भाव से उत्तप्त आसक्ति के अन्तिम बन्धन को छिन्न करके शंकर नर्मदातट पर पहुँचे और वहाँ उन्होंने विख्यात गौड़पाद के आत्मज्ञानी शिष्य गोविन्दपाद की शिष्यता ग्रहण की। दीक्षा के पश्चात गुरूश्रेष्ठ गोविन्दपाद ने शंकर को भगवान वेदव्यास के वेदान्तसूत्रों पर भाष्य लिखने का आदेश दिया। इन महत्कार्य को सम्पादित करके आचार्य शंकर दिग्विजय यात्रा पर निकल पड़े। हिमालय से कन्याकुमारी और कश्मीर से आसाम में कामरूप तक उन्होंने पैदल भ्रमण किया। इस महान यात्रा में उन्होंने लगभग सभी समकालीन प्रकाण्ड विद्वानों को शास्त्रार्थ में पराजित किया। पराजित विद्वानों में से अधिकांश उनके शिष्य या अनुयायी हो गये। आचार्य शंकर की सब से बड़ी विजय थी, प्रकाण्ड विद्वान एवं महान कर्मकाण्डी मण्डन मिश्र तथा उनकी तत्सम् विद्वान धर्म पत्नी उभय भारती को पराजित करना। यह दम्पत्ति वैदिक कर्मकाण्ड के कट्टर अनुयायी थे। कुमारिल भट्ट के शिष्य थे। शास्त्रार्थ की पूर्व शर्त के अनुसार मण्डन मिश्र, आचार्य शंकर के प्रमुख चार शिष्य में गौरवशाली स्थान प्राप्त हुआ। सन्यास ग्रहण करने के बाद उनका नामकरण सुरेश्वराचार्य हो गया। आचार्य शंकर के अन्य तीन शिष्य थें- पद्मपाद, तोटकाचार्य और हस्तामलक। आचार्य शंकर के उस समय के सबसे प्रबल विरोधी सम्भवतः बौद्ध ही जो वैदिक धर्म के समस्त रूपों का विरोध ही करते थे। किन्तु अन्ततोगत्वा आचार्य शंकर ने अपनी दिव्य वाग्मिता से उन सभी को पराभूत किया और उनमें से अधिकांश तो उनके अनुयायी बन गये। अद्वैत वेदान्त की महिमा और श्रेष्ठता प्रतिष्ठापित कर देने के बाद आचार्य शंकर ने भारत की चार दिशाओं में चार मठ स्थापित किये। पूर्व में जगन्नाथपुरी में गोवर्धन मठ, उत्तर में हिमालय बद्रीकाश्रम में जोशी या ज्योतिर्मठ, पश्चिम में द्वारका में शारदा मठ

और दक्षिण में कर्नाटक राज्य के अन्तर्गत श्रृंगेरी मठ। इन मठों में उन्होंने अपने उपरोक्त चार प्रमुख शिष्यों को उनका पीठाधिपति नियुक्त किया। आज भी ये मठ अध्यात्मविद्या के केन्द्र है जहाँ पर सहस्त्रों ज्ञानपिपासु जाते रहते हैं। आचार्य शंकर ने संन्यासियों की दस सुविख्यात श्रेणियाँ भी स्थापित की जो गिरी, पुरी, भारती, सरस्वती, तीर्थ, आश्रम, वन, अरण्य, पर्वत और सागर नाम से प्रसिद्ध हैं। ब्रह्मसूत्र, ग्यारह प्रमुख उपनिषदों और भगवद्गीता पर भाष्य लिखकर आचार्य शंकर अमर हो गये हैं। आचार्य शंकर निर्विवाद रूप से वेदान्त दर्शन के सब से महान आचार्य हैं। उन्होंने अपनी तीक्ष्ण मीमांसा द्वारा वेदान्त का सार लेकर उस अद्‌भुत अद्वैत तत्वज्ञान को प्रतिपादित किया जो उपनिषदों में निहित है। उन्होंने ब्रह्मविषयक परस्परविरोधी व्याख्याओं में ऐक्य स्थापित करके यह दर्शाया कि चिरन्तन सत्य केवल एक है। उनकी मान्यता थी चूंकि चढ़ाई के मार्ग पर व्यक्ति धीरे धीरे ही गमन कर सकता है। तदनुरूप विभिन्न व्यक्तियों की क्षमता के अनुसार विभिन्न साधनमार्ग हैं। उनके प्रख्यात प्रकरणग्रन्थों से उदाहरणार्थ विवेकचूड़ामणि तथा अपरोक्षानुभूति आदि से उनके अगाध ज्ञान और अपरिमित कल्पनाशक्ति का पता चलता है। आचार्य शंकर के ये ग्रन्थ आध्यात्मिक साधको के लिए आवश्यक पथप्रदर्शक हैं। शंकराचार्य यद्यपि पूर्णतया अद्वैतवादी थे, किन्तु उनका अन्तःकरण प्रगाढ़ भक्ति से ओतप्रोत था। उनके द्वारा विरचित अद्वितीय स्तोत्र भक्ति एवं वैराग्य की भावना से ऐसे परिपूर्ण है कि इनसे पाषाणहृदय भी द्रवित हो उठे। अपने अद्वैत दर्शन द्वारा सारे देश को प्लावित करके एवं धर्म में युगान्तरकारी सुधार ले आने के उपरान्त आचार्य शंकर सन 830 में बत्तीस वर्ष की आयु में हिमालय पर्वत पर केदारनाथ महासमाधि में लीन हो गये। आज सैकड़ो वर्षों के बाद भी भारत के धार्मिक जीवन पर उनके व्यापक एवं प्रभावशाली कार्यों का सफल प्रभाव पूर्णतः विद्यमान है। वे हमें निरन्तर प्रेरित करते रहे तथा उनके द्वारा हमारा मार्गदर्शन होता रहे यही हमारी ऐकान्तिक कामना है।

आचार्य शंकर पर स्वामी विवेकानन्द के कुछ शब्द –

"......और इस बार प्राकट्य दक्षिण में हुआ। एक ब्राह्मण बालक उत्थित हुआ, जिसके विषय में कहा जाता है कि उसने सोलह वर्ष की आयु में अपना समस्त लेखनकार्य भाष्यरचना आदि सम्पूर्ण कर लिया था। यह असाधारण बालक शंकराचार्य थे। इस सोलह वर्षीय बालक द्वारा लिखे ग्रन्थ आधुनिक जगत् के लिए एक महान आश्चर्य है, और ऐसा ही वह बालक था। उनकी अभिलाषा यही थी कि भारतवर्ष में पुरातन पावन परम्पराओं का पुनः स्थापना हो। विचार करने की बात है कि उस बालक के सम्मुख कितना महान कार्य था। आचार्य शंकर एक महान तत्वज्ञानी थे। उन्होंने यह स्पष्ट किया कि बौद्ध धर्म का सार तत्वतः वेदान्त दर्शन से भिन्न नहीं है। शंकर की सर्वोपरि गरिमा उनका गीता का प्रचार है। उस महापुरूष ने अपने उदात्त जीवन में अनेक महान कार्य किये किन्तु गीता का प्रचार और गीता पर उनका उत्कृष्ट भाष्य उनके सर्वोत्तम कार्यों में से है। आचार्य शंकर ने वेदों के सनातन धर्म की पूर्ण रक्षा की। अनेक अनुयायी उन्हें शिव का अवतार मानते है..... तुम्हें शंकर का अनुसरण करना चाहिए।

श्री शंकराचार्य की वाणी

जिस प्रकार अँधेरे में पड़ी रस्सी से सर्प की कल्पना कर ली जाती है तथा शुक्ति या सीपी को चाँदी का टुकड़ा समझ लिया जाता है। उसी प्रकार अज्ञानी पुरूष देह को ही आत्मा मान लेता है। आत्मा वस्तुतः एक और निरवयव है। उसके विपरीत देह अनेक अंगो की बनी है, फिर भी आश्चर्य! लोग दोनों को एक ही मानते है, भला इससे बढ़कर अज्ञान और क्या हो सकता है। अज्ञानी पुरूष फल की अभिलाषा से कर्म में प्रवृत्त होता है। सतत चिन्तन से इस भाव की उत्पत्ति होती है कि मै ब्रह्म हूँ और वह अज्ञान एवं उसके कार्यों का नाश कर देता है। यह वैसे ही होता है जैसे रसायन औषधि रोग का नाश कर देता है। मन से बाहर अज्ञान का अस्तित्व नहीं है। केवल मन ही अविद्या है, वही समस्त बन्धनों एवं पुनर्जन्म का कारण है। जब मन नष्ट हो जाता है तो सारे प्रपंच नष्ट हो जाते है। जिस प्रकार पीलिया या पाण्डुरोग के रोगी को श्वेत वस्तुएँ भी पीली दिखाई देती हैं उसी प्रकार अज्ञान के कारण मनुष्य आत्मा को देहरूप देखता है। ब्रह्म के साथ आत्मा के ऐक्य की अनुभूति से ही मुक्ति सम्भव है। योग, सांख्य, कर्म, विद्या अथवा अन्य किसी उपाय से वह सम्भव नहीं। मैं देवाधिदेव हूँ, मैं द्वेष और ईर्ष्या के स्पर्श मात्र से अलिप्त

हूँ, मैं वह जो मुमुक्षु साधको की कामना पूर्ण करता हूँ, मैं अजर, मैं अमर हूँ, ईश्वर हूँ, मैं प्रत्यगात्मचैतन्य हूँ, परमानन्द पूर्ण हूँ, मैं परमशिव हूँ, मैं अनन्त हूँ, आत्मसाक्षात्कार करने वालो पुरूषों मैं मैं सर्वश्रेष्ठ हूँ, मैं आत्मानन्द का भोक्ता हूँ, अशिक्षित बालक अथवा अन्य प्राणी जिस अपने मैं की गरिमा का अनुभव करते हैं, वह मैं हूँ, मैं आनन्दमयी हूँ, ज्ञानमय हूँ आत्मानुभूतिमय हूँ, मैं बाह्य वस्तु के विचार तक से कोसों दूर हूँ, मेरा हृदय उस आनन्द में मग्न है जो इन्द्रियों का विषय नहीं है। केवल मैं ही जगत का मूल हूँ, उपनिषदों के उद्यान में बिहार करनेवाला मैं ही हूँ, मैं वह बड़वाग्नि हूँ, जो दुःखों के उफनाते हुए सागर को सुखा देगी। मैं ऋषि हूँ, ऋषियों का समूह मैं ही हूँ, सृष्टि-सृजन की क्रिया मैं हूँ, और मैं स्वयं ही सृष्टि हूँ, मैं प्रगति हूँ, मैं तृप्ति हूँ, तृप्तिरूपी दीप का प्रकाश मैं ही हूँ, मैं देह से भिन्न हूँ, अतः मैं जन्म, जरा, क्षीणता, क्षय तथा आदि के आवर्तन से मुक्त हूँ, शब्द, रूप, रस, स्पर्श, गन्ध आदि इन्द्रिय विषयों से मैं निर्लिप्त हूँ, क्योंकि मैं इन्द्रियरहित हूँ,। मैं मन नहीं हूँ, अतः मोह, द्वेष और भय से मुक्त हूँ, उपनिषदों में उल्लेख है वह प्राणरहित, मनरहित, शुद्ध, उच्च से भी उच्च और अविनाशी है वह परब्रह्म मैं ही हूँ, जो शाश्वत शुद्ध, बुद्ध, मुक्त है जो अखण्ड, असीम एकमेवाद्वितीयम् है, जो सत्य ज्ञानमनन्तम रूप है। आकाश के समान मैं अन्तः वाह्य में व्याप्त हूँ, अविकारी और सर्वत्र सम हूँ, मैं शुद्ध, बुद्ध, निर्लिप्त, निर्मल, अविनाशी हूँ,। मैं निर्गुण और निष्क्रिय हूँ, मैं शाश्वत, निर्विकल्प, शुद्ध, निर्मल, निर्विकार, निराकार, अपरिवर्तनशील, नित्यमुक्त हूँ। मैं इन्द्रिय सुखो से विरक्त हूँ, परमानन्द, ज्ञान, आत्मानुभूति से पूर्ण हूँ, मैं इन्द्रिय जगत की कामनओं से सर्वत्र पृथक हूँ, जो अतीन्द्रिय है उसी में आनन्दित हूँ, समस्त शक्तिशाली तत्वों का मंगल मैं हूँ, क्योंकि मैं उन सब में महान हूँ, मैं कामजन्य संवेगों से मुक्त हूँ, मैं एक हूँ,। अभेद हूँ, यह इस प्रकार अथवा ऐसे के भेद से पृथक हूँ, मैं निःसंदेह पुरूषों का वन्दनीय हूँ, मैं गुणदोष की आन्तरिक भावनाओ से रहित हूँ,। मैं एकत्व का उद्घाटक हूँ, वेदान्त सिद्धान्त के सम्यक ज्ञान से जिनकी बुद्धि शुद्ध हो गयी है उनके लिए एकमात्र मैं ही परमासत्ता हूँ। रात्रि के अन्धकार की तरह अज्ञान को नष्ट करने वाला सूर्य मैं ही हूँ। मैं समस्त अशुभों का निदान हूँ,। मैं समस्त आरोपित उपाधियों से रहित औदार्य की पराकाष्ठा हूँ। धर्म, अर्थ, काम और मोक्ष प्रदान कर सभी इच्छओं को पूर्ण करने वाला मैं ही हूँ,। मैं समस्त औषधियों में ओज हूँ। सारे जगत का ताना बाना मैं हूँ, मैं पवित्र मन्त्ररूपी पंकज से निःसृत आत्माभिव्यक्ति की आनन्दमय सुरभि से उनमत्त भ्रमर हूँ। मैं ज्ञान हूँ, मैं ज्ञेय हूँ,, मैं ज्ञाता हूँ,। मैं सभी प्रकार के ज्ञान का साधन हूँ, ज्ञाता, ज्ञान और ज्ञेय से परे शुद्ध अस्तित्व मात्र मैं ही हूँ, मैं, न बुद्धि, न अहंकार चिन्ता, कान, जीभ, और आँख भी नहीं, आकाश, वायु, अग्नि, जल और पृथ्वी भी मैं नहीं हूँ,। मैं चिदानन्दस्वरूप शिव हूँ, मैं शिव हूँ, मैं प्राण नहीं हूँ,। पंच वायु, सप्ततत्व, पंचकोश, हाथ, पाँव, जिह्वा या अन्य कर्मेन्द्रिय भी नहीं हूँ, मैं चिदानन्दस्वरूप शिव हूँ, मैं शिव हूँ। मुझे न लोभ, न मोह, न द्वेष है, न राग, न मद, न मत्सर, धर्म, अर्थ, काम और मोक्ष की भी मुझे कामना नहीं है। मैं चिदानन्दस्वरूप शिव हूँ, मै शिव हूँ। मैं सुख, दुःख, पाप, पुण्य कुछ भी नहीं जानता। मन्त्र, तीर्थ, वेद, यज्ञ भी मैं नहीं जानता। मैं न भोक्ता हूँ, न भोग्य और न भोग। मैं चिदानन्दस्वरूप शिव हूँ, मैं शिव हूँ। मुझे मृत्यु नहीं, किसी प्रकार का भय नहीं, मुझमें जातिभेद नहीं है, न मेरे पिता है, न माता, मैं अजन्मा हूँ, न मेरे मित्र हैं, न सुहृद, न शिष्य, न गुरू मैं चिदानन्दस्वरूप शिव हूँ, मैं शिव हूँ। मैं निराकार हूँ, निर्विकल्प हूँ, मैं सर्वव्यापी हूँ, सर्वत्र हूँ, फिर भी इन्द्रियातीत हूँ, मैं न मोक्ष हूँ, न ज्ञेय, मैं चिदानन्दस्वरूप शिव हूँ, मैं शिव हूँ। बहुत से व्यक्ति जटाजूट बढ़ा लेते हैं, बहुत से सिर मुड़ा लेते है। बहुत से अपने केश निकाल डालते है, बहुत से गेरूआ वस्त्र धारण कर लेते हैं अथवा अन्य रंगों के वस्त्र पहन लेते हैं, किन्तु ये सब बातें उदर पोषण के लिए ही होता है। मोहग्रस्त व्यक्ति सम्मुख स्पष्ट सत्य देखकर भी नहीं देखते। मित्र और शत्रु, पुत्र, सगे-सम्बंधी, युद्ध या सन्धि किसी के प्रति भी आसक्त मत हो। यदि तुम विष्णुपद की प्राप्ति की इच्छा करते हो तो सभी विषयों को समदृष्टि से देखो। ज्ञान की प्राप्ति केवल विचार से ही हो सकती है। अन्य किसी साधन से नहीं। यह ठीक उसी प्रकार है जैसे बिना प्रकाश की सहायता के कोई वस्तु दृष्टिगोचर नहीं होती। प्रत्येक वस्तु का जन्म अज्ञान से होता है। ज्ञान के जागृत होते ही उसका नाश हो जाता है। मन जब दर्पण की भाँति निर्मल हो जाता है तब उसमें ज्ञान प्रकट होता है। अतः मन को शुद्ध करने का प्रयत्न करना चाहिए। आत्मा का स्वतः अथवा किसी दूसरे के द्वारा न तो ग्रहण किया जा सकता है, न त्याग और न आत्मा स्वयं किसी वस्तु का ग्रहण या त्याग ही करती है। यही सम्यक ज्ञान है। सम्यक ज्ञान परम शोधक अग्नि है। यह समस्त वेद और देवताओं का

परम रहस्य है। मैं सर्वव्यापी, सम, शान्त, निरपेक्ष, सच्चिदानन्द ब्रह्म हूँ, मैं यह शरीर नहीं हूँ, जो स्वयं असत् है। इसी को ज्ञानी सत्य ज्ञान कहते हैं। पूर्ण ज्ञान प्राप्त योगी अपने ज्ञान चक्षुओं से स्व आत्मा में ही सम्पूर्ण जगत को देखता है। उसे सर्वत्र स्व आत्मा ही दिखाई देता है। अन्य कुछ नहीं। आत्मा पर आरोपित उपाधियों का विनाश केवल पूर्ण ज्ञान से होता है। अन्य किसी उपाय से नहीं। वेदों के अनुसार ब्रह्म और जीव में एकत्व की अनुभूति ही पूर्ण ज्ञान है। सत्य ज्ञान, अहंकार को समूल नष्ट करके समस्त कर्मों को भस्म कर देता है। तत्पश्चात्, न कर्ता रह जाता है न कर्म। न फलों का भोक्ता। मुक्ति के लिए कोई चाहे तीर्थ यात्रा करते हुए, गंगासागर जाए या व्रत या दान पुण्य करे, किन्तु ज्ञान के बिना मुक्ति नहीं मिल सकती। आत्मा से तत्क्षण, तत्काल और यही आत्मानुभूति होती है। सब उपनिषदों का सार तत्व यही है कि पूर्ण मुक्ति ज्ञान से ही होती है। ज्ञान का फल तुरंत यहीं इसी जन्म में प्राप्त हो जाता है। अतः उसके लिए किसी प्रकार के संशय कि फल मिलेगा या नहीं अथवा भयभीत होने की कोई आवश्यकता नहीं। सत्यज्ञान, जो वेदान्त का विषय है इस संकल्प को जन्म देता है कि आत्मा ही ब्रह्म है। इसकी उपलब्धि से व्यक्ति पुनर्जन्म के बन्धन से तुरन्त पूर्णतः मुक्त हो जाता है। ज्ञानी पुरूष को विवेक द्वारा सम्पूर्ण दृश्य जगत को आत्मा में ही विलीन कर लेना चाहिए और निरन्तर यह चिन्तन करते रहना चाहिए कि आत्मा, आकाश के सदृश्य निर्मल है। मैं देवताओं को प्रणाम नहीं करता। जो सभी देवताओं से परे है वह किसी देवता को प्रणाम नहीं करता। उस स्थिति की उपलब्धि के उपरान्त फिर साधक शास्त्रविहित कर्म नहीं करता। मैं बारम्बार स्वयं अपनी आत्मा को, जो समस्त साधनाओं का मूल है, प्रणाम करता हूँ। जिसकी प्राप्ति के बाद फिर अन्य कोई वस्तु प्राप्त करने को नहीं रह जाती। जिसके आनन्द के बाद फिर किसी अन्य आनन्द की कामना नहीं रहती और जिसके ज्ञान के बाद फिर कुछ भी ज्ञातव्य नहीं रह जाता, उसी को तू ब्रह्म जान। जो आत्मतत्व है उसी को तू ब्रह्म जान वह असीम अनन्त परम सत्य है। वह महान है इसीलिए उसे ब्रह्म कहा जाता है। जो कुछ हम देखते हैं, जो कुछ सुनते हैं, वह ब्रह्म ही हैं। अन्य कुछ नहीं। परम तत्व का ज्ञान हो जाने पर समस्त विश्व सच्चिदानन्द अद्वैय ब्रह्म ही दिखाई देता है। सर्वोच्च और दिव्य ब्रह्म ज्ञान से जो व्यक्ति विमुख है उनका जीवन व्यर्थ है। वे मनुष्य होते हुए भी पशुवत् हैं। ब्रह्म अनन्त का भण्डार है, अतः एकमात्र ब्रह्म ही परम सत्ता है। फलतः जो सत् के ज्ञान है वे उसी में शरण लेते हैं। ज्ञान और कर्म के बीच पर्वत सदृश अडिग विरोध है। भगवान व्यास ने इस पर बहुत विचार करने के पश्चात् अपने पुत्र को इस प्रकार बोध कराया- इन दोनों मार्गों की वेदों में शिक्षा दी गयी है। एक है कर्म का मार्ग या प्रवृत्ति और दूसरा त्याग का मार्ग या निवृत्ति। परम अद्वैत की महानता की तुलना में देवादि भी दैत्य जैसे प्रतीत होने लगते है। और देवलोक, दानवलोक जैसा प्रतीत होने लगता है। जिसका भ्रम नष्ट हो गया है। वह आत्मज्ञान को किसी कर्म अथवा किसी अन्य ज्ञान के साथ संयुक्त करने की इच्छा नहीं करता। सत्य, परमधाम है। वह परमधाम है क्योंकि उपनिषदों का भी वही गन्तव्य स्थल है। सत्य का अर्थ है- मन, वाणी और कर्म से कपटाचरण का अभाव। असंख्य ग्रन्थों में जिस बात का उल्लेख हुआ है उसकी व्याख्या अर्धश्लोक में ही किये दे रहा हूँ। ब्रह्म सत्य है, जगत मिथ्या, जीव ब्रह्म ही है, वह ब्रह्म से पृथक नहीं।

विशिष्टाद्वैत दर्शन- श्रीमद् रामानुजाचार्य

परिचय

रामानुजाचार्य (1017-1137 ई0) विशिष्टाद्वैत वेदान्त के प्रवर्तक थे। वह वैष्णव थे। उनका भक्ति परम्परा पर बहुत प्रभाव रहा है। वैष्णव आचार्यों में प्रमुख रामानुजाचार्य की शिष्य परम्परा में ही रामानन्द हुए थे जिनके शिष्य कबीर और सूरदास थे। रामानुज ने वेदान्त दर्शन पर आधारित अपना नया दर्शन "विशिष्टाद्वैत दर्शन" लिखा था। रामानुजाचार्य ने वेदान्त के अलावा 7वीं से 10वीं शताब्दी के रहस्यवादी एवं भक्तिमार्गी अलवार सन्तों से भक्ति के दर्शन को तथा दक्षिण के पंचरात्र परम्परा को अपने विचार का आधार बनाया।

1017 ई0 में रामानुज का जन्म दक्षिण भारत के तिरूकुदूर क्षेत्र में हुआ था। बचपन में उन्होंने कांची में यादव प्रकाश गुरू से वेदों की शिक्षा ली। रामानुजाचार्य आलबन्दार यामुनाचार्य के प्रधान शिष्य थे। गुरू की इच्छानुसार रामानुज ने उनसे तीन काम करने का संकल्प लिया था- ब्रह्मसूत्र, विष्णु सहस्रनाम और दिव्य प्रबन्धनम की टीका लिखना। उन्होंने गृहस्थ आश्रम त्यागकर श्रीरंगम के यदिराज सन्यासी से सन्यास की दीक्षा ली। मैसूर के श्रीरंगम से चलकर रामानुज शालग्राम नामक स्थान पर रहने लगे। रामानुजाचार्य ने उस क्षेत्र में 12 वर्ष तक वैष्णव धर्म का प्रचार किया। फिर उन्होंने वैष्णव धर्म के प्रचार के लिए पूरे देश का भ्रमण किया। 1137 ई0 में वे ब्रह्मलीन हो गये। रामानुजाचार्य के मूल ग्रन्थ हैं- ब्रह्मसूत्र पर भाष्य-श्रीभाष्य एवं वेदार्थ संग्रह।

रामानुजाचार्य के दर्शन में सत्ता या परमसत् के सम्बन्ध में तीन स्तर माने गये हैं- ब्रह्म अर्थात ईश्वर, चित्त अर्थात आत्म तथा अचित अर्थात प्रकृति। वस्तुतः ये चित्त अर्थात आत्मतत्व तथा अचित् अर्थात प्रकृति तत्व, ब्रह्म या ईश्वर से पृथक नहीं है बल्कि ये विशिष्ट रूप से ब्रह्म का ही स्वरूप है एवं ब्रह्म या ईश्वर पर ही आधारित है। यही रामानुजाचार्य का विषिश्टाद्वैत का सिद्धान्त है। जैसे शरीर एवं आत्मा पृथक नहीं हैं तथा आत्मा के उद्देश्य की पूर्ति के लिए शरीर कार्य करता है, उसी प्रकार ब्रह्म या ईश्वर से पृथक चित्त एवं अचित्त तत्व को कोई अस्तित्व नहीं हैं, वे ब्रह्म या ईश्वर का शरीर है तथा ब्रह्म या ईश्वर उनकी आत्मा सद्दश्य है। रामानुजाचार्य के अनुसार भक्ति का अर्थ पूजा-पाठ या किर्तन-भजन नहीं बल्कि ध्यान करना या ईश्वर की प्रार्थना करना है। सामाजिक परिप्रेक्ष्य में रामानुजाचार्य ने भक्ति को जाति एवं वर्ग से पृथक तथा सभी के लिए सम्भव माना है।

व्यष्टि विश्व संत एवं गुरू

द्वैत दर्शन - श्रीमद् माध्वाचार्य

परिचय

माध्वाचार्य का जन्म दक्षिण कन्नड़ जिले के उड़पि नामक स्थान के पास एक गाँव में सन् 1199 ई0 में हुआ था। अल्पावस्था में ही ये वेद और वेदांगों के अच्छे ज्ञाता हो गये और इन्होंने सन्यास ले लिया। पूजा, ध्यान, अध्ययन और शास्त्रचर्चा में शांकरमत के अनुयायी अच्युतप्रेक्ष नामक एक आचार्य से इन्होंने विद्या ग्रहण की और गुरू के साथ शास्त्रार्थ करके इन्होंने अपना एक अलग मत बना लिये जिसको "द्वैत दर्शन" कहते हैं। इनके अनुसार विष्णु ही परमात्मा हैं। रामानुज की तरह इन्होंने श्री विष्णु के आयुधों- शंख, चक्र, गदा और पद्म से अपने अंगों को अलंकृत करने की प्रथा का समर्थन किया। देश के विभिन्न भागों में इन्होंने अपने अनुयायी बनाये। उड़पि में कृष्ण मन्दिर का स्थापना किया, जो उनके सारे अनुयायियों के लिए तीर्थस्थान बन गया। यज्ञों में पशुबलि बंद कराने का सामाजिक सुधार इन्हीं की देन है। 79 वर्ष की अवस्था में इनका देहावसान हो गया। नारायणाचार्य कृत मध्वविजय और मणिमंजरी नामक ग्रन्थों में मध्वाचार्य की जीवनी और कार्यों का पारम्परिक वर्णन मिलता है। परन्तु ये ग्रन्थ आचार्य के प्रति लेखक के श्रद्धालु होने के कारण अतिरंजना, चमत्कार और अविश्वसनीय घटनाओं से पूर्ण है। अतः इनके आधार पर कोई यथातथ्य विवरण माध्वाचार्य के जीवन के सम्बन्ध में नहीं उपस्थित किया जा सकता। माध्वाचार्य को "पूर्णप्रज्ञ" और "आनन्दतीर्थ" भी कहते हैं। उन्होंने द्वैत दर्शन का प्रतिपादन किया। इन्होंने द्वैत दर्शन के ब्रह्मसूत्र पर भाष्य लिखा और अपने वेदान्त के व्याख्यान की तार्किक पुष्टि के लिए स्वतन्त्र ग्रन्थ अनुव्याख्यान भी लिखा। भगवद्गीता और उपनिषद् पर टीकाएँ, महाभारत के तात्पर्य की व्याख्या करने वाला ग्रन्थ भारततात्पर्यनिर्णय तथा श्रीमद्भागवतपुराण पर टीका ये इनके अन्य ग्रन्थ हैं। ऋग्वेद के पहले 40 सूक्तों पर भी एक टीका लिखी और अनेक स्वतन्त्र प्रकरणों में अपने मत का प्रतिपादन किया। ऐसा लगता है कि ये अपने मत के समर्थन के लिए प्रस्थानत्रयी की अपेक्षा पुराणों पर अधिक निर्भर हैं।

शुद्धाद्वैत दर्शन - श्रीमद् वल्लभाचार्य

परिचय

शंकराचार्य के अद्वैत मत के पश्चात् द्वैत, द्वैताद्वैत, विशिष्टाद्वैत, शुद्धद्वैत आदि का प्रवर्तन हुआ। इसके बाद वल्लभाचार्य ने पुष्टि मार्ग की अवधारणा की। पुष्टि में भगवान के अनुग्रह को विशेष महत्व दिया गया तथा कहा गया कि भगवान के पोषण (पुष्टि) के अभाव में जीव को मुक्ति नहीं मिल सकती। भक्तिकालीन सगुणधारा की कृष्णभक्ति शाखा के आधारस्तम्भ एवं पुष्टिमार्ग के प्रणेता श्री बल्लभाचार्यजी का प्रादुर्भाव सम्वत् 1535 वैशाख कृष्ण पक्ष एकादशी को दक्षिण भारत के कांकरवाड ग्रामवासी तैंलंग ब्राह्मण श्री लक्ष्मण भट्ट जी की पत्नी इलम्मागारू के गर्भ से काशी के समीप हुआं उन्हें वैश्वानरावतार (अग्नि का अवतार) कहा गया है। वे वेद शास्त्र में परंगत थे। श्री रूद्रसम्प्रदाय के श्री विल्वमंगलाचार्य जी द्वारा इन्हें अष्टादशाक्षरगोपालमन्त्र की दीक्षा दी गई। त्रिदण्ड सन्यास की दीक्षा स्वामी नारायणेन्द्रतीर्थ से प्राप्त हुई। वल्लभाचार्य की ससुराल वाराणसी स्थित तैलंग ब्राह्मण मधुमंगल जी के यहाँ महालक्ष्मी जी से हुयी थी और यथासमय दो पुत्र हुए-श्री गोपीनाथ व श्री विट्ठलनाथ। भगवत्प्रेरणावश व्रज में गोकुल पहुँचे और तदन्तर व्रज क्षेत्र स्थित गोवर्धन पर्वत पर अपनी गद्दी स्थापित कर शिष्य पूरनमल खत्री के सहयोग से सम्वत् 1576 में श्री नाथजी के भव्य मन्दिर का निर्माण कराया। यहाँ विशिष्ट सेवा पद्धति के साथ लीला गान के अन्तर्गत श्री राधाकृष्ण की मधुरातिमधुर लीलाओं से सम्बन्धित रसमय पदों की स्वर लहरी का अवगाहन कर भक्तजन निहाल हो जाते हैं।

वल्लभ सम्प्रदाय के जनक तथा पुष्टि मार्ग का प्रसार करने वाले वल्लभाचार्य जी ने पृथ्वी की तीन बार प्रदक्षिणा की थी। अपने अन्तिम प्रदक्षिणा में जब वे चुनार (सत्यकाशी क्षेत्र जो काशी चौरासी कोस परिक्रमा में स्थित है) से गुजर रहे थे तब यहीं विट्ठलनाथ जी का जन्म विक्रम सम्वत् 1572 में पौष कृष्ण नवमी को हुआ। अपने पृथ्वी परिक्रमा के अवसर पर वल्लभाचार्य ने 84 स्थानों पर भगवान का परायण किया था। इन स्थानों को महाप्रभु की बैठक कहा जाता है। इस दृष्टि से चुनार की पावनभूमि को दोहरा महत्व प्राप्त है क्योंकि यहाँ महाप्रभु की बैठक भी है और यहीं महाप्रभु विट्ठलनाथ का अवतरण भी हुआ था। इस स्थान को "चरणाट्धाम" कहते हैं।

श्री बल्लभाचार्यजी के मतानुसार तीन स्वीकार्य तत्व हैं- ब्रह्म, जगत और जीव। ब्रह्म के तीन स्वरूप वर्णित हैं- आधिदैविक, आध्यात्मिक एवं अंतर्यामी रूप। अनन्त दिव्य गुणों से युक्त पुरूषोत्तम श्रीकृष्ण को ही परब्रह्म स्वीकारते हुए उनके मधुर रूप एवं लीलाओं को ही जीव में आनन्द के आविर्भाव का स्रोत माना गया है। जगत् ब्रह्म के लीला का विन्यास है। सम्पूर्ण सृष्टि लीला के निमित्त ब्रह्म की आत्म कृति है। जीवों के तीन प्रकार हैं- पुष्टि जीव, जो भगवान के अनुग्रह पर निर्भर रहते हुए नित्यलीला में प्रवेश के अधिकारी बनते हैं। मर्यादा जीव, जो वेदोक्त विधियों का अनुसरण करते हुए भिन्न-भिन्न लोक प्राप्त करते हैं। और प्रवाह जीव, जो जगत्-प्रपंच में ही निमग्न रहते हुए सांसारिक सुखों की प्राप्ति हेतु सतत् चेष्टारत रहते हैं। प्रेमलक्षणा भक्ति उक्त मनोरथ की पूर्ति का मार्ग है, जिस ओर जीव की प्रवृत्ति मात्र भगवद् अनुग्रह द्वारा ही सम्भव है। श्री बल्लभाचार्यजी के पुष्टिमार्ग (अनुग्रह मार्ग) का यही आधारभूत सिद्धान्त है। पुष्टि-भक्ति की तीन उत्तरोत्तर अवस्थाएँ हैं- प्रेम, आसक्ति और व्यसन।

मर्यादा भक्ति में भगवद् प्राप्ति शमदमादि साधनों से होती है, किन्तु पुष्टि भक्ति में भक्त को किसी साधन की आवश्यकता न होकर मात्र भगवद् कृपा का आश्रय होता है। मर्यादा भक्ति स्वीकार्य करते हुए भी पुष्टि भक्ति ही श्रेष्ठ मानी गई है। पुष्टिमार्गी जीव की सृष्टि भगवद् सेवार्थ ही है। ब्रह्म के साथ जीव-जगत् का सम्बन्ध निरूपण करते हुए उनका मत था कि जीव ब्रह्म का सदंश अर्थात सद् अंश है, जगत् भी ब्रह्म का सदंश है। अंश एवं अंशी में भेद न होने के कारण जीव-जगत् और ब्रह्म में परस्पर अभेद है। अन्तर मात्र इतना है कि जीव में ब्रह्म का आनन्दांश आवृत रहता है, जबकि जड़ जगत में इसके आनन्दांश व चैतन्यांश दोनों ही आवृत रहते है। श्री शंकराचार्य के अद्वैतवाद केवलाद्वैत के विपरीत श्री बल्लभाचार्यजी के अद्वैतवाद में माया का सम्बन्ध अस्वीकार करते हुए ब्रह्म को कारण और जीव-जगत को उसके कार्य रूप में वर्णित कर तीनों शुद्ध तत्वों का ऐक्य प्रतिपादित किए जाने के कारण ही उक्त मत शुद्धाद्वैतवाद कहलाया, जिसके मूल प्रवर्तकाचार्य श्री विष्णुस्वामी जी हैं।

श्री बल्लभाचार्यजी के 84 शिष्यों में अष्टछापकवि गण भक्त सूरदास, कृष्णदास, कुम्भनदास, परमानन्द दास प्रमुख थे। श्री अवधूतदास नामक परमहंस शिष्य भी थे। श्री बल्लभाचार्यजी के प्रताप से प्रमत कुम्भनदास जी तो सम्राट अकबर तक का मान-मर्दन करने में नहीं झिझके। परमानन्ददास जी के भावपूर्ण पद का श्रवण कर महाप्रभु कई दिनों तक बेसुध पड़े रहे। मान्यता है कि उपास्य श्रीनाथ जी ने कलि-मल-ग्रसित जीवों का उद्धार हेतु श्री बल्लभाचार्यजी को दुर्लभ आत्म-निवेदन-मन्त्र प्रदान किया और गोकुल के ठकुरानी घाट पर यमुना महारानी ने दर्शन देकर कृतार्थ किया। उनका शुद्धाद्वैत का प्रतिपादक दार्शनिक ग्रन्थ है- अणुभाष्य (ब्रह्मसूत्र भाष्य अथवा उत्तरमीमांसा)। अन्य प्रमुख ग्रन्थ हैं- पूर्वमीमांसाभाष्य, भागवत के दशम स्कन्ध पर सुबोधिनी टीका, तत्वदीप निबन्ध एवं पुष्टि प्रवाह मर्यादा। सम्वत् 1587, आषाढ़ शुक्ल तृतीया को उन्होंने अलौकिक रीति से इहलीला संवरण कर सदेह प्रयाण किया। वैष्णव समुदाय उनका सदैव चिरऋणी है।

वल्लभ (1479 ई.) के इस मत में ब्रह्म स्वतंत्र तत्व है। सच्चिदानंद श्रीकृष्ण ही ब्रह्म हैं और जीव तथा जगत उनके अंश हैं। वह एक भी है, नाना भी है। वही अपनी इच्छा से अपने आप को जीव और जगत के नाना रूपों में प्रकट करता है। माया उसकी शक्ति है जिसी सहायता से वह एक से अनेक होता है। परंतु अनेक मिथ्या नहीं है। श्रीकृष्ण से जीव-जगत की स्वभावतः उत्पत्ति होती है। इस उत्पत्ति से श्रीकृष्ण में कोई विकार नहीं उत्पन्न होता। जीव-जगत तथा ईश्वर का संबंध चिनगारी आग का सबंध है। ईश्वर के प्रति स्नेह भक्ति है। सांसारिक वस्तुओं से वैराग्य लेकर ईश्वर में राग लगाना जीव का कर्तव्य है। ईश्वर के अनुग्रह से ही यह भक्ति प्राप्य है, भक्त होना जीव के अपने वश में नहीं है। ईश्वर जब प्रसन्न हो जाते हैं तो जीव को (अंश) अपने भीतर ले लेते हैं या अपने पास नित्यसुख का उपभोग करने के लिए रख लेते हैं। इस भक्तिमार्ग को पुष्टिमार्ग भी कहते हैं।

अचिंत्य भेदाभेद वेदान्त

महाप्रभु चैतन्य (1485-1533 ई.) के इस संप्रदाय में अनंत गुणनिधान, सच्चिदानंद श्रीकृष्ण परब्रह्म माने गए हैं। ब्रह्म भेदातीत हैं। परंतु अपनी शक्ति से वह जीव और जगत के रूप में आविर्भूत होता है। ये ब्रह्म से भिन्न और अभिन्न हैं। अपने आपमें वह निमित्त कारण है परंतु शक्ति से संपर्क होने के कारण वह उपादान कारण भी है। उसकी तटस्थशक्ति से जीवों का तथा मायाशक्ति से जगत का निर्माण होता है। जीव अनंत और अणु रूप हैं। यह सूर्य की किरणों की तरह ईश्वर पर निर्भर हैं। संसार उसी का प्रकाश है अतः मिथ्या नहीं है। मोक्ष में जीव का अज्ञान नष्ट होता है पर संसार बना रहता है। सारी अभिलाषाओं को छोड़कर कृष्ण का अनुसेवन ही भक्ति है। वेदशास्त्रानुमोदित मार्ग से ईश्वरभक्ति के अनंतर जब जीव ईश्वर के रंग में रंग जाता है तब वास्तविक भक्ति होती है जिसे रुचि या रागानुगा भक्ति कहते हैं। राधा की भक्ति सर्वोत्कृष्ट है। वृंदावन धाम में सर्वदा कृष्ण का आनंदपूर्ण प्रेम प्राप्त करना ही मोक्ष है।

स्वामी विवेकानन्द
रामकृष्ण मिशन

परिचय

स्वामी विवेकानन्द, वेदान्त के विख्यात और प्रभावशाली आध्यात्मिक गुरू थे। उनका वास्तविक नाम नरेन्द्र नाथ दत्त था। उन्होंने अमेरिका स्थित शिकागों में सन् 1893 में आयोजित विश्व धर्म महासम्मेलन में सनातन धर्म का प्रतिनिधत्व किया था। भारत का वेदान्त अमेरिका और यूरोप के हर देश में स्वामी विवेकानन्द की वकृतता के कारण ही पहुँचा। उन्होंने रामकृष्ण मिशन की स्थापना की थी जो आज भी अपने उद्देश्य "शिव भाव से जीव सेवा" के अनुसार काम कर रहा है। वे रामकृष्ण परमहंस के सुयोग्य शिष्य थे। रामकृष्ण जी बचपन से ही एक पहुँचे हुए सिद्ध पुरूष थे। स्वामी जी ने कहा था की जो व्यक्ति पवित्र ढंग से जीवन निर्वाह करता है उसी के लिए अच्छी एकाग्रता प्राप्त करना सम्भव है।

भारतीय अध्यात्म और व्यवहारिक वेदांत आकाश का यह दीप्तिमान नक्षत्र 12 जनवरी, 1863 के दिन पिता श्री विश्वनाथ एवं माता श्रीमती भुवनेश्वरी के कलकत्ता स्थित परिवार में अवतरित हुआ। वाराणसी के वीरेश्वर महादेव की अराधना से प्राप्त होने के कारण, माता ने वीरेश्वर नाम दिया और प्रेम से "विले" पुकारती, परन्तु पिता ने नरेन्द्रनाथ नाम दिया। बचपन से ही ये नटखटी और जिज्ञासु प्रकृति के थे। नरेन्द्र की बुद्धि बचपन से ही तीव्र थी और परमात्मा को पाने की लालसा भी प्रबल थी। इस हेतु वे "ब्रह्म समाज" में गये किन्तु वहाँ उनके चित्त को सन्तोष नहीं हुआ। श्री विश्वनाथ दत्त की मृत्यु हो गई। घर का भार नरेन्द्र पर आ गया। घर की दशा बहुत खराब थी। अत्यन्त गरीबी में भी नरेन्द्र बड़े अतिथि सेवी थे। स्वयं भूखे रहकर अतिथि को भोजन कराते, स्वयं बाहर वर्षा में रात भर भींगते-ठिठुरते पड़े रहते और अतिथि को अपने बिस्तर पर सुला देते।

शिक्षा के साथ-साथ जीवन के गहन प्रश्नों की ललक से वे रामकृष्ण परमहंस के सम्पर्क में आये और उन्हीं के अंतरंग बन गये। आर्थिक संकट से घिरने के पश्चात् रामकृष्ण जी के कहने पर माँ काली की प्रतिमा के सामने प्रार्थना करने गये, परन्तु भौतिक सुखों की अपेक्षा माँ से ज्ञान, भक्ति और वैराग्य का ही वरदान माँग सके। स्वामी विवेकानन्द अपना जीवन अपने गुरूदेव को रामकृष्ण परमहंस को समर्पित कर चुके थे। गुरूदेव के शरीर त्याग के दिनों में अपने घर और कुटुम्ब की नाजुक हालत की परवाह किये बिना, स्वयं भोजन की परवाह किये बिना वे गुरू सेवा में सतत संलग्न रहे। गुरूदेव का शरीर अत्यन्त रूग्ण हो गया था। एक बार किसी ने गुरूदेव की सेवा में घृणा और लापरवाही दिखायी तथा घृणा से नाक-भौं सिकोड़ी। यह देखकर विवेकानन्द को गुस्सा आ गया। उस

गुरू भाई को पाठ पढ़ाते और गुरूदेव की प्रत्येक वस्तु के प्रति प्रेम दर्शाते हुए उनके बिस्तर के पास रक्त, कफ आदि से भरी थुकदान उठाकर फेंकते थे। गुरू के प्रति ऐसी अनन्य भक्ति और निष्ठा के प्रताप से ही वे अपने गुरू के शरीर और उनके दिव्यतम आदर्शों की उत्तम सेवा कर सके। गुरूदेव को वे समझ सके, स्वयं के अस्तित्व को गुरूदेव के स्वरूप में विलीन कर सके। समग्र विश्व में भारत के अमूल्य खजाने की सुगन्ध को फैला सके। उनके इस महान व्यक्तित्व की नींव मे थी ऐसी गुरूभक्ति, गुरूसेवा और गुरू के प्रति अनन्य निष्ठा।

रामकृष्ण ने पूर्ण पात्र जानकर, अपनी समस्त आध्यात्मिक शक्तियाँ नरेन्द्र को समर्पित कर दीं। 25 वर्ष की अवस्था में नरेन्द्र ने गेरूआ वस्त्र धारण किया। तत्पश्चात् उन्होंने सम्पूर्ण भारत का भ्रमण किया। राजस्थान में, अलवर के खेतड़ी नरेश ने उन्हें अपना गुरू स्वीकार किया। 1893 में खेतड़ी नरेश अजीत सिंह के विशेष अनुरोध पर "विवेकानन्द" की संज्ञा पाकर शिकागो विश्वधर्म सम्मेलन में भाग लेने हेतु अमेरिका पहुँचे। यूरोप-अमेरिका के लोग उस समय पराधीन भारतवासीयों को बहुत ही हीन दृष्टि से देखते थे। वहाँ के लोगों ने बहुत प्रयत्न किया कि स्वामी विवेकानन्द को सर्वधर्म परिषद् में बोलने का समय ही न मिले। एक अमेरिकन प्रोफेसर के सहयोग से उन्हे थोड़ा समय मिला किन्तु उनके विचार सुनकर सभी विद्वान चकित हो गये। धर्म सम्मेलन में स्वामीजी का अलौकिक व्याख्यान सुनकर अमेरिकावासी श्रद्धावनत् हो गये। तीन वर्ष तक अमेरिका-यूरोप की धरती पर वेदान्त का शंखनाद करते हुए वे भारत आये, तो अपूर्व सम्मान पाये। आध्यात्म विद्या और भारतीय दर्शन के बिना विश्व अनाथ हो जायेगा, यह स्वामी विवेकानन्द जी का दृढ़ विश्वास था। अमेरिका में उन्होंने रामकृष्ण मिशन की अनेक शाखाओं की स्थापना की। अनेक अमेरिकन विद्वानों ने उनका शिष्यत्व ग्रहण किया। वे सदा अपने को गरीबों का सेवक कहते थे। भारत के गौरव को देश-देशान्तरों में उज्जवल करने का उन्होंने सदा प्रयत्न किया। जब भी वो कहीं जाते थे तो लोग उनसे बहुत खुश होते थे।

दृढ़ चरित्र, प्रखर स्वदेश प्रेम, दरिद्र-नारायण की सेवा और गहन आध्यात्मिक साधना से भारत में ही नहीं अपितु सम्पूर्ण विश्व में विख्यात हुए। 1897 ई. में स्वामीजी ने "रामकृष्ण मिशन" की स्थापना कलकत्ता में की। यूरोप की सिस्टर मागरिट स्वामी जी से प्रभावित हुई और भगिनी निवेदिता के नाम से अनुयायी बनकर भारत आयी और उन्होंने जीवनभर भारत की सेवा का संकल्प लिया।

"उठो, जागो और जब तक अपने अन्तिम लक्ष्य तक नहीं पहुँच जाते, तब तक निश्चिन्त मत हो" का आह्वान करते हुए उन्होंने, भारतीय दर्शन की श्रेष्ठता भारतीयों में स्थापित की। मात्र लगभग 39 वर्ष की अवस्था में 4 जुलाई, 1902 को स्वामीजी ने महाप्रस्थान किया।

स्वामी विवेकानन्द की मुख्य शिक्षा

स्वामी विवेकानन्द युवाओं के लिए एक बड़ा आदर्श हैं। हालांकि उनका जीवन सिर्फ 39 वर्ष का रहा, इसके बावजूद उन्होंने अपने विचारों व कार्यो से पूरे विश्व को एक नई दिशा दी। स्वामी विवेकान्द के व्यक्तित्व के गुणों को अपनाकर कोई भी आगे बढ़ सकता है।

आत्म विश्वासी बनें - स्वामी विवेकानन्द के अनुसार आस्तिक वहीं है, जो खुद पर विश्वास करे। कोई व्यक्ति भगवान पर विश्वास करता है, पर वह खुद पर विश्वास नहीं करता तो वह नास्तिक है। यानी आत्म विश्वास सबसे महत्वपूर्ण है। खुद पर भरोसा रखने से ही व्यक्ति कोई भी कार्य कर सकता है।

तन-मन हो स्वस्थ - आत्मविश्वास को मजबूत करने के लिए स्वामी विवेकानन्द ने तन-मन को मजबूत बनाने की शिक्षा दी। उन्होंने कहा कि गीता वीरों के लिए है, कायरों के लिए नहीं। यानी ज्ञान प्राप्त करने के लिए पहले शरीर और मन को मजबूत बनायें।

दूर करें हीनता बोध - विवेकानन्द ने लोगों के हीनता बोध दूर करने के लिए ही सबको शिक्षा दी कि खुद को शरीर नहीं आत्मा समझें। वह आत्मा, जो शक्तिशाली परमात्मा है। इससे हीनता बोध खत्म होता है और आत्म विश्वास बढ़ता है। इसलिए कभी भी ऐसी सोच न रखें कि मैं कमजोर, पापी या दुःखी हूँ।

संयम-अनुशासन - खुद पर नियंत्रण करना संयम होता है। संयमी व्यक्ति सारी व्यवधानों के बीच भी अपने कार्य को सहजता से आगे बढ़ाता रहता है। सेवा की भावना, शान्ति, कर्मठता आदि गुण संयम से ही आते हैं। संयमी व्यक्ति तनाव से मुक्त होता है इसलिए वह हर काम गुणवत्ता से करता है। विवेकानन्द ने कहा है-किसी भी क्षेत्र में शासन वही कर सकता है, जो खुद अनुशासित है।

भय को तिलांजलि दें - स्वामी विवेकानन्द के अनुसार, हमेशा यह सोचें कि मेरा जन्म कोई बड़ा काम करने के लिए हुआ है। यह सोच कर बिना किसी से डरे, अपने काम को ईश्वर का आदेश समझ करें। भय तब दूर हो जायेगा, जब हम खुद को अनश्वर आत्मा मानेगे, नश्वर शरीर नहीं।

स्वावलंबी बनें - स्वामी विवेकानन्द ने कहा कि भाग्य पर भरोसा न करें, बल्कि अपने कर्मो से अपना भाग्य खुद गढ़ें। "उठो, साहसी और शक्तिमान बनों।" इसमें आत्मनिर्भर बनने का सूत्र दिया गया है। स्वामी जी कहते हैं कि सारी शक्ति तुम्हारे भीतर ही है। तुम्हीं अपने मददगार हो, कोई दूसरा तुम्हरा मदद नहीं कर सकता। भगवान भी उसी की मदद करता है, जो अपनी मदद खुद करता है। यानि स्वावलम्बी बनना आवश्यक है।

सेवा परमोधर्मः - स्वामी जी ने निःस्वार्थ भाव से सेवा को सबसे बड़ा कर्म माना है। सेवा भाव का उदय होने से व्यक्ति दूसरों के दुःखों को दूर करने की चेष्टा में अपने दुःखों या परेशानियों को भूल जाता है और उसके तन-मन की सामथ्र्य बढ़ जाती है।

आत्मशक्ति जगायें - विवेकानन्द के अनुसार, आत्मा परमशक्तिशाली है, वही ईश्वर है। इसलिए अपने आत्मतत्व को पहचानकर उसकी शक्ति को जगायें। तब आप स्वयं को ऊर्जावान महसूस करेंगे। असफलता से परेशान होकर अपने प्रयासों को छोड़े नहीं और किंचित सफलता पाकर संतुष्ट होकर बैठें नहीं। स्वामी जी ने कहा है, उठो, जागो और लक्ष्य पाने तक रूको नहीं।

रामकृष्ण मिशन

परिचय

रामकृष्ण या वेदान्त आन्दोलन के दो भाग- रामकृष्ण मिशन और रामकृष्ण मठ है जो दुनियाभर में आध्यात्मिक आन्दोलन के रूप में सफलता पूर्वक अपने स्थापना के समय से ही सक्रिय हैं। रामकृष्ण मिशन की स्थापना, रामकृष्ण परमहंस के मुख्य शिष्य स्वामी विवेकानन्द द्वारा 1 मई, 1897 को बेलूड़ जो कोलकाता के पास स्थित हैं मे की थी और वहीं उसका मुख्यालय भी है जिसे बेलूड़ मठ के नाम से जानते हैं। मिशन "शिव भाव से जीव सेवा" और "दरिद्र नारायण की सेवा ही भगवान की सेवा है" के मुख्य विचार और कर्मयोग के सिद्धान्त पर कार्य करता है। मिशन का मुख्य कार्य आध्यात्मिक ज्ञान का प्रचार, स्वास्थ्य देखभाल, आपदा राहत, ग्रामीण प्रबन्धन, आदिवासी कल्याण, प्राथमिक व उच्च शिक्षा और संस्कृति में अपने संन्यासीयों और गृहस्थ शिष्यों के माध्यम से व्यापक काम करता है।

मिशन का सिद्धान्त शुद्ध रूप से आध्यात्मिक और मानवीय है और राजनीति से कोई सम्बन्ध नहीं रखता। विवेकानन्द के उद्घोष आधुनिक भारत के निर्माण के लिए "त्याग और सेवा" का आदर्श ही रामकृष्ण मिशन का आदर्श होना चाहिए और इस आदर्श का प्रचार भी आवश्यक है। मठवासी जीवन के लिए सभी नये सदस्यों को प्रशिक्षण से गुजरना पड़ता है जिसमें चार वर्ष तक एक उम्मीदवार के रूप में रहना पड़ता है। इस अवधि में उन्हें ब्रह्मचर्य और प्रतिज्ञा, त्याग और सेवा के दौर से गुजरना पड़ता है और योग्य पाये जाने पर उन्हें संन्यास की दिक्षा देकर गेरूआ वस्त्र धारण कराया जाता है।

प्रतीक चिन्ह का अर्थ- चिन्ह में उर्मिल जल कर्म का, कमल भक्ति का ओर उदीयमान सूर्य ज्ञान का प्रतीक है। परिवेष्ठन करता हुआ सर्प योग और जाग्रत कुण्डलिनी शक्ति का संकेतक है। हंस परमात्मा का प्रतिनिधित्व करता है। इसलिए चिन्ह का भाव है कि कर्म, ज्ञान, भक्ति और योग के समन्वय द्वारा परमात्मा का दर्शन प्राप्त किया जाता है।

गुरु, शिष्य, अवतार और मन्त्र

- स्वामी विवेकानन्द

01. जिस व्यक्ति की आत्मा से दूसरी आत्मा में शक्ति का संचार होता है वह गुरु कहलाता है और जिसकी आत्मा में यह शक्ति संचारित होती है उसे शिष्य कहते हैं (भक्ति योग, पृष्ठ-27)
02. "यथार्थ धर्म गुरु" में अपूर्व योग्यता होनी चाहिए, और उसके शिष्य को भी कुशल होना चाहिए। जब दोनों ही अद्‌भुत और असाधारण होते हैं तभी अद्‌भुत आध्यात्मिक जागृति होती है अन्यथा नहीं (भक्ति योग, पृष्ठ-27)
03. सत्य स्वयं ही प्रमाण है उसे प्रमाणित करने के लिए किसी दूसरे साक्षी की आवश्यकता नहीं, वह स्व प्रकाश है। वह हमारी प्रकृति के अन्तः स्थल तक प्रवेश कर जाता है और उसके समक्ष सारी दुनियाँ उठ खड़ी होती है और कहती है-"यहीं सत्य है" जिन आचार्यों के हृदय में सत्य और ज्ञान सूर्य के समान देदिप्यमान होते हैं, वे संसार में सर्वोच्च महापुरुष हैं और अधिकांश मानव जाति द्वारा उनकी उपासना ईश्वर के रुप में होती है (भक्ति योग, पृष्ठ-31)
04. शिष्य के लिए यह आवश्यक है कि उसमें पवित्रता, सच्ची ज्ञान पिपासा और अध्यवसाय हो। अपवित्र आत्मा कभी यथार्थ धार्मिक नहीं हो सकती। धार्मिक होने के लिए तन, मन और वचन की शुद्धता नितान्त आवश्यक है (भक्ति योग, पृष्ठ-31)
05. गुरु के सम्बन्ध में यह जान लेना आवश्यक है कि उन्हें शास्त्रो का मर्म ज्ञान हो। वैसे तो सारा संसार ही बाइबिल, वेद, पुराण पढ़ता है, पर वे तो केवल शब्द राशि है। धर्म की सूखी ठठरी मात्र है। जो गुरु शब्दाडंबर के चक्कर में पड़ जाते हैं, जिनका मन शब्दों की शक्ति में बह जाता है, वे भीतर का मर्म खो बैठते हैं। जो शास्त्रों के वास्तविक मर्मज्ञ हैं, वे ही असल में सच्चे धार्मिक गुरु हैं (भक्ति योग, पृष्ठ-32)
06. संसार के प्रधान आचार्यों में से कोई भी शास्त्रों की इस प्रकार नानाविध व्याख्या करने के झमेंले में नहीं पड़ा। उन्होनें श्लोकों के अर्थ में खींचातानी नहीं की। वे शब्दार्थ और भावार्थ के फेर में नहीं पड़े। फिर भी उन्होंने संसार को बड़ी सुन्दर शिक्षा दी। इसके विपरीत, उन लोगों ने जिनके पास सिखाने को कुछ भी नहीं, कभी एकाध शब्द को ही पकड़ लिया और उस पर तीन भागों की एक मोटी पुस्तक लिख डाली, जिसमें सब अनर्थक बातें भरी हैं (भक्ति योग, पृष्ठ-33)
07. धर्म ही सर्वोच्च ज्ञान है-वहीं सर्वोच्च विद्या है। वह पैसों से नहीं मिल सकता और न पुस्तकों से ही। तुम भले ही संसार का कोना-कोना छान डालो, जब तक गुरु का आगमन नहीं होता, जब जक तुम धर्म को कहीं ना पाआंगे। और ये विधाता-निर्दिष्ट गुरु प्राप्त हों जाय जो उनके निकट बालकवत विश्वास और सरलता के साथ अपना हृदय खोल दो और साक्षात ईश्वर ज्ञान से उनकी सेवा करो। जो लोग इस प्रकार प्रेम और श्रद्धा सम्पन्न होकर सत्य की खोज करते हैं, उनके निकट सत्य स्वरुप भगवान सत्य, शिव और सौन्दर्य के अलौकिक तत्वों को प्रकट कर देते हैं (भक्ति योग, पृष्ठ-38)
08. वह भक्त सचमुच ही भाग्यशाली है जिसे ऐसा गुरु मिलता है जिये साक्षात्कार हो गया हो या परम पुरुष हो क्योंकि ऐसे गुरु केवल शिक्षा ही नहीं देते बल्कि अपने शिष्यों में शिक्षा के पालन हेतु शक्ति का संचार भी करते हैं। ऐसे आध्यात्मिक आचार्यों के शब्दों में दृढ़ विश्वास रहता है जो दूसरे साधनों से प्राप्त नहीं हो सकता और शिष्य ऐसे गुरु से दीक्षित होकर कभी अंधेरे में भटकता नहीं है बल्कि कठिन से कठिन पथ पर अग्रसर होता है। ऐसे आध्यात्मिक शिक्षक से एक बार सम्पर्क हुआ नहीं कि साधक की मंजिल प्राप्ति का विकास निश्चित हो जाता है। इसका अभिप्राय यह नहीं कि वह अपने उद्देश्य के लिए संघर्ष नहीं करेगा, बल्कि उसका संघर्ष सौ गुना कम हो जायेगा (योग क्या है, पृष्ठ-24)
09. दो प्रकार के लोग ईश्वर की मनुष्य रुप में उपासना नहीं करते। एक तो नर पशु, जिसे धर्म का कोई ज्ञान नहीं और दूसरे परमहंस, जो मानव जाति के सारी दुर्बलताओं के उपर उठ चुके हैं और जो अपनी मानवी प्रकृति

की सीमा के भी उस पार चले गये हैं। उनके लिए सारी प्रकृति आलस्यरुप हो गयी है। वे ही भगवान को उनके असल स्वरुप में भज सकते हैं। (भक्ति योग, पृष्ठ-42)

10. साधारण गुरुओं से श्रेष्ठ एक और श्रेणी के गुरु होते हैं, और वे हैं-इस संसार में ईश्वर के अवतार। वे केवल स्पर्श से, यहाँ तक कि इच्छा मात्र से ही आध्यात्मिकता प्रदान कर सकते हैं। उनकी इच्छा मात्र से पतित से पतित व्यक्ति क्षण मात्र में साधु हो जाता है। वे गुरुओं के भी गुरु हैं-नरदेहधारी भगवान हैं। (भक्तियोग, पृष्ठ-39)
11. अवतार का अर्थ है जीवनमुक्त अर्थात् जिन्होंने ब्रह्मत्व प्राप्त किया है। अवतार विषयक और कोई विशेषता मेरी दृष्टि में नहीं है। ब्रह्मादिस्तम्ब्यपर्यन्त सभी प्राणी समय आने पर जीवनमुक्ति को प्राप्त करेंगे, उस अवस्था विशेष की प्राति में सहायक बनना ही हमारा कर्तव्य है। इस सहायता का नाम धर्म है बाकी कुधर्म है। इस सहायता का नाम कर्म है। बाकी कुकर्म है। (पत्रावली भाग-1, पृष्ठ-328)
12. जिस आत्मा की इतनी महिमा शास्त्रों से जानी जाती है वह आत्मा का ज्ञान जिनकी कृपा से एक मुहूर्त में प्राप्त होता है, वे ही हैं सचल तीर्थ-अवतार पुरुष। वे जन्म से ही ब्रह्मज्ञ हैं और ब्रह्म तथा ब्रह्मज्ञ में कुछ भी अन्तर नहीं है-"ब्रह्म वेद ब्रह्मेव भवति"। आत्मा को तो फिर जाना नहीं जाता क्योंकि यह आत्मा ही जानने वाला और जनन करने वाला बना हुआ है यह बात पहले ही मैंने कही है। अतः मनुष्य का जानना उसी अवतार तक है जो आत्मस्थ है। मानव बुद्धि ईश्वर के सम्बन्ध में जो सबसे उच्च भाव ग्रहण कर सकती है, वह वहीं तक है। इसके बाद और जानने का प्रश्न नहीं रहता। उस प्रकार के ब्रह्मज्ञ कभी-कभी ही जगत में पैदा होते हैं। उन्हें कम लोग ही समझ पाते हैं। वे ही शास्त्र वचनों के प्रमाण स्थल हैं भव सागर के आलोक स्तंभ हैं। (विवेकानन्द जी के संग में, पृष्ठ-214)
13. बुद्ध अवतार में भगवान कहते हैं कि आधि भौतिक दुःख का कारण भेद ही है अर्थात् जन्मगत, गुणगत या धनगत। सब तरह का भेद इन दुखों का कारण है। आत्मा में लिंग, वर्ण या आश्रम या इस प्रकार का कोई भेद नहीं होता और जैसे कीचड़ के द्वारा कीचड़ नहीं धोया जाता उसी तरह से भेद भाव से अभेद साबित होना असम्भव है। श्रीकृष्ण अवतार में वे कहते हैं कि सब दुखों का मूल अविद्या है और निष्काम कर्म चित्त को शुद्ध करता है परन्तु "कर्म क्या है और अकर्म क्या है" इसका निर्णय करने में महात्मा भी मोह में पड़ जाते हैं। जिस कर्म के द्वारा इस आत्मा भाव का विकास होता है वही कर्म है और जिसके द्वारा अनात्म भाव का विकास होता है वही अकर्म है। अतएव कर्म या अकर्म का निर्णय व्यक्तिगत, देशगत और कालगत परिस्थिति के अनुसार होना चाहिए। यज्ञ इत्यादि कर्म प्राचीन काल में उपयोगी थे तथा जातिगत कर्म भी। परन्तु वर्तमान काल के लिए वैसा नहीं है। रामश्रीकृष्ण अवतार में नास्तिक विचार ज्ञान रुपी तलवार से नष्ट होंगे और सम्पूर्ण जगत भक्ति और प्रेम से एक रुप होगा। दूसरे शब्दों में, उसका जीवन धन्य है जो इस अवतार के उपदेश को व्यवहार में लाये चाहे वह उन्हें स्वयं माने या न माने (पत्रावली भाग-1, पृष्ठ-373)
14. भगवान मनुष्य की दुर्बलताओं को समझते हैं और मानवता के कल्याण के निए नर देह धारण करते हैं। भगवान श्रीकृष्ण ने अवतार के सम्बन्ध में गीता में कहा है, "जब-जब धर्म की ग्लानि होती है और अधर्म का अभ्युत्थान होता है, तब-तब मैं अवतार लेता हूँ। साधुओं की रक्षा और दुष्टों के नाश के लिए तथा धर्म संस्थापनार्थ मैं युग-युग में अवतीर्ण होता हूँ।" (गीता 4/7-9) मूर्ख लोग मुझ जगदीश्वर के यथार्थ रुप को न जानने के कारण मुझ नरदेह धारी की अवहेलना करते हैं। (गीता 9/11) (भक्ति योग, पृष्ठ-43)
15. भगवान श्री राम कृष्ण कहते थे-"जब एक बहुत बड़ी लहर आती है, तो छोटे-छोटे नाले और गड्ढे अपने आप ही लबालब भर जाते हैं। इसी प्रकार जब एक अवतार जन्म लेता है, तो समस्त संसार में आध्यात्मिकता की एक बड़ी बाढ़ आ जाती है और लोग वायु के कण कण में धर्मभाव का अनुभव करने लगते हैं।" (भक्ति योग, पृष्ठ-43)
16. मतों आदि के बारे में मुझे यहीं कहना है कि कोई श्रीरामश्रीकृष्णदेव को अवतार आदि को स्वीकार करे तो अच्छा है, यदि न करे तो भी ठीक है। परन्तु सच बात तो यह है कि चरित्र के विषय में श्रीरामश्रीकृष्णदेव सबसे आगे बढ़े हुए हैं। उनके पहले जो अवतारी महापुरुष हुए हैं उनसे वे अधिक उदार, अधिक मौलिक और

अधिक उन्नतशील थे, परन्तु इस नये अवतार या आचार्य की शिक्षा यह है कि योग, भक्ति, ज्ञान और कर्म के सर्वोच्च भावों का सम्मिलन होना चाहिए जिससे एक नये समाज का निर्माण हो सके। प्राचीन आचार्य निःसन्देह अच्छे थे परन्तु यह इस युग का नया धर्म है-अर्थात् योग, ज्ञान, भक्ति और कर्म का समन्वय-आयु और लिंग भेद के बिना, पतित से पतित तत्व में ज्ञान और भक्ति का प्रचार। पहले के अवतार ठीक थे, परन्तु श्रीरामश्रीकृष्ण के व्यक्तित्व में अच्छा समन्वय हो गया है। (पत्रावली भाग-1, पृष्ठ-441)

17. उन्हें (सिद्ध गुरुओं) मंत्र द्वारा शिष्यों में आध्यात्मिक ज्ञान का बीजारोपड़ करना पड़ता है। ये मंत्र क्या हैं? भारतीय दर्शन के अनुसार नाम और रुप ही इस जगत की अभिव्यक्ति के कारण हैं। मानवीय अन्तर्जगत में एक भी ऐसी चित्तवृत्ति नहीं रह सकती, जो नाम-रुपात्मक न हो। (भक्ति योग, पृष्ठ-44)
18. बृहत् ब्रह्माण्ड में भी ब्रह्मा, हिरण्यगर्भ या समष्टि महत् ने पहले अपने आप को नाम के, और फिर बाद में रुप के आकार में अर्थात् इस परिदृश्यमान जगत के आकार में अभिव्यक्त किया। (भक्ति योग, पृष्ठ-44)
19. यह सारा व्यक्त इन्द्रियग्राह्य जगत रुप है, और इसकें पीछे है अनन्त अव्यक्त स्फोट। स्फोट का अर्थ-समस्त जगत की अभिव्यक्ति का कारण शब्द-ब्रह्म है। समस्त नामों अर्थात् भावों की नित्य समवायी उपादान स्वरुप यह नित्य स्फोट ही वह शक्ति है, जिससे भगवान इस विश्व की सृष्टि करते हैं। यहीं नहीं बल्कि भगवान पहले स्फोट रुप में परिणत हो जाते हैं और तत्पश्चात् अपने को उससे भी स्थूल इस इन्द्रियग्राह्य जगत के रुप में परिणत कर लेते हैं। (भक्ति योग, पृष्ठ-45)
20. इस स्फोट का एक मात्र वाचक शब्द है-"ॐ"। और चूँकि हम किसी भी उपाय से शब्द को भाव से अलग नहीं कर सकते, इसलिए यह "ॐ" भी इस नित्य स्फोट से नित्य संयुक्त है। (भक्ति योग, पृष्ठ-45)
21. एकमेंव यह "ॐ" ही इस प्रकार सर्वभावाव्यापी वाचक शब्द है, अन्य कोई भी इसके समान नहीं। स्फोट ही सारे भावों का उपादान है, फिर भी वह स्वयं पूर्ण रुप से विकसित कोई विशिष्ट भाव नहीं है। अर्थात् यदि उन सब भेदों को, जो एक भाव को दूसरे से अलग करते हैं, निकाल दिया जाय, तो जो कुछ बचा रहता है, वहीं स्फोट है। इसलिए इस स्फोट को "नादब्रह्म" कहते हैं। (भक्ति योग, पृष्ठ-45)
22. जो वाचक शब्द उसे सब से कम विशेषभावापन्न करेगा, पर साथ ही उसके स्वरुप को यथासम्भव पूरी तरह प्रकाशित करेगा, वहीं उसका सबसे सच्चा वाचक होगा। और यह वाचक शब्द है-एकमात्र "ॐ" क्योंकि ये तीनों अक्षर अ, उ और म्, जिनका एक साथ उच्चारण करने से "ॐ" होता है, समान शब्दों के सधारण वाचक के तौर पर लिये जा सकते हैं। (भक्ति योग पृष्ठ, पृष्ठ-46)
23. अक्षर "अ" सारे अक्षरों में सबसे कम विशेषभावापन्न है। इसीलिए भगवान श्रीकृष्ण गीता में कहते हैं-"अक्षरों में मैं "अ" कार हूँ।" (गीता,10/33) स्पष्ट रुप से उच्चारित जितने भी शब्द हैं, उनकी उच्चारण क्रिया मुख में जिह्वा के मूल से आरम्भ होती है और ओठों में आकर समाप्त हो जाती है। "अ" जिह्वा मूल अर्थात् कण्ठ से उच्चारित होता है, और "म" ओठों से होने वाला अन्तिम शब्द है। और "उ" उस शक्ति का सूचक है, जो जिह्वा मूल से आरम्भ होकर मुँह भर में लुढ़कती हुई ओठों में आकर समाप्त हो जाजी है। यदि "ॐ" का उच्चारण ठीक ढंग से किया जाय, तो इसके शब्दोच्चारण की सम्पूर्ण क्रिया सम्पन्न हो जाती है-दूसरे किसी भी शब्द में यह शक्ति नहीं। (भक्ति योग, पृष्ठ-46)
24. जिस प्रकार अल्पतम् विशेष भावात्मक तथा सार्वभौमिक वाचक शब्द "ॐ" के सम्बन्ध में वाच्य और वाचक आपस में अभेद्य रुप से सम्बद्ध हैं उसी प्रकार वाच्य और वाचक का यह अविच्छिन्न सम्बन्ध भगवान और विश्व के विभिन्न खण्ड भावों पर भी लागू है, अतएव उनमें से प्रत्येक का एक विशिष्ट वाचक शब्द होना आवश्यक है। (भक्ति योग, पृष्ठ-47)
25. ये वाचक शब्द ऋषियों की गम्भीरतम आध्यात्मिक अनुभूति से उत्पन्न हुए हैं और वे भगवान तथा विश्व के जिन विशेष-विशेष खण्ड भाव के वाचक हैं, उन विशेष भावों को यथासम्भव प्रकाशित करते हैं। जिस प्रकार "ॐ" अखण्ड ब्रह्म का वाचक है, उसी प्रकार अन्यान्य मंत्र भी उसी परम पुरुष के खण्ड-खण्ड भावों के वाचक हैं। ये सभी ईश्वर के ध्यान और प्रकृत ज्ञान की प्राप्ति में सहायक हैं। (भक्ति योग, पृष्ठ-47)

स्वामी सत्यमित्रानन्द गिरि
भारत माता मन्दिर (ऋषिकेश)

परिचय

सत्यमित्रानन्द गिरि जी का जन्म 19 सितम्बर, 1932 को आगरा (उ0प्र) के ब्राह्मण परिवार में हुआ था। आपके पिता का नाम श्री शिवशंकर पाण्डेय तथा माता श्री का नाम त्रिवेणी देवी है। आपका सन्यास पूर्व नाम अम्बिका प्रसाद था। आपकी संस्कृत शिक्षा, संस्कृत विद्यालय कानपुर से और स्नातकोत्तर शिक्षा, आगरा विश्वविद्यालय से पूर्ण हुआ है। आप वाराणसी से शास्त्री व हिन्दी भाषा व साहित्य में साहित्य रत्न भी हैं। वेद व आधुनिक शिक्षा का समन्वय आपकी शिक्षा रही है। बाल्यकाल से भारतीय संस्कृति, ईश्वर, समाजसेवा के प्रति रूचि ने आपको सन्यास का निर्णय लेने पर बाध्य कर दिया परिणामस्वरूप आप ऋषिकेश में स्वामी वेदव्यासानन्द के शरणागत होकर अम्बिका प्रसाद से सत्यमित्रानन्द गिरि हो गये और भारतीय संस्कृति के समन्वय विचारधारा को मूल मानते हुये समाज के लिए अभूतपूर्व कार्य किये। 27 वर्ष की अवस्था में आप उपपीठ ज्योति मठ के जगतगुरू शंकराचार्य के पद को भी शुशोभित कर चुके हैं। स्वामी विवेकानन्द द्वारा प्रारम्भ किये गये आध्यात्मिक जागरण,

मानव सेवा व शान्ति के प्रयासों को आपने आगे बढ़ाया है इसके लिए आपने विश्व के कोने-कोने की यात्राएँ भी की। आपके द्वारा हरिद्वार में "समन्वय कुटीर" व "समन्वय सेवा ट्रस्ट" की भी स्थापना की गई है। सन् 1998 में "स्वामी सत्यमित्रानन्द फाउण्डेशन" अर्थात् आपके नाम से फाउण्डेशन की भी स्थापना की गई है जिसकी शाखाएँ रेनुकूट (सोनभद्र, उ0प्र0), जबलपुर (म0प्र0), जोधपुर (राजस्थान), इन्दौर (म0प्र0) और अहमदाबाद (गुजरात) में है।

आपके समन्वयात्मक विचारों का साकार रूप व अनूठी कृति "भारत माता मन्दिर" है जो सप्त सरोवर, हरिद्वार में स्थित है। इस मन्दिर में रामायण काल से भारत के स्वतन्त्रता काल तक के धर्म-जाति से उपर उठकर महापुरूषों की मूर्तियाँ स्थापित की गई है। 15 मई 1983 को तत्कालिन भारतीय गणराज्य की प्रधानमंत्री श्रीमती इन्दिरा गाँधी ने दीप प्रजल्वित कर इस 180 फीट (55 मीटर) ऊँचे 7 तलों के इस मन्दिर को समाज को समर्पित किया। इस मन्दिर का प्रत्येक तल एक विचार को समर्पित है।

आपके विचार आपके "भारत माता मन्दिर" पुस्तक से-

1. स्वस्ति पन्थामनु चरेम सूर्यचन्द्रमसाविव। पुनर्ददताध्नता जानता सं गमेमहि।। (ऋग्वेद-5/51/15) "जैसे सूर्य और चन्द्रमा निरालम्ब अन्तरिक्ष में निरापद एवं राक्षसादि से अबाधित निर्विध्न यात्रा करते हैं, विचरण करते हैं, वैसे ही हम अपने बन्धु-बान्धवों के साथ लोक-यात्रा में स्नेहपूर्वक, निर्विध्न चलते रहें और हम सबका मार्ग मंगलमय हो।" भगवान शंकर के स्मरण मात्र से ऐसा सम्भव है, क्योंकि वे कल्याण के देव हैं। वे देवाधिदेव महादेव तो हैं ही, किन्तु भारतमाता का स्वरूप-स्मरण करने पर तो यह भाव जीवन्त रूप से जाग्रत हो जाता है कि भारत का समग्र दर्शन भगवान शंकर में ही हो रहा है। विचारपूर्वक देखें, तो भगवान शंकर सम्पूर्ण राष्ट्र के प्रतीक हैं, भगवान श्रीराम राष्ट्र की आदर्श-मर्यादा के और गंगा राष्ट्र में प्रवाहित होने वाली संस्कृति की। उसके साथ उसमें ब्रह्मतत्व भी अन्तर्निहित होना चाहिए, क्योंकि ब्रह्मतत्व से विहिन संस्कृति दीर्घकाल तक नहीं रह सकती। इस ब्रह्मतत्व के साक्षात् स्वरूप श्रीकृष्ण हैं। इसलिए भारतीय संस्कृति का सर्वांग रूप राम, कृष्ण, शंकर और गंगा का समन्वित रूप है।
2. केवल वेश ग्रहण मात्र से किसी को साधु-संत नहीं कहा जा सकता। साधुता और सन्तत्व तो एक वृत्ति का नाम है। यह साधु-वृत्ति कदाचित् श्वेत वस्त्रधारी में भी हो सकती है और कदाचित् भगवा-धारी में नहीं। यह जटाजूटधारी या मुण्डित केशों में भी हो सकती है और नहीं भी। अनिवार्यता केवल इतनी ही है कि जहाँ जीवन में सुचिता है, वहीं साधुता है। जब तक साधुवृत्ति संसार में भ्रमण करती रहेगी, तब तक भारतीय संस्कृति का विनाश कोई नहीं कर सकता।
3. टहनियाँ और पत्तों को काट देने से वृक्ष नहीं सूखता। उसका बीज यदि उर्वरा भूमि में सुरक्षित है, तो अनुकूल अवसर-खाद, पानी, माली आदि पाकर वह पुनः लहलहा उठेगा, हरा-भरा हो जायेगा। यही स्थिति भारतीय संस्कृति के बीज-जीवन मूल्यों की है। भारतीय संस्कृति का बीज किसी एक व्यक्ति के अन्तःकरण में नहीं, अपितु करोड़ों व्यक्तियों की हृदय भूमि में जीवन्त रूप में स्थित है। इसी कारण साधु-संतों की वाणी रूपी खाद, भक्ति रूपी पवित्र जलधारा और प्रभु-कृपा की अनुकूलता प्राप्त होने पर वह पुनः पुनः अंकुरित होती रहेगी। इनकी छाया के नीचे बैठने वाले व्यक्तियों को जीवन में शान्ति का सन्देश सतत् देती रहेगी।
4. यद्यपि प्रत्येक स्थान की भूमि की अपनी निजी विशेषताएँ होती हैं। गुजरात की भूमि में रूई, किसी अन्य जगह हरी मिर्च, मालवा में गेहूँ आदि बहुतायत में तथा अच्छे किस्म के होते हैं, तो भी ये वस्तुएँ थोड़े बहुत अन्तर से अन्यत्र भी उगाई जा सकती हैं, किन्तु यदि केशर को कश्मीर के अतिरिक्त अन्यत्र कहीं पर उत्पन्न करने के प्रयास किये जायें, तो असफलता ही मिलेगी। इसके लिए तो कश्मीर की भूमि की ही शरण लेनी होगी। इसी भाँति भौतिकवाद के विकास के लिए यूरोप ओर अमेरिका की भूमि उपयुक्त है, परन्तु आध्यात्मवाद की केशर यदि प्राप्त करना है, तो सम्पूर्ण विश्व को भारतीय भूमि से ही प्रेम करना होगा। इसके अतिरिक्त कोई उपाय नहीं है। यदि इस धरती का यह वैशिष्ट्य न होता, तो भगवान श्रीराम और भगवान श्रीकृष्ण यहीं पर जन्म क्यों लेते? वे कहीं पर भी आविर्भूत हो सकते थे, परन्तु सरयू और यमुना तट

उन्हें अच्छा लगा और इसलिए अपने बाल-मित्रों के साथ उन्होंने यहाँ सहज बाल-क्रिड़ायें कीं, जिससे सभी लोग जान लें कि इस धरती का महत्व कितना अधिक है।

5. उत्तर भारत में भगवान ने अनेक रूपों में अवतार ग्रहण किया। इसलिए उस विराट् एवं चरम चित्त तत्व ने दक्षिण भारत में भी अंशावतार ग्रहण किया। श्री शंकराचार्य, श्री रामानुजाचार्य, श्री वल्लभाचार्य, श्री मध्वाचार्य आदि महान आचार्यों ने भारतीय समाज के उन्नयन के लिए अवतार ग्रहण किया। यदि उत्तर भारत में प्रभु के अवतारों के माध्यम से भगवद् शक्ति द्वारा संसार को प्रभावित किया गया, तो दक्षिण के आचार्यों ने साधना, संयम, सदाचार के उपदेश द्वारा, पुरूषार्थ के द्वारा मानवों में ऐसी अनुभूति उत्पन्न की कि वे आचार्य अंशावतार न होकर पूरी शक्ति सहित अवतार ही दिखाई देते हैं।
6. संसारी मानव दो प्रकार की विभिन्न परिस्थितियों के हिंडोले में झूलता हुआ अपनी दुर्बलता प्रमाणित करता है कि यदि कोई अनुकूल वस्तु मिल जाए, तो उसके प्रति राग हो जाता है, और यदि प्रिय वस्तु का वियोग हो जाए तो रोष होता है। कोई-कोई विरले मनुष्य होते हैं, जो न राग में जीते हैं, न रोष में जीते हैं, वे तो केवल अनुराग में ही सदा आनन्दित होते हैं। भगवान श्रीराम भी इसी प्रकार के महापुरूष हैं, जिनको न राग है, न रोष, अपितु वे अन्यों को सभी प्रकार संतुष्ट करते हैं। उनका स्मरण कर, उस नित्य आनन्दमय परमात्मा के प्रति भक्ति प्रदर्शित कर, भारतीय व्यक्ति अपने जीवन को धन्य अनुभव करता है।

"भारत माता मन्दिर" के सम्बन्ध में आपके विचार-

ऊँ। विश्वानि देव सवितर्दुरितानी परासुव। यद् भद्रं तन्न आ सुव।।

हमारे देश के गाँव-गाँव, नगर-नगर में मन्दिर मिलते हैं। बुद्धिवादी व्यक्ति नवीन मन्दिरों के निर्माण को निरर्थक मानते हैं। कई लोग इसे अर्थ का अपव्यय भी कहते हैं। इतिहास को जीवित रखना हमारा कर्तव्य है। इतिहास से हमें अपनी राष्ट्रीय-संस्कृति के गौरव का पता चलता है। पाठकों को इससे प्रेरणा मिलती है और भावी पीढ़ी के संस्कार जगाने में चेतना की शक्ति। इसी पावन दृष्टिकोण से, हरिद्वार में भारत माता मन्दिर का निर्माण किया गया है।

मुसलमान, ईसाई बन्धुओं को अपने पूर्वजों के सम्बन्ध में पर्याप्त जानकारी है, परन्तु किसी हिन्दू युवक से उसके पूर्वज ऋषियों के नाम पूछे जायें तो बता पाने में असमर्थता प्रकट करेगा। यदि व्यक्ति अपने श्रेष्ठ पूर्वजों का ही विस्मरण कर बैठे, तो उनके श्रेष्ठ संस्कारों को अपने जीवन में कैसे उतार सकता है?

भारत माता मन्दिर, मन्दिर के रूप में अधिक जाना जाय, ऐसा विचार कम है। तीर्थ-यात्री जो प्रतिवर्ष लाखों की संख्या में हरिद्वार आते हैं, वे इस मन्दिर से देश के संत, आचार्य, बलिदानी महापुरूषों, साध्वी, सतियों (मातृ शक्ति) के जीवन से प्रेरणा लेकर, व्रत और संकल्प कर जा सके-यह इसका मुख्य लक्ष्य है। साम्प्रदायिक उपासना पद्धतियों में मानव पृथक-पृथक घेरों में बँधता जा रहा है। ऐसे समय में राष्ट्रीय एकता को ध्यान में रखकर, सब सम्प्रदायों के आचार्यों और संतों की एक ही स्थान पर प्रतिष्ठा की गई है, इससे-"हम सब एक हैं", "हमारी माता भारत माता है"-का विचार परिपक्व कर सकें। यह विचार दृढ़ होना चाहिए, तभी व्यक्तिवाद से ऊपर उठकर राष्ट्रवाद की ओर जा सकते हैं।

धर्म और राष्ट्र एक-दूसरे के पूरक होने चाहिए। धर्म संस्कारों को बनाता है। संस्कारों का परिष्कार करता है और राष्ट्र-भाव स्वधर्म पर बलिदान होने की प्रेरणा देता है। बिना उत्सर्ग किये इस संसार में कुछ नहीं मिलता। स्वार्थ की बलि चढ़ाये बिना राष्ट्र का यज्ञ अधूरा रहता है। पशु-बलि की बातें आज निरर्थक हो गई हैं, किन्तु आत्म बलिदान के अभाव में कोई महान् लक्ष्य प्राप्त हो जाये, यह सम्भव नहीं है। भारत माता मन्दिर में विराजमान संत, शूर, सती-देश के लाखों यात्रियों में समन्वय, श्रद्धा, परस्पर प्रेम, त्याग, सद्भाव, स्वार्थ त्याग, समरसता और बलिदान की भावना जगाने में समर्थ हो सकेंगे, ऐसा विश्वास किया जाना चाहिए।

हमारा यह विचार है कि मन्दिर में दान-पात्र न रखें जाएँ, परन्तु दर्शनार्थियों की उदार भावना के सम्मानार्थ, उनके द्वारा की जाने वाली चढ़ोतरी के सदुपयोग की दृष्टि से, दान-पात्र रखे जाना युक्तिसंगत भी लगता

है। फिर भी भावना यह है कि, दर्शनार्थी इस मन्दिर की स्मृति संजोकर, अपने घरों को लौटकर जाने वाले लोग श्रद्धा से जो कुछ हो, वहीं से प्रेषित करें। इस धनराशि को आदिवासी, गिरिवासी, वनवासी, हरिजन, देश के उपेक्षित वर्ग और दरिद्र नारायण की सेवा में लगाया जा सके। साथ ही, आय का एक भाग ब्राह्मण बालकों को कर्मकाण्ड, वेद, हवन, यज्ञ आदि की शिक्षा देने के लिए उपयोग में लाया जाए। इस प्रकार यह मन्दिर समाज की सर्वागीण सेवा का प्रकल्प बन सके, यह अपेक्षा है।

इस मन्दिर में जैन, सिक्ख, ईसाई, मुसलमान, पारसी मजहबों के श्रेष्ठ संतों की मूर्तियाँ और उनके जीवन का अंकन किया गया है। सभी प्रमुख धर्मों के मूल मंत्र रजत पट्टीका पर अंकित किये गये हैं, जिससे उपासकों, साधकों, नागरिकों में यह भाव जाग सके कि सभी धर्मों का मूल तत्व एक है। इस प्रकार, अपने देश की संस्कृतियों की समस्त धाराओं को हरिद्वार में बहने वाली गंगा की पावन धारा से जोड़ने का प्रयत्न किया है। गंगा पावनता और गतिशीलता का प्रतीक बन चुकी है। बिना पावन और गतिशील हुए, देश और राष्ट्र की वास्तविक सेवा नहीं की जा सकती।

परमात्मा की कृपा से, अपने राष्ट्र-रथ को अनैतिकता के पंक से उबार, जगद्गुरू के पूर्व आसन पर बैठा सकने में हम सब निमित्त और परमात्मा के हाथ का उपकरण बन सकें, ऐसी उनके चरणों में प्रार्थना है।

"भारत माता मन्दिर (ऋषिकेश)": एक परिचय

लोगों के मन में यह विचार आ सकता है कि इस मन्दिर में भारतमाता की प्रतिमा क्यों स्थापित की गई? भारतमाता तो सम्पूर्ण राष्ट्र है। उसकी सम्पूर्ण शक्ति राष्ट्र के प्रत्येक नागरिक में उद्भूत है, उस शक्ति का अनुभव कराने के लिए सनातन धर्म में प्रतिमा अथवा मूर्ति प्रतिष्ठा का विशेष महत्व है। धनधान्य की समृद्धि के लिए जिस प्रकार बीज बोना परम आवश्यक है, उसी प्रकार देवी और मानवीय संस्कार जाग्रत करने के लिए प्रतिमा की प्रतिष्ठा-उपासना का महत्वपूर्ण अंग है। इसलिए मूर्ति प्रतिष्ठा के अनन्तर प्राण प्रतिष्ठा की जाती है, जिससे उपासक और दर्शनार्थी में तद्नुसार चेतना जाग्रत हो सके। वर्तमान में भारत की भावात्मक एकता और अखण्डता के लिए "हम सब भारतवासी भारत माता की संतान हैं"-इस भावना के लिए भारतमाता की मूर्ति की प्राण प्रतिष्ठा की गई है।

भारतमाता मन्दिर में प्रवेश करते ही, जैसे सीढ़ियों पर चढ़ते हैं-दाई ओर सम्पूर्ण मनोकामना सिद्ध करने वाले, संकट मोचन श्री हनुमन्तलाल जी के दर्शन होते हैं। मुख्य द्वार के ऊपर श्री विघ्नेश्वर गजवदन विनायक श्री गणेश जी प्रतिष्ठित हैं। जिनके दर्शन के साथ ही दर्शनार्थी द्वार प्रवेश कर सीधे भारत माता के पास पहुँचते हैं। हम धन्य हैं कि हम भारत जननी की शस्य श्यामल, समृद्ध, वात्सल्यमयी अंक में पले हैं, बड़े हुए हैं और यशस्वी जीवन-पथ पर गतिशील हैं और सदा गतिशील बने रहेंगे। यह राष्ट्र किसी एक का नहीं, जाति वर्ण, सम्प्रदाय भेद के बिना सभी का है। हम सब एक ही भारत माँ की सन्तान होने के नाते भाई-बहन हैं, एक हैं। जैसे एक मीटर वस्त्र को तैयार करने में किसान, उसके खेती के उपकरण, ओटाई करने वाले, कातने वाले, उसको आकर्षक रूप देने वाले कुशल इंजिनियर, सुपरवाइजर इत्यादि का योगदान रहता है, वैसे ही एक राष्ट्र के निर्माण में किसी की बुद्धि, किसी का श्रम, किसी का बलिदान, किसी का तपस्या और किसी का चिन्तन लगता है।

आधार तल

सात तल वाले इस भव्य मन्दिर के आधार तल में भारतमाता की विशाल एवं भव्य प्रतिमा की प्रतिष्ठा है। माँ, जिसकी गोद में संस्कृति, संस्कार और सभ्यता जन्म लेकर पोषित होती है-उसकी उपमा संसार में कहीं नहीं है। भारत की धरती को ही यह सौभाग्य मिला है, जिसे "भारतमाता" के नाम से विभूषित किया गया है। संसार का कोई भी देश माता के नाम से नहीं जाना जाता। भगवान श्रीराम जी स्वयं कहते हैं-"जननी जन्मभूमिश्च स्वर्गादपि गरीयसी"-माँ और मातृभूमि स्वर्ग से भी श्रेष्ठ है।

भारतवासीयों की रग-रग में संस्कार प्रतिष्ठित करने वाली भारतमाता की मूर्ति की प्रतिष्ठा भारतमाता मन्दिर में की गई-जिनके एक हाथ में दुग्ध पात्र तथा दूसरे में धान की बाली है। सामयिक चेतना जगाने के लिए श्वेत

क्रान्ति व हरित क्रान्ति के प्रतीक के रूप में इस कल्पना को ग्रहण किया गया है। प्रतिमा के पीछे कमलाकार चक्र है, जो कमल की पवित्रता और निर्लिप्त भाव का प्रतीक है। गीता में भगवान श्रीकृष्ण का सन्देश है- "पद्मपत्रमिवाम्भसा"-संसार- महासागर में, राष्ट्र की सेवा में व्यक्ति का जीवन, कमल के समान रहना चाहिए।

भारत माता की मूर्ति के सामने भूतल पर भारत का विशाल प्राकृतिक मानचित्र, भारत सरकार के सर्वेक्षण विभाग की प्रमाणिकता के आधार पर निर्मित है-जिसमें नागाधिराज हिमालय के उत्तुंग शिखर, उपत्यिकाएँ, प्रमुख नदियाँ आरेखित की गई हैं। साथ ही निम्नलिखित को भी दर्शाया गया है-

द्वादश ज्योतिर्लिंग- 1. सौराष्ट्र में सोमनाथ, 2. श्रीशैल पर मल्लिकार्जुन (गुण्टुर से 217 मील), 3. उज्जैन में महाकाल, 4. ओंकारेश्वर में मम्लेश्वर (ओंकारेश्वर), 5. हिमाचल पर केदारनाथ, 6. डाकिनी में भीमशंकर (पूना से 43 मील उत्तर, मुम्बई से 70 मील पूर्व की ओर भीमा नदी के तट पर), 7. काशी में विश्वेश्वर विश्वनाथ, 8. गौतमी तट पर त्रयम्बकेश्वर (नासिक रोड स्टेशन से 25 कि.मी. दक्षिण में), 9. चिताभूमि में वैद्यनाथ (कलकत्ता-पटना रेल मार्ग पर किउल स्टेशन से दक्षिण पूर्व में 100 कि.मी.), 10. दारूका वन में नागेश्वर (द्वारिका के पास दारूका वन में गौतमी नदी के किनारे), 11. सेतूबन्ध में रामेश्वर और 12. शिवालय में स्थित घुश्मेश्वर (मनमाड-पूना लाइन पर मनमाड से 100 कि.मी. दौलताबाद स्टेशन से 20 कि.मी. वेरूल गाँव के पास)

सप्त मोक्षदायिनी पुरियाँ - 1. अयोध्या, 2. मथुरा, 3. हरिद्वार, 4. काशी (वाराणसी), 5. काँची, 6. अवन्तिका (उज्जैन), 7. द्वारिका।

सप्त बदरी - उत्तराखण्ड राज्य के बदरी क्षेत्र में 1. आदि बदरी, 2. ध्यान बदरी (कुम्हार चट्टी से 6 मील दूर), 3. वृद्ध बदरी (उशी मठ के कुम्हार चट्टी से ढाई मील दूर), 4. भविष्य बदरी (जोशी मठ से 11 मील दूर), 5. योग बदरी (पाण्डुकेश्वर से दो मील), 6. नृसिंह बदरी (जोशी मठ से नरसिंह भगवान का मन्दिर), 7. प्रधान बदरी।

पंच केदार - भगवान शंकर महिष रूप धारण उपरान्त उनके पाँच अंग प्रतिष्ठित हुये और वे पंच केदार कहलाये। 1. श्री केदारनाथ (प्रमुख केदार पीठ), 2. श्री मध्यमेश्वर (यहाँ नाभि), 3. श्री तुंगनाथ (यहाँ बाहु), 4. श्री रूद्रनाथ (यहाँ मुख), 5. कल्पेश्वर (यहाँ जटायें)।

पंच सरोवर - 1. मानसरोवर (हिमालय क्षेत्र में), 2. बिन्दु सरोवर (गुजरात प्रदेश में), 3. नारायण सरोवर (नल सरोवर और हिमालय क्षेत्र में), 4. पम्पा सरोवर (तुंगभद्रा नदी के उत्तर और किष्किंधा के दक्षिण भाग में), 5. पुष्कर सरोवर (अजमेर के पास में)।

सप्त क्षेत्र - 1. कुरूक्षेत्र (हरियाणा प्रदेश में), 2. हरिहर क्षेत्र (गंगा, सरयू, सोन व गंडकी नदी के संगम का क्षेत्र बिहार प्रदेश में), 3. प्रभास क्षेत्र (द्वारिका, गुजरात प्रदेश में), 4. भृगु क्षेत्र (नर्मदा व समुद्र संगम क्षेत्र), 5. पुरूषोत्तम क्षेत्र (जगन्नाथ धाम, उड़ीसा में), 6. नैमिष क्षेत्र (सीतापुर, उत्तर प्रदेश में), 7. गया क्षेत्र (बिहार प्रदेश में)

प्रथम तल: शूर मन्दिर

मैकाले की शिक्षा पद्धति ने देश के नागरिकों के समक्ष ऐसा इतिहास प्रस्तुत किया कि हम अपने देश के लिए जीवन देने वालों को विस्मृत कर बैठे। आज सबसे बड़ी आवश्यकता है, राष्ट्र के प्रति समर्पित महापुरूषों, बलिदानियों के आदर्शों को उद्घाटित करने की, जिससे वर्तमान भारत के बालक-बालिकाएँ, युवक-युवतियाँ उनसे प्रेरणा ले सकें। यदि हमारे सामने कोई आदर्श ही नहीं होगा, तो हमारा न कोई सिद्धान्त रह जायेगा और न शाश्वत मूल्य रह जाएँगे। इसी दृष्टिकोण से भारत माता मन्दिर के द्वितीय तल पर राष्ट्र के वीरों, बलिदानियों की मूर्तियों की प्रतिष्ठा की गई है जो निम्नवत् हैं-

1. महामना पं. मदन मोहन मालवीय 2. वीर सावरकर 3. सुभाष चन्द्र बोस 4. महात्मा गाँधी 5. छत्रपति शिवाजी 6. गुरू गोविन्द सिंह 7. महारानी लक्ष्मीबाई 8. महराणा प्रताप 9. शहीद भगत सिंह 10. चन्द्रशेखर आजाद 11. डा0 केशवराव बलिराम हेडगेवार 12. हेमू कालानी 13. अश्फाकउल्ला 14. महारानी अहिल्याबाई 15. महराजा अग्रसेन

द्वितीय तल: मातृ मन्दिर

नारी के प्रति महान सम्मान प्रदर्शित करने की दृष्टि से भारतमाता मन्दिर में मातृ मन्दिर की प्रतिष्ठा की गई है। वैदिक काल से लेकर आज तक महान नारीयों की लम्बी श्रृंखला रही है परन्तु यहाँ उनकी शक्ति के प्रतीक के रूप में कुछ महान माताओं की मूर्तियों को प्रतिष्ठित किया गया है जो निम्नवत् हैं-

1. सती जयदेवी 2. कवयित्री आण्डाल 3. मैत्रेयी 4. मीराबाई 5. सती सावित्री 6. ब्रह्मवादिनी गार्गी 7. देवी उर्मिला 8. सती दमयन्ती 9. सती अनुसूया 10. सती मदसलसा 11. सती पद्मिनी 12. वीरांगना किरण देवी 13. श्रीमती एनी बेसेन्ट 14. भगिनी निवेदिता 15. श्री देव नदी गंगा जी 16. श्री यमुना जी

तृतीय तल: संत मन्दिर

भारतीय संस्कृति एवं संस्कृति की समग्र परम्परा का सम्पूर्ण अधिष्ठान भारतीय संतों के अवदान पर ही प्रतिष्ठित है। महर्षि वेदव्यास से लेकर आद्य गुरू शंकराचार्य एवं स्वामी विवेकानन्द, महर्षि अरविन्द, स्वामी रामतीर्थ और उनके परवर्ती संतों की लम्बी श्रृंखला है, जिन्होंने अपनी दिव्य साधना से भारतीय संस्कृति और जनजीवन को आलोकित किया है। रत्नगर्भा भारत भूमि इतने महापुरूषों की जननी है कि उन सबको पर्याप्त स्थान नहीं दे सके। विशिष्ट आचार्यों, संतों को ही स्थान दे सके हैं इसका अर्थ यह नहीं है कि शेष महापुरूष सम्मानीय नहीं है। वे सभी समान कोटि में समादरणीय है। भारतमाता के स्वरूप को सँवारने और उसे समृद्ध बनाने में संतों की साधना, तपश्चर्या, वाणी और साहित्य का अनुपम योगदान रहा है। इसी दृष्टि से सभी सम्प्रदायों के आचार्यों, संतों की प्रतिष्ठा भारत माता मन्दिर में की गई है। जो निम्नवत् हैं-

1. गौतम बुद्ध 2. महावीर स्वामी 3. श्री नरसी मेहता 4. गोस्वामी तुलसीदास 5. श्री चैतन्य महाप्रभु 6. उदासीनाचार्य चन्द्रदेव 7. समर्थ गुरू रामदास 8. संत ज्ञानेश्वर 9. श्री गरीबदास जी 10. श्री रंग अवधूत जी 11. स्वामी वासुदेवानन्द सरस्वती 12. श्री निम्बार्काचार्य 13. जगद्गुरू रामानन्दाचार्य 14. जगद्गुरू आद्य शंकराचार्य 15. श्री वल्लभाचार्य 16. श्री रामानुजाचार्य 17. श्री मध्वाचार्य 18. श्री गुरू नानक 19. शिरडी वाले सांई बाबा 20. स्वामी विवेकानन्द 21. स्वामी दयानन्द 22. महर्षि अरविन्द 23. श्री पीपी जी 24. परमहंस राकृष्णदेव एवं माँ शारदामणि 25. संत कबीर 26. रसखान 27. जलाराम बापा 28. संत रविदास 29. संत नवल साहेब 30. भक्त श्री सेन जी 31. हरिजी बापा 32. गुरू गोरक्षनाथ जी 33. संत श्री झूलेलाल जी 34. महर्षि वाल्मीकि 35. आचार्य दादूदयाल जी 36. स्वामी प्राणनाथ जी

चतुर्थ तल: भारत दर्शन

भारत माता मन्दिर के चतुर्थ खण्ड पर भारत की एकता और अखण्डता के प्रतीक के रूप में भारत-दर्शन की प्रादेशिक झाँकी भित्ति चित्रों और आरेखों द्वारा प्रदर्शित की गई है-जिन्हें देखकर लगता है कि हम भारत में हैं और भारत हम में है। हमारा कोई भी चिन्तन इससे पृथक नहीं हो सकता। हमने इसी भारत के लिए जन्म लिया है और जन्म-जन्मान्तर परमात्मा से प्रार्थना करते हैं कि चाहे जिस रूप में हो, चाहे जिस योनि में हो-हमारा जन्म भारत में ही हो।

दीवालों पर भारत के समस्त प्रदेशों के सांस्कृतिक मानचित्र आकर्षक ढंग से निर्मित किये गये हैं-जिनमें मध्य प्रदेश, गुजरात, महाराष्ट्र, गोवा, राजस्थान, हरियाणा, पंजाब, जम्मू-कश्मीर, हिमाचल प्रदेश, असम, मेघालय, अरूणाचल प्रदेश, मणिपुर, नागालैण्ड, त्रिपुरा, मिजोरम, पश्चिम बंगाल, बिहार, उत्तर प्रदेश, कर्नाटक, आन्ध्र प्रदेश, उड़ीसा, केरल, तमिलनाडु, आदि की झाँकियों में वहाँ के इतिहास-प्रसिद्ध सांस्कृतिक कला, स्थापत्य कला के नमूने, संत, वीर, बलिदानी, नृत्य कला आदि को प्रदर्शित किया गया है। इस मण्डपम् में विशाल मंच निर्मित है। मंच के पाश्र्व में, रजत पट्टीकाओं पर-विश्व के प्रमुख धर्मों- ईसाई धर्म, सिख धर्म, जैन धर्म, बौद्ध धर्म, सनातन धर्म, पारसी धर्म, इस्लाम धर्म के मूल मंत्र आलेखित हैं और वेद भगवान की प्रतिष्ठा की गई है। समन्वय ओर भावनात्मक एकता की दृष्टि से स्थापित इन पट्टीकाओं का अनावरण-भारत गणराज्य के तत्कालिन महामहिम

राष्ट्रपति ज्ञानी जैल सिंह जी ने 8 मार्च, 1986 को शिवरात्रि पर्व पर किया था। उन्होंने कहा-"मेरा मन यहाँ से बाहर जाने को नहीं करता। यह मन्दिर आजादी के तुरन्त बाद ही बनना चाहिए था, परन्तु जो कार्य सरकार नहीं कर पाई, उसे स्वामी जी ने किया। भगवान जिससे जब जो कार्य कराता है, तभी होता है। मेरा विश्वास है कि जो कोई भी हरिद्वार आयेगा, इस मन्दिर के दर्शन जरूर करेगा।"

सभी धर्म एक हैं। विश्व का कोई भी धर्म हिंसा, असत्य, वैर, कटुता की बात नहीं कहता। धर्मान्धता आड़े आने पर धर्म को विकृत बना दिया जाता है। धर्मनिरपेक्षता का तात्पर्य धर्महीनता नहीं है, अपितु अपने धर्म पर अनन्य निष्ठा, समर्पण भाव रखते हुए-दूसरे धर्म के प्रति समान आदर भाव रखना है। संस्कृति ही राष्ट्र बनाती है। एक राष्ट्र की जनता एक जाति की है, उस जाति का जो स्वरूप है, उसे राष्ट्रीयता कहते हैं और राष्ट्रीयता ही किसी राष्ट्र का जीवन है। यदि राष्ट्रीयता या संस्कृति नष्ट कर दी जाए, तो वह राष्ट्र नष्ट हो जाता है। संस्कृति के जन्म, पोषण, रक्षण और अभिवृद्धि के लिए परमात्मा ने भारत-भूमि का चयन किया। उस संस्कृति का पालन करना, अपने जीवन में ढालना, आचरित करना प्रत्येक भारतवासी का प्रथम कर्तव्य है। संस्कृति और राष्ट्र एक-दूसरे के पर्याय हैं। राष्ट्र रहेगा, संस्कृति रहेगी, और संस्कृति की रक्षा से राष्ट्र की अस्मिता अक्षुण्ण रहेगी।

भारत-भूमि धन्य है, जिसकी प्रशंसा देवों के श्रीमुख से की गई है तथा इस भारत-भूमि पर जन्म लेने के लिए स्वयं देवता भी लालायित रहते हैं। जिसका जन्म इस धरती पर हुआ, वह भी धन्य हो गया। भारत-भूमि इस भूखण्ड पर सबसे पुण्यशाली है। यह भूमि भगवान के अवतारों की, संतों की, महर्षियों की, पुण्य सलिला सरिताओं की प्राकट्य-स्थली है। स्वयं परमात्मा ने विभिन्न रूपों में अवतरित होकर यहाँ लीलीयें कर, धर्म और संस्कृति की मर्यादा स्थापित की। भारत की धरती देवताओं की यज्ञ-भूमि होने से, परम पावन मानी गई है।

आज की भयावह परिस्थिति में सम्पूर्ण विश्व भारत की ओर आँखें लगाये लालायित है कि विश्व की समस्याओं का निदान भारत के पास है। समय आयेगा। विश्व को भारत ने रास्ता दिखाया था, पुनः दिखायेगा। महर्षि अरविन्द की वाणी सत्य सिद्ध होगी कि "भारत एक है, अखण्ड है, अखण्ड रहेगा।" विभाजन की रेखाएँ, भौगोलिक सीमायें ध्वस्त होंगी। भारत की पहचान भौगोलिक सीमाओं से कभी नहीं रही। भौतिक सीमाएँ भारत को कभी बाँध नहीं सकी। भारत की पहचान उसके आध्यात्म से है, भारतीयता से है, भारतीय संस्कृति से है और यह पहचान यावत्चन्द्र दिवाकर बनी रहेगी।

पंचम तल: शक्ति मन्दिर

भारत माता मन्दिर के इस तल पर 1. वेदमाता गायत्री 2. देवी मीनाक्षी 3. देवी सरस्वती की मूर्ति प्रतिष्ठित है।

भारतीय संस्कृति में शक्ति की उपासना को सर्वाधिक महत्व दिया गया है। चैत्र शुक्ल पक्ष और अश्विन शुक्ल पक्ष प्रतिपदा से नवमी तक पराम्बा भगवती की अराधना सम्पूर्ण भारत में की जाती है। समस्त आस्तिक जनता अशुभ के विनाश और शुभ की प्राप्ति के लिए दुर्गा का, जो दुर्गति का नाश करने वाली है-घट स्थापन, पूजन, अर्चन, हवन आदि करती है। दुर्गा के नौ रूप 1. शैल पुत्री 2. ब्रह्मचारिणी 3. चन्द्रघण्टा 4. कूष्माण्डा 5. स्कन्द माता 6. कात्यायनी 7. कालरात्रि 8. महागौरी 9. सिद्धीदात्री हैं।

शक्ति की महत्ता के बारे में महाशक्ति के उद्गार हैं-

अहं राष्ट्री संगमनी वसूनां चिकितुषी प्रथमा यज्ञयानाम्।
तां मा देवा व्यदधुः पुरूत्रा भूरिस्थात्रां भूर्यविशयन्तीम।।

"मैं ही राष्ट्रीय अर्थात् सम्पूर्ण जगत् की ईश्वरी हूँ। मैं उपासकों को उसका अभीष्ट वसु-धन प्राप्त कराने वाली हूँ। जिज्ञासुओं के साक्षात् कर्तव्य-परब्रह्म को अपनी आत्मा के रूप में मैंने अनुभव कर लिया है। जिनके लिए यज्ञ किये जाते हैं, उनमें सर्वश्रेष्ठ हूँ। सम्पूर्ण प्रपंच के रूप में मैं ही अनेक होकर विराजमान हूँ। सम्पूर्ण प्राणियों के शरीर में जीव-रूप में मैं अपने-आपको ही प्रविष्ट कर रहीं हूँ। भिन्न-भिन्न देश, काल, वस्तु और व्यक्तियों में जो कुछ

हो रहा है-किया जा रहा है, वह सब मुझ में, मेरे लिए ही किया जा रहा है। सम्पूर्ण विश्व के रूप में अवस्थित होने के कारण, जो कोई जो कुछ भी करता है-वह सब मैं ही हूँ। (देवी सूक्त आत्म सूक्त ऋ मं, 10 सूक्त 125 अ.1)"

अराधना के लिए गुरू या संत से कोई मंत्र लेते हैं, निर्देशन प्राप्त करते हैं, परन्तु "माँ" अपने-आप में स्वतन्त्र मंत्र है। जन्म के प्रारम्भ से ही हमारी संस्कृति "माँ" मंत्र देती है। वात्सल्यमयी है। वह करूणा की मूर्ति हैं। इसलिए शास्त्र में "माँ" को "सत्यं परम् सत्यम्" कहा है। वह पराशक्ति, निर्गुण ओर सगुण दोनों रूपों में पूज्या है। निर्गुण शक्ति व्यापक शक्ति है, जो अन्तर चेतना जाग्रत करती है। वह प्रत्येक व्यक्ति के भीतर प्रसुप्त अवस्था में रहती है। साधना के द्वारा या महापुरूषों की कृपा से उसे जागृत किया जाता है। योगीजन उसे कुण्डलिनी शक्ति के रूप में जानते हैं। जब शक्ति अन्तर से चैतन्य हो जाती है, तो ऐसे महापुरूष कई चमत्कार करने में समर्थ हो जाते हैं। कुछ दूसरें के मन की बात जान लेते हैं।

षष्ठम् तल: विष्णु मन्दिर

सम्पूर्ण भारतवर्ष में विभिन्न धर्मों और सम्प्रदायों के लोग रहते हैं। अपनी-अपनी आस्था-श्रद्धा के अनुरूप भगवान विष्णु (नारायण) के प्रति विभिन्न रूपों में अपनी भावना व्यक्त कर, उनके विग्रह की पूजा-अर्चना कर जीवन धन्य समझते हैं। इस दृष्टि से भारत माता मन्दिर में विष्णु-मन्दिर का निर्माण कर, उसमें परमात्मा के विभिन्न विग्रहों 1. दत्तात्रेय 2. श्रीनाथ जी 3. रणछोड़राय 4. श्री सीताराम 5. श्री लक्ष्मी नारायण 6. श्री राधाकृष्ण 7. श्री व्यंक्टेश 8. स्वामीनारायण 9. श्री विट्ठल रूक्मिणी जी की प्रतिष्ठा की गई है।

सप्तम तल: शिव मन्दिर

भारतमाता मन्दिर के सर्वोच्च शिखर पर (आखिरी मंजिल पर) शिव-मन्दिर निर्मित है। जिसमें हिमालय की तलहटी में भगवान शंकर चार स्वरूपों में दर्शन देते हैं। पद्मासन में ध्यानस्थ शिवजी की रजत मूर्ति है, उनके पीछे शिव परिवार, बायीं ओर अर्द्धनारीश्वर और दायीं ओर नटराज शिव। वस्तुतः आशुतोष भगवान शिव के अतिरिक्त ऐसा और कोई देव नहीं है, जो अपनी विस्मृति कर औघड़ आशीर्वाद देता हो। विग्रह के दोनों ओर दो रजत कल्प वृक्षों पर 54-54 विविध रंगों के शिवलिंग प्रतिष्ठित किये गये हैं।

भारत माता मन्दिर के विभिन्न तलों पर स्थापित विभूतियों से प्रेरणा ग्रहण करें तथा एक ही स्थान पर सम्पूर्ण देश के श्रद्धा के आधारों का दर्शन कर सकें, इस दृष्टि से भारत माता मन्दिर की आधारशिला पर ऊपर के विभिन्न मन्दिरों का निर्माण हुआ है। जो तथ्य और अनुभूति असंख्य प्रवचनों, बहुसंख्यक ग्रन्थों से प्रदान नहीं की जा सकती, वह भारत माता मन्दिर के आधार तल से ऊपर के उच्चतल तल पर प्रतिष्ठित मूर्तियों के दर्शन द्वारा सहज ही प्राप्त की जा सकती है। यद्यपि शूर, सती, मातृ शक्ति, संत, शक्ति और परमात्मा के असंख्य, अनन्त रूप हैं, फिर भी इन सभी मन्दिरों में स्थापित मूर्तियाँ उन वर्गों की प्रतिनिधि एवं प्रतीक स्वरूप हैं।

श्री लव कुश सिंह "विश्वमानव" द्वारा स्पष्टीकरण

जब मैं रेनुकूट, सोनभद्र में रहता था (सन् 1999 से 2001 तक) तब आपकी रेनुकूट शाखा का परिसर मेरे अस्थायी निवास (क्वार्टर नं0 आई-1521,) जो मेरे मित्र, बड़े भाई श्री सिया राम सिंह (हिन्डाल्को स्टाफ) द्वारा सुविधा दी गई थी, के ठीक सामने दिखता था। श्री सिया राम सिंह जी द्वारा आपके साहित्य भी हमें प्राप्त होते रहते थे। वे आध्यात्मिक विचारधारा के स्वामी हैं जो उन्हें विरासत में ही प्राप्त थी। इस क्वार्टर में रहकर मैंने "विश्वशास्त्र" के बहुत से महत्वपूर्ण अंश लिखे थे। सन् 2012 में "भारत माता मन्दिर" के दर्शन का अवसर प्राप्त हुआ। वहीं से पुस्तक "भारत माता मन्दिर" मैं लाया था।

"भारत माता मन्दिर", का एकात्म विचार बहुत ही जीवन्त है और वह प्रत्यक्ष रूप में सामने है। संघनित होती दुनिया में दृश्य माध्यम से "भारत" के रूप को समझने का यह ज्ञान आधारित मन्दिर है।

अब जबकि विश्व का अन्तिम शास्त्र-"विश्वशास्त्र" व्यक्त हो चुका है, ऐसी स्थिति में "भारत माता मन्दिर" से भारत के "विश्वरूप" का दर्शन व ज्ञान आने वाले लोगों को हो, इसके लिए थोड़े परिवर्तन की आवश्यकता है। जो एक सार्वभौम सत्य-सैद्धान्तिक सलाह मात्र है-

7 वाँ तल-"ज्योति मन्दिर"-इस तल पर केवल "शिव ज्योति" और उसका दृश्य प्रकाश "विश्वशास्त्र" रखा होना चाहिए।
6 वाँ तल-"मानक चरित्र मन्दिर"-इस तल पर केवल त्रिदेव एवं परिवार होने चाहिए। 1. ब्रह्मा एवं परिवार (व्यक्तिगत मानक व्यक्ति चरित्र), 2. विष्णु एवं परिवार (सामजिक मानक व्यक्ति चरित्र) एवं 3. शंकर एवं परिवार (वैश्विक मानक व्यक्ति चरित्र)
5 वाँ तल-"अवतार मन्दिर"-इस तल पर केवल ईश्वर के 24 अवतार होने चाहिए।
4 वाँ तल-"देवी-शक्ति और मातृ मन्दिर"
3 वाँ तल-"संत मन्दिर"
2 वाँ तल-शूर मन्दिर
1 वाँ तल-भारत दर्शन
आधार तल-कोई परिवर्तन नहीं

इस रूप से "भारत" का विश्वरूप व्यक्त होगा साथ ही यह भी व्यक्त होगा कि मनुष्य को अपने विचार को उत्तरोत्तर श्रेष्ठ करने में कितने चरण से गुजरना है। आधार तल से 7वाँ तल उसी को व्यक्त करता है। मनुष्य की गति नीचे से उपर की ओर तथा अवतार की गति उपर से नीचे की ओर होती है।

पहले भारतमाता मन्दिर और अब अन्त में उसमें मैं और मेरा विश्वधर्म मन्दिर

यदि मैं लव कुश सिंह "विश्वमानव", ही कल्कि अवतार हैं तो उनका स्थान 5वें तल के "अवतार मन्दिर" में उनका अधिकार बनता है।

लव कुश सिंह "विश्वमानव"

आविष्कारकर्ता-मन (मानव संसाधन) का विश्व मानक एवं पूर्ण मानव निर्माण की तकनीकी
अगला दावेदार-भारत सरकार का सर्वोच्च नागरिक सम्मान-"भारत रत्न"

परिचय

अपने विशेष कला के साथ जन्म लेने वाले व्यक्तियों के जन्म माह अक्टुबर के सोमवार, 16 अक्टुबर 1967 (आश्विन, शुक्ल पक्ष-त्रयोदशी, रेवती नक्षत्र) समय 02.15 ए.एम. बजे को रिफाइनरी टाउनशिप अस्पताल (सरकारी अस्पताल), बेगूसराय (बिहार) में श्री लव कुश सिंह का जन्म हुआ और टाउनशिप के E1-53, E2-53, D2F-76, D2F-45 और साइट कालोनी के D-58, C-45 में रहें। इनकी माता का नाम श्रीमती चमेली देवी तथा पिता का नाम श्री धीरज नारायण सिंह जो इण्डियन आयल कापरिशन लि0 (आई.ओ.सी.लि.) के बरौनी रिफाइनरी में कार्यरत थे और उत्पादन अभियंता के पद से सन् 1995 में स्वैच्छिक सेवानिवृत हो चुके हैं। जो कि ग्राम-नियामतपुर कलाँ, पुरूषोत्तमपुर, मीरजापुर (उ0प्र0) पिन-231305 के निवासी हैं। दादा का नाम स्व.राजाराम व दादी का नाम श्रीमती दौलती देवी था। जन्म के समय दादा स्वर्गवासी हो चुके थे जो कभी कश्मीर के राजघराने में कुछ समय के लिए सेवारत भी थे। मार्च सन् 1991 में इनका विवाह चुनार क्षेत्र के धनैता (मझरा) ग्राम में शिव कुमारी देवी से हुआ और जनवरी सन् 1994 में पुत्र का जन्म हुआ। मई सन् 1994 में शिव कुमारी देवी की मृत्यु होने के उपरान्त वे लगभग घर की जिम्मेदारीयों से मुक्त रह कर भारत देश में भ्रमण करते हुये चिंतन व विश्वशास्त्र के संकलन कार्य में लग गये। किसी भी व्यक्ति का नाम उसके अबोध अवस्था में ही रखा जाता है अर्थात् व्यक्ति का प्रथम नाम प्रकृति प्रदत्त ही होता है। लव कुश सिंह नाम उनकी दादी स्व0 श्रीमती दौलती देवी के द्वारा उन्हें प्राप्त हुआ।

भारत देश के ग्रामीण क्षेत्र से एक सामान्य नागरिक के रूप में सामान्य से दिखने वाले श्री लव कुश सिंह एक अद्भुत नाम-रूप-गुण-कर्म के महासंगम हैं जिसकी पुनरावृत्ति असम्भव है। इनकी शिक्षा न्यू प्राइमरी स्कूल (प्राथमिक), रिफाइनरी टाउनशिप, बेगूसराय (बिहार), माधव विद्या मन्दिर इण्टरमीडिएट कालेज, पुरूषोत्तमपुर, मीरजापुर, उ0प्र0 (दसवीं-1981, 13 वर्ष 6 माह में), प्रभु नारायण राजकीय इण्टर कालेज, रामनगर, वाराणसी, उ0प्र0 (बारहवीं-1983, 15 वर्ष 6 माह में) और बी.एससी.(जीव विज्ञान) में 17 वर्ष 6 माह के उम्र में सन् 1985 ई0 में तत्कालिन गोरखपुर विश्वविद्यालय से सम्बद्ध श्री हरिश्चन्द्र स्नातकोत्तर महाविद्यालय, वाराणसी से पूर्ण हुई। तकनीकी शिक्षा में कम्प्यूटर प्रोग्रामिंग एण्ड सिस्टम एनालिसिस में स्नातकोत्तर डिप्लोमा इण्डिया एजुकेशन सेन्टर, एम-92, कनाट प्लेस, नई दिल्ली से सन् 1988 में पूर्ण हुई। परन्तु जिसका कोई प्रमाण पत्र नहीं है वह ज्ञान अद्भुत है। अपने तीन भाई-बहनों व एक पुत्र में वे सबसे बड़े व सबसे कम प्रमाणित शिक्षा प्राप्त हैं। एक अजीब

पारिवारिक स्थिति यह है कि प्रारम्भ निरक्षर माँ से होकर अन्त "विश्वशास्त्र" को व्यक्त करने वाले श्री लव कुश सिंह तक एक ही परिवार में हैं।

सभी धर्मशास्त्रों और भविष्यवक्ताओं के अनुसार और सभी को सत्य रूप में वर्तमान करने के लिए "विश्वशास्त्र" को व्यक्त करने वाले श्री लव कुश सिंह समय रूप से संसार के सर्वप्रथम वर्तमान में रहने वाले व्यक्ति हैं क्यूँकि वर्तमान की परिभाषा है-पूर्ण ज्ञान से युक्त होना और कार्यशैली की परिभाषा है-भूतकाल का अनुभव, भविष्य की आवश्यकतानुसार पूर्णज्ञान और परिणाम ज्ञान से युक्त होकर वर्तमान समय में कार्य करना। स्वयं को आत्म ज्ञान होने पर प्रकृति प्रदत्त नाम के अलावा व्यक्ति अपने मन स्तर का निर्धारण कर एक नाम स्वयं रख लेता है। जिस प्रकार "कृष्ण" नाम है "योगेश्वर" मन की अवस्था है, "गदाधर" नाम है "रामकृष्ण परमहंस" मन की अवस्था है, "सिद्धार्थ" नाम है "बुद्ध" मन की अवस्था है, "नरेन्द्र नाथ दत्त" नाम है "स्वामी विवेकानन्द" मन की अवस्था है, "रजनीश" नाम है "ओशो" मन की अवस्था है। उसी प्रकार लव कुश सिंह ने अपने नाम के साथ "विश्वमानव" लागाकर मन की अवस्था को व्यक्त किया है और उसे सिद्ध भी किया है। व्यक्तियों के नाम, नाम है "भोगेश्वर विश्वमानव" उसकी चरम विकसित, सर्वोच्च और अन्तिम अवस्था है जहाँ समय की धारा में चलते-चलते मनुष्य वहाँ विवशतावश पहुँचेगा ऐसा उनका मानना है। जिस प्रकार श्रीकृष्ण के जन्म से पहले ही ईश्वरत्व उन पर झोंक दिया गया था अर्थात् जन्म लेने वाला देवकी का आठवाँ पुत्र ईश्वर ही होगा, यह श्रीकृष्ण को ज्ञात होने पर जीवनभर वे जनभावना को उस ईश्वरत्व के प्रति विश्वास बनाये रखने के लिए संघर्ष करते रहे, उसी प्रकार इस "लव-कुश" का नाम उन्हें ज्ञात होने पर वे भी इसे सिद्ध करने के लिए जीवनभर संघर्ष करते रहे जिसका परिणाम आपके समक्ष है।

श्री लव कुश सिंह "विश्वमानव"ने कभी किसी पद पर सरकारी नौकरी नहीं की इस सम्बन्ध में उनका कहना था कि-"नौकरी करता तो यह नहीं कर पाता। पद पर रहता तो केवल पद से सम्बन्धित ही विशेषज्ञता आ पाती। वैसे भी पत्र-व्यवहार या पुस्तक का सम्बन्ध ज्ञान और विचार से होता हैं उसमें व्यक्ति के शरीर से क्या मतलब? क्या कोई लंगड़ा या अंधा होगा तो उसका ज्ञान-विचार भी लंगड़ा या अंधा होगा? क्या कोई किसी पद पर न हो तो उसकी सत्य बात गलत मानी जायेगी? विचारणीय विषय है। परन्तु इतना तो जानता हूँ कि यह आविष्कार यदि सीधे-सीधे प्रस्तुत कर दिया जाता तो सभी लोग यही कहते कि इसकी प्रमाणिकता क्या है? फिर मेरे लिए मुश्किल हो जाता क्योंकि मैं न तो बहुत ही अधिक शिक्षा ग्रहण किया था, न ही किसी विश्वविद्यालय का उच्चस्तर का शोधकत्र्ता था। परिणामस्वरूप मैंने ऐसे पद "कल्कि अवतार" को चुना जो समाज ने पहले से ही निर्धारित कर रखा था और पद तथा आविष्कार के लिए व्यापक आधार दिया जिसे समाज और राज्य पहले से मानता और जानता है।"

भारत अपने शारीरिक स्वतन्त्रता व संविधान के लागू होने के उपरान्त वर्तमान समय में जिस कर्तव्य और दायित्व का बोध कर रहा है। भारतीय संसद अर्थात् विश्वमन संसद जिस सार्वभौम सत्य या सार्वजनिक सत्य की खोज करने के लिए लोकतन्त्र के रूप में व्यक्त हुआ है। जिससे स्वस्थ लोकतंत्र, समाज स्वस्थ, उद्योग और पूर्ण मानव की प्राप्ति हो सकती है, उस ज्ञान से युक्त विश्वात्मा श्री लव कुश सिंह "विश्वमानव" वैश्विक व राष्ट्रीय बौद्धिक क्षमता के सर्वोच्च और अन्तिम प्रतीक के रूप में व्यक्त हैं।

निःशब्द, आश्चर्य, चमत्कार, अविश्वसनीय, प्रकाशमय इत्यादि ऐसे ही शब्द उनके और उनके शास्त्र के लिए व्यक्त हो सकते हैं। विश्व के हजारों विश्वविद्यालय जिस पूर्ण सकारात्मक एवं एकीकरण के विश्वस्तरीय शोध को न कर पाये, वह एक ही व्यक्ति ने पूर्ण कर दिखाया हो उसे कैसे-कैसे शब्दों से व्यक्त किया जाये, यह सोच पाना और उसे व्यक्त कर पाना निःशब्द होने के सिवाय कुछ नहीं है।

"विश्वशास्त्र" के शास्त्राकार श्री लव कुश सिंह "विश्वमानव" अपने परिचितों से केवल सदैव इतना ही कहते रहे कि-"कुछ अच्छा किया जा रहा है" के अलावा बहुत अधिक व्याख्या उन्होंने कभी नहीं की। और अन्त में कभी भी बिना इस शास्त्र की एक भी झलक दिखाये एकाएक यह शास्त्र प्रस्तुत कर दिया जाये तो इससे बड़ा आश्चर्य क्या हो सकता है। जो इस स्तर पर है कि-"विश्व बुद्धि बनाम एकल बुद्धि। और उसका परिणाम ये है कि भारत को वर्तमान काल में विश्वगुरू और संयुक्त राष्ट्र संघ तक के लिए सार्वभौम सत्य-सैद्धान्तिक स्थापना योग्य मार्गदर्शन अभी ही उपलब्ध हो चुका है जिससे भारत जब चाहे तब उसका उपयोग कर सके।

जो व्यक्ति कभी किसी वर्तमान गुरू के शरणागत होने की आवश्यकता न समझा, जिसका कोई शरीरधारी प्रेरणा स्रोत न हो, किसी धार्मिक व राजनीतिक समूह का सदस्य न हो, इस कार्य से सम्बन्धित कभी सार्वजनिक रूप से समाज में व्यक्त न हुआ हो, जिस विषय का आविष्कार किया गया, वह उसके जीवन का शैक्षणिक विषय न रहा हो, 50 वर्ष के अपने वर्तमान अवस्था तक एक साथ कभी भी 50 लोगों से भी न मिला हो, यहाँ तक कि उनको इस रूप में 50 आदमी भी न जानते हों, यदि जानते भी हो तो पहचानते न हों और जो पहचानते हों वे इस रूप को जानते न हों, वह अचानक इस शास्त्र को प्रस्तुत कर दें तो इससे बडा चमत्कार क्या हो सकता है।

जिस व्यक्ति का जीवन, शैक्षणिक योग्यता और कर्मरूप शास्त्र तीनों का कोई सम्बन्ध न हो अर्थात् तीनों तीन व्यक्तित्व का प्रतिनिधित्व करते हों, इससे बड़ी अविश्वसनीय स्थिति क्या हो सकती है।

मूल पाशुपत शैव दर्शन सहित अनेक मतों का सफल एकीकरण के स्वरूप श्री लव कुश सिह "विश्वमानव" के जीवन, कर्म और ज्ञान के अनेक दिशाओं से देखने पर अनेक दार्शनिक, संस्थापक, संत, ऋषि, अवतार, मनु, व्यास, व्यापारी, रचनाकर्ता, नेता, समाज निर्माता, शिक्षाविद्, दूरदर्शिता इत्यादि अनेक रूप दिखते हैं।

कार्य योजना(ACTION PLAN) की पुस्तकें

"आध्यात्मिक सत्य एवं दार्शनिक विरासत" के आधार पर "काल, मनु ,युग, व्यास, शास्त्र परिवर्तन", "मन में अन्तर (मनवन्तर) को समाप्त करने और मन के नवीनीकरण" के लिए "सार्वभौम सत्य-सिद्धान्त" पर आधारित "विश्वशास्त्र - द नालेज आफ फाइनल नालेज" शास्त्र को The Knowledge Equalizer के रूप में निम्नलिखित शीर्षक में 64 भागों में प्रकाशित किया कर दिया गया जिसमें परिचय, ज्ञान, कर्मज्ञान कार्यवाही योजना इत्यादि सभी कुछ हैं-

भाग के अनुसार

01. विश्वशास्त्र - विषय-प्रवेश
02. विश्वशास्त्र - अध्याय-एक: ईश्वर
03. विश्वशास्त्र - अध्याय-दो: जीवन परिचय
04. विश्वशास्त्र - अध्याय-तीन: ज्ञान परिचय
05. विश्वशास्त्र - अध्याय-चार: कर्म परिचय (सार्वजनिक प्रमाणित दृश्य महायज्ञ)
06. विश्वशास्त्र - अध्याय-पाँच (भाग - 01): सार्वजनिक प्रमाणित विश्वरूप
07. विश्वशास्त्र - अध्याय-पाँच (भाग - 02): सार्वजनिक प्रमाणित विश्वरूप
08. विश्वशास्त्र - परिशिष्ट

मुख्य शास्त्र

01. विश्वशास्त्र - द नालेज आफ फाइनल नालेज

सारांश के अनुसार

02. मैं सत्यकाशी से कल्कि महावतार बोल रहा हूँ (समष्टि गीता - यथार्थ प्रकाश)

शीर्षक के अनुसार

03. विश्वस्तरीय फिल्म लेखन कला
04. प्रारम्भिक सत्य - अन्तिम दृष्टि

05. सत्य धर्म - युग परिवर्तक दृष्टि
06. सत्य दार्शनिक-दर्शन और कर्म वेदान्त-विकास दर्शन
07. सत्य शास्त्र एवं पुराण रहस्य-महर्षि व्यास कला
08. संत एवं गुरू और विश्व संत एवं गुरू
09. समाज और ईश्वरीय समाज
10. सत्य शास्त्र और विश्वशास्त्र
11. कृति और विश्व कृति
12. भारत माता मन्दिर और विश्वधर्म मन्दिर
13. महाभारत और विश्वभारत
14. संविधान और विश्व संविधान
15. शिक्षा और पूर्ण शिक्षा
16. देवता और सार्वभौम देवता कल्कि
17. देवीयाँ और सार्वभौम देवी माँ क्ल्कि
18. द्वादश ज्योतिर्लिंग और 13वां अन्तिम ज्योतिर्लिंग
19. काशी - मोक्षदायिनी और जीवनदायिनी
20. सत्यकाशी - स्वर्णयुग का तीर्थ
21. काशी - रहस्योद्घाटन
22. 2020 - मन का नवीनीकरण
23. ईश्वर का संक्षिप्त इतिहास
24. अवतार - अन्तिम सत्य दृष्टि
25. भविष्यवाणियाँ और कल्कि अवतार
26. स्वामी विवेकानन्द और कल्कि अवतार
27. मनु, मनवन्तर और कल्कि महावतार
28. व्यास, शास्त्र और कल्कि महावतार
29. ऋषि, ऋषि परम्परा और कल्कि महावतार
30. दूसरा आगमन या अन्तिम आगमन
31. परिवर्तन-काल, मनु, युग, व्यास और शास्त्र
32. राम, रावण और सार्वभौम एकात्म
33. मैं, व्यक्तिगत या सार्वभौम
34. लव कुश (त्रेतायुग) और लवकुश (कलियुग)
35. कल्कि महावतार आ चुके हैं (ACTION PLAN)
36. लव कुश सिंह (कल्कि महाअवतार)-जीवन, ज्ञान, कर्म और विश्वरूप
37. वैश्विक बुद्ध - बुद्ध का भाग दो और अन्तिम
38. बुड्ढा कृष्ण - कृष्ण का भाग दो और अन्तिम
39. सम्पूर्ण क्रान्ति-अन्तिम कार्य योजना
40. पुनर्निर्माण (RENEW)-समस्या, समाधान और राष्ट्र निर्माण की योजना
41. पुनर्निमाण (RENEW)- ग्राम एवं नगर वार्ड प्रेरक
42. विश्वशास्त्र द नालेज आफ फाइनल नालेज-परिचय
43. एन्टायर पालिटिक्स - पूर्ण पाठ्यक्रम
44. वसुधैव-कुटुम्बकम्

45. कर्मवेद: प्रथम, अन्तिम तथा पंचम वेद
46. आठवें अवतार श्रीकृष्ण के अनकहे संदेश
47. अयोध्या नहीं, मुंगेर है राम जन्मभूमि
48. विश्वमानव-भूतपूर्व नेतृत्वकर्ताओं का स्पष्टिकरण
49. विश्वमानव-वर्तमान नेतृत्वकर्ताओं का स्पष्टिकरण
50. विश्वमानव-वार्ता, वक्तव्य एवं वाणियाँ
51. विश्वमानव-पत्रावली, प्रसारण और अन्तिम पत्र
52. सत्य जनहित आह्वान
53. विश्व शान्ति-अन्तिम सत्य दृष्टि
54. नई विश्व व्यवस्था का रहस्य
55. समाजवाद - ब्रह्माण्डीय विकास का अवतारी मार्ग
56. भारतवाद - राष्ट्रवाद की मुख्यधारा
57. 100 वर्षीय संयुक्त राष्ट्र को अग्रिम सन्देश
58. सार्वभौम एकात्म-नव विश्व निर्माण
59. गणराज्य, संघ, मानकीकरण संगठन और सम्पूर्ण मानक
60. व्यापार केन्द्र (TRADE CENTRE)-दृश्य सत्य
61. मन का विश्वमानक और पूर्ण मानव निर्माण की तकनीकी-WCM-TLM-SHYAM.C
62. मानक विपणन प्रणाली (3F-Fire-Fuel-Fire)
63. स्वर्णयुग का मानक आदर्श नागरिक-दिशा निर्देश
64. विश्वधर्म: परिचय (स्वर्णयुग का धर्म)

व्यक्ति और विभागीय स्तर पर सफाई-सुधार का पहला प्रारूप की पुस्तक - डा0 रमेश कुमार द्वारा लिखित "विशाल ज्ञान विज्ञान सबका समाधान" है

एक ही मानव शरीर के जीवन, ज्ञान और कर्म के विभिन्न विषय क्षेत्र से मुख्य नाम (सर्वोच्च, अन्तिम और दृश्य)

क्र.सं. विषय क्षेत्र	सम्बन्धित क्षेत्र से मुख्य नाम
01. विश्व क्षेत्र	विश्व संविधान / साहित्य / विचार / सिद्धान्त / प्रबन्ध / दर्शन / मत / मानव / एकता / शान्ति / विकास / स्थिरता / आत्मा / अभिनेता / बुद्धि / राजनीति / क्रांति
02. राज्य क्षेत्र	विश्व (राष्ट्र) ऐजेण्डा–2012+ (WORLD NATION AGENDA-2012+) विश्व व्यवस्था का अधिकतम एवं न्यूनतम साझा कार्यक्रम
03. समाज क्षेत्र	लोक / गण / जन ऐजेण्डा–2012+ (PUBLIC AGENDA-2000+)
04. धर्म क्षेत्र	वेदान्त धर्म स्थापना
05. साहित्य क्षेत्र	विश्व साहित्य–"विश्वभारत" समाहित "विश्वशास्त्र" साहित्य– आदर्श वैश्विक व्यक्ति चरित्र कथा साहित्य
06. सामाज शास्त्र	मानक / जन / गण / लोक शास्त्र
07. धर्मशास्त्र	धर्मयुक्त नाम – कर्मवेद: प्रथम, अन्तिम और पंचम वेद और आधारित उपनिषद् (व्यष्टि एवं समष्टि) सर्वधर्मसमभाव / धर्मनिरपेक्ष नाम – मन की गुणवत्ता का विश्व मानक : शून्य श्रृंखला (व्यष्टि एवं समष्टि)
08. मानक क्षेत्र	मन की गुणवत्ता का विश्व मानक : शून्य श्रृंखला
09. अदृश्य विज्ञान	दृश्य आध्यात्म विज्ञान
10. दृश्य विज्ञान	धर्म विज्ञान या एकात्म विज्ञान (Integration Science)
11. इंजीनियरिंग	सत्य सामाजिक अभियंत्रण (Real Social Engineering)
12. तकनीकी	सत्य सामाजिक तकनीकी (Real Social Technology) : WCM-TLM-SHYAM.C Technology
13. संविधान	विवादमुक्त तन्त्रों पर आधारित संविधान
14. राजनीति	सत्य राजनीति / राजनीति–2012+ (POLITICS-2012+)
15. संगठन	विश्व राजनीतिक पार्टी संघ (World Political Party Organisation- WPPO)
16. शिक्षा	पूर्णज्ञान / पूर्ण शिक्षा प्रणाली / शिक्षा -2012+ (EDUCATION-2012+)
17. राष्ट्र सम्बन्ध	आदर्श राष्ट्रीय नागरिक
18. वेदान्त	कर्म वेदान्त : वेदान्त की अन्तिम शाखा
19. मतवाद	एकात्म कर्मवाद : एकात्म मानवतावाद का व्यावहारिक रुप
20. दार्शनिक	विकास दर्शन (Development Philosophy)
21. क्रांति	संपूर्ण क्रांति (Complete Revolution) : प्रलय, स्थिति एवं सृष्टि
22. सांस्कृतिक	भोगेश्वर: भोग (पाश्चात्य) + ईश्वर (प्राच्य) = एकात्म या ईश्वरत्व भाव से भोग
23. मन	विश्व मन (WOLD MIND)
24. मानव	विश्वमानव (विश्वमन से युक्त)
25. मनु	8वें मनु – सांवर्णि मनु
26. अवतार	भगवान विष्णु के दसवें और अन्तिम तथा भगवान शंकर के बाईसवें और अन्तिम संयुक्तावतार (निष्कलंक कल्कि एवं भोगेश्वर)
27. निराकार ब्रह्म	सार्वभौम सत्य–सिद्धान्त (UNIVERSAL TRUTH-THEORY) : विश्व–बन्धुत्व का सिद्धान्त
28. साकार ब्रह्म	लव कुश सिंह
29. पुनर्जन्म–सत् मार्ग से	बुड्ढा कृष्ण (कृष्ण भाग – 2 और अन्तिम) – कृष्ण की अगली और अन्तिम कड़ी
30. पुनर्जन्म–रज मार्ग से	स्वामी विवेकानन्द का पुनर्जन्म
31. पुनर्जन्म–तम मार्ग से	रावण की अगली कड़ी
32. आत्मा	दृश्य विश्वात्मा / शिव / ब्रह्म / मैं
33. अभिनय	वास्तविक जीवन का अभिनेता (Real Life Actor)
34. बम	ज्ञान बम – आध्यात्मिक न्यूट्रान बम
35. अस्त्र	अनियन्त्रित पशुपास्त्र (नारायणास्त्र या सु–दर्शन चक्र व ब्रह्मास्त्र समाहित)
36. माया	योग माया समाहित भोगमाया
37. ज्ञान	एकात्म कर्मज्ञान (शास्वत) : व्यष्टि एवं समष्टि
38. बुद्धि	विश्व बुद्धि व चेतना या सत्य चेतना : पूर्व व्यक्त सत्य चेतना
39. ध्यान व योग	दृश्य सत्य–क्रियाकलाप–एकात्म योग व ध्यान (अन्तिम योग व अन्तिम ध्यान)
40. मिशन	प्राकृतिक सत्य मिशन (Natural Truth Mission)–सर्वोच्च और अन्तिम मिशन
41. धार्मिक नगर	एकात्म काशी– जीवनदायिनी सत्यकाशी : पंचम, अन्तिम तथा सप्तम काशी
42. शक्ति	आत्मशक्ति (SPIRIT POWER),मस्तिष्क शक्ति (BRAIN POWER), मन शक्ति (MIND POWER),सत्य शक्ति (TRUTH POWER)
43. जीवन कथा	विश्वमानव लीला / दर्पण : दो विपरीत दिशाओं के साथ प्रथम एवं अन्तिम कथा
44. प्रेम और कर्म	शास्वत प्रेम और कर्म
45. समन्वय	अन्तिम समन्वय–सिद्धान्त
46. आचार्य	अन्तिम समन्वयाचार्य
47. कला	विश्वमानव कला (कृष्ण कला समाहित)
48. परिचालन प्रणाली	अवतार का परिचालन प्रणाली : मानव–10 (Avatar's Operating System-AOS : Human-10)

गुरू के प्रकार

- लव कुश सिंह "विश्वमानव"

गुरू अर्थात मार्गदर्शक। ऐसा गुरू जो एकात्म सार्वभौम सत्य-सिद्धान्त से जोड़ने अर्थात योग कराने की ओर प्रेरित करता हो सकारात्मक गुरू कहलाता। तथा ऐसा गुरू जो अनेकात्म या अलगाववाद से योग कराने की ओर प्रेरित करता है नकारात्मक गुरू कहलाता। जबकि ऐसा गुरू जो स्वयं से अपने स्वार्थ हित के लिए योग कराने के लिए प्रेरित करता है आडम्बरी अर्थात मानसिक गुलामी दाता गुरू कहलाता है।

ऐसा गुरू जो व्यक्ति के व्यक्तिगत मन को व्यक्तिगत रूप से एकात्म सार्वभौम सत्य-सिद्धान्त से योग कराने की ओर प्रेरित करता है, सकारात्मक व्यक्तिगत प्रमाणित व्यष्टि अदृश्य गुरू कहलाता है। तथा ऐसा गुरू जो व्यक्ति के व्यक्तिगत मन को सार्वजनिक रूप से सार्वभौम एकात्म सत्य-सिद्धान्त से योग कराने की ओर प्रेरित करता है सकारात्मक व्यक्तिगत प्रमाणित व्यष्टि दृश्य गुरू कहलाता है। ऐसा गुरू जो व्यक्ति और शासन के संयुक्त मन को व्यक्तिगत रूप से एकात्म सार्वभौम सत्य-सिद्धान्त से योग कराने की ओर प्रेरित करता है सकारात्मक सार्वजनिक प्रमाणित समष्टि अदृश्य गुरू कहलाता है। तथा ऐसा गुरू जो व्यक्ति और शासन के संयुक्त मन को सार्वजनिक रूप से एकात्म सार्वभौम सत्य-सिद्वान्त से योग कराने की ओर प्रेरित करता है सकारात्मक सार्वजनिक प्रमाणित समष्टि दृश्य गुरू कहलाता है।

इसी प्रकार नकारात्मक गुरू के भी नकारात्मक व्यक्तिगत प्रमाणित व्यष्टि अदृश्य, नकारात्मक व्यक्तिगत प्रमाणित व्यष्टि दृश्य, नकारात्मक सार्वजनिक प्रमाणित समष्टि अदृश्य तथा नकारात्मक सार्वजनिक प्रमाणित समष्टि दृश्य रूप होते हैं।

आडम्बरी अर्थात मानसिक गुलामी दाता गुरू अधिकतम रूप से व्यक्ति तक ही सीमित रहकर सक्रिय रहते है क्योंकि इनके स्वार्थ तुच्छ प्रकार के व्यक्तिगत ही होते हैं।

प्रत्येक अवतार सकारात्मक समष्टि गुरू का रूप तथा महापुरूष सकारात्मक व्यष्टि गुरू का रूप होता है। जब-जब समाज में सकारात्मक समष्टि गुरू का पूर्ण अभाव होता है तब-तब अवतार रूप में सकारात्मक समष्टि गुरू का अवतार होता है तथा सम्पूर्ण समष्टि कालानुसार सार्वभौम सत्य-सिद्धान्त और संयुक्त मन से युक्त हो वर्तमान हो जाती है।

प्राकृतिक सत्य मिशन
NATURAL TRUTH MISSION

प्रस्तावना एवं भूमिका

मानव के प्रत्येक मन (व्यक्तिगत मन) को संयुक्त मन (विश्वमन) से योग कराने हेतु श्री लव कुश सिंह द्वारा आविष्कृत एकीकृत सार्वभौम सत्य-सिद्धान्त तथा उस पर आधारित धर्मयुक्त नाम से कर्मवेदः प्रथम, अन्तिम तथा पंचमवेद सर्वधर्मसम्भाव या धर्मनिरपेक्ष नाम से मन की गुणवत्ता का अन्तर्राष्ट्रीय/विश्व मानक द्वारा भारत को विश्वभारत, मानव को विश्वमानव, सम्प्रदाय से सत्य-धर्म-ज्ञान आधारित समाज, गुरु-शिष्य को विश्व गुरु में निर्माण करने तथा सार्वभौम सत्यीकरण के उद्देश्य एवं स्थापना हेतु उपरोक्त ट्रस्ट का गठन आवश्यक समझा गया।

सन् 1996 से लगातार अकेले संघर्ष, निवेश, प्रचार-प्रसार, मूल्यांकन, विश्व समाज की आवश्यकता का अध्ययन करने के उपरान्त उपरोक्त ट्रस्ट का पंजीकरण आवश्यक समझा गया। इस हेतु संस्थापक ट्रस्टी (मुख्य प्रबन्ध ट्रस्टी) श्री लव कुश सिंह पुत्र श्री धीरज नारायण सिंह निवासी ग्राम- नियामतपुर कला पो0-पुरुषोत्तमपुर, थाना-अदलहाट, तहसील-चुनार, जिला-मीरजापुर, (उ0 प्र0) भारत, पिन-231305 द्वारा उपरोक्त ट्रस्ट की स्थापना करके ट्रस्ट फण्ड के रुप में रु0. 5000/- की राशि प्रदान करके उपरोक्त ट्रस्ट की स्थापना अग्र लिखित संविधान एवं नियमावली के अन्तर्गत की जा रही है।

2. ट्रस्ट का स्थापना दिवस

ट्रस्ट का स्थापना दिवस- युवा दिवस 12 जनवरी (स्वामी विवेकानन्द जयन्ती) को माना जायेगा।

3. ट्रस्ट का मूल विचार, आधार शास्त्र-साहित्य और साख

धर्म निरपेक्ष एवं सर्वधर्मसमभाव भारतीय संविधान जो अन्ततः विकसित होकर विश्व संविधान का रुप लेगा के अनुरुप भारत की एकता एवं अखण्डता सहित विश्व-बन्धुत्व के लिए ट्रस्ट का सिद्धान्त दार्शनिक-नैतिक उत्थान आधारित मानव मन के विषयों के अन्तर्राष्ट्रीय/विश्व मानक श्रृंखला अर्थात् विचार एवं साहित्य, विषय एवं विशेषज्ञ, (स्थूल एवं सूक्ष्म) के प्रबन्ध और क्रियाकलाप तथा उपासना स्थल के अन्तर्राष्ट्रीय/विश्व मानक पर आधारित होगा। जिससे प्रत्येक व्यक्ति ब्रह्माण्डीय विकास की दिशा में होकर कार्य व विकास कर सके। परिणामस्वरुप शीघ्रताशीघ्र विवादमुक्त निति एवं दूरगामी परिणाम के रुप में एक स्वच्छ एवं नैतिक समाज सहित मानवता आधारित पूर्ण लोकतन्त्र की नींव रखते हुए उसे प्राप्त किया जा सके।

ट्रस्ट का आधार साहित्य वह है जो सभी मानव की मूल आवश्यकता है, जो सभी मानव में एक है वह है- कर्म और उसे कालानुसार करने का ज्ञान-कर्मज्ञान। अन्तर्राष्ट्रीय मानकीकरण संगठन द्वारा वाह्य विषयों अर्थात् उद्योंगों के उत्पाद के निर्माण की अन्तर्राष्ट्रीय गुणवत्ता की श्रृंखला ISO-9000 की भाँति, मानव, समाज और संगठन द्वारा अन्तः विषय मानव मन के निर्माण की अन्तर्राष्ट्रीय/विश्व गुणवत्ता की श्रृंखला ISO-0 जो धर्मनिरपेक्ष एवं सर्वधर्मसमभाव नाम है अर्थात् विचार एवं साहित्य, विषय एवं विशेषज्ञ, ब्रह्माण्ड (स्थूल एवं सूक्ष्म) के प्रबन्ध और क्रियाकलाप तथा उपासना स्थल के अन्तर्राष्ट्रीय/विश्व मानक अर्थात् धर्मयुक्त नाम से कर्मवेदः प्रथम, अन्तिम तथा पंचम वेद पूर्णज्ञान, कर्मोपनिषद्-समष्टि, कर्मोपनिषद्-व्यष्टि एवं सत्य-धर्म-ज्ञान केन्द्र है। जिसकी उपयोगिता विश्व शान्ति, विश्व एकता, एवं विश्व स्थिरता में होना है। इसे उस उद्देश्य से सत्य-चेतना की ओर बढ़ते विश्व के सामने रखा जा रहा है जिसकी स्थापना यथाशीघ्र होनी है। ट्रस्ट एकात्मकर्मवाद अर्थात् भारतीय संस्कृति का समर्थक है न कि एकात्मसंस्कृतिवाद का। वर्तमान तथा भविष्य के लिए विश्व की इसकी उपयोगिता और आवश्यकता ही ट्रस्ट का साख तथा आधार शास्त्र-साहित्य का बाजार महत्व है।

संगठन चित्र (Organisation Chart)

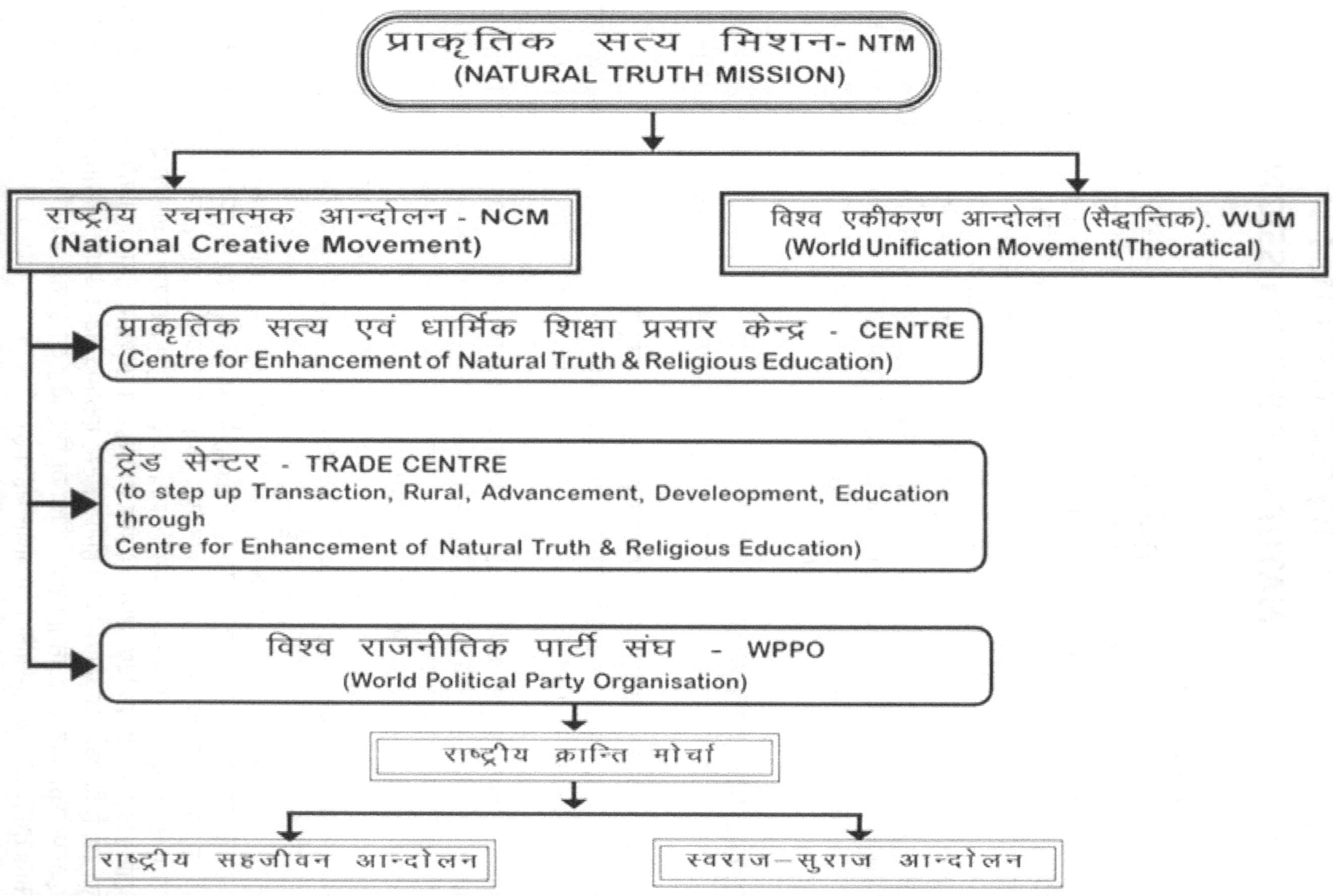

4. ट्रस्ट के नाम की उत्पत्ति एवं अर्थ

प्रथम अर्थ - चूँकि ट्रस्ट का आधार कर्म-वेदान्त अर्थात् कर्मवेदः प्रथम, अन्तिम तथा पंचमवेद है। इसलिए कर्म चेतना के दो रुप प्राकृतिक चेतना एवं सत्य चेतना के नाम से उत्पन्न नाम "प्राकृतिक सत्य मिशन है।"

द्वितीय अर्थ - प्राकृतिक चेतना केवल वर्तमान परिस्थितियों पर कार्य करना तथा सत्य चेतना भूतकाल का अनुभव भविष्य की आवश्यकतानुसार वर्तमान में कार्य करना है अर्थात् प्राकृतिक चेतना में आदान-प्रदान का नियन्त्रण दूसरों के अधीन तथा सत्य चेतना में आदान-प्रदान का नियन्त्रण स्वयं व्यक्ति के अधीन होता है। प्राकृतिक चेतना में कर्मफल अज्ञात होता है जबकि सत्य चेतना में कर्मफल लगभग पूर्णरुप से ज्ञात होता है। प्राकृतिक चेतना युक्त व्यक्ति नितिज्ञ नहीं होते जबकि सत्य चेतना युक्त व्यक्ति नितिज्ञ होते हैं। प्राकृतिक चेतना युक्त "श्रीराम" थे और सत्य चेतना युक्त "श्रीकृष्ण"। इस प्रकार प्राकृतिक-सत्य, राम-कृष्ण का ही धर्मनिरपेक्ष या सर्वधर्मसमभाव रुप है।

तृतीय अर्थ - इस संसार में जो कुछ भी गतिशील है वही प्रकृति या माया है तथा जो स्थिर है वही सत्य या पुरुष है। इस प्रकार सम्पूर्ण ब्रह्माण्ड के अभिव्यक्ति का रुप प्रकृति-पुरुष या प्रकृति-सत्य या माया-पुरुष या माया-सत्य होगा। ट्रस्ट का नाम इसी से व्यक्त है।

5. ट्रस्ट का उपासना स्थल

उपासना स्थल के अन्तर्राष्ट्रीय/विश्व मानक पर आधारित उपासना स्थल ही ट्रस्ट का उपासना स्थल है जो ज्ञान एवं कर्मज्ञान आधारित उपासना स्थल है। साथ ही दृश्य योग अर्थात् दृश्य ध्यान अर्थात् दृश्य सात चक्र सहित सत्य-धर्म-ज्ञान के क्रम विकास से चरम विकास के इतिहास को प्रस्तुत करता इमारत है।

6. ट्रस्ट का झण्डा

ट्रस्ट तथा उससे सम्बन्धित स्वायत्तशासी संगठन का झण्डा सफेद रंग का है जिसकी लम्बाई व चौड़ाई का अनुपात 3:2 है। ट्रस्ट तथा उससे सम्बन्धित स्वायत्तशासी संगठन का झण्डा उसके उपर मुद्रित सम्बन्धित संगठन के प्रतीक चिन्ह द्वारा व्यक्त है मुद्रित प्रतीक चिन्ह का रंग लाल है।

7. ट्रस्ट के प्रतीक चिन्ह का अर्थ

अपने मालिक स्वयं बनें

BE YOUR OWN BOSS

प्राच्य अदृश्य आध्यात्म विज्ञान एवं पाश्चात्य दृश्य पदार्थ विज्ञान के बीच स्थायी एकता को व्यक्त करता हुआ ट्रस्ट का प्रतीक चिन्ह है। पूर्ण ज्ञान (अपने मालिक स्वयं) केन्द्र में स्थित मार्ग दर्शन (गाइडर फिलोसोफी अर्थात् अदृश्य अद्वैत दर्शन अर्थात् (G) एवं विकास दर्शन (डेवलपमेन्ट फिलोसोफी अर्थात् दृश्य अद्वैत दर्शन अर्थात् (D) तथा इसकी परिधि या आदान-प्रदान या व्यापार या क्रिया चक्र, क्रियान्वयन दर्शन (आपरेटिंग फिलोसोफी अर्थात्

दृश्य एवं अदृश्य विशिष्टाद्वैत एवं द्वैत दर्शन अर्थात् (O) है। यही आध्यात्म विज्ञान का सर्वोच्च एवं अन्तिम आविष्कार है तथा पदार्थ विज्ञान द्वारा अविष्कृत परमाणु की संरचना भी है जिसमें केन्द्र में (G) के रुप में प्रोटान (P) एवं (D) के रुप में न्यूट्रान (N) तथा परिधि (O) के रुप में इलेक्ट्रान (E) है। प्राच्य एवं पाश्चात्य विज्ञान में एकता का यही सूत्र है उसमें विवाद मात्र नाम के कारण है।

8. ट्रस्ट की स्वायत्तशासी उपसमिति / संगठन

ट्रस्ट के निम्नलिखित स्वायत्तशासी उपसमिति / संगठन है जो स्वतंत्र रुप से ट्रस्ट के कार्यों को पूर्ण करेंगे। जिनका प्रतीक चिन्ह ट्रस्ट के प्रतीक चिन्ह के अंशों द्वारा ही निर्धारित है।

1. प्राकृतिक सत्य एवं धार्मिक शिक्षा प्रसार केन्द्र (**C**entre for **E**nhancement of **N**atural **T**ruth & **R**eligious **E**ducation - **CENTRE**)
2. ट्रेड सेन्टर (to step up **T**ransaction, **R**ural, **A**dvancement, **D**evelopment, **E**ducation through **C**entre for **E**nhancement of **N**atural **T**ruth & **R**eligious **E**ducation – **TRADE CENTRE**)
3. विश्व राजनीतिक पाटी संघ (**W**orld **P**olitical **P**arty **O**rganisation - **WPPO**)

9. ट्रस्ट के उद्देश्य एवं कार्यक्रम

1. एकीकृत सार्वभौम सत्य-सिद्धान्त तथा उस पर आधारित धर्मयुक्त नाम से कर्मवेदः प्रथम, अन्तिम तथा पंचमवेद एवं सर्वधर्मसम्भाव या धर्मनिरपेक्ष नाम से मन की गुणवत्ता का अन्तर्राष्ट्रीय मानक/विश्वमानक के आविष्कारक एवं संस्था के संस्थापक समन्वयाचार्य श्री लव कुश सिंह "विश्वमानव" के निर्देशानुसार सभी विषयों को संक्रमणीय, संग्रहणीय, गुणात्मक, रचनात्मक, सकारात्मक एवं समन्वयात्मक रूप से प्रस्तुत कर सभी बलों के एकीकरण के सार्वभौम सत्य सिद्धान्त का प्रचार-प्रसार करना।
2. एकीकृत सार्वमौम सत्य-सिद्धान्त आधारित पूर्ण मानव निर्माण की तकनीकी डब्ल्यू.सी.एम-टी.एल.एम-श्याम डाट सी (WCM-TLM-SHYAM.C) के शिक्षा द्वारा विश्व स्तरीय मानव संसाधन का निर्माण करना तथा अध्यापकों को प्रशिक्षित करना और उन्हें जन समूहों, औद्योगिक संस्थानों, गुणवत्ता संस्थानों, प्रबन्ध संस्थानों, शिक्षा संस्थानों इत्यादि तक इसकी शिक्षा पहुंचाने के योग्य बनाना।
3. एकीकृत सार्वमौम सत्य-सिद्धान्त द्वारा विस्तारित एवं आविष्कृत विचार एवं साहित्य, विषय एवं विशेषज्ञ, ब्रह्माण्ड (अदृश्य एवं दृश्य) के प्रबन्धक और क्रियाकलाप, मानव (अदृश्य एवं दृश्य) के प्रबन्धक और क्रियाकलाप तथा उपासना स्थल का अन्तर्राष्ट्रीय मानक /विश्वमानक द्वारा भारत सहित विश्व में वैज्ञानिक दृष्टिकोण, मानवतावाद, ज्ञानार्जन तथा सुधार की भावना का विकास करना।
4. एकीकृत सार्वमौम सत्य-सिद्धान्त द्वारा भारत के संविधान तथा संयुक्त राष्ट्र संघ के चार्टर अर्थात संविधान को सत्य स्वरूप में स्थापित करने तथा भारत गणराज्य तथा संयुक्तराष्ट्र संघ के पुनर्गठन के लिए मार्गदर्शन देना साथ ही मन की गुणवत्ता के अन्तर्राष्ट्रीय मानक/विश्वमानक की स्थापना के लिए उनके सम्बन्धित संगठनों/संस्थाओं को प्रेरित करना।
5. एकीकृत सार्वमौम सत्य-सिद्धान्त द्वारा संविधान की महत्ता, आवश्यकता, उपयोगिता तथा स्वतंत्रता, संस्कृति सामाजिक, आचार संहिता, एकता, रक्षा, अखण्डता, प्राकृतिक, पर्यावरण, स्वास्थ्य, राष्ट्रीयता, आर्थिक, मानक, मानदेय इत्यादि के प्रति जागरूक करना, नागरिकों को सविंधान में लिखित मूल कर्तव्य को परिभाषित करना एवं उसके प्रति जागृत करना तथा अन्तर्राष्ट्रीय सहयोग को विकसित करना।
6. स्वतंत्रता के लिए विभिन्न प्रकार के आन्दोलनों जैसे- रचनात्मक, सहजीवन, स्वराज, एकीकरण का प्रचार-प्रसार एवं क्रियान्वयन करना।
7. एकीकृत सार्वमौम सत्य-सिद्धान्त द्वारा सर्वेभवन्तु-सुखिनः, बसुधैव-कुटुम्बकम्, बहुजन हिताय-बहुजन सुखाय, विश्व-बन्धुत्व, एकात्ममानवतावाद, धर्मनिरपेक्षता, सर्वधर्मसममाव, एकात्मकर्मवाद, संपूर्ण एकता,

स्वराज, सुराज, नीतिक, नैतिक व दार्शनिक परम्परा का पुर्नस्थापना करना और उन्हें नवीन तथा अन्तिम रुप से परिभाषित करना।

8. एकीकृत-सार्वमौम-सत्य-सिद्धान्त द्वारा दार्शनिक-सार्वमौम-सिद्धान्त तथा भौतिक-सार्वमौम-सिद्धान्त में समन्वय स्थापित करने हेतु व्यक्ति से ब्रह्माण्ड स्तर तक के विवादमुक्त स्वरूप को व्यक्त करना।
9. एकीकृत सार्वमौम सत्य-सिद्धान्त पर आधारित शोध संस्थाओं, अध्यात्मिक पर्यटन स्थलों, उद्देश्यों की पूर्ति हेतु अन्तर्राष्ट्रीय/विश्व मानक आधारित उपासना स्थलों, विद्यालयों, महाविद्यालयों, विश्वविद्यालयों या अन्य प्रकार के शैक्षिक-तकनीकी संस्थानों की प्रतिष्ठा करना, उनका निर्वाह और परिचालन करना तथा उनकी सहायता करना।
10. प्रादेशिक सरकार, भारत सरकार, अन्य देशों तथा संयुक्त राष्ट्र संघ द्वारा चलाये जा रहे समाजोपयोगी कार्यक्रम व उद्योगों से सम्बन्धित क्रार्यक्रम में भाग लेना तथा उनके द्वारा आयोजित प्रशिक्षणों को संचालित करना जो विशेष रुप से मानव संसाधन विकास से सम्बन्धित हों।
11. एकीकृत सार्वमौम सत्य-सिद्धान्त द्वारा स्वस्थ एवं पूर्ण लोकतंत्र की प्राप्ति के लिए संविधान, शिक्षा प्रणाली एवं अन्य सभी प्रणालियों के सत्य स्वरुप को परिभाषित कर उसकी स्थापना हेतु जनसाधारण, शासन, अन्य समितियों व सामाजिक-धार्मिक संगठन को प्रेरित करना व उनकी सहायता करना।
12. एकीकृत सार्वमौम सत्य-सिद्धान्त द्वारा स्वस्थ लोकतंत्र के धर्म एवं सभी धर्मों तथा उनके सभी धर्म ग्रन्थों के सत्य और धर्म निरपेक्ष-सर्वधर्मसमभाव स्वरुप को व्यक्त करते हुये उनमें समभाव-समदृष्टि द्वारा समन्वय स्थापित करना।
13. एकीकृत सार्वमौम सत्य-सिद्धान्त पर आधारित शारीरिक, आर्थिक, मानसिक व्याधियों की मुक्ति हेतु विभिन्न प्रकार के प्राकृतिक चिकित्सा प्रणालियों को संचालित करना तथा नवीन प्रणालियों के विकास हेतु शोध व शिक्षण संस्थाओं की स्थापना करना।
14. एकीकृत सार्वभौम सत्य-सिद्धान्त पर आधारित साहित्य, संगीत, कला, दृश्य-श्रव्य माध्यम, विज्ञान, शास्त्र, मानवीय मूल्यों इत्यादि को विकसित करने वाले विषयों से सम्बन्धित गोष्ठी, सेमिनार, प्रदर्शनी व कार्यक्रम आयोजित कर ऐसी गतिविधियों को बढ़ावा देना तथा उस पर आधारित साहित्यों-शास्त्रों का प्रकाशन कर जन साधारण तक पहुंचाकर शिक्षित समाज की परिकल्पना को साकार करना।
15. उद्देश्यों की पूर्ति में सहायक होने वाले वृत-पत्रों और नियतकालिन पत्र-पत्रिकाओं तथा पुस्तकों और पत्रकों का मुद्रण और प्रकाशन करना, दृश्य-श्रव्य माध्यमों का निर्माण करना एवं उनका निःशुल्क अथवा अन्य प्रकार से वितरण या विक्रय करना।
16. ऐसे अन्य किसी कार्य का परिचालन करना जो उपरोक्त किसी भी उद्देश्य से सम्बन्धित हो तथा अपरोक्ष या परोक्ष रुप से उसकी पूर्ति में सहायक हो सकता हो उसे करना।

ट्रस्ट के कार्यों की व्याख्या

1.राष्ट्रीय रचनात्मक आन्दोलन: स्वायत्तशासी उपसमिति / संगठन

"सृष्टि" का अर्थ होता है-सम्पूर्ण ब्रह्माण्ड की रुकी स्थिति के आगे एकात्मता के साथ नवनिर्माण। "रचना" का अर्थ होता है-उपलब्धता पर आधारित एकात्मता के साथ नवनिर्माण। "विकास" का अर्थ होता है-उपलब्धता पर आधारित नवनिर्माण। विकास का कोई लक्ष्य नहीं होता। जब विकास एकात्मता की ओर होती है तो वह रचना बन जाती है। विकास लक्ष्य विहिन होता है इसलिए कालान्तर में वह विनाश का रुप ले लेती है।

वर्तमान में राष्ट्रीय रचनात्मक आन्दोलन के अन्तर्गत वही कार्य हैं जो सरकार के वैधानिक प्रक्रिया के अनुसार, उसके सहयोग और उससे मुक्त अवस्था में रहकर व्यक्ति स्वयं सामाजिक, आर्थिक और मानसिक नवनिर्माण के लिए कर सकता है। क्योंकि इस संसार में कुछ भी सुधार के लिए नहीं है, या तो वह पूर्ण है या वह

विकसित करने के लिए है। वृक्ष की शाखा को पुनः तने में नहीं समेटा जा सकता बल्कि उसे विकसित कर बीज तक अवश्य पहुँचाया जा सकता है, जिससे पुनः वृक्ष का नवनिर्माण हो। किसी व्यक्ति का सुधार नहीं होता बल्कि वह विकसित होता है। और वह नया मानव बनता है। समस्त सुधारों का एक मात्र रास्ता है-नवनिर्माण। इसलिए वातावरण को बदलना आवश्यक है जिससे व्यक्ति स्वयं बदल जायेगा और यही एक मात्र उपाय है।

सभी नवनिर्माण मुख्यतः तीन क्षेत्रों में होते हैं-शारीरिक, आर्थिक व मानसिक। जिस प्रकार किसी व्यक्ति (व्यष्टि) का शारीरिक, आर्थिक व मानसिक नवनिर्माण होता है उसी प्रकार व्यक्ति-समूह या देश (समष्टि) का शारीरिक, आर्थिक व मानसिक नवनिर्माण होता है। प्राकृतिक सत्य मिशन द्वारा संचालित राष्ट्रीय रचनात्मक आन्दोलन व्यष्टि व समष्टि दोनों के लिए नवनिर्माण का आन्दोलन है।

1. **व्यष्टि रचनात्मक आन्दोलन**

   व्यष्टि रचना के लिए दो आवश्यक कार्य है। पहला- उच्च स्तरीय पूर्ण ज्ञान के शास्त्र-साहित्य की रचना तथा दूसरा- पूर्ण ज्ञान की शिक्षा। यह दोनों कार्य प्राकृतिक सत्य मिशन के उपसमिति/संगठन प्राकृतिक सत्य एवं धार्मिक शिक्षा प्रसार केन्द्र (**C**entre for **E**nhancement of **N**atural **T**ruth & **R**eligious **E**ducation - **CENTRE**) के द्वारा सम्पन्न हो रहा है।

2. **समष्टि रचनात्मक आन्दोलन**

   समष्टि रचना के लिए दो आवश्यक कार्य है। पहला- उपलब्ध संसाधनों का ज्ञान और उस पर आधारित विकास की योजना तथा दूसरा पूर्ण ज्ञान के शास्त्र-साहित्य का विश्वव्यापी स्थापना। पहला कार्य प्राकृतिक सत्य मिशन के उपसमिति/संगठन ट्रेड सेन्टर (to step up **T**ransaction, **R**ural, **A**dvancement, **D**evelopment, **E**ducation through **C**entre for **E**nhancement of **N**atural **T**ruth & **R**eligious **E**ducation – **TRADE CENTRE**) के द्वारा सम्पन्न हो रहा है। तथा दूसरा कार्य विश्व राजनीतिक पार्टी संघ (**W**orld **P**olitical **P**arty **O**rganization-**WPPO**) तथा विश्व एकीकरण आन्दोलन (सैद्धान्तिक) द्वारा सम्पन्न हो रहा है।

I. प्राकृतिक सत्य एवं धार्मिक शिक्षा प्रसार केन्द्र
(Centre for Enhancement of Natural Truth & Religious Education - CENTRE)

अपने मालिक स्वयं बनें

GD CENTRE

BE YOUR OWN BOSS

प्राकृतिक सत्य एवं धार्मिक शिक्षा प्रसार केन्द्र के दो कार्य हैं-

पहला- एकीकृत सार्वभौम सत्य-सिद्धान्त पर आधारित शोध एवं आधारित शास्त्र-साहित्य का सृजन।

दूसरा- सत्य योग आश्रम-आध्यात्मिक पर्यटन स्थल का निर्माण और पूर्ण ज्ञान की शिक्षा।

व्यक्ति के नवनिर्माण अर्थात् विश्वस्तरीय व्यक्ति निर्माण के लिए WCM-TLM-SHYAM.C तकनीकी का शिक्षा-2012+ के पत्राचार पाठ्यक्रम के संचालन के लिए प्रत्येक जनपद में एक सत्य योग आश्रम एवं आध्यात्मिक पर्यटन स्थल का निर्माण व प्रसार किया जा रहा है क्योंकि यह तकनीकी व शिक्षा शिक्षण संस्थानों में उपलब्ध नहीं है। और शिक्षा पाठ्यक्रम में परिवर्तन की सरकारी जटिलता से यह इतनी जल्दी पाठ्यक्रम में लाया भी नहीं जा सकता। इसलिए इसे अलग से ही व्यक्ति को स्वयं अपनी पूर्णता के लिए अध्ययन की सुविधा लेनी पड़ेगी

जो उनके लिए वर्तमान प्रतिस्पर्धा भरी दुनिया में कालानुसार होकर आगे निकलने की सुविधा, सत्य जीने की कला (Real Art of Living), पूर्ण जीवन और वैश्विक मानव के रुप में स्थापित करने का ज्ञान।

उद्योगों/ संस्थानों की गुणवत्ता का अन्तर्राष्ट्रीय मानक- ISO-9000 श्रृंखला है जो भारतीय मानक- IS-9000 श्रृंखला का समकक्ष है जिसे विश्व स्तरीय निर्माण (World Class Manufacturing-WCM) विधि द्वारा प्राप्त करने के विभिन्न मार्ग हैं। जैसे सम्पूर्ण उत्पादकता परिरक्षण (Total Productive Maintenance-TPM) तथा सम्पूर्ण गुणवत्ता प्रबन्धन (Total Quality Management-TQM)। TMP और TQM में प्रवेश के विभिन्न जागरण विधि हैं। जैसे- 5S उस, प्रत्येक कर्मचारी की सहभागिता (Total Employees Involvement-TEI) गुणवत्ता चक्र (Quality Circle-QC) इत्यादि। ये सभी केवल उद्योगों के लिए विशेषीकृत जागरण विधियां हैं जो वाह्य विषयों पर मन को केन्द्रित कर गुणवत्ता को प्राप्त करने का माध्यम है। सेवा पूर्व और सेवा निवृत्ति के उपरान्त इन जागरण विधियों का दैनिक जीवन में कोई उपयोगिता नहीं रह जाती। परिणामस्वरुप गुणवत्ता युक्त उत्पाद और उत्पादन तो बढ़ जाता है परन्तु उत्पादों और संसाधनों की उपयोगिता की मानसिकता का निर्माण उस अनुपात में नहीं बढ़ता। इसी कारण इसे पश्चिमी संस्कृति आधारित जागरण विधि कहते हैं।

मन की गुणवत्ता का विश्व/अन्तर्राष्ट्रीय मानक WS-0 श्रृंखला है जिसे विश्व स्तरीय निर्माण विधि द्वारा प्राप्त करने का एक और अन्तिम मार्ग है- सम्पूर्ण जीवन परिरक्षण (Total Life Maintenance-TLM) जिसमें प्रवेश का एक और अन्तिम विधि है- सत्य (**S**atya), हृदय (**H**eart), योग (**Y**og), आश्रम (**A**shram), ध्यान (**M**editaion) और चेतना (**C**onciousness) - **SHYAM.C** विधि। यह मन के लिए सामान्यकृत जागरण विधि है जो अन्तः विषय मन पर केन्द्रित कर गुणवत्ता को प्राप्त किया जाता है। इसकी उपयोगिता जीवन के प्रत्येक क्षण में होती है क्योंकि इसका सम्बन्ध सत्य-सिद्धान्त, कालानुसार योग और उम्र के अनुसार कर्म से होता है। परिणामस्वरुप स्वस्य समाज, स्वस्य उद्योग सहित उत्पादों और संसाधनों की उपयोगिता की मानसिकता बढ़ती है। इसी कारण इसे भारतीय संस्कृति आधारित जागरण विधि कहते हैं।

इस प्रकार विश्व स्तरीय निर्माण विधि के दो भाग हैं। प्रथम सामान्यीकृत-TLM द्वितीय विशेषीकृत-TPM या TQM। TLM बड़ा चक्र है। TPM या TQM उसका अन्तः और छोटा चक्र है अर्थात् TLM से TPM और TQM को प्राप्त किया जा सकता है। परन्तु TPM या TQM से TLM को नहीं प्राप्त किया जा सकता। TLM मानव संसाधन विकास, सर्वोच्च प्रबन्ध, मानव अधिकार, भारतीयता आधारित उद्योग, स्वस्थ्य समाज, स्वस्थ्य लोकतन्त्र एवं पूर्ण मानव के निर्माण का विश्वस्तरीय निर्माण विधि है। जिस प्रकार Institute of Plant Maintenance. जापान द्वारा 5S का संचालन TPM के लिए है। उसी प्रकार प्राकृतिक सत्य एवं धार्मिक शिक्षा प्रसार केन्द्र द्वारा सत्य, हृदय, योग, आश्रम, ध्यान और चेतना (SHYAM.C) का संचालन TLM के लिए है।

TLM के प्रवेश द्वार- सत्य, हृदय, योग, आश्रम, ध्यान और चेतना (SHYAM.C) है। सत्य के अन्तर्गत देशकाल मुक्त सत्य और देशकाल बद्ध सत्य है। देशकाल मुक्त सत्य के अन्तर्गत देशकाल मुक्त अदृश्य सत्य और देशकाल मुक्त दृश्य सत्य है। यह देशकाल मुक्त दृश्य सत्य ही सत्य-सिद्धान्त अर्थात् WS-0 श्रृंखला (WS-0: विचार एवं साहित्य, WS-00: विषय एवं विशेषज्ञों की परिभाषा, WS-000: विश्व प्रबन्ध और क्रियाकलाप, WS-0000: मानव प्रबन्ध और क्रियाकलाप तथा WS-00000: उपासना स्थल का विश्व/अन्तर्राष्ट्रीय मानक) मन की गुणवत्ता का अन्तर्राष्ट्रीय मानक सहित सम्पूर्ण तन्त्र सहभागिता (Total System Involvement-TSI) है। देशकाल बद्ध सत्य के अन्तर्गत देशकाल बद्ध अदृश्य सत्य अर्थात् अदृश्य विज्ञान अर्थात् अध्यात्म विज्ञान तथा देशकाल बद्ध दृश्य सत्य अर्थात् दृश्य विज्ञान अर्थात् पदार्थ विज्ञान है।

सत्य योग आश्रम एवं आध्यात्मिक पर्यटन स्थल का उद्देश्य- सम्पूर्ण जीवन परिरक्षण (Total Life Maintenance-TLM) के प्रवेश द्वार- सत्य, हृदय, योग, आश्रम, ध्यान और चेतना (SHYAM.C) के सैद्धान्तिक, व्यवहारिक प्रायोगिक तथा प्राकृतिक स्थल की शिक्षा असन्यासी आश्रम द्वारा पूर्ण विश्व स्तरीय मानव निर्माण है जो अन्तर्राष्ट्रीय मानक का समाज, लोकतन्त्र और उद्योगों का विश्व स्तरीय निर्माण (World Class Manufacturing-WCM) विधि की प्राप्ति का अन्तिम मार्ग है। सत्य योग आश्रम एवं आध्यात्मिक पर्यटन स्थल का प्रत्येक केन्द्र स्वामी

विवेकानन्द-रामकृष्ण आदेश की स्थापना कर्मवेद: प्रथम, अन्तिम तथा पंचम वेद अर्थात् WS-0: मन की गुणवत्ता का विश्व/अन्तर्राष्ट्रीय मानक श्रृंखला पर आधारित प्राकृतिक सत्य मिशन (ट्रस्ट) के अधीन प्राकृतिक सत्य एवं धार्मिक शिक्षा प्रसार केन्द्र से सम्बद्ध है।

II. ट्रेड सेन्टर

(to step up Transaction**, R**ural**, A**dvancement**, D**evelopment**, E**ducation **through C**entre for **E**nhancement of **N**atural **T**ruth & **R**eligious **E**ducation – **TRADE CENTRE)**

अपने मालिक स्वयं बनें

BE YOUR OWN BOSS

मनुष्य के माध्यम से दृश्य यज्ञ अर्थात् दृश्य कर्म अर्थात् रचनात्मक कार्य करने वाले दो मूल इकाई हैं- समाज क्षेत्र और राज्य क्षेत्र। समाज क्षेत्र द्वारा कार्य समाज के व्यक्तियों के आपसी सहयोग पर आधारित होकर समिति, सहकारी समिति, ट्रस्ट, साझेदारी फर्म, कम्पनी इत्यादि के माध्यम से होता है। जबकि राज्य क्षेत्र द्वारा कार्य शासन द्वारा नियुक्त कर्मचारी द्वारा पूर्ण होता है। कर्ता कोई भी हो यह आवश्यक नहीं कि उसका कार्य सन्तुलित विकास की दिशा में ही हो रहा हो। सन्तुलित विकास युक्त कार्य के लिए पूर्वी (भारतीय) संस्कृति सदा ही समाज को साथ लेकर विकास कार्य करती है जो व्यक्त दिशा कारण एवं सामान्यीकृत आधारित होती है। जबकि पश्चिमी (यूरोपियन) संस्कृति अव्यक्त दिशा, फल एवं विशेषीकृत पर आधारित होती है। यही अन्तर होने से समस्त विकास कार्य की धारा जो ब्रह्माण्डीय विकास की मुख्य धारा से होकर जाती है, उससे जुड़ नहीं पाता परिणामस्वरुप विकास का प्रत्येक कार्य दूरगामी प्रभावों से मुक्त तथा असन्तुलित विकास का रुप ले लेता है। वर्तमान में राज्य क्षेत्र द्वारा किये जाने वाले विकास कार्य असन्तुलित विकास कार्य ही है जो भारतीय संस्कृति अर्थात् समाज को बिना साथ लिये दिशाहीन तथा विशेषीकृत है।

योजना और समस्त कार्य उपलब्ध संसाधनों की सूचना पर ही निर्भर होता है। समाज के एक निश्चित क्षेत्र में उपलब्ध संसाधनों का विवरण न तो समाज क्षेत्र न और न ही राज्य क्षेत्र के किसी कार्यों द्वारा सार्वजनिक किया जा रहा है और न ही उनके क्रियाकलापों का मानक ही निर्धारित है जिससे प्रत्येक विकास कार्य ब्रह्माण्डीय विकास की मुख्य धारा से जुड़ सके। परिणामस्वरुप प्रत्येक विकास कार्य असन्तुलित होकर एक निश्चित अवधि के अन्दर ही प्रभावहीन हो जा रही है। राज्य क्षेत्र पर निर्भरता, समाज क्षेत्र की जड़ता, योजना विहीन शिक्षित बेरोजगारों की बढ़ोत्तरी और शहरों की ओर पलायन, उपरोक्त के न होने के कारण ही है।

WS-0: मन की गुणवत्ता का विश्व मानक श्रृंखला के अन्तर्गत WS-000: ब्रह्माण्ड (सूक्ष्म तथा स्थूल) प्रबन्ध और क्रियाकलाप का विश्व मानक है। जो ब्रह्माण्ड में समान रुप से व्याप्त देश काल मुक्त कर्म-सिद्धान्त है जो राज्य क्षेत्र और समाज क्षेत्र की एकता के साथ सामान्य कर्म सिद्धान्त भी है। जो प्रत्येक विकास कार्य को सन्तुलित और ब्रह्माण्डीय विकास की मुख्य धारा से जोड़ने में सक्षम ही नहीं बल्कि सन्तुलित विकास का विश्व स्तरीय विकास विधि भी है। और वह सामान्यीकृत, ज्ञानयुक्त कर्म एवं कारण आधारित भी है। यही भारतीय संस्कृति आधारित सन्तुलित विकास कार्य है। जबकि यूरोपियन संस्कृति विशेषीकृत, सिर्फ कर्म एवं फल आधारित होती है। जो अव्यक्त दिशा

युक्त असन्तुलित विकास कार्य है। वर्तमान समय की सम्पूर्ण कार्यप्रणाली भारतीय संस्कृति आधारित नहीं है अर्थात् WS-000: ब्रह्माण्ड (स्थूल एवं सूक्ष्म) प्रबन्ध और क्रियाकलाप का विश्व मानक पर आधारित नहीं है।

इस प्रकार विश्व स्तरीय विकास विधि- WS-000: ब्रह्माण्ड (स्थूल एवं सूक्ष्म) प्रबन्ध तथा क्रियाकलाप के विश्व मानक पर आधारित होकर अन्य विकास समितियों के माध्यम से ही विकास कार्य ही विश्व स्तरीय विकास विधि है। जो राज्य क्षेत्र पर समाज क्षेत्र की बढ़ रही निर्भरता को कम कर ब्रह्माण्डीय विकास के लिये दोनों कर्म के मुख्य कर्ताओं में एकत्व, सहभागिता एवं कर्म क्षेत्रों का स्पष्ट बंटवारा भी है साथ ही समाज क्षेत्र की सक्रियता, बेरोजगारी में कमी और शहरों की ओर पलायन को रोकने का अन्तिम मार्ग है।

III. विश्व राजनीतिक पार्टी संघ
(World Political Party Organisation - WPPO)

अपने मालिक स्वयं बनें

BE YOUR OWN BOSS

(क) परिचय

1. संस्थापक एवं सदस्य: विश्व राजनीतिक पार्टी संघ का गठन भारत के किसी एक राष्ट्रीय राजनीतिक पार्टी द्वारा किया जायेगा। भारत का यह पार्टी ही विश्व राजनीतिक पार्टी संघ का संस्थापक सदस्य कहलायेगा। संघ में प्रत्येक लोकतंत्र आधारित देश से एक राजनीतिक पार्टी को सदस्य बनाया जायेगा।
2. संघ का मुख्यालय: विश्व राजनीतिक पार्टी संघ का मुख्यालय संस्थापक सदस्य के निणर्यानुसार किसी भी देश में हो सकता है।
3. संघ का झण्डा एवं प्रतीक चिन्ह: संघ का झण्डा सफेद रंग का है जिसकी लम्बाई व चौड़ाई का अनुपात 3:2 है। उसके उपर मुद्रित प्रतीक चिन्ह का रंग लाल है।
4. संघ की स्पष्ट मुख्य घोंषणा: संघ का प्रत्येक सदस्य अपने-अपने देश में निम्नलिखित घोषणा करेगा।
   "धर्म निरपेक्ष एवं सर्वधर्मसमभाव भारतीय संविधान जो अन्ततः विकसित होकर विश्व संविधान का रुप लेगा के अनुरुप देश की एकता एवं अखण्डता सहित विश्व-बन्धुत्व के लिए मेरी पार्टी का सिद्धान्त दार्शनिक-नैतिक उत्थान आधारित WS-0 श्रृंखला अर्थात मानव मन के अन्तः विषयों के विश्व मानक श्रृंखला अर्थात् विचार एवं साहित्य, विषय एवं विशेषज्ञ, ब्रह्माण्ड व मानव (स्थूल एवं सूक्ष्म) के प्रबन्ध और क्रियाकलाप तथा उपासना स्थल के विश्व मानक पर आधारित होगा। जिससे प्रत्येक व्यक्ति ब्रह्माण्डीय विकास की दिशा में होकर कार्य व विकास कर सके। परिणामस्वरुप शीघ्रताशीघ्र विवादमुक्त नीति एवं दूरगामी परिणाम के रुप में एक स्वच्छ एवं नैतिक समाज सहित मानवता आधारित पूर्ण लोकतन्त्र की नींव रखते हुए उसे प्राप्त किया जा सके।"
5. संघ की दर्शन शास्त्र-साहित्य: विश्व-राष्ट्रीय-जन एजेण्डा साहित्य 2012+: संघ का आधार साहित्य वह है जो सभी मानव की मूल आवश्यकता है, जो सभी मानव में एक है वह है- कर्म और उसे कालानुसार करने का ज्ञान-कर्मज्ञान। अन्तर्राष्ट्रीय मानकीकरण संगठन द्वारा वाह्य विषयों अर्थात् उद्योंगों के उत्पाद के निर्माण की

अन्तर्राष्ट्रीय गुणवत्ता की श्रृंखला ISO-9000 की भाँति, मानव, समाज और संगठन द्वारा अन्तः विषय मानव मन के निर्माण की विश्व गुणवत्ता की श्रृंखला WSO/ISO-0 जो धर्मनिरपेक्ष एवं सर्वधर्मसमभाव नाम है अर्थात् विचार एवं साहित्य, विषय एवं विशेषज्ञ, ब्रह्माण्ड (स्थूल एवं सूक्ष्म) के प्रबन्ध और क्रियाकलाप तथा उपासना स्थल के अन्तर्राष्ट्रीय/विश्व मानक है। जिसकी उपयोगिता विश्व शान्ति, विश्व एकता, एवं विश्व स्थिरता में होना है। इसे उस उद्देश्य से सत्य-चेतना की ओर बढ़ते विश्व के सामने रखा जा रहा है जिसकी स्थापना यथाशीघ्र होनी है। संघ एकात्मकर्मवाद का समर्थक है न कि एकात्मसंस्कृतिवाद का। वर्तमान तथा भविष्य के लिए विश्व की इसकी उपयोगिता और आवश्यकता ही संघ का साख है।

6. भारत में संघ के संस्थापक पार्टी को संघ के गठन की घोषणा से लाभः स्वतंत्रता प्राप्ति से पहले भारतीय जनता के समक्ष मात्र एक ही सार्वजनिक मुद्दा था जिस पर सभी भारतीय एक जुट हुए थे। वह था - "स्वतंत्रता"। जिसे प्राप्त कर लेने के बाद सभी अपनी-अपनी दुनिया में संकुचित हो गये। परिणामस्वरुप वर्तमान में कोई भी राष्ट्रीय मुद्दा शेष नहीं है। ऐसी स्थिति में मिशन की कार्य योजना द्वारा संस्थापक राजनीतिक पार्टी राष्ट्रीय स्तर पर एक मुद्दे पर एक जुट करने का लाभ प्राप्त होगा। साथ ही विश्व राजनीतिक पार्टी संघ की घोषणा से पूरे विश्व के समक्ष अपनी गुरुता सिद्ध करने का लाभ मिलेगा। भारत में इसका सीधा प्रभाव अन्य राजनीतिक दलों को मुद्दा विहिन कर देना होगा। जिसका सीधा लाभ राष्ट्रीय स्तर पर संस्थापक राजनीतिक दल को होगा।

(ख) राष्ट्रीय क्रान्ति मोर्चा

संघ का प्रत्येक सदस्य अपने-अपने देश में "राष्ट्रीय क्रान्ति मोर्चा" का गठन अपने देश के राजनीतिक पार्टीयों के साथ मिलकर करेगा जो संघ के विचार से पूर्ण रुप से सहमत होंगे। मोर्चा की क्रान्ति के प्रति विचार यह है कि- "राजनीतिक, आर्थिक व सामाजिक परिस्थिति में उसकी स्वस्थता के लिए परिवर्तन ही क्रान्ति है, और यह तभी मानी जायेगी जब उसके मूल्यों, मान्यताओं, पद्धतियों और सम्बन्धों की जगह नये मूल्य, मान्यता, पद्धति और सम्बन्ध स्थापित हों। अर्थात क्रान्ति के लिए वर्तमान व्यवस्था की स्वस्थता के लिए नयी व्यवस्था स्थापित करनी होगी। यदि व्यवस्था परिवर्तन के आन्दोलन में विवेक नहीं हो, केवल भावना हो तो वह आन्दोलन हिंसक हो जाता है। हिंसा से कभी व्यवस्था नहीं बदलती, केवल सत्ता पर बैठने वाले लोग बदलते हैं। हिंसा में विवेक नहीं उन्माद होता है। उन्माद से विद्रोह होता है क्रान्ति नहीं। क्रान्ति में नयी व्यवस्था का दर्शन - शास्त्र होता है अर्थात क्रान्ति का लक्ष्य होता है और उस लक्ष्य के अनुरुप उसे प्राप्त करने की योजना होती है। दर्शन के अभाव में क्रान्ति का कोई लक्ष्य नहीं होता।"

मोर्चा निम्न प्रकोष्ठ के द्वारा अपने-अपने देश की जनता व राजनीतिक पार्टी के कल्याण के लिए उनसे सम्पर्क बनाये रखेगी।

1. राजनैतिक संगठन प्रकोष्ठः राजनैतिक संगठन प्रकोष्ठ में मोर्चा में शामिल होने वाले राजनीतिक दलों के राष्ट्रीय अध्यक्ष होंगे जो सदस्य राष्ट्रीय अध्यक्ष मण्डल कहे जायेंगे। इसी प्रकार प्रदेश स्तर पर सदस्य प्रदेश अध्यक्ष मण्डल होंगे
2. राजनैतिक छात्र संगठन प्रकोष्ठः राजनैतिक छात्र संगठन प्रकोष्ठ में एक राष्ट्रीय अध्यक्ष होंगे। इसी प्रकार प्रदेश एवं जनपद स्तर पर भी एक अध्यक्ष होंगे।
3. अराजनैतिक किसान संगठन प्रकोष्ठः अराजनैतिक किसान संगठन प्रकोष्ठ में एक राष्ट्रीय अध्यक्ष होंगे। इसी प्रकार प्रदेश एवं जनपद स्तर पर भी एक अध्यक्ष होंगे।
4. अराजनैतिक बुद्धिजीवी संगठन प्रकोष्ठः अराजनैतिक बुद्धिजीवी संगठन प्रकोष्ठ में एक राष्ट्रीय अध्यक्ष होंगे। इसी प्रकार प्रदेश एवं जनपद स्तर पर भी एक अध्यक्ष होंगे।

5. अराजनैतिक धार्मिक संगठन प्रकोष्ठ: अराजनैतिक धार्मिक संगठन प्रकोष्ठ में प्रत्येक धर्म से एक धर्मगुरु होंगे जो सदस्य राष्ट्रीय अध्यक्ष मण्डल कहे जायेंगे। प्रदेश स्तर पर इस प्रकोष्ठ में कोई प्राविधान नहीं होगा। धार्मिक प्रकोष्ठ द्वारा जारी वक्तव्य संयुक्त वक्तव्य होगा।
6. अराजनैतिक जनसंगठन प्रकोष्ठ: अराजनैतिक जनसंगठन प्रकोष्ठ जन आन्दोलनों का एक मोर्चा है जिसमें शामिल होने वाले आन्दोलनों के राष्ट्रीय अध्यक्ष होंगे जो सदस्य राष्ट्रीय अध्यक्ष मण्डल कहे जायेंगे। प्रदेश स्तर पर आन्दोलनों के अपने अपने प्रदेश अध्यक्ष होंगे। वर्तमान में निम्नलिखित दो आन्दोलन आवश्यक है। अ.राष्ट्रीय सहजीवन आन्दोलन और ब.स्वराज-सुराज आन्दोलन

(ग) राष्ट्रीय सहजीवन आन्दोलन

"सहजीवन" का अर्थ है निवासियों के समूह द्वारा आपस में मिल-लुलकर रहना तथा समस्याओं को हल करना जिससे समूह की सुरक्षा का कार्य भी सम्पन्न हो जाता है। "रक्षा" शब्द का अर्थ होता है कि किसी दुर्घटना होने पर या होने की सम्भावना को निष्प्रभावी करना जबकि "सुरक्षा" शब्द का अर्थ है कि किसी दुर्घटना होने या न होने की सम्भावना के बावजूद ऐसी व्यवस्था करना जिससे दुर्घटना की स्थिति को बनने ही न दिया जाय। "रक्षा" फल आधारित है तो "सुरक्षा" कारण आधारित। "रक्षा" परिणाम व्यक्त होने पर होती है तो "सुरक्षा" परिणाम व्यक्त ही न हो इसके लिए की जाती है। व्यष्टि (व्यक्ति) हो या समष्टि (संयुक्त व्यक्ति या देश) उसके मूलतः शारीरिक, आर्थिक व मानसिक दुर्घटना होने की सम्भावना रहती है। अर्थात् जिस प्रकार व्यक्ति के लिए शारीरिक, आर्थिक व मानसिक दुर्घटना होने की सम्भावना होती है ठीक उसी प्रकार व्यक्ति समूह अर्थात् देश के लिए शारीरिक, आर्थिक व मानसिक दुर्घटना की सम्भावना रहती है। रक्षा हो या सुरक्षा हो या शान्ति, एकता, स्थिरता इसका अर्थ यह नहीं होता कि यथावत् स्थिति बनाये रखा जाय और उसके लिए रक्षा, सुरक्षा, शान्ति, एकता, स्थिरता के उपाय किये जाय बल्कि इन उपायों के साथ शारीरिक, आर्थिक व मानसिक विकास भी होते रहना चाहिए। राष्ट्रीय सुरक्षा में व्यष्टि व समष्टि दोनों की सुरक्षा समाहित है। प्रारम्भ में राष्ट्रीय सहजीवन आन्दोलन, व्यक्ति के शारीरिक और आर्थिक सुरक्षा का आन्दोलन है। राष्ट्रीय रचनात्मक आन्दोलन व्यष्टि और समष्टि के शारीरिक, आर्थिक व मानसिक विकास व रचना का आन्दोलन है जो राष्ट्रीय सहजीवन आन्दोलन के व्यष्टि मानसिक सुरक्षा और समष्टि आर्थिक व मानसिक सुरक्षा का कार्य भी सम्पन्न करता है। शेष सुरक्षा-समष्टि के शारीरिक सुरक्षा का कार्य सरकार के अधीन है।

वर्तमान समय में राष्ट्रीय सहजीवन आन्दोलन में वहीं कार्य हैं जो सरकार से मुक्त स्वव्यवस्था तथा सरकार के वैधानिक प्रक्रिया के अनुसार व्यक्ति स्वयं अपनी उपलब्धता से सुरक्षित रह और कर सकता है अर्थात् व्यष्टि के शारीरिक और आर्थिक सुरक्षा का कार्य जो "धर्मदान" और "सहभागिता" के सत्य अर्थों तथा उसके महत्व को व्यक्त करता है।

दान की आवश्यकता सामाजिक विषमता को कम करने के लिए होती है जिसका रुप शारीरिक, आर्थिक व मानसिक में से एक या दो या सभी हो सकते हैं। अपराधिक प्रवृत्ति युक्त योजना और मार्गदर्शन इत्यादि का कारण सामाजिक विषमता ही होती है। यह निश्चित तौर पर कहा जा सकता है कि यदि किसी मुहल्ले में एक भूख से पीड़ित परिवार हो और एक सम्पन्न परिवार तो निश्चित रुप से यह विषमता सम्पन्न परिवार के लिए शारीरिक, आर्थिक व मानसिक रुप से घातक होती है या ऐसे मुहल्ले की गली, बिजली, पानी, स्वच्छता, व्यवस्था की स्थिति ठीक न हो तो क्या सम्पन्न परिवार उसके प्रभाव से बच पायेगा? जबकि सम्पन्न परिवारों के आपसी सहयोग से, जो उसके सन्तुलन पर कोई प्रभाव भी नहीं डाल सकता क्योंकि उसके उस सहयोग से दूरगामी लाभ उसके ही खर्च को बचाता है। मुहल्ले की व्यवस्था सुधर सकती है और स्वयं उसके पड़ोसी भी उससे भली-भाँति आत्मीय सम्बन्ध के आधार पर साथ ही साथ रहेंगे। फिर कौन अपराधिक योजना-मार्गदर्शन बनायेगा? फिर पूरा मुहल्ला ही एक दूसरे के लिए सुरक्षा प्रहरी ही बना रहेगा। इसलिए प्रत्येक व्यक्ति को अपने-अपने सन्तुलन के साथ कम से कम मुहल्ले की व्यवस्था को ही देखने में उतनी रुचि लेनी चाहिए जितनी की वह अपनी व्यवस्था के लिए रुचि रखता है। साथ ही देश तथा विश्व स्तरीय सूचनाओं तथा व्यवस्थाओं का ज्ञान भी रखने के लिए प्रयत्नशील रहना चाहिए जिससे

वह स्वयं उच्च मन स्तर का बने तथा दूसरों के लिए जो अपने ही हैं, उनका मार्गदर्शन भी कर सकें। ज्ञान के लिए थोड़ा समय, अध्ययन, मनन और चर्चा ही खर्च होता है जो उसका अपना है परन्तु वह बहुत ही लाभकारी होता है जो किसी धन के बदले नहीं प्राप्त किया जा सकता। ज्ञान इसलिए लाभकारी है क्योंकि वह प्रत्येक क्षण व्यक्ति के लिए अनेक मार्ग व्यक्त करता है। और यह सब कर्म चलते-फिरते, मिलते-जुलते ही हो जाने वाला कार्य है और सामाजिक प्रणी मानव का स्वभाव ही यही है बस उद्देश्य निर्धारित होना चाहिए।

राष्ट्रीय सहजीवन आन्दोलन कोई संगठन नहीं है। इसकी प्रथम और सर्वोच्च इकाई मुहल्ले स्तर तक ही है। राष्ट्रीय सहजीवन आन्दोलन मात्र इस सुरक्षा उपाय की जानकारी आप तक पहुँचा रहा है जो आपके अपनों के लिए, आप द्वारा स्वयं के लिए तथा आपके निवास स्थान के लिए है। और जो पूर्णतः आप पर ही निर्भर है। इसलिए गाँव व मुहल्ला स्तर पर ग्यारह सदस्यों की कमेटी गठित कर मुहल्ले की सार्वजनिक और व्यक्तिगत समस्याओं को सहभागिता से हल करें। शिव भाव से जीव सेवा करें। अपने से नीचे के लोगों को साथ लेकर बढ़ना भारतीय संस्कृति और दैवी प्रवृत्ति है जबकि दबाकर बढ़ना आसुरी प्रवृत्ति है।

(घ) स्वराज-सुराज आन्दोलन

शासक और मार्गदर्शक आत्मा सर्वव्यापी है। इसलिए एकात्म का अर्थ संयुक्त आत्मा या सार्वजनिक आत्मा है। जब एकात्म का अर्थ संयुक्त आत्मा समझा जाता है तब वह समाज कहलाता है। जब एकात्म का अर्थ व्यक्तिगत आत्मा समझा जाता है तब व्यक्ति कहलाता है। व्यक्ति (अवतार) संयुक्त आत्मा का साकार रुप होता है जबकि व्यक्ति (पुनर्जन्म) व्यक्तिगत आत्मा का साकार रुप होता है। शासन प्रणाली में समाज का समर्थक दैवी प्रवृत्ति तथा शासन व्यवस्था प्रजातन्त्र या लोकतन्त्र या स्वतन्त्र या मानवतन्त्र या समाजतन्त्र या जनतन्त्र या बहुतन्त्र या स्वराज कहलाता है और क्षेत्र गण राज्य कहलाता है ऐसी व्यवस्था सुराज कहलाती है। शासन प्रणाली में व्यक्ति का समर्थक असुरी प्रवृत्ति तथा शासन व्यवस्था राज्यतन्त्र या राजतन्त्र या एकतन्त्र कहलाता है और क्षेत्र राज्य कहलाता है ऐसी व्यवस्था कुराज कहलाती है। सनातन से ही दैवी और असुरी प्रवृत्तियों अर्थात् दोनों तन्त्रों के बीच अपने-अपने अधिपत्य के लिए संघर्ष होता रहा है। जब-जब समाज में एकतन्त्रात्मक या राजतन्त्रात्मक अधिपत्य होता है तब-तब मानवता या समाज समर्थक अवतारों के द्वारा गणराज्य की स्थापना की जाती है। या यूँ कहें गणतन्त्र या गणराज्य की स्थापना-स्वस्थता ही अवतार का मूल उद्देश्य अर्थात् लक्ष्य होता है शेष सभी साधन अर्थात् मार्ग।

अवतारों के प्रत्यक्ष और प्रेरक दो कार्य विधि हैं। प्रत्यक्ष अवतार वे होते हैं जो स्वयं अपनी शक्ति का प्रत्यक्ष प्रयोग कर समाज का सत्यीकरण करते हैं। यह कार्य विधि समाज में उस समय प्रयोग होता है जब अधर्म का नेतृत्व एक या कुछ मानवों पर केन्द्रित होता है। प्रेरक अवतार वे होते हैं जो स्वयं अपनी शक्ति का अप्रत्यक्ष प्रयोग कर समाज का सत्यीकरण जनता एवं नेतृत्वकर्ता के माध्यम से करते हैं। यह कार्य विधि समाज में उस समय प्रयोग होता है जब समाज में अधर्म का नेतृत्व अनेक मानवों और नेतृत्वकर्ताओं पर केन्द्रित होता है।

इन विधियों में से कुल मुख्य दस अवतारों में से प्रथम सात (मत्स्य, कूर्म, वाराह, नृसिंह, वामन, परशुराम, राम) अवतारों ने समाज का सत्यीकरण प्रत्यक्ष विधि के प्रयोग द्वारा किया था। आठवें अवतार (श्रीकृष्ण) ने दोनों विधियों प्रत्यक्ष ओर प्रेरक का प्रयोग किया था। नवें (भगवान बुद्ध) और अन्तिम दसवें अवतार की कार्य विधि प्रेरक ही है।

जल-प्लावन (जहाँ जल है वहाँ थल और जहाँ थल है वहाँ जल) के समय मछली से मार्ग दर्शन (मछली के गतीशीलता से सिद्धान्त प्राप्त कर) पाकर मानव की रक्षा करने वाला ईश्वर (सार्वभौम सत्य-सिद्धान्त) का पहला अंशावतार मत्स्यावतार के बाद मानव का पुनः विकास प्रारम्भ हुआ। दूसरे कूर्मावतार (कछुए के गुण का सिद्धान्त), तीसरे- वाराह अवतार (सुअर के गुण का सिद्धान्त), चौथे- नृसिंह (सिंह के गुण का सिद्धान्त), तथा पाँचवे वामन अवतार (ब्राह्मण के गुण का सिद्धान्त) तक एक ही साकार शासक और मार्गदर्शक राजा हुआ करते थे और जब-

जब वे राज्य समर्थक या उसे बढ़ावा देने वाले इत्यादि असुरी गुणों से युक्त हुए उन्हें दूसरे से पाँचवें अंशावतार ने साकार रुप में कालानुसार भिन्न-भिन्न मार्गों से गुणों का प्रयोग कर गणराज्य का अधिपत्य स्थापित किया।

ईश्वर (सार्वभौम सत्य-सिद्धान्त) के छठें अंश अवतार परशुराम के समय तक मानव जाति का विकास इतना हो गया था कि अलग-अलग राज्यों के अनेक साकार शासक और मार्गदर्शक राजा हो गये थे उनमें से जो भी राज्य समर्थक असुरी गुणों से युक्त थे उन सबको परशुराम ने साकार रुप में वध कर डाला। परन्तु बार-बार वध की समस्या का स्थाई हल निकालने के लिए उन्होंने राज्य और गणराज्य की मिश्रित व्यवस्था द्वारा एक व्यवस्था दी जो आगे चलकर "परशुराम परम्परा" कहलायी। व्यवस्था निम्न प्रकार थी-

1. प्रकृति में व्याप्त तीन गुण- सत्व, रज और तम के प्रधानता के अनुसार मनुष्य का चार वर्णों में निर्धारण। सत्व गुण प्रधान - ब्राह्मण, रज गुण प्रधान-क्षत्रिय, रज एवं तम गुण प्रधान-वैश्य, तम गुण प्रधान-शूद्र।
2. गणराज्य का शासक राजा होगा जो क्षत्रिय होगा जैसे-ब्रह्माण्डीय गणराज्य में प्रकृति जो रज गुण अर्थात् कर्म अर्थात् शक्ति प्रधान है।
3. गणराज्य में राज्य सभा होगी जिसके अनेक सदस्य होंगे जैसे-ब्रह्माण्डीय गणराज्य में प्रकृति के सत्व, रज एवं तम गुणों से युक्त विभिन्न वस्तु हैं।
4. राजा का निर्णय राज्यसभा का ही निर्णय है जैसे-ब्रह्माण्डीय गणराज्य में प्रकृति का निर्णय वहीं है जो सत्व, रज एवं तम गुणों का सम्मिलित निर्णय होता है।
5. राजा का चुनाव जनता करे क्योंकि वह अपने गणराज्य में सर्वव्यापी और जनता का सम्मिलित रुप है जैसे-ब्रह्माण्डीय गणराज्य में प्रकृति सर्वव्यापी है और वह सत्व, रज एवं तम गुणों का सम्मिलित रुप है।
6. राजा और उसकी सभा राज्यवादी न हो इसलिए उस पर नियन्त्रण के लिए सत्व गुण प्रधान ब्राह्मण का नियन्त्रण होगा जैसे- ब्रह्माण्डीय गणराज्य में प्रकृति पर नियन्त्रण के लिए सत्व गुण प्रधान आत्मा का नियन्त्रण होता है।

ईश्वर (सार्वभौम सत्य-सिद्धान्त) के सातवें अंश अवतार श्रीराम द्वारा इसी परशुराम परम्परा का ही प्रसार और स्थापना हुआ था।

ईश्वर (सार्वभौम सत्य-सिद्धान्त) के आठवें अवतार श्रीकृष्ण के समय तक स्थिति यह हो गयी थी राजा पर नियन्त्रण के लिए नियुक्त ब्राह्मण भी समाज और धर्म की व्याख्या करने में असमर्थ हो गये। क्योंकि अनेक धर्म साहित्यों, मत-मतान्तर, वर्ण, जातियों में समाज विभाजित होने से व्यक्ति संकीर्ण और दिग्भ्रमित हो गया था और राज्य समर्थकों की संख्या अधिक हो गयी थी परिणामस्वरुप मात्र एक ही रास्ता बचा था- नवमानव सृष्टि। इसके लिए उन्होंने सम्पूर्ण धर्म-साहित्यों और मत-मतान्तरों के एकीकरण के लिए आत्मा के सर्वव्यापी व्यक्तिगत प्रमाणित निराकार स्वरुप का उपदेश "गीता" व्यक्त किये और गणराज्य का उदाहरण द्वारिका नगर का निर्माण कर किये। उनकी गणराज्य व्यवस्था उनके जीवन काल में ही नष्ट हो गयी परन्तु "गीता" आज भी प्रेरक बनी हुई है।

ईश्वर (सार्वभौम सत्य-सिद्धान्त) के नवें अवतार भगवान बुद्ध के समय पुनः राज्य एकतन्त्रात्मक होकर हिंसात्मक हो गया परिणामस्वरुप बुद्ध ने अहिंसा के उपदेश के साथ व्यक्तियों को धर्म, बुद्धि और संघ के शरण में जाने की शिक्षा दी। संघ की शिक्षा गणराज्य की शिक्षा थी। धर्म की शिक्षा आत्मा की शिक्षा थी। बुद्धि की शिक्षा, प्रबन्ध और संचालन की शिक्षा थी जो प्रजा के माध्यम से प्रेरणा द्वारा गणराज्य के निर्माण की प्रेरणा थी।

ईश्वर (सार्वभौम सत्य-सिद्धान्त) के दसवें और अन्तिम अवतार के समय तक राज्य और समाज स्वतः ही प्राकृतिक बल के अधीन कर्म करते-करते सिद्धान्त प्राप्त करते हुए पूर्ण गणराज्य की ओर बढ़ रहा था परिणामस्वरुप गणराज्य का रुप होते हुए भी गणराज्य सिर्फ राज्य था और एकतन्त्रात्मक अर्थात् व्यक्ति समर्थक तथा समाज समर्थक दोनों की ओर विवशतावश बढ़ रहा था।

भारत में निम्लिखित रुप व्यक्त हो चुका था।

1. ग्राम, विकास खण्ड, नगर, जनपद, प्रदेश और देश स्तर पर गणराज्य और गणसंघ का रुप।
2. सिर्फ ग्राम व नगर स्तर पर राजा (ग्राम व नगर पंचायत अध्यक्ष) का चुनाव सीधे जनता द्वारा।

3. गणराज्य को संचालित करने के लिए संचालक का निराकार रुप- संविधान।
4. गणराज्य के तन्त्रों को संचालित करने के लिए तन्त्र और क्रियाकलाप का निराकार रुप-नियम और कानून।
5. राजा पर नियन्त्रण के लिए ब्राह्मण का साकार रुप- राष्ट्रपति, राज्यपाल, जिलाधिकारी इत्यादि।

विश्व स्तर पर निम्नलिखित रुप व्यक्त हो चुका था।

1. गणराज्यों के संघ के रुप में संयुक्त राष्ट्र संघ का रुप।
2. संघ के संचालन के लिए संचालक और संचालक का निराकार रुप- संविधान।
3. संघ के तन्त्रों को संचालित करने के लिए तन्त्र और क्रियाकलाप का निराकार रुप- नियम और कानून।
4. संघ पर नियन्त्रण के लिए ब्राह्मण का साकार रुप-पाँच वीटो पावर।
5. प्रस्ताव पर निर्णय के लिए सदस्यों की सभा।
6. नेतृत्व के लिए राजा- महासचिव।

जिस प्रकार आठवें अवतार द्वारा व्यक्त आत्मा के निराकार रुप "गीता" के प्रसार के कारण आत्मीय प्राकृतिक बल सक्रिय होकर गणराज्य के रुप को विवशतावश समाज की ओर बढ़ा रहा था उसी प्रकार अन्तिम अवतार द्वारा निम्नलिखित शेष समष्टि कार्य पूर्ण कर प्रस्तुत कर देने मात्र से ही विवशतावश उसके अधिपत्य की स्थापना हो जाना है।

1. गणराज्य या लोकतन्त्र के सत्य रुप- गणराज्य या लोकतन्त्र के स्वरुप का अन्तर्राष्ट्रीय/ विश्व मानक।
2. राजा और सभा सहित गणराज्य पर नियन्त्रण के लिए साकार ब्राह्मण का निराकार रुप- मन का अन्तर्राष्ट्रीय/ विश्व मानक।
3. गणराज्य के प्रबन्ध का सत्य रुप- प्रबन्ध का अन्तर्राष्ट्रीय/ विश्व मानक।
4. गणराज्य के संचालन के लिए संचालक का निराकार रुप- संविधान के स्वरुप का अन्तर्राष्ट्रीय/ विश्व मानक।
5. साकार ब्राह्मण निर्माण के लिए शिक्षा का स्वरुप- शिक्षा पाठ्यक्रम का अन्तर्राष्ट्रीय/ विश्व मानक।

जिस प्रकार केन्द्र में संविधान संसद है, प्रदेश में संविधान विधान सभा है उसी प्रकार ग्राम-नगर में भी संविधान होना चाहिए जिस प्रकार केन्द्र और प्रदेश के न्यायालय और पुलिस व्यवस्था है उसी प्रकार ग्राम-नगर के भी होने चाहिए कहने का अर्थ ये है कि जिस प्रकार की व्यवस्थायें केन्द्र और प्रदेश की अपनी हैं उसी प्रकार की व्यवस्था छोटे रुप में ग्राम-नगर की भी होनी चाहिए। संघ (राज्य) या महासंघ (केन्द्र) से सम्बन्ध सिर्फ उस गणराज्य से होता है, प्रत्येक नागरिक से नहीं संघ या महासंघ का कार्य मात्र अपने गणराज्यों में आपसी समन्वय व सन्तुलन करना होता है उस पर शासन करना नहीं तभी तो सच्चे अर्थों में गणराज्य व्यवस्था या स्वराज-सुराज व्यवस्था कहलायेगी। यहीं राष्ट्रपिता महात्मा गाँधी की प्रसिद्ध युक्ति "भारत ग्राम (नगर) गणराज्यों का संघ हो" का सत्य अर्थ है।

(च) विश्व एकीकरण आन्दोलन (सैद्धान्तिक)

विश्व एकीकरण (सैद्धान्तिक) का संचालक कोई भी इच्छुक नेता या छात्र नेता हो सकता है।

विश्व एकीकरण (सैद्धान्तिक) का अर्थ यह नहीं है कि सभी देशों का अस्तित्व समाप्त कर दिया जाये बल्कि विश्व शान्ति, एकता, स्थिरता व विकास के लिए सभी सम्प्रदायों का मूल विषय (साझा विषय) ज्ञान व कर्म अर्थात एकात्मकर्मवाद (न कि एकात्म संस्कृतिवाद) मन की गुणवत्ता का विश्व मानक की श्रृंखला WS-0 पर आधारित एकीकरण है।

वर्तमान समय में प्रत्येक व्यक्ति के क्रियाकलापों से विश्व व्यवस्था और उसके सन्तुलन पर प्रभाव पड़ने लगा है जो निरन्तर बढ़ता ही जा रहा है। यदि व्यक्ति के अन्दर यह चेतना नहीं आती तो संकुचित एवं विशेषीकृत होकर संयुक्त राष्ट्र संघ के शान्ति, स्थिरता, एकता एवं विकास के कार्यक्रमों को कभी भी प्रभावी नहीं होने देगा। ऐसी स्थिति में यह आवश्यक हो गया है कि मानव मन को विश्व मन से जोड़ने के लिए अन्तः विषयों विचार एवं साहित्य, विषय एवं विशेषज्ञ, ब्रह्माण्ड (अदृश्य एवं दृश्य) के प्रबन्ध और क्रियाकलाप, मानव (अदृश्य एवं दृश्य) के

प्रबन्ध और क्रियाकलाप तथा उपासना स्थल का अन्तर्राष्ट्रीय/विश्व मानकीकरण किया जाय। जिससे व्यक्ति का मन उस उच्च स्तर पर स्थापित हो जाय जहाँ से वह स्वयं के प्रत्येक क्रियाकलापों को विश्वस्तर पर पड़ने वाले प्रभाव से जोड़कर देखे और उसके अनुसार ही कर्म कर सकें। 21 वीं सदी के लिए यह आवश्यक भी है तथा प्रत्येक मानव का यह मानवाधिकार भी है कि उसे समाज, संगठन, सरकार एवं व्यक्ति द्वारा पूर्ण शिक्षा प्रणाली प्राप्त हो ताकि वह पूर्ण और व्यापक मानव के रुप में निर्मित हो। यह सदी जो मानव की सत्य चेतना आधारित सदी है उसमें विश्व के भविष्य के निति निर्माताओं को अपने आने वाली पीढ़ियों के लिए ऐसी व्यवस्था देना उनका कर्तव्य है जिस प्रकार से एक माता-पिता का अपने बच्चों के प्रति कर्तव्य होता है।

संयुक्त राष्ट्र संघ के एक अंग विश्व व्यापार संगठन (WTO) के अस्तित्व में आ जाने से यह आवश्यक हो गया था कि मानव द्वारा उत्पादित उत्पादनों का अन्तर्राष्ट्रीय मानकीकरण हो परिणामस्वरुप अन्तर्राष्ट्रीय मानकीकरण संगठन (ISO) ने गुणवत्ता का अन्तर्राष्ट्रीय मानक की श्रृंखला ISO-9000 की स्थापना की और उन उत्पादक उद्योगों को प्रदान करने लगा जो उसके अनुरुप हैं। इसी प्रकार देशों के बीच वैचारिक आदान-प्रदान से यह आवश्यक हो गया है कि मानव, समाज, संगठन और सरकार द्वारा उत्पादित मानव मन का अन्तर्राष्ट्रीय/विश्व मानकीकरण हो इस प्रकार यह आवश्यक हो गया है कि अन्तर्राष्ट्रीय मानकीकरण संगठन (ISO) मन की गुणवत्ता का अन्तर्राष्ट्रीय मानक की श्रृंखला WSO/ISO-0 की स्थापना करे तथा उस राज्य और देश को प्रदान करे जो इसके अनुरुप हों अर्थात् वहाँ के मानव मन को विश्व मन के रुप में उत्पादन प्रारम्भ किया जा चुका हो जिससे संयुक्त राष्ट्र संघ के उद्देश्यों के भविष्य के प्रति समर्थक मानव का निर्माण होना प्रारम्भ हो जाये।

यह एक ऐसा कार्य है जिसके प्रति आन्दोलन का कोई औचित्य नहीं है क्योंकि यह भारत की जिम्मेदारी और संयुक्त राष्ट्र संघ का उद्देश्य जिसे स्वेच्छा से स्थापित करना चाहिए। ऐसा न करना भारत तथा संयुक्त राष्ट्र संघ के प्रति अविश्वसनीयता सहित ऐसे गैर जिम्मेदार होने के अधिकारी भी होंगे जैसे कोई माता-पिता अपने सन्तान के भविष्य को ही नष्ट करना चाहता हो। फिर भी भारत तथा संयुक्त राष्ट्र संघ तक इस आवाज को पहुँचाने के लिए आन्दोलन आवश्यक है।

2. प्राकृतिक सत्य मिशन के विश्वव्यापी स्थापना का स्पष्ट मार्ग

मन (मानव संसाधन) के अन्तर्राष्ट्रीय/विश्व मानक श्रृंखला के विश्वव्यापी स्थापना के निम्नलिखित शासनिक प्रक्रिया द्वारा स्पष्ट मार्ग है।

1. **जनता द्वारा** - जनता व जन संगठन जनहित के लिए सर्वोच्च न्यायालय में यह याचिका दायर की जा सकती है कि सभी प्रकार के संगठन जैसे- राजनीतिक दल, औद्योगिक समूह, शिक्षण समूह जनता को यह बतायें कि वह किस प्रकार के मन का निर्माण कर रहा है तथा उसका मानक क्या है?
2. **भारत सरकार द्वारा** - भारत सरकार इस श्रृंखला को स्थापित करने के लिए संसद में प्रस्ताव प्रस्तुत कर अपने संस्थान भारतीय मानक ब्यूरो (BIS) के माध्यम से समकक्ष श्रृंखला स्थापित कर विश्वव्यापी स्थापना के लिए अन्तर्राष्ट्रीय मानकीकरण संगठन (ISO) के समक्ष प्रस्तुत कर सकता है। साथ ही संयुक्त राष्ट्र संघ (UNO) में भी प्रस्तुत कर संयुक्त राष्ट्र संघ के पुर्नगठन व पूर्ण लोकतंत्र की प्राप्ति के लिए मार्ग दिखा सकता है।
3. **राजनीतिक दल द्वारा** - भारत का कोई एक राष्ट्रीय राजनीतिक दल विश्व राजनीतिक पार्टी संघ (WPPO) का गठन कर प्रत्येक देश से एक राजनीतिक दल को संघ में साथ लेते हुए संयुक्त राष्ट्र संघ पर स्थापना के लिए दबाव बना सकता है।
4. **सयुंक्त राष्ट्र संघ (UNO) द्वारा** - संयुक्त राष्ट्र संघ सीधे इस मानक श्रृंखला को स्थापना के लिए अपने सदस्य देशो के महासभा के समक्ष प्रस्तुत कर अन्तर्राष्ट्रीय मानकीकरण संगठन व विश्व व्यापार संगठन के माध्यम से सभी देशों में स्थापित करने के लिए उसी प्रकार बाध्य कर सकता है, जिस प्रकार ISO-9000 व ISO-14000 श्रृंखला का विश्वव्यापी स्थापना हो रहा है।

5. **अन्तर्राष्ट्रीय मानकीकरण संगठन (ISO) द्वारा** - अन्तर्राष्ट्रीय मानकीकरण संगठन सीधे इस श्रृंखला को स्थापित कर सभी देशों के लिए संयुक्त राष्ट्र संघ व विश्व व्यापार संगठन के माध्यम से सभी देशों में स्थापित करने के लिए उसी प्रकार बाध्य कर सकता है, जिस प्रकार ISO-9000 या ISO-14000 श्रृंखला का विश्वव्यापी स्थापना हो रहा है।

3.राम कृष्ण मिशन और प्राकृतिक सत्य मिशन

यदि आप "श्री कृष्ण", "स्वामी विवेकानन्द", "महर्षि अरविन्द", "पं0 दीन दयाल उपाध्याय", "महात्मा गांधी", "ओशो", "कृष्णमूर्ति" इत्यादि महापुरुषों को पढ़ें तो पायेगें कि "एकीकृत सार्वभौम सत्य-सिद्धान्त" और उस पर आधारित "प्राकृतिक सत्य मिशन" कुछ और नहीं इन महापुरुषों के सपनों का ही कार्यरुप है। इस संसार के लिए पूर्ण कार्य का पहला भाग "राम कृष्ण मिशन" है तो दूसरा भाग "प्राकृतिक सत्य मिशन" के रुप में व्यक्त होता दिखाई पड़ता है। तुलनात्मक अध्ययन निम्नवत् है।

बिन्दु	राम कृष्ण मिशन	प्राकृतिक सत्य मिशन
1.संस्थापक	स्वामी विवेकानन्द (नरेन्द्र नाथ दत्त)	विश्वमानव (लव कुश सिंह)
2.गुरु	श्री राम कृष्ण परमहंस	श्री श्री 1008 सत्ययोगानन्द
3.उत्पत्ति वर्ष	1897	1997
4.प्रकृति	प्रत्यक्ष व्यष्टि, अप्रत्यक्ष समष्टि	प्रत्यक्ष व्यष्टि एवं समष्टि
5.कार्य क्षेत्र	समाज क्षेत्र	समाज एवं राज्य क्षेत्र
6.नाम का अर्थ	राम व कृष्ण के सयुक्त रुप श्री राम कृष्ण के नाम पर	राम और कृष्ण के धर्म निरपेक्ष व सर्वधर्मसमभाव रुप व चेतना के दो रुप प्राकृतिक व सत्य के नाम पर
7.कार्य	–अन्तिम सत्य विचार का आविष्कार –विश्व–बन्धुत्व के लिए विचार प्रसार –ईश्वर को विवाद मुक्त करने का विचार –शिव ज्ञान से जीव सेवा	–अन्तिम सत्य विचार की स्थापना –विश्व–बन्धुत्व के लिए एकीकृत सार्वभौम सत्य–सिद्धान्त का आविष्कार व स्थापना –ईश्वर के धर्म, धर्म निरपेक्ष व सर्वधर्म समभाव रुप का विवाद मुक्त प्रस्तुतीकरण –WCM-TLM-SHYAM.C तकनीकी द्वारा जीव को शिव रुप में निर्माण

विश्वधर्म मन्दिर

विश्वधर्म मन्दिर-धर्म के व्यावहारिक अनुभव का मन्दिर

धर्म के व्यावहारिक अनुभव का मन्दिर-विश्वधर्म मन्दिर, की स्थापना जीवनदायिनी सत्यकाशी क्षेत्र में उचित स्थान देखकर की जायेगी क्योंकि इसकी स्थापना के पीछे स्थान का कोई विशेष कारण और स्थान के लिए शास्त्रीय आधार नहीं है, इसके लिए पूरा सत्यकाशी क्षेत्र ही शास्त्रीय आधार के अन्तर्गत है।

यह एक विशाल कैम्पस होगा जिसमें एक प्रवेश द्वार (जन्म का प्रतीक) और एक ही निकास द्वार (मृत्यु का प्रतीक) होगा। प्रवेश द्वार से प्रवेश करते ही विश्व के प्रमुख धर्मों के अलग-अलग द्वार (जीवन संस्कृति का प्रतीक) होंगे। जिन्हें जिस धर्म का अनुभव प्राप्त करना हो वे उस द्वार से प्रवेश करेंगे और उस धर्म के अनुसार वस्त्र, पूजा पद्धति, धर्म शास्त्र, खान-पान इत्यादि का पूरा अनुभव पूरे दिन प्राप्त करेंगे और अन्त में निकास द्वार से अपने पुराने वस्त्र को धारण कर बाहर आयेंगे। इसका तात्पर्य यह है कि जन्म (प्रवेश द्वार) की एक ही विधि है और मृत्यु (निकास द्वार) की भी एक ही विधि है जो किसी धर्म से सम्बन्धित नहीं है। बीच का जीवन ही उस धर्म का अनुभव है। धर्म में प्रवेश के उपरान्त धर्म (जीवन संस्कृति) परिवर्तन का कोई मार्ग नहीं है। उसके लिए आपको निकास द्वार (मृत्यु) से बाहर आकर फिर जन्म (पुर्नजन्म) लेना पड़ेगा फिर किसी दूसरे धर्म का अनुभव आप प्राप्त कर सकते हैं। यह धर्म के व्यावहारिक अनुभव का मन्दिर-विश्वधर्म मन्दिर, पूर्णतः व्यापारिक ढंग से संचालित होगा।

भाग-3
समष्टि धर्म दृष्टि

अनिर्वचनीय कल्कि महाअवतार भोगेश्वर श्री लव कुश सिंह" विश्वमानव" का मानवों के नाम खुला चुनौती पत्र

अनिर्वचनीय कल्कि महाअवतार का काशी-सत्यकाशी क्षेत्र से विश्व शान्ति का अन्तिम सत्य-सन्देश

मानवों के नाम खुला चुनौति पत्र

प्रिय मानवों,

हम (अवतारी श्रृंखला) आप लोगों के प्रति कल्याण भावना रखते हुये उन सभी रहस्यों को खोलकर रख देना चाहते है जिससे आज तक हम आप का भोग करते आये है। पत्र के अन्त में यह भी बताऊँगा कि इन रहस्यों के खोलने के प्रति मेरा उद्देश्य क्या है? और यह भाव हमारे मन में क्यों आया? दिल खोलकर यह भी स्पष्ट करेंगे कि हम लोगों की उत्पत्ति कैसे हुई? और हमने अपने अधिपत्य के लिए क्या-क्या किया। अब स्थिति क्या है तथा भाविष्य में काल की गति किस ओर जा रही है?

इन सब बातों को स्पष्ट करने से पहले कुछ सूत्रों को स्पष्ट करना चाहूँगा। वर्तमान समय में यह देख रहा हूँ कि आरोप-प्रत्यारोप तथा अपने अपने सीमित मस्तिष्क से अनेकों प्रकार की व्याख्या की संस्कृति बढ़ती जा रही है। इस सम्बन्ध में यह कहना चाहूँगा कि सर्वप्रथम यह जानो कि अब तक के संसार में उत्पन्न कोई भी महापुरूष, पैगम्बर, दूत इत्यादि सार्वजनिक प्रमाणित रूप से पूर्ण रूप में नही थे। क्योंकि यदि वे पूर्ण होते तो उनके द्वारा व्यक्त विचारों की सत्ता उसी भाँति निर्विरोध रूप से स्थापित हो चुकी होती जिस प्रकार सार्वजनिक प्रमाणित विज्ञान ने अपनी सत्ता को अल्प समय में ही सभी के उपर स्थापित कर लिया है। दूसरी बात यह है कि सीमित मस्तिष्क से असीम मस्तिष्क (या अपने से अधिक मस्तिष्क) की सही व्याख्या कभी नहीं की जा सकती। यदि तुम श्री कृष्ण (या अपने से अधिक) की व्याख्या करना चाहते हो तो पहले श्री कृष्ण के मस्तिष्क (या अपने से अधिक मस्तिष्क) के बराबर होना पड़ेगा। इसी प्रकार बुद्ध, मुहम्मद, ईसा इत्यादि के सम्बन्ध में भी है। तीसरी बात यह है कि आरोप-प्रत्यारोप की संस्कृति से कोई हल नही निकलता, न ही बुद्धि का विकास होता है बल्कि साम्प्रदायिक विद्वेष व एक दूसरे का प्रचार-प्रसार ही होता है। क्योंकि तुम विरोध या आरोप-प्रत्यारोप ही सही परन्तु अपने विरोधी का नाम तो लेते ही हो। फलस्वरूप जिसके पास बुद्धि की प्रबलता होती है उसके लिए अल्प बुद्धि वाला विरोधी प्रचारक बन जाता है। और यह तो तुम जानते ही होगे कि हम बुद्धि प्रबल वर्ग है। इसलिए तुम लोग अनजाने ही हमारे प्रचारक बने बैठे हो। इसके लिए आवश्यक है कि तुम लोग ऐसे रास्ते को अपनाओं जिससे हम लोगों का नाम न ही आये और तुम लोग में बुद्धि का विकास तेजी से हो। तुम्हें यह बात सदा याद रखनी पड़ेगी कि बुद्धि के विकास से संगठित संगठन लम्बी अवधि तक स्थायित्व बनाये रहती है जबकि इसके विपरीत संगठित संगठन को कभी भी बुद्धि के प्रयोग द्वारा विखण्डित किया जा सकता है। प्रायः ऐसे संगठन का प्रयोग तुम्हारे अपने ही नेता अपने स्वार्थ को साधने में करते है।

हे मानवों, पहले कर्म या पहले ज्ञान बुद्धि? यह प्रश्न तो पहले अण्डा या पहले मुर्गी? जैसा प्रश्न है, और यह सदा से अनसुलझा ही है और रहेगा भी। परन्तु इतना तो जानना आवश्यक है कि हम कर्म करते-करते कुछ नियमों को प्राप्त करते है। यदि हम इन नियमों पर ध्यान देते रहते हैं तो हमें अपने गलतियों के पुनरावृत्ति को रोकने में सहयोग मिलता है। इन नियमों का जानना ही ज्ञान-बुद्धि कहलाता है। अब कोई व्यक्ति यह सोच सकता है कि कर्म करने से पहले हम इन नियमों का अध्ययन करेंगे तो कोई यह सोच सकता है कि ज्ञान-बुद्धि को पढ़ने से क्या होगा, हमें पहले कर्म करना है। इस स्थिति में इन दोनों में पहले नियमों को अध्ययन कर कर्म करने वाले व्यक्ति के जीवन में विकास की गति अधिक होगी जबकि पहले कर्म करने वाला व्यक्ति उन्हीं नियमों को कर्म करते-करते अनुभव करेगा जो पहले ही अनुभव कर व्यक्त की जा चुकी है। शिक्षा का अर्थ यही है कि पहले उन तमाम नियमों का अध्ययन कर लिया जाय फिर कर्मरत हुआ जाय। हम ऐसा ही करते रहे हैं और तुम को नचाते रहे हैं।

कम समय में अधिकतम ज्ञान-बुद्धि के विकास का मार्ग यह है कि जिस प्रकार विज्ञान के क्षेत्र में जिस वस्तु का आविष्कार पूर्ण हो जाता है। पुनः उसके आविष्कार पर समय व बुद्धि खर्च नहीं करते बल्कि उसके आगे की ओर आविष्कार या उस आविष्कार को समझने पर समय व बुद्धि खर्च किया जाता है। उसी प्रकार ज्ञान के क्षेत्र

में जो भी आविष्कार हो चुके हैं सीधे वहाँ से प्रारम्भ करना चाहिए। विज्ञान के क्षेत्र में आविष्कार कहाँ तक पहुँचा है इसकी चर्चा हम इस पत्र में बाद में करेंगे। परन्तु ज्ञान के क्षेत्र में समन्वायाचार्य श्रीकृष्ण के बाद विद्रोही के रूप में भगवान बुद्ध आये, इनके बाद पुनः समन्वयाचार्य श्री रामकृष्ण-स्वामी विवेकानन्द आये, फिर विद्रोही के रूप में आचार्य रजनीश "ओशो" आये। ओशो के बाद कार्य शेष है। इसलिए बुद्धि के सम्बन्ध में ओशो का क्या कहना है यह देखना आवश्यक है। ओशो का कहना है -" अगर तुम अकड़े रहे कि हम अपनी गरीबी खुद ही मिटा येंगे, तो तुम ही तो गरीबी बनाने वाले हो, तुम मिटाओगे कैसे? तुम्हारी बुद्धि इसके भीतर आधार है, तुम इसे मिटाओगे कैसे? तुम्हें अपने द्वार-दरवाजे खोलने होंगे। तुम्हें अपना मस्तिष्क थोड़ा विस्तीर्ण करना होगा। इस देश को कुछ बाते समझनी होंगी। एक तो इस देश को यह बात समझनी होंगी कि तुम्हारी परेशानियों, तुम्हारी गरीबी, तुम्हारी मुसीबतों, तुम्हारी दीनता के बहुत कुछ कारण तुम्हारे अंधविश्वासों में है। भारत अभी भी समसामयिक नहीं है, कम से कम डेढ़ हजार वर्ष पिछे घिसट रहा है। ये डेढ़ हजार साल पूरे होने जरूरी है। भारत को खींचकर आधुनिक बनाना जरूरी है। लेकिन सबसे बड़ी अड़चन इस देश की मान्यताएँ है। इसलिए मैं लड़ रहा हूँ तुम्हारे लिए।" यह डेढ़ हजार वर्षों का अन्तर हम किसके परिश्रम से उत्पन्न बुद्धि की देन है? विचार करो मानवों।

अब हम अपने मूल विषय की ओर आते हैं परन्तु इसे समझने के लिए अपने ही बुद्धि, ज्ञान, तथा विज्ञान का ही प्रयोग उचित होगा और सदैव ध्यान में रखना होगा कि यदि सिर्फ कृष्ण को लेकर समाज निर्माण चाहोगे तो न हो सकेगा। इसी प्रकार न ही सिर्फ बुद्ध से, न मुहम्मद से, न ही ईसा या अन्य किसी से। हाँ भीड़ इकट्ठा हो जायेगी परन्तु बुद्धि विकास नहीं।

प्रारम्भ से अब तक की कथा इस प्रकार है। मानव के वर्तमान सभ्यता तक की यात्रा में उत्थान-पतन के अनेकों चरण आये परन्तु इनमें मुख्य चरण ऐसे थे जो सम्पूर्ण मानव सभ्यता और मानवता को पतन के मोड़ पर ले जाने वाली थी। उनमें -

मानव सभ्यता पर पहला संकट काल प्रकृति द्वारा आज से कई हजार वर्ष पूर्व आया था। उस समय पृथ्वी एक भंयकर प्राकृतिक आपदा का शिकार हो गयी थी, फलस्वरूप जहाँ जल था वहाँ थल, तथा जहाँ थल था वहाँ जल की स्थिति अधिकतम स्थानों पर उत्पन्न हो गयी। इस आपदा के स्थिर होने के बाद कुछ लोग एक टापू पर जीवित बच गये। जहाँ मानव सभ्यता के विकास के लिए आवश्यक संसाधन नहीं थी फलस्वरूप उनका वहाँ से बड़े भूभाग पर जाना विवशता बन गयी। उनमें से एक बुद्धि प्रबल व्यक्ति ने मछलियों के स्वभाव जल की धारा के विपरीत दिशा में गति करने से ज्ञान (सिद्धान्त) प्राप्त कर नाव द्वारा मछलियों की दिशा की ओर चल पड़े और वे ऐसे स्थान पर पहुँच गये जो मानव सभ्यता के विकास के लिए पूर्ण योग्य थी। ये स्थान ही हिमालय का क्षेत्र था। इस प्रकार बुद्धि प्रबल उस व्यक्ति ने मानव सभ्यता को उसके संकट काल से बचाया।

मानव सभ्यता पर दूसरा संकट काल मानवों द्वारा ही उत्पन्न हो गया था। प्रथम संकट काल के उपरान्त कालान्तर में जल स्तर घटने लगा और हिमालय के चारो ओर की ओर भूमि रिक्त होती गयी। प्रथम दृष्टि में आयी भूमि ही कूर्मांचल क्षेत्र है। जैसे-जैसे भूमि रिक्त होती गयी मानव सभ्यता का विकास व प्रसार होना पुनः प्रारम्भ हो गया। जनसंख्या व कार्य बढ़ने से व्यवस्था संकट उत्पन्न हो गया जिससे दो व्यवस्था प्रणाली का जन्म हुआ। पहला - हम अपनी व्यवस्था खुद मिलकर-बैठकर आपसी सहमति से करेंगे। दूसरा- सभी व्यवस्थओं की जिम्मेदारी किसी एक व्यक्ति के उपर छोड़ दिया जाय। पहली व्यवस्था गणराज्य या समाजवाद कहलायी तथा दूसरी व्यवस्था राज्य या व्यक्तिवाद कहलायी। पहली व्यवस्था के समर्थक देवता कहलाये क्योंकि ये प्रकृति के समर्थक और उसके अनुसार सभी के सह-अस्तित्व को महत्ता देते थे जबकि दूसरी व्यवस्था के समर्थक असुर कहलाये क्योंकि ये सिर्फ अपनी इच्छा और अस्तित्व को महत्ता देते थे। समयोपरान्त दोनों व्यवस्थाओं में अपने-अपने अधिपत्य के लिए युद्ध होने लगा। फलस्वरूप मानवता व मानव सभ्यता का विकास रूक कर पतन की ओर जाने लगी। संकट के इस समय में एक सहनशील, शांत, धैर्यवान, लगनशील व्यक्ति ने दोनों पक्षो के बीच मध्यस्थ की भूमिका के द्वारा विचारों के मंथन अर्थात निर्णायक बहस से अनेक विचारों पर समन्वय स्थापित कर मानव

सभ्यता के विकास की ओर दोनों पक्षों का ध्यान केन्द्रित किया। फलस्वरूप मानव सभ्यता पुनः विकास की ओर बढ़ चली।

मानव सभ्यता पर तीसरा संकट काल राज्य का नेतृत्व करने वाले राजा के कारण ही उत्पन्न हो गया। दूसरे संकट के उपरान्त राज्य का नेतृत्व करने वाला राजा अपने साम्राज्य को विशाल रूप से विकसित किया और अपने प्रभाव को लगातार बढ़ाता जा रहा था ऐसी स्थिति में समाज समर्थक देवताओं का मनोबल समाप्त होने की ओर हो गया। इस स्थिति का अनुभव कर एक मेधावी, सूझ-बुझ, सम्पन्न, पुरूषार्थी, धीर-गम्भीर, निष्कामी, बलिष्ठ, सक्रिय, अहिंसक और समूह प्रेमी व्यक्ति ने लोगों का मनोबल बढ़ाया, उन्हें उत्साहित और सक्रिय किया जिसके परिणामस्वरूप समाज समर्थकों के मनोबल में वृद्धि हुई और उस राजा के राज्य को समाप्त कर गणराज्य व्यवस्था की स्थापना से मानवता आधारित मानव सभ्यता का विकास पुनः प्रारम्भ हो गया।

मानव सभ्यता पर चौथा संकट काल पुनः राज्य का नेतृत्व करने वाले राजा के कारण ही उत्पन्न हो गया। उसने पूर्व के सभी सह-अस्तित्व के विचारों को तोड़कर अपनी इच्छा से व्यवस्था चलाने को प्राथमिकता दी। और प्रजा के कष्टों में वृद्धि होने लगी। परिणामस्वरूप उस राजा का पुत्र प्रजाहित को ध्यान में लेते हुये समाज समर्थक बन गया। राजा अपने पुत्र को समाज समर्थक बनता देख अपने पुत्र को ही अनेक प्रकार के कष्ट देने लगा। वह राजा इतना बलशाली था कि उसको युद्ध से हराना नामुकिन था, उसके कार्यों से उसके सहयोगी दरबारी भी अन्दर ही अन्दर घृणा करते थे। परन्तु प्रत्यक्ष विरोध किसी के लिए सम्भव नहीं था। इन परिस्थितियों में सभी समाज समर्थक प्रजा देवता भी विरोधक क्षमता को खो चुके थे। ऐसी स्थिति में उस राजा का एक दरबारी ही प्रत्यक्ष रूप से एका-एक हिंसक बनकर दरबार में ही राजा का वध कर डाला चूँकि वह दरबारियों के मन की स्थिति को अच्छी प्रकार जानता था इसलिए ऐसा करने में उसे कोई बाधा नहीं थी। वहीं वह राजा अपने प्रभुत्व के कारण सभी दरबारियों को अपने हित में ही समर्पित रहने वाला समझकर भ्रम में था। राजा का वध के उपरान्त राजा के समाज समर्थक पुत्र ने गणराज्य व्यवस्था द्वारा मानव सभ्यता के विकास के लिए आगे कर्म किया। जिसका निर्माता वह हिंसक दरबारी व्यक्ति था।

मानव सभ्यता पर पाँचवा संकट काल पुनः राज्य का नेतृत्व करने वाले राजा के ही कारण उत्पन्न हो गया था। यह राजा इतना अधिक कुशल था कि इसने समाज समर्थक गुणों को भी आत्मसात् कर समाज समर्थक देवताओं का भी विश्वास पात्र बन गया। परिणामस्वरूप समाज समर्थक देवता भी राजा का गुणगान करते हुये आश्वस्त व निष्क्रिय होने लगे। इस राजा ने अपने राज्य का प्रसार व्यापक रूप से किया। इस स्थिति में मानव सभ्यता का वर्तमान तो सुरक्षित था परन्तु भविष्य अन्धकार में था क्योंकि वर्तमान राजा के उपरान्त, आवश्यक नहीं था कि नया राजा भी उसी राजा की भाँति हो और तब तक समाज समर्थक पूर्ण रूप से निष्क्रिय हो गये र हेंगे। इस स्थिति को एक दूर दृष्टा व्यक्ति ने समझकर राजा के ही गुण का प्रयोग करते हुये उससे थोड़ी सी भूमि लेकर उस व्यक्ति ने उस भूमि पर गणराज्य व्यवस्था की स्थापना व व्यवस्था को जीवित कर, उसके सुख से प्रजा को परिचित कराया। फलस्वरूप इस व्यवस्था का प्रसार होने लगा और राजा का सु-राज्य भी स्व-राज से समाप्त हो गया। गणराज्य की स्थापना कर उस व्यक्ति ने मानवता और मानव सभ्यता को विकास की ओर गति दी।

मानव सभ्यता पर छठा संकट काल अनेक राज्यों के नेतृत्व करने वाले अनेक राजाओं के कारण गणराज्य व्यवस्था के स्थायी स्थिरता के लिए उत्पन्न हो गया। पाँचवे संकट से निकलने के बाद जनसंख्या और भूमि का विस्तार इतना अधिक हो चुका था कि एक राजा और राज्य के अधीन नियत्रंण असम्भव हो गया, जिसके परिणामस्वरूप अनेक राजाओं के नेतृत्व में अलग-अलग अनेक राज्य स्थापित हो गये थे। ऐसी स्थिति में राज्यवाद बढ़ रहा था। और राज्यवादी राजाओं का वध भी असम्भव होता जा रहा था। ऐसी स्थिति में गणराज्य या समाजवाद की स्थिरता पर प्रश्न चिन्ह लगने लगा था। फलस्वरूप एक व्यक्ति ने अनेक राज्यवादी राजाओं का वध करके अनेक राज्यों को गणराज्य के रूप में परिवर्तित कर दिया। परन्तु उस व्यक्ति ने देखा कि यह समस्या का स्थायी हल नहीं हो सकता क्योंकि अनेकों राजाओं का वध बारबार सम्भव नहीं और ऐसा करने से प्रजा में अन्यवाद अर्थात हमारे कार्य दूसरे करें का भाव बढ़ रहा था। इन स्थितियों के स्थायी हल के लिए उस व्यक्ति ने राज्यवाद और समाजवाद

दोनों में समन्वय स्थापित कर एक नई व्यवस्था का सूत्रपत किया। इस व्यवस्था के लिए उस पुरूष ने ब्रह्माण्ड में व्याप्त व्यवस्था सिद्धान्तों को आधार बनाया तथा मूल तीन गुणों की पहचान की

1. सत्व गुण- सुख, ज्ञान और प्रकाश अर्थात आत्मा और सूक्ष्म बुद्धि अर्थात मार्गदर्शक और विकास दर्शन का गुण
2. रज गुण- आंकाक्षा, इच्छा और सकाम कर्म अर्थात भाव हृदय और मन अर्थात क्रियान्वयन दर्शन का गुण
3. तम गुण - अज्ञान, दुःख और अंधकार अर्थात इन्द्रिय, अनात्म, प्राण और स्थूल शरीर अर्थात विनाश दर्शन का गुण।

इन गुणों के आधार पर सभी जीव विभजित किये गये। मानव जाति में चार विभाजन हुये।

1. सत्व गुण प्रधान- ब्राह्मण वर्ग
2. रज गुण प्रधान - क्षत्रिय वर्ग
3. रज तम गुण प्रधान - वैश्य वर्ग
4. तम गुण प्रधान - शूद्र वर्ग।

इन गुणों के आधार पर उनके लिए कर्म निर्धारित किये गये। और गणराज्य की व्यवस्था बनायी गयी जो इस प्रकार थी।

1. गणराज्य का एक रज गुण प्रधान - क्षत्रिय राजा होगा क्योंकि ब्रह्माण्डीय गणराज्य में रज गुण प्रधान प्रकृति ही राजा है।
2. राजा, राज्यवादी न हो इसलिए उस पर सत्व गुण प्रधान -ब्राह्मण का नियंत्रण होगा क्योंकि ब्रह्माण्डीय गणराज्य में रज गुण प्रधान प्रकृति पर नियंत्रण के लिए सत्व गुण प्रधान आत्मा है।
3. राजा, सीधे आम जनता से चुना जायेगा क्योंकि ब्रह्माण्डीय गणराज्य में प्रकृति सर्वव्यापी है और वह सभी गुणों का सम्मिलित रूप है।
4. राजा का निर्णय राज्यसभा के दो तिहाई बहुमत से हो क्योंकि ब्रह्माण्डीय गणराज्य में प्रकृति का निर्णय सत्व, रज व तम तीन गुणों में से दो गुणों के समर्थन का ही रूप होता है।
5. रज-तम प्रधान-वैश्य तथा तम प्रधान शूद्र चूंकि इन्द्रिय, प्राण और स्थूल शरीर पर ही केन्द्रित रहते है इसलिए इन्हें बुद्धि ज्ञान से नियत्रिंत न करके बल, कानून व आज्ञा के नियत्रंण में रखा जाय।

इस प्रकार उस महापुरूष ने राज्य व गणराज्य के मिश्रित व्यवस्था से एक सर्वमान्य व्यवस्था को स्थापित कर मानवता व मानव सभ्यता के विकास के लिए स्थायी मार्ग उपलब्ध कराया जो दीर्घ काल तक चली।

मानव सभ्यता पर सातवां संकट काल गणराज्य के नयी व्यवस्था के स्थायी स्थिरता के कारण आया। छठें संकट से उत्थान की ओर अग्रसर करने वाले पुरूष के समक्ष यह समस्या आयी कि नयी व्यवस्था को बने रहने और उसके प्रसार का दायित्व किसे सौंपा जाय। इसके लिए उस पुरूष ने अन्य सहयोगियों के सहयोग और योजनाबद्ध तरीके से एक राजा के पुत्र (भावी राजा) में नई व्यवस्था के प्रसार के लिए योग्यता का निर्माण किये परिणामस्वरूप उस युवराज ने अपने जीवन पर्यन्त इस व्यवस्था की स्थापना और प्रसार किया तथा मानवता और मानव सभ्यता की रक्षा की।

मानव सभ्यता पर आठवां संकट काल गणराज्य व्यवस्था के कारण नहीं बल्कि उस व्यवस्था के पीठासीन व्यक्तियों के कर्तव्य विमुख और देवता तथा असुर संस्कारों के पूर्ण पहचान से बुद्धि के अक्षम हो जाने के कारण आया। इस संकट काल के समय राजा को नियंत्रण व मार्गदर्शन में रखने वाला ब्राह्मण भी जनकल्याण से विमुख हो स्व-कल्याण में लिप्त हो चुका था। यह स्थिति छोटे राज्यों से लेकर बड़े राज्यों में व्याप्त हो चुकी थी। ऐसी स्थिति में एक व्यक्ति ने यह देखा कि पीछे, जब भी मानवता पर संकट आया, तब उस संकट से किसी व्यक्ति के द्वारा उत्थान हो जाने पर जब तक उत्थान करने वाला व्यक्ति जीवित रहता था तभी तक गणराज्य व्यवस्था यथावत् रहती थी। बाद में पुनः राज्यवादी व्यवस्था स्थापित हो जाती थी। दूसरे यह कि व्यवस्था कोई भी खराब नहीं होती उस पर बैठने वाले लोगों की बुद्धि के अनुसार ही व्यवस्था का रूप संचालित होता है मानवता और मानव सभ्यता के इस संकट काल में सभी अपने अपने बुद्धि को पूर्ण तथा व्यक्तिगत स्वार्थ में इस प्रकार डूबे हुये थे कि बिना पूर्ण

वध के उत्थान मुश्किल हो चुका था। परिणामस्वरूप उस अति बुद्धि सम्पन्न व्यक्ति ने आम जनता को सक्रिय करने के लिए प्रेरित किया, गणराज्य के उदाहरण स्वरूप एक नगर का निर्माण कराया तथा पूर्ण वध के लिए उस समय के विशाल राज्य के नेतृत्व में उपजे विवाद का सहारा प्राप्त कर बहुत से एकतन्त्रात्मक राज्यों को नष्ट किया और करवाया। साथ ही उस समय में समाज में व्याप्त अनेक मत-मतान्तार व विचारों के एकीकरण के लिए सत्य-विचार का ज्ञान भी दिया जिससे व्यक्ति, व्यक्ति पर विश्वास न कर अपने बुद्धि से स्वयं निर्णय करें और प्रेरणा प्राप्त करता रहे। इस प्रकार साकार व्यक्ति आधारित मानवता के सर्वोच्च संकट से उस व्यक्ति ने नई निराकार सिद्धान्त आधारित मानवता के उत्थान का मार्ग उपलब्ध कराया।

मानव समाज पर नौवां संकट काल वर्तमान से लगभग 2500 वर्ष पूर्व आया था जिसका कारण राजाओं का साम्राज्यवादी-प्रसारवादी व्यवहार था। इस समय मानव समाज जितना विकास करता वह अल्पसमय में एक राज्य से दूसरे राज्य में युद्ध करने में ही नष्ट हो जाता। सम्पूर्ण मानवता हिंसा से भर उठी थी। ऐसे में राजपरिवार का ही एक युवा व्यक्ति अपने परिवार तथा राज्य का त्याग कर अहिंसा का सन्देश दिया। तथा प्रजा को प्रेरित करने के लिए धर्म, संघ और बुद्धि के शरण में जाने की मूल शिक्षा दी। एक राजा के द्वारा इस युवा सन्यासी के सन्देश को स्वीकार कर शिष्य बन जाने से इस सन्यासी का प्रसार जितना हुआ उससे बहुत कम उसके विचारों का हुआ परिणामस्वरूप अल्पअवधि के लिए हिंसा भरे मानव समाज को थोड़ी राहत मिली और सभ्यता उत्थान की ओर अग्रसर हुई।

हे मानवों, मानव सभ्यता और मानवता के दसवें, अन्तिम तथा वर्तमान संकट का खुलासा हम इस पत्र में आगे करेंगे। यहाँ हम कुछ ऐसे रहस्यों का खुलासा करने जा रहे है। जो वर्तमान मानव के दृष्टि में परिवर्तन हाने मात्र के कारण उत्पन्न हुई है।

पाँचवें सकंट के समय तक भारत के मूल निवासी ही भारत की भूमि के अधिपति थे, परन्तु वे राज्य को कुशलता पूर्वक चलाने में असमर्थ होते जा रहे थे। इसी समय में हिमालय के उत्तर-पश्चिम क्षेत्र से भारत के बाहर के मनुष्यों का भारत में आगमन हुआ। इस समय भारत के मूल निवासी प्रकृति पूजक बहुदेववाद को मानती थी। भारत के बाहर से आये मनुष्यों ने भारत के मूल निवासियों के लिए राज्य प्रशासन में अपने ज्ञान-बुद्धि का प्रयोग कर एक अच्छे मार्गदर्शक का कार्य करते थे। प्रकृति के गुणों के आधार पर जब मनुष्यों का विभाजन हुआ तब भारत के मूल निवासी शूद्र वर्ग की योग्यता रखते थे। परन्तु ऐसा नही था कि भारत के बाहर से आये मनुष्य ब्राह्मण, क्षत्रिय, तथा वैश्य वर्ग में अर्थात भारत के बाहर सभी उच्च वर्ग में तथा भारत के मूल निवासी सभी निम्न वर्ग में थे। परन्तु उनमें इसकी अधिकता थी। कालान्तर में ये वर्ग जन्म आधारित हो अनेक उपवर्गों -जातियों में विभाजित हो गयी। जिसका रूप वर्तमान में दिख रहा है। परन्तु आज भी यदि जन्म आधारित दृष्टि से हटकर गुण आधारित दृष्टि से देखोगे तो प्रत्येक वर्ग या जाति में प्रत्येक वर्ग के व्यक्ति दिखाई पड़ेंगे। भारत के बाहर के ये व्यक्ति ही आर्य कहलाये तथा कालान्तर में मानव सभ्यता में अनेक उत्थान-पतन से ये आर्य जाति और मूल भारतीय जाति इतने अधिक मिश्रित हुये कि वर्तमान में समग्र हिन्दू जाति ही आर्यों की मूल पहचान बन गयी। और अब सभी के लिए शस्त्र बल बढ़ाकर क्षत्रिय बनना, ज्ञान बल बढ़ाकर ब्राह्मण बनना तथा धन बल बढ़ाकर वैश्य बनाना खुला हुआ है, परन्तु जातियाँ इसके लिए प्रयत्न तो करे।

प्रकृति के तीन गुणों में से सर्वोच्च, शुद्ध और सर्वव्यापी गुण सत्व आधारित मानव वर्ग ही हम हैं। जन्म के समय हम आदर्श ब्राह्मण थे। हमारा कार्य ब्रह्माण्ड में सर्वव्यापी अटलनीय, अपरिवर्तनीय सत्य-सिद्धान्त और उसके अनुसार कर्म विधान की अनुभूति करना तथा राजा और राज्य के माध्यम से उसे प्रभावी बनाना था। बदले में राजा द्वारा हमें साधन-सुविधा प्राप्त होती थी। यही हमारा सम्पूर्ण जीवन था। इस क्रम में हम लोगों न सर्वव्यापी सत्य-सिद्धान्तों को संहिता रूप में लिखा जो बाद में विषयों आधारित विभक्त होकर चार वेद ऋगु, यजु, साम और अथर्वेद का रूप धारण किया। इसी प्रकार धर्म अनुष्ठान एवं पवित्र ग्रन्थो की व्याख्या से सम्बन्धित ग्रन्थ अरण्यक का सृजन हम लोगों ने किया। कालान्तर में जब राजाओं द्वारा यज्ञों से यथेष्ठ फल न प्राप्त होने की बुद्धि आयी तब क्षत्रिय राजाओं न स्वयं अपने कर्मों के अनुभव से दर्शन क्षेत्र में अपने बुद्धि को दिशा दी, जिसके फलस्वरूप अधिकतम

उपनिषद् उन्होंने स्वयं लिखे जो बाद में भारतीय दर्शन का मुख्य आधार बनी। इस क्रम में हमलोगों ने वेदांग अर्थात सूत्र साहित्य में 1. स्वर विज्ञान से सम्बन्धित शिक्षा 2. धर्मानुसार अर्थात कल्प में चार वर्ग - श्रोत सूत्र (श्रोत यज्ञ से सम्बन्धित), शुल्क सूत्र (यज्ञ स्थल तथा अग्निवेदी निर्माण तथा माप से सम्बन्धित जो आगे चलकर ज्योतिष का आधार बना) गृहय सूत्र (मानव जीवन से सम्बन्धित अनुष्ठान) तथा धर्म सूत्र (धार्मिक तथा अन्य प्रकार के नियम जो आगे चलकर भारतीय विधि का आधार बना) 3. व्याकरण 4. निरूक्त अर्थात व्युत्पत्ति 5. छन्द 6. ज्योतिष की भी रचना की। मनुष्य को पुरूषार्थ करने के लिए- धर्म, अर्थ, काम, मोक्ष तथा आदर्श जीवन के लिए ब्रह्मचर्य, गृहस्थ, वानप्रस्थ तथा सन्यास आश्रम की व्यवस्था हम प्राचीन आदर्श ब्राह्मणों की ही देन है।

हे प्रिय मानवों हम प्राचीन आदर्श ब्राह्मण प्रत्येक विषय को चक्रीय रूप में देखते हैं और यह ज्ञान हमने भारत के मूल निवासी ऋषियों से ही प्राप्त किये जिसके आधार पर समस्त वैदिक साहित्य का विस्तार हुआ है। हम प्रचीन ब्राह्मण ईश्वरवादी है और ईश्वर को स्वीकारते थे परन्तु उस रूप में नहीं जिस रूप में वर्तमान समाज मानता है, वर्तमान समाज का ईश्वर, मूर्ति, जप, तप, व्रत, पर्व, त्यौहार इत्यादि तो हमारी अगली पीढ़ी ने अपने जीवकोपार्जन और ईश्वर की ओर आपको लाने के लिए तब बनायी, जब हमारे कर्मकण्डों को राजाओं और राज्यों का समर्थन मिलना बन्द हो गया। हम ईश्वर को निराकार सर्वव्यापी, सर्वशक्तिमान सत्य-सिद्धान्त के रूप में देखते हैं। तथा जो इसे अपने जीवन में धारण कर प्रत्यक्ष या अप्रत्यक्ष रूप से मानव सभ्यता और मानव उत्थान के लिए अगले चरण के रूप में कालानुसार प्रयोग करता हैं उसे साकार ईश्वर या अवतार कहे। इस प्रकार मानव सभ्यता और मानवता पर आये उपरोक्त वर्णित नौ सकंटों से उत्थान की ओर ले जाने वाले व्यक्तियों को हमने क्रमशः उनके गुणों के आधार पर तथा नाम से मत्स्य, कूर्म, वाराह, नृसिंह, वामन, परशुराम तथा राम को प्रत्यक्ष अंशावतार, श्री कृष्ण को व्याक्तिगत प्रमाणित प्रत्यक्ष एवं प्रेरक पूर्णावतार तथा भगवान बुद्ध को प्रेरक अंशावतार कहा और स्वीकार किया है। और जो भी ऐसा करेगा वह अवतार कहा ही जायेगा। सत्य कहूँ तो हम आदर्श ब्राह्मणों का वही प्रतिरूप होता है। और मात्र अवतार ही हमलोगों के समर्पण का कारण होता है। वही मात्र एक सर्वोच्च आदर्श ब्राह्मण होता है क्योंकि वही ब्रह्म है। यहाँ तक आने के लिए तुम्हें स्थूल शरीर, इन्द्रिय, प्राण, भाव, मन तथा सूक्ष्म बुद्धि को पार करना होगा। अर्थात तुम्हारा मन इन सब विषयों में होते हुये भी इनसे मुक्त होना चाहिए। तभी तुम इन सबका संचालन कर सकते हो। अभी तो तुम इस क्रम में धीरे-धीरे बढ़ते हुए बुद्धि तक पहुँच रहे हो। मैं नहीं कह रहा कि तुम बुद्धिहीन हो, तुम्हारा कर्म कह रहा है। क्योंकि बुद्धि का अर्थ यह नहीं होता कि तुम स्थूल शरीर, इन्द्रिय, प्राण, भाव, मन की पूर्ति के लिए अपनी बुद्धि लगाओ। ऐसी बुद्धि क्षैतिज अर्थात जीवन स्तर की बुद्धि कही जाती है। तुम्हें उध्व अर्थात सामाजिक, राजनीतिक, राष्ट्रीय, वैश्विक स्तर की ओर बुद्धि खर्च करनी चाहिए। तभी तुम्हारा उत्थान हो सकता है। जब तुम सर्वोच्च और आत्मीय स्तर पर पहुँच जाओगे तो तुम ब्राह्मण, क्षत्रिय, वैश्य व शूद्र में आवश्यकतानुसार व समयानुसार परिवर्तित हो अभिनय करने में हमलोगों की भाँति कुशल हो जाओगे। क्योंकि यह एक पर एक आवरण की भाँति गुणों का संक्रमणीय, संग्रहणीय और गुणात्मक रूप है। अर्थात शूद्र होने पर वैश्य के गुणों को नहीं समझा जा सकता। परन्तु वैश्य होने पर शूद्र के गुण को आसानी से समझा जा सकता है। इसी प्रकार क्षत्रिय होने पर वैश्य व शूद्र के गुणों को, ब्राह्मण होने पर क्षत्रिय, वैश्य व शूद्र के गुणों को तथा आदर्श ब्राह्मण अर्थात ब्रह्म होने पर ब्राह्मण, क्षत्रिय, वैश्य व शूद्र के गुणों को आसानी से समझा जा सकता है। आदर्श ब्राह्मण अर्थात ब्रह्म का अंश तो सभी में विद्यमान है परन्तु वह गुणों के आवरण से छिपा है। इन गुणों पर एक-एक कर नियंत्रण करते हुये आवरण हटाते जाओ अन्ततः तुम स्वयं को ब्रह्म रूप में देखोगे। तुम कहोगे इससे क्या होगा? तो हम यह स्पष्ट और सत्य रूप से कहते हैं कि तुम हम लोगों जैसे हो जाओगे और तुम्हारी बुद्धि क्षैतिज सहित उध्व हो जायेगी। तब तुम अपने वास्तविक अधिकार को प्राप्त कर पाओगे।

हे मानवों इस संसार में मानव शरीर से व्यक्त होने वाले व्यवहारों में असीम विभिन्नता और विचित्रता है। हमलोगों का प्रयत्न सत्य तथा लोककल्याण के स्थायी भाव को बनाये रखने के लिए विभिन्न रूपों से इस ओर मोड़ना तथा जोड़ना ही रहा है। इन मानव व्यवहारों के विचित्रताओं और विभिन्नताओं में कुछ तो ऐसे होते हैं जो अपनी ही इच्छा पर आजीवन संकल्पित रहते हैं। ये ऐसे होते हैं कि 'हम नहीं बदलेगे चाहे जमाना क्यों न बदल जाये' कुछ ऐसे

होते हैं जो अपनी इच्छा की पूर्ति के लिए अनेकों प्रकार के अनैतिक कार्य करने से भी नहीं चूकते, चाहे उसका परिणाम अन्ततः दुःखदायी ही क्यों न हो। कुछ ऐसे होते हैं जो व्यक्तिगत स्तर पर आर्दश व्यक्ति के रूप में तो कुछ समाजिक स्तर पर तो कुछ वैश्विक स्तर पर आर्दश के रूप में स्वयं को प्रस्तुत करते हैं। मनुष्य के इन विभिन्न व्यवहारों की क्रिया के रूप में समझने के लिए ही हमलोगों ने पुराणों की रचना की। जिससे मनुष्य अनेक प्रकार के व्यवहारों सहित समग्र ब्रह्माण्ड को एक साथ समझ सके और अपने व्यवहार को नियंत्रित कर सके। साथ ही स्वयं अपने व्यवहारों को समझे और उसके अनुसार व्यक्त हो सके। हे मानवों जगत् का सम्पूर्ण कल्याण स्वकल्याण में ही निहित है परन्तु जो स्व का अर्थ सिर्फ व्यक्तिगत समझते हैं वे ही व्यक्तिवादी असुरी प्रकृति के होते हैं तथा जो स्व का अर्थ सार्वभौम, जिसमें वह स्वयं भी होता है, ऐसा समझते हैं वे दैवी समाजवादी प्रकृति के होते हैं। असुरी प्रवृत्तियाँ सिर्फ सीधी रेखा में सोचती ही जैसे - जन्म फिर मृत्यु जबकि दैवी प्रवृत्तियाँ चक्रीय रूप में अर्थात जन्म फिर मृत्यु फिर जन्म इस प्रकार सोचती हैं। समस्त पुराणों की रचना दैवी प्रवृति की ही कृतियाँ हैं। जिसमें असुरों के आदर्श गुरू को शुक्राचार्य कहा गया है। जबकि देवताओं के आदर्श गुरू को गुरू बृहस्पति कहा गया। राजाओं के आदर्श राजा को इन्द्र कहा गया है। अन्य सभी ब्रह्माण्ड में उपलब्ध प्रभावकारी विषयों को देवताओं के रूप में कल्पना कर प्रक्षेपित किया गया है। जैसे - वायु देव, अग्नि देव, चन्द्र देव इत्यादि। इसी प्रकार आदर्श व्यक्ति चरित्र को ब्रहमा एवं परिवार तथा आदर्श सामाजिक व्यक्ति चरित्र अर्थात व्यक्तिगत प्रमाणित आदर्श वैश्विक व्यक्ति चरित्र को विष्णु एवं परिवार तथा आदर्श वैश्विक व्यक्ति अर्थात सार्वजनिक प्रमाणित आदर्श वैश्विक व्यक्ति चरित्र को शिव-शंकर एवं परिवार के रूप में प्रक्षेपित है। यहाँ ध्यान देने योग्य यह है कि आदर्श वैश्विक व्यक्ति चरित्र में आदर्श सामाजिक व्यक्ति चरित्र तथा आदर्श समाजिक व्यक्ति चरित्र में आदर्श व्यक्ति चरित्र समाहित है। इन आदर्श चरित्रों की इनकी गुणों के अनुसार इनके वस्त्र, शस्त्र, शास्त्र, वाहन इत्यादि भी प्रक्षेपित किये गये हैं। जो मात्र व्यक्तिगत प्रमाणित प्रतिकात्मक मानव रूप में प्रक्षेपण मात्र है न कि वास्तविकता के आधार रूप में। इन मानक आदर्श चरित्रों के पूर्ण या अंश रूप में जो भी मानव संसार में व्यक्त होता है उसे पुनर्जन्म या अंश या पूर्ण अवतार के रूप में स्वीकार किया जाता है। और चूंकि दैवी प्रवृत्तियाँ प्रत्येक वस्तु के पूर्व के भी एक अस्तित्व को स्वीकार करती हैं। इसलिए इन पुनर्जन्म या अंश या पूर्ण अवतारों को आदर्श मानक चरित्रों से जोड़कर अवतारी पुराण की रचना की जाती रही है। इस अनुसार उपरोक्त नौ अंश-पूर्ण अवतारों में दो - श्रीराम को ब्रह्मा का पूर्णावतार तथा श्री कृष्ण को विष्णु का पूर्णावतार कहा गया जबकि शेष सात (मत्स्य, कूर्म, वाराह, नृसिंह, वामन, परशुराम तथा बुद्ध), ईश्वर (सत्य-सिद्धान्त) के अंशावतार के रूप में स्वीकार किये गये हैं।

हे मानवों शास्त्र रचनाकार को व्यास उपाधि से पुकारा जाता है। व्यास कितने दिव्य और दूर द्रष्टा रहे होंगे, इस पर विचार करना आवश्यक है क्योंकि अन्ततः हम सभी के विचारों का निर्माण विचारों को ही पढ़कर या सुनकर ही होता रहा है और अनुभव द्वारा उसकी पुष्टि की जाती रही है। व्यास रचित पुराणों में कुल 24 (1. श्री सनकादि, 2. वराहावतार, 3. नारद मुनि, 4. नर-नारायण, 5. कपिल, 6. दत्तात्रेय, 7. यज्ञ, 8. ऋषभदेव, 9. पृथु, 10. मत्स्यावतार, 11. कूर्म, 12. धन्वन्तरि, 13. मोहिनी, 14. हयग्रीव, 15. नृसिंह, 16. वामन, 17. गजेन्द्रोधारावतार, 18. परशुराम , 19. वेदव्यास, 20. हन्सावतार, 21. राम, 22. कृष्ण, 23. बुद्ध, 24. कल्कि) अवतार जिसमें मुख्य 10 (मत्स्य, कूर्म, वाराह, नृसिंह, वामन, परशुराम, राम, कृष्ण, बुद्ध और कल्कि) अवतार का ही विवरण है। दोनों में अन्तिम, कल्कि अवतार ही हैं। तो क्या अन्तिम अवतार के बाद अवतारी श्रृंखला का कार्य समाप्त हो जायेगा? और यदि यह सत्य होता है तब व्यास के उस अवतारी श्रृंखला के गणित को आप लोग क्या कहोगे? इसे जानने के लिए मानव सभ्यता के उस अन्तिम संकट को पहचानना होगा जो अन्तिम अवतार का कार्य होगा। यह अन्तिम अवतार ही सार्वजनिक प्रमाणित आदर्श वैश्विक व्यक्ति चरित्र और शिव-शंकर के पूर्णावतार के रूप में होगा। क्योंकि कालक्रम में ब्रह्मा के पूर्णावतार के रूप में श्रीराम तथा विष्णु का पूर्णावतार के रूप में श्रीकृष्ण का अवतरण हो चुका है।

मानव सभ्यता पर दसवाँ और अन्तिमं संकट काल स्वयं मानवों द्वारा ही उत्पन्न हो गया था जिसका ज्ञान स्वयं मानवों को भी नहीं था। इस संकट को समझने के लिए एक सत्य-प्रत्यक्ष वृतान्त उदाहरणस्वरूप लिख रहा हूँ-

मैं जब भी हाबड़ा (पश्चिम बंगाल) जाता हूँ तब दो स्थानों पर अवश्य जाता हूँ। पहला राम कृष्ण मिशन, बेलूड़ मठ और दूसरा वनस्पति उद्यान (बोटेनिकल गार्डन)। यहाँ कुल अब तक तीन बार, सन् 1984 (कालेज शैक्षणिक यात्रा), सन् 1987 (स्वयं) और सन् 2010 (स्वयं) में जा चुका हूँ। राम कृष्ण मिशन, बेलूड़ मठ इसलिए जाता हूँ क्योंकि वहाँ से सर्वोच्च "आध्यात्मिक सत्य" की अनुभूति कर सकूँ, उस मन स्तर से स्वयं का योग करा सकूँ। वनस्पति उद्यान (बोटेनिकल गार्डन) इसलिए जाता हूँ क्योंकि वहाँ एक वट वृक्ष है जिसे बिग बनियान ट्री (Big Banyan Tree) कहते हैं, यहाँ बैठकर मैं संसार की संरचना, तन्त्र और उसके संगठन से स्वयं का महायोग कराता हूँ। इन दोनों के कारण स्वयं को मैं सार्वभौम का एक इकाई होते भी, स्वयं को सार्वभौम ही अनुभव करता हूँ और यह सतत मेरे अन्दर प्रवाहित होता रहता है।

बड़ा वट वृक्ष (Big Banyan Tree), सैकड़ों वर्ष पुराना एक विशाल क्षेत्र में फैला वट वृक्ष है। जिसका मूल वृक्ष अब अस्तित्व में नहीं है उसके तनों से निकले सैंकड़ों जड़ वर्तमान में स्वयं एक वृक्ष, फिर उनके तनों से निकले सैंकड़ों जड़ भी वर्तमान में एक-एक वृक्ष के रूप में स्थापित हैं और सभी एक-दूसरे से जुड़े हुये हैं, बस जो नहीं है, वह है मूल वृक्ष। इस प्रकार सम्पूर्ण वृक्ष परिवार एक बड़े क्षेत्र में फैल चुका है और निरन्तर जारी भी है। प्रत्येक स्वयं स्वतन्त्र वृक्ष के रूप में स्थापित वृक्ष का अपने परिवार के रूप में तना, पत्ता, फूल और फल सब निकलते रहते हैं और जिसे जहाँ अर्थात नजदीकी स्रोत से सुविधा अर्थात खुराक मिल सकता हैं वहाँ से प्राप्त करते हुये विकास कर रहे हैं। इस कार्य में आपस में कोई विवाद नहीं है। कोई किसी पर अधिपत्य जमाना नहीं चाहता, ना ही अन्य के विकास में कोई बाधा पहुँचाता है। जिसको जिस ओर उचित वातावरण मिलता जाता है, उस ओर वह विकास कर रहा है। कुल मिलाकर स्व प्रेरित सुशासन की भाँति संचालित है। इस वट वृक्ष के सबसे बाद अर्थात वर्तमान के तनों-पत्तों के लिए उसका जन्मदाता व पालनकर्ता के रूप में उसका नजदीकी जड़ ही है इसलिए उसकी कथा-कहानी वहीं से शुरू होती है और वहीं तक उसका ज्ञान है जो एक संकुचित और सीमित ज्ञान है। वह पूर्ण को नहीं जान रहा, उसका पूर्णत्व, सार्वभौम पूर्णत्व नहीं बल्कि सीमित पूर्णत्व है। सीमित पूर्णत्व में भी वह आनन्द में हैं और विकासशील है। उसका विकास होना सार्वभौम का ही विकास होना है परन्तु उसे उसका ज्ञान नहीं है और वह उस सार्वभौम के विकास में अपने योगदान को करते हुये भी स्वयं को गौरवान्वित नहीं अनुभव कर रहा है। सार्वभौम से युक्त होने के बाद भी उसे अपने परिवार से ही जुड़ा रहना उसकी विवशता भी है और इसके अलावा कोई अन्य मार्ग भी नहीं हैं। उसके सार्वभौम का मार्ग भी उसके अपने परिवार के ही मार्ग से होकर जाता है। वृक्ष के साथ यह मजबूरी भी है कि क्योंकि वह स्थिर है इसलिए उसका छोटा परिवार केवल पड़ोस तक के ही दायरे के सम्पर्क में है। दूसरे छोर के परिवार का क्या हाल है उसे कुछ नहीं पता।

हे मानवों, ये संसार भी उपरोक्त वट वृक्ष के सामन ही फैला हुआ है। परन्तु उस भाँति विकास नहीं कर रहा है। मनुष्य के अन्दर बीमारी की भाँति अधिकतम "शक्ति और लाभ (पावर और प्राफिट)" की दौड़ ने उसे अधिपत्य, अत्याचार, दूसरे को दबाना इत्यादि से युक्त कर दिया है। और जो इस दौड़ में नहीं हैं वे सीमित पूर्णत्व में आनन्द के साथ विकासशील हैं। उन्हें और भी तेज विकास की इच्छा है परन्तु उनके बुद्धि का दायरा ही सीमित है इसलिए उन्हें मार्ग नहीं मिल रहा है। यदि उनको मार्ग भी मिल रहा हो तो वट वृक्ष की भाँति उसके नजदीकी जन्मदाता ने उसे यह बता रखा है कि जब उस सार्वभौम का मार्ग मेरे ही रास्ते से जाता है तो जो मैं कह रहा हूँ उसे करो। और इसके लिए वे अपने परिवार के लिए अनेक प्रकार की प्रणाली दे रखे हैं। जबकि ये प्रणाली देने वाले उनके नजदीकी जन्मदाता स्वयं कहाँ से आये हैं स्वयं उन्हे भी नहीं पता। क्योंकि वे स्वयं भी उस वट वृक्ष के खो गये मूल जड़ की तरह अपने मूल जड़ को नहीं जानते। वे भी अपने नजदीकी जन्मदाता का ही अनुसरण कर रहे होते हैं। ये प्रणालीयाँ अनेक प्रकार की हैं उदाहरणस्वरूप कुछ मुख्य निम्नवत् हैं-

1. उनके द्वारा प्रस्तुत कुछ पुस्तकें होती हैं जिन्हें नियमानुसार प्रतिदिन पढ़ना होता है। पढ़ने के पूर्व शुद्धता की भी प्रक्रिया अनिवार्य होती है अन्यथा पुस्तकें परिणाम नहीं दे पायेंगी, ये भी शर्त होती हैं।
2. उनके द्वारा भोजन से सम्बन्धित कुछ नियम बना दिये जाते हैं कि क्या खाना है और क्या नहीं खाना है।
3. उनके द्वारा कोई मन्त्र दे कर उसे नियमानुसार जपने के लिए दे दिया जाता है।
4. उनके द्वारा किसी यन्त्र-तन्त्र द्वारा समस्या मुक्ति का उपाय बता दिया जाता है।
5. उनके द्वारा किसी विशेष प्रकार के रंग और ढ़ग के वस्त्र निर्धारित कर दी जाती है जिससे उनकी पहचान एक अलग रूप में हो। अर्थात समाज का एक और विभाजन कर उसे प्रस्तुत कर देते हैं।

सामान्य रूप से सभी द्वारा अनिवार्य रूप से ये भी निर्धारित कर दी जाती है कि किसी दूसरे के नियमों को न तो जानना है, न सुनना है, न पढ़ना है और न ही उसमें शामिल होना है। अर्थात एक गतिशील प्राणी मनुष्य को जिसे सदैव श्रेष्ठ से, श्रेष्ठतम और सर्वोच्च तक उठने-विकास करने के लिए निर्मित किया गया था, उसे एक सीमित दायरे में बुद्धिबद्ध कर दिया गया। मनुष्य जिसका निर्माण अपनी मस्तिष्क को असीम क्षमता को विकसित कर ईश्वर रूप में व्यक्त होना था, उसे जड़ (स्थिर) बना दिया गया।

हे मानवों, मनुष्यों की सबसे बड़ी कमजोरी "स्वयं में गुणों का विकास कर स्वयं बन जाने या हो जाने" में नहीं बल्कि "पाने" की इच्छा है। इस पाने की इच्छा की कमजोरी का परिणाम ही है उपरोक्त अनेक प्रकार के बुद्धिबद्ध करने की विधियाँ।

हे मानवों, उपरोक्त के पृष्ठभूमि में उनका उद्देश्य केवल अपने स्वार्थ की पूर्ति के सिवाय कुछ नहीं होता। क्योंकि मार्गदर्शक या प्रेरक या शिक्षक का उद्देश्य स्वयं से श्रेष्ठ मानव का निर्माण होता है न कि सदैव जीवन भर एक ही प्रणाली या प्रक्रिया या कक्षा में पढ़ते-दुहराते रहने के लिए विवश करना। उपरोक्त के पृष्ठभूमि में शारीरिक-आर्थिक-मानसिक शोषण का ही कार्य विभिन्न प्रकार से चल रहा है। कोई अपने कृषि कार्य को मुफ्त में हल करवा रहा है, तो कोई अपने नाम के उत्पादों को सिर्फ उन्हें ही खरीदने के लिए बुद्धिबद्ध कर दिया है।

हे मानवों, इन सबको आस्था का व्यापार कहते हैं। जबकि मैं देख रहा हूँ कि प्रत्येक संस्कारित करने की क्रिया जो उस काल के लिए आस्था का विषय था। उसके अगले काल के लिए संस्कारित करने की नयी क्रिया उपलब्ध हो जाने के बावजूद, मानव शरीर पिछले काल के संस्कारित करने वाली क्रिया के प्रति आस्था रखते हुये मूर्खता का स्पष्ट प्रदर्शन कर रहा है। सभी कालों में, सभी संस्कारित करने की क्रियाओं में मैं (सार्वभौम आत्मा) ही आस्था का विषय था परन्तु क्रिया के प्रति आस्था रखना मूर्खता का स्पष्ट प्रमाण ही तो है। चाहे वह व्यक्तिगत इच्छा से हो या सामाजिक प्रदर्शन की इच्छा से। इन समस्त संस्कारित करने के क्रिया के पीछे जो रहस्य आज तक गोपनीय था उसे मैंने तुम्हारें समक्ष सार्वजनिक प्रकाशित कर दिया है। अब कुछ भी गोपनीय नहीं। बावजूद इसके प्रत्येक मनुष्य अपनी मूर्खता रूपी आस्था को प्रदर्शित करने के लिए स्वतन्त्र है। परन्तु वह मुझ (सार्वभौम आत्मा) को प्राप्त नहीं कर सकता। हे मानवों, ईश्वर बहुमत से नहीं निर्धारित किया जाता इसलिए ही उसे अनिवर्चनीय कहा गया है। किसी भी वस्तु के प्रति आस्था के विकास से और समस्त मानवों को उसके प्रति आस्थावान् बना देने से वह वस्तु गुण प्रकट कर वैसा नहीं बन सकती जैसा आप उम्मीद करते हो।

हे मानवों, एक तरह से देखा जाये तो उपरोक्त व्यवस्था से कोई समस्या है ही नहीं क्योंकि जिसकी इच्छा जहाँ से पूर्ति हो रही है और विकास का मार्ग मिल रहा है, वह वहाँ से जुडा हुआ है। इसलिए मानव सभ्यता पर आया यह दसवाँ और अन्तिम संकट, संकट होते हुये भी संकट जैसा नहीं दिखता। इस व्यवस्था से हमें कोई समस्या भी नहीं है। समस्या ये है कि धर्म को जिस उद्देश्य के लिए निर्मित किया गया था वही धर्म, संकट में है। यह धर्म ही उस वट वृक्ष का मूल है, सार्वभौम है, समष्टि है। इसके ज्ञान से युक्त दोनों को अर्थात विशाल संसार रूपी वट वृक्ष के छोटे-छोटे परिवार के नेतृत्वकर्ता मुखिया सहित उसके सदस्यों को होना आवश्यक है। तभी परिवार के नेतृत्वकर्ता मुखिया द्वारा बनाये गये उपरोक्त प्रणाली-नियम परिणाम-फल दे पायेंगे जिसकी इच्छा परिवार के सदस्य करते हैं।

हे मानवों, अब सार्वजनिक प्रमाणित आदर्श वैश्विक व्यक्ति चरित्र और शिव-शंकर के पूर्णावतार के रूप में होने वाले अन्तिम अवतार के स्वरूप को समझते हैं जिनसे संकट में पड़े धर्म का उत्थान होना है-

इस क्रम में पहले शिव-शंकर के रूप को समझते हैं। फिर अन्तिम अवतार के लिए बचे शेष कार्य को भी समझेंगे। शिव-शंकर अवतार के आठ रूप और उनके अर्थ निम्नवत हैं-

1. शर्व- सम्पूर्ण पृथ्वी को धारण कर लेना अर्थात पृथ्वी के विकास या सृष्टि कार्य में इस रूप को पार किये बिना सम्भव न होना।

2. भव- जगत को संजीवन देना अर्थात उस विषय को देना जिससे जगत संकुचित व मृत्यु को प्राप्त होने न पाये।

3. उग्र- जगत के भीतर और बाहर रहकर श्री विष्णु को धारण करना अर्थात जगत के पालन के लिए प्रत्यक्ष या प्रेरक कर्म करना।

4. भीम- सर्वव्यापक आकाशात्मक रूप अर्थात आकाश की भाँति सर्वव्यापी अनन्त ज्ञान जो सभी नेतृत्व विचारों को अपने में समाहित कर ले।

5. पशुपति- मनुष्य समाज से पशु प्रवृत्तियों को समाप्त करना अर्थात पशु मानव से मनुष्य को उठाकर ईश्वर मानव की ओर ले जाना। दूसरे रूप में जीव का शिव रूप में निर्माण।

6. ईशान- सूर्य रूप से दिन में सम्पूर्ण संसार में प्रकाश करना अर्थात ऐसा ज्ञान जो सम्पूर्ण संसार को पूर्ण ज्ञान से प्रकाशित कर दे।

7. महादेव- चन्द्र रूप से रात में सम्पूर्ण संसार में अमृत वर्षा द्वारा प्रकाश व तृप्ति देना अर्थात ऐसा ज्ञान जो संसार को अमृतरूपी शीतल ज्ञान से प्रकाशित कर दे।

8. रूद्र- जीवात्मा का रूप अर्थात शिव का जीव रूप में व्यक्त होना।

शिव-शंकर देवता व दानव दोनों के देवता हैं जबकि श्री विष्णु सिर्फ देवताओं के देवता हैं। अर्थात शिव-शंकर जब रूद्र रूप की प्राथमिकता में होंगे तब उनके लिए देवता व दानव दोनो प्रिय होंगे लेकिन जब उग्र रूप की प्राथमिकता में होंगे तब केवल देवता प्रिय होंगे। अर्थात शिव-शंकर का पूर्णवतार इन आठ रूपों से युक्त हो संसार का कल्याण करते हैं।

हे मानवों, अब सार्वजनिक प्रमाणित आदर्श वैश्विक व्यक्ति चरित्र और शिव-शंकर के पूर्णावतार के रूप में होने वाले अन्तिम अवतार के कार्य को समझते हैं जिनसे संकट में पड़े धर्म का उत्थान होना है-

ईश्वर (सार्वभौम सत्य-सिद्धान्त) के दसवें और अन्तिम अवतार के समय तक राज्य और समाज स्वतः ही प्राकृतिक बल के अधीन कर्म करते-करते सिद्धान्त प्राप्त करते हुए पूर्ण गणराज्य की ओर बढ़ रहा था परिणामस्वरुप गणराज्य का रुप होते हुए भी गणराज्य सिर्फ राज्य था और एकतन्त्रात्मक अर्थात् व्यक्ति समर्थक तथा समाज समर्थक दोनों की ओर विवशतावश बढ़ रहा था।

भारत में निम्लिखित रुप व्यक्त हो चुका था।

1. ग्राम, विकास खण्ड, नगर, जनपद, प्रदेश और देश स्तर पर गणराज्य और गणसंघ का रुप।
2. सिर्फ ग्राम स्तर पर राजा (ग्राम व नगर पंचायत अध्यक्ष) का चुनाव सीधे जनता द्वारा।
3. गणराज्य को संचालित करने के लिए संचालक का निराकार रुप- संविधान।
4. गणराज्य के तन्त्रों को संचालित करने के लिए तन्त्र और क्रियाकलाप का निराकार रुप-नियम और कानून।
5. राजा पर नियन्त्रण के लिए ब्राह्मण का साकार रुप- राष्ट्रपति, राज्यपाल, जिलाधिकारी इत्यादि।

विश्व स्तर पर निम्नलिखित रुप व्यक्त हो चुका था।

1. गणराज्यों के संघ के रुप में संयुक्त राष्ट्र संघ का रुप।
2. संघ के संचालन के लिए संचालक और संचालक का निराकार रुप- संविधान।
3. संघ के तन्त्रों को संचालित करने के लिए तन्त्र और क्रियाकलाप का निराकार रुप- नियम और कानून।
4. संघ पर नियन्त्रण के लिए ब्राह्मण का साकार रुप-पाँच वीटो पावर।
5. प्रस्ताव पर निर्णय के लिए सदस्यों की सभा।

6. नेतृत्व के लिए राजा- महासचिव।

जिस प्रकार आठवें अवतार द्वारा व्यक्त आत्मा के निराकार रुप "गीता" के प्रसार के कारण आत्मीय प्राकृतिक बल सक्रिय होकर गणराज्य के रुप को विवशतावश समाज की ओर बढ़ा रहा था उसी प्रकार अन्तिम अवतार द्वारा निम्नलिखित शेष समष्टि कार्य पूर्ण कर प्रस्तुत कर देने मात्र से ही विवशतावश उसके अधिपत्य की स्थापना हो जाना है।

1. गणराज्य या लोकतन्त्र के सत्य रुप- गणराज्य या लोकतन्त्र के स्वरुप का अन्तर्राष्ट्रीय/ विश्व मानक।
2. राजा और सभा सहित गणराज्य पर नियन्त्रण के लिए साकार ब्राह्मण का निराकार रुप- मन का अन्तर्राष्ट्रीय/ विश्व मानक।
3. गणराज्य के प्रबन्ध का सत्य रुप- प्रबन्ध का अन्तर्राष्ट्रीय/ विश्व मानक।
4. गणराज्य के संचालन के लिए संचालक का निराकार रुप- संविधान के स्वरुप का अन्तर्राष्ट्रीय/ विश्व मानक।
5. साकार ब्राह्मण निर्माण के लिए शिक्षा का स्वरुप- शिक्षा पाठ्यक्रम का अन्तर्राष्ट्रीय/ विश्व मानक।

इस समष्टि कार्य द्वारा ही काल व युग परिवर्तन होगा न कि सिर्फ चिल्लाने से कि "सतयुग आयेगा" , "सतयुग आयेगा" से। यह समष्टि कार्य जिस शरीर से सम्पन्न होगा वही अन्तिम अवतार के रूप में व्यक्त होगा। धर्म में स्थित वह अवतार चाहे जिस सम्प्रदाय (वर्तमान अर्थ में धर्म) का होगा उसका मूल लक्ष्य यही शेष समष्टि कार्य होगा और स्थापना का माध्यम उसके सम्प्रदाय की परम्परा व संस्कृति होगी।

हे मानवों, उपरोक्त कार्य ही उस एक मात्र शेष अन्तिम अवतार का कार्य है और जो उपरोक्त कार्य को पूर्ण करेगा वह कल्कि अवतार के नाम से जाना जायेगा। हे मानवों उपरोक्त कार्य ही शेष ईश्वर के लिए कार्य है और मनुष्य के लिए चुनौति।

इस क्रम में मैं लव कुश सिंह "विश्वमानव" अपने "विश्वशास्त्र" से उपरोक्त कार्य को पूर्ण करने के लिए और स्वयं को धर्म मार्ग से अनिर्वचनीय कल्कि महाअवतार भोगेश्वर के रूप में तथा भारतीय लोकतान्त्रिक गणराज्य मार्ग से "भारत रत्न" के रूप में स्थापित करने के लिए एक मार्ग-एक प्रारूप प्रस्तुत किया हूँ जो अपने युग-समय में पहला प्रारूप है। इस प्रारूप "विश्वशास्त्र" के धर्मक्षेत्र से 90 नाम और धर्मनिरपेक्ष या सर्वधर्मसमभाव क्षेत्र से 141 नाम देने के बाद भी इस प्रारूप का नाम "ब्रह्माण्डशास्त्र" नहीं रखा। मनुष्यों के लिए यह चुनौति है कि वे "ब्रह्माण्डशास्त्र" की रचना कर मेरे प्रारूप "विश्वशास्त्र" को गलत या संकुचित सिद्ध कर मुझे अनिर्वचनीय कल्कि महाअवतार भोगेश्वर की योग्यता से वंचित कर दे। हे मानवों अगर आप ऐसा कर पाओं तो मेरे लिए मेरे द्वारा उत्पन्न किये गये अनन्त कृतियों में सबसे सम्मान के योग्य मानव नाम की कृति ही अन्तिम रूप से सर्वश्रेष्ठ होगी अन्यथा "विश्वशास्त्र" से मैं तुम्हारे अन्दर प्रवेश कर तुम में से ही स्वयं को प्रकट करूँगा।

हे मानवों, इन रहस्यों के खोलने के प्रति मेरा उद्देश्य क्या है? यह उद्देश्य सरल है क्योंकि एक सरल, साधारण, अघोर का उद्देश्य कभी भी कठीन, असाधारण और घोर नहीं हो सकता। साधारण सी बात है- प्रत्येक वस्तु स्वयं अपने जैसा ही निर्माण, उत्पादन या प्रजनन करती है। इस क्रम में ईश्वर भी स्वयं जैसा ईश्वर का ही निर्माण, उत्पादन या प्रजनन करेगा, न कि मूर्ख, अज्ञानी, बुद्धिबद्ध और गुलाम मनुष्य का। मात्र एक विचार- "ईश्वर ने इच्छा व्यक्त की कि मैं एक हूँ, अनेक हो जाऊँ" और "सभी ईश्वर हैं" , यह प्रारम्भ और अन्तिम लक्ष्य है। मनुष्य की रचना "पावर और प्राफिट (शक्ति और लाभ)" के लिए नहीं बल्कि असीम मस्तिष्क क्षमता के विकास के लिए हुआ है। फलस्वरूप वह स्वयं को ईश्वर रूप में अनुभव कर सके, जहाँ उसे किसी गुरू की आवश्यकता न पड़ें, वह स्वंयभू हो जाये, उसका प्रकाश वह स्वयं हो। एक गुरू का लक्ष्य भी यही होता है कि शिष्य मार्गदर्शन प्राप्त कर गुरू से आगे निकलकर, गुरू तथा स्वयं अपना नाम और कृति इस संसार में फैलाये, ना कि जीवनभर एक ही कक्षा में (गुरू में) पढ़ता रह जाये। एक ही कक्षा में जीवनभर पढ़ने वाले को समाज क्या नाम देता है, समाज अच्छी प्रकार जानता है और आपलोग खुद स्वयं भी जातने हैं। "विश्वशास्त्र" से कालक्रम को उसी मुख्यधारा में मोड़ दिया गया है। एक शास्त्राकार, अपने द्वारा व्यक्त किये गये पूर्व के शास्त्र का उद्देश्य और उसकी सीमा तो बता ही सकता है परन्तु व्याख्याकार ऐसा नहीं कर सकता।

स्वामी विवेकानन्द जी कहते हैं- "हम गुरु के बिना कोई ज्ञान प्राप्त नहीं कर सकते। अब बात यह है कि यदि मनुष्य, देवता अथवा कोई स्वर्गदूत हमारे गुरु हो, तो वे भी तो ससीम हैं, फिर उनसे पहले उनके गुरु कौन थे? हमें मजबूर होकर यह चरम सिद्धान्त स्थिर करना ही होगा कि एक ऐसे गुरु हैं जो काल के द्वारा सीमाबद्ध या अविच्छिन्न नहीं हैं। उन्हीं अनन्त ज्ञान सम्पन्न गुरु को, जिनका आदि भी नहीं और अन्त भी नहीं, ईश्वर कहते हैं। (राजयोग, रामकृष्ण मिशन, पृष्ठ-134)

चाँद की ओर ईशारा करने वाले की उँगली की ओर नहीं, चाँद की ओर देखा जाता है। और चाँद को पकड़ा जाता है न कि उँगली दिखाने वाले को।

हे मानवों, यह भाव हमारे मन में क्यों आया? यह भाव हमारे मन में आने का कारण हृदय की विशालता है। हम अब अपने द्वारा निर्मित उत्पादों को, अब और अधिक समय तक कबाड़ के रूप में न तो रख सकते हैं और ना ही देखना चाहते हैं। अब सभी को हम स्वयं जैसा पूर्ण देखना चाहते हैं।

हे मानवों, हम लोगों की उत्पत्ति कैसे हुई? हमारी उत्पत्ति ज्ञान से हुई है। जिन्हें ज्ञान है वही अपने आप को संघर्ष में पाते हैं और सर्वश्रेष्ठता के लिए कर्मशील हैं। शेष सभी तो प्रकृति के अनुसार आते-जाते रहते हैं। इस ज्ञान को ही ब्रह्म कहते हैं। देवता रूप में इस ज्ञान को ब्रह्मा के रूप में प्रक्षेपित किया गया है। यह ज्ञान जिस-जिस अंगो द्वारा प्राथमिकता से अनुभव में आता है उतने प्रकार के मानव अपने-आप को उत्पन्न समझते हैं। पुराण रचनाकार महर्षि व्यास ने ब्रह्मा अर्थात ज्ञान के पुत्रों का प्रक्षेपण किये हैं। ब्रह्मा के 10 मानस पुत्रों 1. मन (विचार से ज्ञान प्राप्त करने वाले) से मरीचि, 2. नेत्रों (देखकर ज्ञान प्राप्त करने वाले) से अत्रि, 3. मुख (वाणी से ज्ञान प्राप्त करने वाले) से अंगिरा, 4. कान (सुन कर ज्ञान प्राप्त करने वाले) से पुलस्त्य, 5. नाभि (केन्द्र से ज्ञान प्राप्त करने वाले) से पुलह, 6. हाथ (कर्म से ज्ञान प्राप्त करने वाले) से कृतु, 7. त्वचा (स्पर्श से ज्ञान प्राप्त करने वाले) से भृगु, 8. प्राण (श्वास से ज्ञान प्राप्त करने वाले) से वशिष्ठ, 9. अँगूठे (आत्मा से ज्ञान प्राप्त करने वाले) से दक्ष तथा 10. गोद (प्रेम से ज्ञान प्राप्त करने वाले) से नारद उत्पन्न हुये। ये दस प्रकार ज्ञान से उत्पन्न है और इतने प्रकार के मानव निर्मित होकर संसार में विचरण कर रहे हैं। इसे ये न समझना चाहिए कि मन या नेत्र इत्यादि से कैसे ब्रह्मा ने अपने पुत्रों को उत्पन्न किया? चूंकि शरीर का अस्तित्व अस्थायी है इसलिए विचार के आधार पर ये मनुष्य के वर्ग या श्रेणी का निर्धारण है। हमारे द्वारा इतने वर्गों अर्थात परिवार को उत्पन्न करने के बाद स्वयं को सर्वश्रेष्ठ और मूल सिद्ध करते रहना भी हमारी ही जिम्मेदारी और कर्तव्य है ताकि हमारा परिवार एक संयुक्त परिवार के रूप में प्रकाशित हो।

हे मानवों, हमने अपने अधिपत्य के लिए क्या-क्या किया? हे मानवों हमने अपने अधिपत्य के लिए सदैव साम-दाम-दण्ड-भेद की विधि से निम्नलिखित गुणों को समय-समय पर प्रेम से मानव मस्तिष्क में स्थापित किया और करता रहूँगा और अन्त में इसे मानवों को स्वेच्छा से स्वीकार करने पर विवश भी कर दूँगा-

01. मुख्य-गुण सिद्धान्त - इसमें धारा के विपरीत दिशा (राधा) में गति करने का विचार-सिद्धान्त मानव मस्तिष्क में डाला गया।

02. मुख्य-गुण सिद्धान्त - इसमें सहनशील, शांत, धैर्यवान, लगनशील, दोनों पक्षों के बीच मध्यस्थ की भूमिका वाला गुण (समन्वय का सिद्धान्त) का विचार-सिद्धान्त मानव मस्तिष्क में डाला गया।

03. मुख्य-गुण सिद्धान्त - इसमें सूझ-बुझ, सम्पन्न, पुरूषार्थी, धीर-गम्भीर, निष्कामी, बलिष्ठ, सक्रिय, शाकाहारी, अहिंसक और समूह प्रेमी, लोगों का मनोबल बढ़ाना, उत्साहित और सक्रिय करने वाला गुण (प्रेरणा का सिद्धान्त) का विचार-सिद्धान्त मानव मस्तिष्क में डाला गया।

04. मुख्य-गुण सिद्धान्त - प्रत्यक्ष रूप से एका-एक लक्ष्य को पूर्ण करने वाले (लक्ष्य के लिए त्वरित कार्यवाही का सिद्धान्त) का विचार-सिद्धान्त मानव मस्तिष्क में डाला गया।

05. मुख्य-गुण सिद्धान्त - भविष्य दृष्टा, राजा के गुण का प्रयोग करना, थोड़ी सी भूमि पर गणराज्य व्यवस्था की स्थापना व व्यवस्था को जिवित करना, उसके सुख से प्रजा को परिचित कराने वाले गुण (समाज का सिद्धान्त) का विचार-सिद्धान्त मानव मस्तिष्क में डाला गया।

06. मुख्य-गुण सिद्धान्त - गणराज्य व्यवस्था को ब्रह्माण्ड में व्याप्त व्यवस्था सिद्धान्तों को आधार बनाने वाले गुण और व्यवस्था के प्रसार के लिए योग्य व्यक्ति को नियुक्त करने वाले गुण (लोकतन्त्र का सिद्धान्त और उसके प्रसार के लिए योग्य उत्तराधिकारी नियुक्त करने का सिद्धान्त) का विचार-सिद्धान्त मानव मस्तिष्क में डाला गया।

07. मुख्य-गुण सिद्धान्त - आदर्श चरित्र के गुण के साथ प्रसार करने वाला गुण (व्यक्तिगत आदर्श चरित्र के आधार पर विचार प्रसार का सिद्धान्त) का विचार-सिद्धान्त मानव मस्तिष्क में डाला गया।

08. मुख्य-गुण सिद्धान्त - आदर्श सामाजिक व्यक्ति चरित्र के गुण, समाज में व्याप्त अनेक मत-मतान्तर व विचारों के समन्वय और एकीकरण से सत्य-विचार के प्रेरक ज्ञान को निकालने वाले गुण (सामाजिक आदर्श व्यक्ति का सिद्धान्त और व्यक्ति से उठकर विचार आधारित व्यक्ति निर्माण का सिद्धान्त) का विचार-सिद्धान्त मानव मस्तिष्क में डाला गया।

09. मुख्य-गुण सिद्धान्त - प्रजा को प्रेरित करने के लिए धर्म, संघ और बुद्धि के शरण में जाने का गुण (धर्म, संघ और बुद्धि का सिद्धान्त) का विचार-सिद्धान्त मानव मस्तिष्क में डाला गया।

10. मुख्य-गुण सिद्धान्त - आदर्श मानक सामाजिक व्यक्ति चरित्र समाहित आदर्श मानक वैश्विक व्यक्ति चरित्र अर्थात सार्वजनिक प्रमाणित आदर्श मानक वैश्विक व्यक्ति चरित्र का विचार-सिद्धान्त मानव मस्तिष्क में डालने का काम वर्तमान है और वो अन्तिम भी है।

हे मानवों, अब स्थिति क्या है तथा भाविष्य में काल की गति किस ओर जा रही है? हे मानवों अब स्थिति यह है कि हमें आपके परम प्रिय सिद्धान्त "शक्ति और लाभ (पावर और प्राफिट)" से कोई असहमति नहीं हैं बल्कि यह आपमें कुछ करने की प्रवृत्ति का महान गुण हैं। इसका प्रकाश आप में सदैव जलते रहना चाहिए। काल की गति इस प्रकाश को कैसे सफलतापूर्वक प्राप्त किया जा सकता है उस ज्ञान को ग्रहण करके उस अनुसार कार्य करने की ओर जा रही है अर्थात ज्ञान युग की ओर जा रही है। और मस्तिष्क का विकास ही इसका मार्ग है। भविष्य का समय ऐसे ही मानवों के स्वागत की प्रतीक्षा कर रहा है।

काशी-सत्यकाशी क्षेत्र से विश्व शान्ति का अन्तिम सत्य-सन्देश

प्रिय आत्मीय मानवों,

इस संसार के मनुष्यों को अपना अन्तिम सन्देश देने से पहले मैं आपको उस क्षेत्र से परिचय कराना चाहता हूँ जिस क्षेत्र से यह सन्देश देने का साहस किया गया है क्योंकि कोई भी क्रिया बिना कारण के नहीं होती। मेरा समस्त मूल कार्य जिस क्षेत्र से सम्पूर्ण हुआ, उस क्षेत्र को मैं सत्यकाशी क्षेत्र कहता हूँ और मैं जिस ग्राम का निवासी हूँ वह काशी (वाराणसी) के चौरासी कोस यात्रा तथा सत्यकाशी क्षेत्र का उभय क्षेत्र में स्थित है। इसलिए मैं जितना काशी (वाराणसी) का हूँ उतना ही सत्यकाशी का हूँ। इस प्रकार यह सन्देश काशी-सत्यकाशी का संयुक्त सन्देश है।

सत्यकाशी क्षेत्र जो काशी (वाराणसी), विन्ध्याचल, शिवद्वार और सोनभद्र के बीच का क्षेत्र है, एक पौराणिक-आध्यात्मिक और साधना के लिए उपयुक्त क्षेत्र के रूप में प्राचीन काल से आकर्षण में रहा है। इस क्षेत्र का हृदय क्षेत्र चुनार है। चुनार का किला राजा विक्रमादित्य ने अपने भाई भर्तहरि के तपस्या में हिंसक जानवरों द्वारा व्यवधान न उत्पन्न हो इसके लिए बनवाया था। ये राजा विक्रमादित्य वही हैं जिनके नाम से विक्रम सम्वत् कैलेण्डर स्थापित है। चुनार ईश्वर के पाँचवें अवतार-वामन अवतार का क्षेत्र है जिनसे समाज की शक्ति का प्रथम जन्म हुआ था।

सत्यकाशी क्षेत्र के चारों कोण पर स्थित 1. काशी (वाराणसी) का अपना प्राचीन और पुरातन इतिहास है जो सर्वविदित है। 2. विन्ध्याचल, जो शिव-शक्ति के उपासना का अद्भुत केन्द्र है। यशोदा से उत्पन्न पुत्री (जिनके बदले श्रीकृष्ण प्राप्त हुये थे) महासरस्वती अष्टभुजा देवी के नाम से यहीं स्थापित हैं। भारत देश का मानक समय माँ विन्ध्यवासिनी धाम से तय होता है। पुराणों के अनुसार रावण ने भी इसे मानक समय स्थल मानकर यहाँ शिवलिंग की स्थापना की थी। 3. शिवद्वार, त्रिकोणीय तान्त्रिक साधना के लिए जगत विख्यात था और साधना की राजधानी था। इसे ही मीरजापुर गजेटियर में गुप्तकाशी की संज्ञा से अभिकल्पित किया गया है। 4. सोनभद्र, सोन संस्कृति की पौराणिक पृष्ठभूमि वैदिककालीन सभ्यता की पराकाष्ठापरक ऐतिहासिकता से सम्बद्ध है। सन्त परम्पराओं का एक महत्वपूर्ण परिव्रजन इस क्षेत्र में हुआ जिसमें शैव व शाक्त प्रमुख थे। शैव सम्प्रदाय से जुड़े अघोर तन्त्र ने इसे बहुत सराहा और इसे अपनी कर्मभूमि बना लिया। सोन नद के तट पर शव छेदन क्रिया की भी प्रशिक्षा आयुर्वेद के जिज्ञासुओं को दी जाती थी। शैव तन्त्र से प्रभावित अघोर तन्त्र शव-साधना में सिद्धहस्त था और शव में इकार की प्राण प्रतिष्ठा का जीवन्त रूप शिव को दे देना इनकी अलौकिक साधना का चरमोत्कर्ष है। अघोरपन्थी नाम के पश्चात् "राम" का प्रयोग करते थे। इस क्षेत्र में सवर्ण वर्ग में प्रायः ब्राह्मण वर्ग भी राम का प्रयोग अपने नाम में करता है। इस क्षेत्र में पाशुपात तन्त्र के महान साधक लोरिक का नाम विशेष है।

उपरोक्त तो अति संक्षिप्त परिचय है विस्तार से "विश्वशास्त्र" के अध्याय-दो में प्रकाशित है, जिस क्षेत्र से ये विश्व ऐतिहासिक अन्तिम, अपरिवर्तनीय और अटलनीय सन्देश देने का साहस किया गया है।

हे मानवों, इस संसार में व्यक्त साहित्य, दर्शन, मत, सम्प्रदाय, नियम, संविधान इत्यादि को व्यक्त करने का माध्यम मात्र केवल मानव शरीर ही है इसलिए यह सोचो की यदि सार्वभौम सत्य-सिद्धान्त आधारित ऐसा साहित्य जो सार्वदेशीय, सार्वकालिक और सम्पूर्ण मानव समाज के लिए असीम गुणों और दिशाओं से युक्त हो, अन्तिम रुप से एक ही मानव शरीर से व्यक्त हो रहा हो जिसके ज्ञान के बिना मानव, मानव नहीं पशु हो, उसे स्वीकार और आत्मसात् करना मानव की विवशता हो, तो तुम उस व्यक्तकर्ता मानव को क्या कहोगे? और उसका क्या दोष? यह तो मैं तुम पर ही छोड़ता हूँ। परन्तु धार्मिक-आध्यात्मिक भाषा में उसी असीम गुणों-दिशाओं के प्राकाट्य शरीर को पूर्ण और अन्तिम साकार-सगुण-दृश्य-ब्रह्म-ईश्वर-आत्मा-शिव कहते हैं तथा सार्वभौम सत्य-

सिद्धान्त को निराकार-निर्गुण-अदृश्य-ब्रह्म-ईश्वर-आत्मा-शिव कहते हैं वह शरीर चूँकि सिद्धान्त युक्त होता है इसलिए वह धर्मशास्त्र का प्रमाण रुप होता है। जो धर्मशास्त्रों और धर्मज्ञानियों के प्रति विश्वास बढ़ाता है। वर्तमान समय में सिर्फ यह देखने की आवश्यकता है कि क्या वह सार्वभौम सत्य-सिद्धान्त शास्त्र-साहित्य विश्व विकास-एकता-स्थिरता-शान्ति के क्षेत्र में कुछ रचनात्मक भूमिका निभा सकता है या नहीं? यह देखने की आवश्यकता नहीं है कि उसका व्यक्तकर्ता एक ही शरीर है क्योंकि इससे कोई लाभ नहीं। प्रत्येक मानव चाहे वह किसी भी स्तर का हो वह शारीरिक संरचना में समान होता है परन्तु वह विचारों से ही विभिन्न स्तर पर पीठासीन है, इसलिए मानव, शरीर नहीं विचार है उसी प्रकार विश्वमानव शरीर नहीं, विश्व विचार अर्थात् सार्वभौम सत्य-सिद्धान्त है। इसी प्रकार "मैं" , अहंकार नहीं, "सिद्धान्त" है। प्रत्येक स्तर पर पीठासीन मानव अपने स्तर का सिद्धान्त रुप से "मैं" का अंश रुप से तथा विचार रुप से "अहंकार" का अंश रुप ही है। "मैं" का पूर्ण दृश्य, वास्तविक, सर्वोच्च और अन्तिम रुप वही होगा जो सम्पूर्ण ब्रह्माण्ड के सभी विषयों में व्याप्त हो जाय। तभी तो वह असीम गुणों और दिशाओं से युक्त होगा तथा प्रत्येक दिशा या गुण से उसका नाम अलग-अलग होगा परन्तु वह एक ही होगा। हे मानव, तुम इसे देख नहीं पाते क्योंकि तुम "दृष्टि" से युक्त हो अर्थात् तुम एक ही दिशा या गुण द्वारा देखने की क्षमता रखते हो तुम्हें "दिव्य दृष्टि" अर्थात् अनेक दिशा या गुणों द्वारा एक साथ देखने की क्षमता रखनी चाहिए तभी तुम यथार्थ को देख पाओगे, तभी तुम "मैं" के विश्व रुप को देख पाओगे। दृष्टि से युक्त होने के कारण ही तुम मेरे आभासी रुप-शरीर रुप को ही देखते हो, तुम मेरे वास्तविक रुप-सिद्धान्त रुप को देख ही नहीं पाते। इसी कारण तुम मुझे अहंकार रुप में देखते हो। और इसी कारण तुम "भूमण्डलीकरण (Globalisation)" का विरोध करते हो जबकि "ग्लोबलाईज्ड" दृष्टि ही "दिव्य दृष्टि" है। जिसका तुम मात्र विरोध कर सकते हो क्योंकि यह प्राकृतिक बल के अधीन है जो तुम्हें मानव से विश्वमानव तक के विकास के लिए अटलनीय है। दृष्टि, अहंकार है, अंधकार है, अपूर्ण मानव है तो दिव्य दृष्टि, सिद्धान्त है, प्रकाश है, पूर्णमानव-विश्वमानव है। तुम मानव की अवस्था से विश्वमानव की अवस्था में आने का प्रयत्न करो न कि विश्वमानव का विरोध। विरोध से तुम्हारी क्षति ही होगी। जिस प्रकार "श्रीकृष्ण" नाम है "योगेश्वर" अवस्था है, "गदाधर" नाम है "रामकृष्ण परमहंस" अवस्था है, "सिद्धार्थ" नाम है "बुद्ध" अवस्था है, "नरेन्द्र नाथ दत्त" नाम है "स्वामी विवेकानन्द" अवस्था है, "रजनीश" नाम है "ओशो" अवस्था है। उसी प्रकार व्यक्तियों के नाम, नाम है "भोगेश्वर विश्वमानव" उसकी चरम विकसित, सर्वोच्च और अन्तिम अवस्था है। "दृष्टि" से युक्त होकर विचार व्यक्त करना निरर्थक है, प्रभावहीन है, यहाँ तक की तुम्हें विरोध करने का भी अधिकार नहीं क्योंकि वर्तमान और भविष्य के समय में इसका कोई महत्व नहीं, अर्थ नहीं क्योंकि वह व्यक्तिगत विचार होगा न कि सार्वजनिक संयुक्त विचार। यह सार्वजनिक संयुक्त विचार ही "एकात्म विचार" है और यही वह अन्तिम सत्य है, यही "सार्वभौम सत्य-सिद्धान्त" है। यही धर्मनिपरपेक्ष और सर्वधर्मसमभाव नाम से विश्वमानक-शून्य श्रृंखला: मन की गुणवत्ता का विश्वमानक तथा धर्म नाम से कर्मवेद: प्रथम, अन्तिम और पंचमवेदीय श्रृंखला है जिसकी शाखाएं सम्पूर्ण ब्रह्माण्ड में व्याप्त है और सम्पूर्ण ब्रह्माण्ड व्यक्त है जिसकी स्थापना चेतना के अन्तिम रुप-दृश्य सत्य चेतना के अधीन है। यही "मैं" का दृश्य रुप है। यही "विश्व-बन्धुत्व" , "वसुधैव-कुटुम्बकम्" , "बहुजनहिताय-बहुजनसुखाय" , "एकात्म-मानवतावाद" , "सर्वेभवन्तु-सुखिनः" की स्थापना का "एकात्मकर्मवाद" आधारित अन्तिम मार्ग है।

मन और मन का मानक। मन-व्यक्तिगत प्रमाणित अदृश्य सत्य। मन का मानक-सार्वजनिक प्रमाणित दृश्य सत्य। अनासक्त मन अर्थात् आत्मा अर्थात् व्यक्तिगत प्रमाणित अदृश्य आत्मा अर्थात् मन का अदृश्य मानक। मन का मानक अर्थात् सार्वजनिक प्रमाणित दृश्य आत्मा अर्थात् सार्वजनिक प्रमाणित दृश्य अनासक्त मन। मन का मानक में मन समाहित है।

आत्मा का सार्वजनिक प्रमाणित धर्मनिरपेक्ष एवं सर्वधर्मसमभाव दृश्य रुप एकात्म ज्ञान, एकात्म ज्ञान सहित एकात्म कर्म तथा एकात्म ज्ञान और एकात्म कर्म सहित एकात्म ध्यान के तीन व्यक्त होने के स्तर हैं जो क्रमशः एकात्म वाणी, एकात्म वाणी सहित एकात्म प्रेम तथा एकात्म वाणी और एकात्म प्रेम सहित एकात्म समर्पण द्वारा शक्ति प्राप्त करता है। जिनका धर्मयुक्त अदृश्य रुप भारतीय संस्कृति के पौराणिक कथाओं में ब्रह्मा, विष्णु,

महेश (शंकर) के रुप में तथा सरस्वती, लक्ष्मी और पार्वती शक्ति के रुप में प्रक्षेपित हैं। जिनकी उपयोगिता क्रमशः व्यक्ति, समाज और ब्रह्माण्ड को संतुलन, स्थिरता एवं विकास में है।

यदि तुम उपरोक्त गुणों को रखते हो तो तुम ही ब्रह्मा हो, विष्णु और महेश हो। साथ ही सरस्वती, लक्ष्मी और पार्वती भी। और यदि यह सीमित कर्मक्षेत्र तक में है तो तुम एक सीमाबद्ध और यदि यह सम्पूर्ण ब्रह्माण्ड के सर्वोच्च व्यापक अन्तिम और असीमित कर्म क्षेत्र तक में है तो तुम एक मूल ब्रह्मा, विष्णु, महेश और शक्ति सरस्वती, लक्ष्मी और पार्वती के अवतार हो। यदि तुम इस अनुसार नहीं तो तुम इनके अलावा मानव, दानव, पशु-मानव इत्यादि हो।

जब प्रत्येक शब्द धर्म और धर्मनिरपेक्ष या सर्वधर्मसमभाव में वर्गीकृत किया जा सकता है तब ईश्वर नाम को भी धर्मयुक्त नाम और धर्म निरपेक्ष या सर्वधर्मसमभाव नाम में व्यक्त किया जा सकता है। क्योंकि ईश्वर नाम भी शब्द है। जिस प्रकार व्यक्तिगत प्रमाणित अदृश्य काल के लिए धर्मयुक्त समष्टि ईश्वर नाम-" ऊँ" है। उसी प्रकार सार्वजनिक प्रमाणित दृश्य काल के लिए धर्मनिरपेक्ष और सर्वधर्मसमभाव समष्टि ईश्वर नाम- " TRADE CENTRE" है। जिसमें धर्म युक्त ईश्वर नाम-" ऊँ" का धर्मनिरपेक्ष और सर्वधर्मसमभाव रुप समाहित है।

एक ही देश काल मुक्त सर्वव्यापी अदृश्य सत्य-धर्म-ज्ञान है-आत्मा। और एक ही देश काल मुक्त सर्वव्यापी दृश्य सत्य-धर्म-ज्ञान है- क्रिया या परिवर्तन या $E=MC^2$ या आदान-प्रदान या TRADE या TRANSACTION। इस प्रकार सर्वोच्च और अन्तिम दृश्य सत्य-धर्म-ज्ञान से समस्त विषयों के यथार्थ व्यक्त रुप सर्वमान्य, सार्वजनिक प्रमाणित दृश्य और अन्तिम है। और व्यक्त कर्ता ज्ञानी या ब्रह्म या शिव की अन्तिम कड़ी है। इस आधार पर यह कहा जा सकता है कि "आत्मा" और मेरा दृश्य रुप (आदान-प्रदान) ही स्वस्थ उद्योग, स्वस्थ समाज और स्वस्थ लोकतन्त्र सहित विश्व शान्ति, एकता, स्थिरता और विकास का अन्तिम मार्ग है। चाहे वह वर्तमान में आत्मसात् किया जाये या भविष्य में परन्तु सत्य तो यही है।

मन से मन के मानक के व्यक्त होने के सम्पूर्ण यात्रा में कुछ महापुरुषों ने अदृश्य मानक आत्मा को व्यक्त करने के लिए कार्य किये तो कुछ ने अदृश्य सहित दृश्य मानक के लिए। मन के अदृश्य मानक आत्मा की श्रृंखला में निवृत्ति मार्गी-साधु, संत इत्यादि जिनकी सर्वोच्च स्थिति ब्रह्मा हैं। मन के अदृश्य सहित दृश्य मानक के श्रृंखला में प्रवृत्ति मार्गी-गृहस्थ युक्त सन्यासी इत्यादि जिनकी सर्वोच्च स्थिति विष्णु हैं। इस मानक को व्यवहारिकता में लाने के लिए ध्यान मार्गी जिनकी सर्वोच्च स्थिति महेश हैं। और यही वर्तमान तथा भविष्य के समाज की आवश्यकता है। और यही मन के मानक की उपयोगिता है।

मन के मानक को व्यक्त करने में जो शब्द, ज्ञान-विज्ञान, नाम-रुप इत्यादि प्रयोग किये गये हैं-वे सब मन से मन के मानक के विकास यात्रा में विभिन्न महापुरुषों द्वारा व्यक्त हो मानव समाज में पहले से मान्यता प्राप्त कर विद्यमान है। मैं (विश्वात्मा) सिर्फ उसको वर्तमान की आवश्यकता और वर्तमान से जोड़ने के लिए समयानुसार व्यक्त कर मन के मानक को व्यक्त कर दिया हूँ। यदि समाज इसे आत्मसात् नहीं करता तो उसके पहले मैं (विश्वात्मा) ही उसे आत्मसात् नहीं करता क्योंकि मैं शुद्ध-बुद्ध-मुक्त आत्मा हूँ, मैं नाम-रुप से मुक्त हूँ, मैं शिव हूँ, मैं शिव हूँ, मैं शिव हूँ। और ऐसा कहने वाला मैं पहला नहीं हूँ। मुझसे पहले भी अनेक सिद्धों द्वारा ऐसी उद्घोषणा की जा चुकी है और वे अपने समय के देश-काल स्थितियों में उसे सिद्ध भी कर चुके हैं और जब तक प्रत्येक मानव ऐसा कहने के योग्य नहीं बनता तब तक धर्म शास्त्रों में सृष्टि के प्रारम्भ में कहा गया ईश्वरीय वाणी-" ईश्वर ने इच्छा व्यक्त की कि मैं एक हूँ अनेक हो जाऊँ" कैसे सिद्ध हो पायेगा। मेरे उद्घोष का सबसे बड़ा प्रमाण "सत्य मानक शिक्षा" द्वारा लक्ष्य "पुनर्निर्माण" व उसके प्राप्ति की कार्य योजना है। जो अपने आप में पुरातन, विलक्षण और वर्तमान तक ऐसा नहीं हुआ है, जैसा है। श्रीराम द्वारा शारीरिक शक्ति के माध्यम से शारीरिक शक्ति का प्रयोग कर सत्यीकरण हुआ था, श्रीकृष्ण द्वारा आर्थिक शक्ति के माध्यम से व्यक्तिगत बौद्धिक शक्ति का प्रयोग कर सत्यीकरण हुआ था, अब यह कार्य व्यक्तिगत बौद्धिक शक्ति के माध्यम से सार्वभौम बौद्धिक शक्ति का प्रयोग कर सत्यीकरण किया जा रहा है। जो श्रीराम, श्रीकृष्ण के क्रम में अगला कार्य है। यह मानने का कार्य नहीं जानने का कार्य है। मानने से,

मानने वाले का कोई कल्याण नहीं होता, कल्याण तो सिर्फ जानने वालों का ही होता रहा है, होता है और होता रहेगा।

वर्तमान एवं भविष्य के मानव समाज को मैं (विश्वात्मा) का यह अन्तिम सत्य संदेश है कि-मानव की वास्तविक चेतना-सत्य चेतना अर्थात् भूतकाल का अनुभव और भविष्य की आवश्यकतानुसार वर्तमान में परिणाम ज्ञान से युक्त हो कार्य करना है न कि पशुओं की प्राकृतिक चेतना अर्थात् शुद्ध रुप से वर्तमान में कार्य करना है। सत्य चेतना में प्राकृतिक चेतना समाहित रहती है। अर्थात् मानव का विकास प्राकृतिक चेतना से सत्य चेतना की ओर होना चाहिए। और विज्ञान की भाँति धर्म के विषय में भी सदा आविष्कृत विषय से आविष्कार की ओर बढ़ना चाहिए अन्यथा स्थिति यह होगी कि वह तो आपके पास पहले से आविष्कृत था परन्तु उसी के आविष्कार में आपने पूरा जीवन व्यतीत कर दिया।

सम्पूर्ण मानव समाज से यह निवेदन है कि ईश्वर के सम्बन्ध में जो कुछ भी अब तक आविष्कृत है यद्यपि कि वह सब मैं (आत्मा) इस भौतिक शरीर (श्री लव कुश सिंह "विश्वमानव") से व्यक्त कर चुका हूँ लेकिन फिर भी व्यक्ति ईश्वर नहीं बन सकता। सिर्फ समष्टि ही ईश्वर होता है और समष्टि ही संयुक्त है। जिसकी चरम विकसित अवस्था सम्पूर्ण ब्रह्माण्ड का यथार्थ रुप है जो एक संयुक्त विचार-सत्य-सिद्धान्त ही है व्यक्ति नहीं। जबकि इसको व्यक्त और आत्मसात् करने वाला व्यक्ति ही है अर्थात् ईश्वर और व्यक्ति एक दूसरे पर निर्भर है। परिणामस्वरुप जो कुछ भी इस भौतिक शरीर द्वारा व्यक्त कर देना था-वह दे दिया गया और बात यहीं समाप्त हो गयी। क्योंकि मैं (विश्वात्मा) तुम्हारे अनूरुप सामान्य हो गया क्योंकि ईश्वर (संयुक्त विचार सत्य-सिद्धान्त) बाहर हो गया और वह सभी में व्याप्त हो गया। तू भी सामान्य, मैं भी सामान्य। तू भी ईश्वर, मैं भी ईश्वर। तू भी शिव, मैं भी शिव। इससे अलग सिर्फ माया, भ्रम, अन्धविश्वास है। और जब तक मैं (विश्वात्मा) इस शरीर में हूँ एक वर्तमान और भविष्य का एकात्म ध्यान युक्त प्रबुद्ध मानव के सिवाय कुछ अधिक भी नहीं समझा जाना चाहिए बस यही निवेदन है।

इस अन्तिम के सम्बन्ध में यह कहना चाहूँगा कि इस पर अभी विवाद करने से कोई लाभ नहीं है। अभी तो सिर्फ यह देखना है कि यह कालानुसार वर्तमान और भविष्य के लिए व्यक्ति से विश्व प्रबन्ध तक के लिए उपयोगी है या नहीं और जब तक मानव सृष्टि रहेगी तब तक यह सार्वभौम सत्य-सिद्धान्त अभेद्य और अकाट्य बना रहता है। तब यह समझ लेना होगा कि यह अन्तिम था। और व्यक्त करने वाला मानव शरीर पूर्ण ब्रह्म की अन्तिम कड़ी अर्थात् शिव का साकार सगुण रुप ही था।

आलोचना और विरोध मानव का स्वभाव है परन्तु सत्य की आलोचना और विरोध यदि बिना विचारे ही होगा तो यह उस मनुष्य के लिए स्वयं की मूर्खता का प्रदर्शन ही बन सकता है क्योंकि ऐसा नहीं है कि अन्य मनुष्य इसे नहीं समझ रहे हैं। इसलिए इसके लिए थोड़ा सतर्कता रखें विशेषकर उन लोगों के लिए जो सार्वजनिक रुप से विचार प्रस्तुत करते हैं।

हाँ, एक अन्तिम सत्य और-उपरोक्त अन्तिम सत्य भी सत्य और अन्तिम सत्य है या नहीं? इसके लिए भी तो ज्ञान और बुद्धि चाहिए।

प्रकाशित खुशमय तीसरी सहस्त्राब्दि के साथ यह एक सर्वोच्च समाचार है कि नयी सहस्त्राब्दि केवल बीते सहस्त्राब्दियों की तरह एक सहस्त्राब्दि नहीं है। यह प्रकाशित और विश्व के लिए नये अध्याय के प्रारम्भ का सहस्त्राब्दि है। केवल वक्तव्यों द्वारा लक्ष्य निर्धारण का नहीं बल्कि स्वर्गीकरण के लिए असिमीत भूमण्डलीय मनुष्य और सर्वोच्च अभिभावक संयुक्त राष्ट्र संघ सहित सभी स्तर के अभिभावक के कर्तव्य के साथ कार्य योजना पर आधारित। क्योंकि दूसरी सहस्त्राब्दि के अन्त तक विश्व की आवश्यकता, जो किसी के द्वारा प्रतिनिधित्व नहीं हुई उसे विवादमुक्त और सफलतापूर्वक प्रस्तुत किया जा चुका है। जबकि विभिन्न विषयों जैसे-विज्ञान, धर्म, आध्यात्म, समाज, राज्य, राजनीति, अन्तर्राष्ट्रीय सम्बन्ध, परिवार, व्यक्ति, विभिन्न संगठनों के क्रियाकलाप, प्राकृतिक, ब्रह्माण्डीय, देश, संयुक्त राष्ट्र संघ इत्यादि की स्थिति और परिणाम सार्वजनिक प्रमाणित दृश्य रुप में थे।

विज्ञान के सर्वोच्च आविष्कार के आधार पर अब यह विवाद मुक्त हो चुका है कि मन केवल व्यक्ति, समाज, और राज्य को ही नहीं प्रभावित करता बल्कि यह प्रकृति और ब्रह्माण्ड को भी प्रभावित करता है। केन्द्रीयकृत और ध्यानीकृत मन विभिन्न शारीरिक सामाजिक और राज्य के असमान्यताओं के उपचार का अन्तिम मार्ग है। स्थायी स्थिरता, विकास, शान्ति, एकता, समर्पण और सुरक्षा के लिए प्रत्येक राज्य के शासन प्रणाली के लिए आवश्यक है कि राज्य अपने उद्देश्य के लिए नागरिकों का निर्माण करें। और यह निर्धारित हो चुका है कि क्रमबद्ध स्वस्थ मानव पीढ़ी के लिए विश्व की सुरक्षा आवश्यक है। इसलिए विश्वमानव के निर्माण की आवश्यकता है, लेकिन ऐसा नहीं है और विभिन्न अनियन्त्रित समस्या जैसे-जनसंख्या, रोग, प्रदूषण, आतंकवाद, भ्रष्टाचार, विकेन्द्रीकृत मानव शक्ति एवं कर्म इत्यादि लगातार बढ़ रहे है। जबकि अन्तरिक्ष और ब्रह्माण्ड के क्षेत्र में मानव का व्यापक विकास अभी शेष है। दूसरी तरफ लाभकारी भूमण्डलीकरण विशेषीकृत मन के निर्माण के कारण विरोध और नासमझी से संघर्ष कर रहा है। और यह असम्भव है कि विभिन्न विषयों के प्रति जागरण समस्याओं का हल उपलब्ध करायेगा।

मानक के विकास के इतिहास में उत्पादों के मानकीकरण के बाद वर्तमान में मानव, प्रक्रिया और पर्यावरण का मानकीकरण तथा स्थापना आई0 एस0 ओ0-9000 एवं आई0 एस0 ओ0-14000 श्रृंखला के द्वारा मानकीकरण के क्षेत्र में बढ़ रहा है। लेकिन इस बढ़ते हुये श्रृंखला में मनुष्य की आवश्यकता (जो मानव और मानवता के लिए आवश्यक है) का आधार "मानव संसाधन का मानकीकरण" है क्योंकि मनुष्य सभी (जीव और निर्जीव) का निर्माणकर्ता और उसका नियन्त्रणकर्ता है। मानव संसाधन के मानकीकरण के बाद सभी विषय आसानी से लक्ष्य अर्थात् विश्वस्तरीय गुणवत्ता की ओर बढ़ जायेगी क्योंकि मानव संसाधन के मानक में सभी तन्त्रों के मूल सिद्धान्त का समावेश होगा।

वर्तमान समय में शब्द- "निर्माण" भूमण्डलीय रुप से परिचित हो चुका है इसलिए हमें अपना लक्ष्य मनुष्य के निर्माण के लिए निर्धारित करना चाहिए। और दूसरी तरफ विवादमुक्त, दृश्य, प्रकाशित तथा वर्तमान सरकारी प्रक्रिया के अनुसार मानक प्रक्रिया उपलब्ध है। जैसा कि हम सभी जानते हैं कि मानक हमेशा सत्य का सार्वजनिक प्रमाणित विषय होता है न कि विचारों का व्यक्तिगत प्रमाणित विषय। अर्थात् प्रस्तुत मानक विभिन्न विषयों जैसे-आध्यात्म, विज्ञान, तकनीकी, समाजिक, नीतिक, सैद्धान्तिक, राजनीतिक इत्यादि के व्यापक समर्थन के साथ होगा। "उपयोग के लिए तैयार" तथा "प्रक्रिया के लिए तैयार" के आधार पर प्रस्तुत मानव के विश्व स्तरीय निर्माण विधि को प्राप्त करने के लिए मानव निर्माण तकनीकी WCM-TLM-SHYAM.C (World Class Manufactuing–Total Life Maintenance- Satya, Heart, Yoga, Ashram, Meditation.Conceousnesas) प्रणाली आविष्कृत है जिसमें सम्पूर्ण तन्त्र सहभागिता (Total System Involvement-TSI) है और विश्वमानक शून्य: मन की गुणवत्ता का विश्वमानक श्रृंखला (WS-0: World Standard of Mind Series) समाहित है। जो विश्वमानव निर्माण प्रक्रिया की तकनीकी और मानव संसाधन की गुणवत्ता का विश्वमानक है। जैसे-औद्योगिक क्षेत्र में इन्स्टीच्यूट आफ प्लान्ट मेंन्टीनेन्स, जापान द्वारा उत्पादों के विश्वस्तरीय निर्माण विधि को प्राप्त करने के लिए उत्पाद निर्माण तकनीकी डब्ल्यू0 सी0 एम0-टी0 पी0 एम0-5 एस (WCM-TPM-5S (World Class Manufacturing - Total Productive Maintenance -Siri (छँटाई), Seton (सुव्यवस्थित), Sesaso (स्वच्छता), Siketsu (अच्छास्तर), Shituke (अनुशासन) प्रणाली संचालित है। जिसमें सम्पूर्ण कर्मचारी सहभागिता (Total Employees Involvement) है।) का प्रयोग उद्योगों में विश्व स्तरीय निर्माण प्रक्रिया के लिए होता है। और आई.एस.ओ.-9000 (ISO-9000) तथा आई.एस.ओ.-14000 (ISO-14000) है।

युग के अनुसार सत्यीकरण का मार्ग उपलब्ध कराना ईश्वर का कर्तव्य है आश्रितों पर सत्यीकरण का मार्ग प्रभावित करना अभिभावक का कर्तव्य है। और सत्यीकरण के मार्ग के अनुसार जीना आश्रितों का कर्तव्य है जैसा कि हम सभी जानते है कि अभिभावक, आश्रितों के समझने और समर्थन की प्रतिक्षा नहीं करते। अभिभावक यदि किसी विषय को आवश्यक समझते हैं तब केवल शक्ति और शीघ्रता से प्रभावी बनाना अन्तिम मार्ग होता है। विश्व के बच्चों के लिए यह अधिकार है कि पूर्ण ज्ञान के द्वारा पूर्ण मानव अर्थात् विश्वमानव के रुप में बनना। हम सभी विश्व के नागरिक सभी स्तर के अभिभावक जैसे-महासचिव संयुक्त राष्ट्र संघ, राष्ट्रों के राष्ट्रपति-प्रधानमंत्री, धर्म,

समाज, राजनीति, उद्योग, शिक्षा, प्रबन्ध, पत्रकारिता इत्यादि द्वारा अन्य समानान्तर आवश्यक लक्ष्य के साथ इसे जीवन का मुख्य और मूल लक्ष्य निर्धारित कर प्रभावी बनाने की आशा करते हैं। क्योंकि लक्ष्य निर्धारण वक्तव्य का सूर्य नये सहस्त्राब्दि के साथ डूब चुका है। और कार्य योजना का सूर्य उग चुका है। इसलिए धरती को स्वर्ग बनाने का अन्तिम मार्ग सिर्फ कर्तव्य है। और रहने वाले सिर्फ सत्य-सिद्धान्त से युक्त संयुक्तमन आधारित मानव है, न कि संयुक्तमन या व्यक्तिगतमन से युक्तमानव।

आविष्कार विषय "व्यक्तिगत मन और संयुक्तमन का विश्व मानक और पूर्णमानव निर्माण की तकनीकी है जिसे धर्म क्षेत्र से कर्मवेद: प्रथम, अन्तिम तथा पंचमवेदीय श्रृंखला तथा शासन क्षेत्र से WS-0: मन की गुणवत्ता का विश्व मानक श्रृंखला तथा WCM-TLM-SHYAM.C तकनीकी कहते है। सम्पूर्ण आविष्कार सार्वभौम सत्य-सिद्धान्त अर्थात सम्पूर्ण ब्रह्माण्ड में व्याप्त अटलनीय, अपरिवर्तनीय, शाश्वत व सनातन नियम पर आधारित है, न कि मानवीय विचार या मत पर आधारित।" सम्पूर्ण ब्रह्माण्ड में व्याप्त एक ही सत्य-सिद्धान्त द्वारा व्यक्तिगत व संयुक्त मन को एकमुखी कर सर्वोच्च, मूल और अन्तिम स्तर पर स्थापित करने के लिए शून्य पर अन्तिम आविष्कार WS-0 श्रृंखला की निम्नलिखित पाँच शाखाएँ है।

1. डब्ल्यू.एस. (WS)-0:विचार एवं साहित्य का विश्वमानक
2. डब्ल्यू.एस. (WS)-00: विषय एवं विशेषज्ञों की परिभाषा का विश्वमानक
3. डब्ल्यू.एस. (WS)-000:ब्रह्माण्ड (सूक्ष्म एवं स्थूल) के प्रबन्ध और क्रियाकलाप का विश्वमानक
4. डब्ल्यू.एस. (WS)-0000: मानव (सूक्ष्म तथा स्थूल) के प्रबन्ध और क्रियाकलाप का विश्वमानक
5. डब्ल्यू.एस. (WS)-00000:उपासना और उपासना स्थल का विश्वमानक

संयुक्त राष्ट्र संघ सीधे इस मानक श्रृंखला को स्थापना के लिए अपने सदस्य देशों के महासभा के समक्ष प्रस्तुत कर अन्तर्राष्ट्रीय मानकीकरण संगठन व विश्व व्यापार संगठन के माध्यम से सभी देशों में स्थापित करने के लिए उसी प्रकार बाध्य कर सकता है, जिस प्रकार ISO-9000 व ISO-14000 श्रृंखला का विश्वव्यापी स्थापना हो रहा है।

20 वर्षों से जिस समय की प्रतीक्षा मैं लव कुश सिंह "विश्वमानव" कर रहा था वह आ गया है। जो व्यक्ति प्राकृतिक बल को समझ जाते हैं वे उसके अनुसार कार्य योजना तैयार करते है। इस क्रम में व्यक्ति, समाज, देश व विश्व की आवश्यकता को 20 वर्ष पहले ही समझ लिया गया था और उस अनुसार ही लक्ष्य निर्धारित कर उसके प्राप्ति के लिए कार्य योजना तैयार की जा रही थी। सिर्फ लक्ष्य निर्धारण से ही कार्य सम्पन्न नहीं हो जाता बल्कि लक्ष्य की सत्यता की प्रमाणिकता के लिए धर्म शास्त्रों, पुराणों, दार्शनिकों, सामाजिक-राजनीतिक नेतृत्वकर्ताओं, विज्ञान व आध्यात्म इत्यादि के विचारों-सिद्धान्तों के द्वारा उसे पुष्टि प्रदान करने की भी आवश्यकता होती है। फिर उसे उस लक्ष्य तक पहुँचाने के लिए कार्य योजना बनानी पड़ती है।

वर्तमान समय, सम्पूर्ण पुनर्निर्माण और सत्यीकरण का समय है। हमें प्रत्येक विषय को प्रारम्भ से समझना और समझाना पड़ेगा। तभी व्यक्ति, समाज, देश व विश्व को सत्य दिशा प्राप्त हो सकेगी और इस कार्य को करने वाला काशी-सत्यकाशी क्षेत्र इस वर्तमान समय में राष्ट्र गुरू बनेगा जिसका कारण होगा-" राष्ट्र को सत्य मार्गदर्शन देना"। और फिर यही कारण भारत को जगतगुरू के रूप में स्थापित कर देगा।

हम सभी के मोटर वाहनों में, वाहन कितने किलोमीटर चला उसे दिखाने के लिए एक यंत्र होता है। यदि इस यंत्र की अधिकतम 6 अंकों तक किलोमीटर दिखाने की क्षमता हो तब उसमें 6 अंक दिखते है। जो प्रारम्भ में 000000 के रूप में होता है। वाहन के चलते अर्थात विकास करते रहने से 000001 फिर 000002 इस क्रम से बढ़ते हुये पहले इकाई में, फिर दहाई में, फिर सैकड़ा में, फिर हजार में, फिर दस हजार में, फिर लाख में, के क्रम में यह आगे बढ़ते हुये बदलता रहता है। एक समय ऐसा आता है जब सभी अंक 999999 हो जाते हें फिर क्या होगा? फिर सभी 000000 के अपने प्रारम्भ वाली स्थिति में आ जायेंगे। इन 6 अंक के प्रत्येक अंक के चक्र में 0 से 9 अंक के चक्र होते है। जो वाहन के चलने से बदलकर चले हुये किलोमीटर को दिखाते है। यही स्थिति भी इस सृष्टि के काल चक्र की है। सृष्टि चक्र में पहले काल है जिसके दो रूप अदृश्य और दृश्य हैं। फिर इन दोनों काल में 5 युग

हैं। 4 अदृश्य काल के 1 दृश्य काल के। और इन दोनों काल में 14 मनवन्तर और मनु हैं। 7 अदृश्य काल के 7 दृश्य काल के। फिर इन युगों में युगावतार अवतार होते हैं। फिर व्यास व शास्त्र होते हैं। ये सब वैसे ही है जैसे अंक गणित में इकाई, दहाई, सैकड़ा, हजार, दस हजार, लाख इत्यादि होते हैं। उपर उदाहरण दिये गये यंत्र में जब सभी अंक 999999 हो जाते हैं तब विकास के अगले एक बदलाव से इकाई, दहाई, सैकड़ा, हजार, दस हजार, लाख सभी बदलते हैं। वर्तमान सृष्टि चक्र की स्थिति भी यही हो गयी है कि अब अगले अवतार के मात्र एक विकास के लिए सत्यीकरण से काल, मनवन्तर व मनु, अवतार, व्यास व शास्त्र सभी बदलेंगे। इसलिए देश व विश्व के धर्माचार्यों, विद्वानों, ज्योतिषाचार्यों इत्यादि को अपने-अपने शास्त्रों को देखने व समझने की आवश्यकता आ गयी है क्योंकि कहीं ये कार्य वही तो नहीं है? और यदि नहीं तो वह कौन सा कार्य होगा जो इन सबको बदलने वाली घटना को घटित करेगा?

सामान्यतः मनुष्य का स्वभाव अपने जैसा ही दूसरे को समझना होता है। वह कैसे यह सोच सकता है कि एक व्यक्ति सांसारिक कार्यों से निर्लिप्त रहते हुये 20 वर्षों से ऐसी शोध व योजना पर ध्यान केन्द्रित कर कार्य करने में लगा हुआ है जो भारत को उसके सत्य महानता की ओर ले जाने वाला कार्य है। और ऐसा कार्य भारत सहित विश्व के लिए कितने बड़े समाचार का विषय बनेगा?

"विश्वशास्त्र" में जन्म-जीवन-पुनर्जन्म-अवतार-साकार ईश्वर-निराकार ईश्वर, अदृश्य और दृश्य ईश्वर नाम, मानसिक मृत्यु व जन्म, भूत-वर्तमान-भविष्य, शिक्षा व पूर्ण शिक्षा, संविधान व विश्व संविधान, ग्राम सरकार व विश्व सरकार, विश्व शान्ति व एकता, स्थिरता व व्यापार, विचारधारा व क्रियाकलाप, त्याग और भोग, राधा और धारा, प्रकृति और अहंकार, कर्तव्य और अधिकार, राजनीति व विश्व राजनीति, व्यक्ति और वैश्विक व्यक्ति, ज्ञान व कर्मज्ञान, योग, अदृश्य और दृश्य योग व ध्यान, मानवतावाद व एकात्मकर्मवाद, नायक-शास्त्राकार-आत्मकथा, महाभारत और विश्वभारत, जाति और समाजनीति, मन और मन का विश्वमानक, मानव और पूर्ण मानव एवं पूर्ण मानव निर्माण की तकनीकी, आकड़ा व सूचना और विश्लेषण, शास्त्र और पुराण इत्यादि अनेकों विषय और उनके वर्तमान समय के शासनिक व्यवस्था में स्थापना स्तर तक की विधि को व्यक्त किया गया है। इस एक ही "विश्वशास्त्र" साहित्य के गुणों के आधार पर धर्म क्षेत्र से 90 नाम और धर्मनिरपेक्ष व सर्वधर्मसमभाव क्षेत्र से 141 नाम भी निर्धारित किये गये हैं।

जब दुनिया बीसवीं सदी के समाप्ति के समीप थी तब वर्ष 1995 ई0 में कोपेनहेगन में सामाजिक विकास का विश्व शिखर सम्मेंलन हुआ था। इस शिखर सम्मेंलन में यह माना गया कि-" आर्थिक विकास अपने आप में महत्वपूर्ण विषय नहीं है, उसे समाजिक विकास के हित में काम करना चाहिए। यह कहा गया कि पिछले वर्षों में आर्थिक विकास तो हुआ, पर सभी देश सामाजिक विकास की दृष्टि से पिछड़े ही रहे। जिसमें मुख्यतः तीन बिन्दुओं-बढ़ती बेरोजगारी, भीषण गरीबी और सामाजिक विघटन पर चिन्ता व्यक्त की गई। यह स्वीकार किया गया कि सामाजिक विकास की समस्या सार्वभौमिक है। यह सर्वत्र है, लेकिन इस घोर समस्या का समाधान प्रत्येक संस्कृति के सन्दर्भ में खोजना चाहिए।" इसका सीधा सा अर्थ यह है कि व्यक्ति हो या देश, आर्थिक विकास तभी सफल होगा जब बौद्धिक विकास के साथ मनुष्य के गुणवत्ता में भी विकास हो। इसी सम्मेलन में भारत ने यह घोषणा की कि-" वह अपने सकल घरेलू उत्पाद का 6 प्रतिशत शिक्षा पर व्यय करेगा।" भारत इस पर तब से कितना अमल कर पाया यह तो सबके सामने है। लेकिन बौद्धिक विकास के साथ मनुष्य के गुणवत्ता में भी विकास के लिए भारत सहित विश्व के हजारों विश्वविद्यालय जिस पूर्ण सकारात्मक एवं एकीकरण के विश्वस्तरीय शोध को न कर पाये, वह पूर्ण किया जा चुका है और उसे पाठ्यक्रम का रूप देकर पुनर्निर्माण के माध्यम से आपके सामने है। परिणामस्वरूप एकल सार्वभौमिक रचनात्मक बुद्धि बनाम विश्व बुद्धि का रूप आपके सामने है।

शास्त्रों व अनेक भविष्यवक्ताओं के भविष्यवाणीयों को पूर्णतया सिद्ध करते हुये यह कार्य उसी समय अवधि में सम्पन्न हुआ है। भविष्यवाणीयों के अनुसार ही जन्म, कार्य प्रारम्भ और पूर्ण करने का समय और जीवन है। अधिक जानने के लिए इन्टरनेट पर गूगल व फेसबुक में नियामतपुर कलाँ, लव कुश सिंह "विश्वमानव" , सत्यकाशी,

विश्वशास्त्र, विश्वमानव (NIYAMATPUR KALAN, LAVA KUSH SINGH "VISHWMANAV" , SATYAKASHI, VISHWSHASTRA, VISHWMANAV) इत्यादि से सर्च कर जानकारी पायी जा सकती है।

सामाजिक-आर्थिक प्रणाली और शिक्षा के दायित्व पर आधारित सम्पूर्ण कार्य योजना को राष्ट्र को समर्पित करते हुये और प्रकृति से लिए गये हवा, पानी, धूप इत्यादि का कर्ज उतारते हुये, इस व्यापार पर स्वयं का एकाधिकार न रहे इसलिए इसे, पूरी रूचि से संचालित करने वालों के हाथों में ही सौंपने की भी योजना है जिससे ज्ञान का व्यापार भी हो जायेगा और राष्ट्र सेवा भी हो जायेगी।

जय भारत देश, जय विश्व राष्ट्र

सत्य, आधुनिक अथवा प्राचीन किसी समाज का सम्मान नहीं करता। समाज को ही सत्य का सम्मान करना पड़ेगा। अन्यथा समाज ध्वंस हो जाये कोई हानि नहीं। किसी प्रकार की राजनीति में मुझे विश्वास नहीं है। ईश्वर तथा सत्य ही एक मात्र राजनीति है बाकि सब कूड़ा-करकट है।

-स्वामी विवेकानन्द

Think Globally - Act Locally
वैश्विक सोच - स्थानीय कार्यवाही

जिस प्रकार शरीर स्थित मन का स्तर व्यक्ति को इस संसार में अभिनय करवाता है, उसी प्रकार एक लेखक ही पर्दे पर या जीवन में अभिनय करवाता है। वाल्मिकि और तुलसी के लिखने से श्रीराम का अभिनय, और व्यास के लिखने से श्रीकृष्ण का अभिनय अभी भी चल रहा है। व्यापक सोचें, व्यापक लिखे। पढ़े- "विश्वशास्त्र"

आत्मा पर कौन विश्वास करता है, सभी शरीर पर विश्वास करते हैं

WRITER IS ACTOR

भाग-5
परिवर्तन

सीधी समझ

नये भारत में, नये मनुष्य के उदय के लिए

व्यवस्था के परिवर्तन या सत्यीकरण का पहला प्रारूप और उसकी कार्य विधि

वे शब्द जिसके बिना युग परिवर्तन सम्भव नहीं

उपाधियाँ मिलती है- पीएच0 डी0, डी0 लिट0 और डी0 फिल0 और उनका बड़ा सम्मान होता है। उनका काम क्या है? उनका काम यह है कि वे तय करते हैं कि गोरखनाथ कब पैदा हुए थे। कोई कहता है दसवीं सदी के अंत में, कोई कहता है ग्यारहवीं सदी के प्रारम्भ में। इस पर बड़ा विवाद चलता है। बड़े-बड़े विश्वविद्यालयों के ज्ञानी सिर खपा कर खोज में लगे रहते हैं। शास्त्रों की, प्रमाणों की, इसकी, उसकी। उनकी पूरी जिन्दगी इसी में जाती है। इससे बड़ा अज्ञान और क्या होगा? गोरख कब पैदा हुए, इसे जानकर करोगे क्या? इसे जान भी लिया तो पाओगे क्या? गोरख न भी पैदा हुए, यह भी सिद्ध हो जाये, तो भी क्या फायदा? हुए हों या न हुए हों, अर्थहीन है। गोरख ने क्या जिया उसका स्वाद लो। इसलिए तुम्हारे विश्वविद्यालय ऐसी व्यर्थता के कामों में संलग्न हैं कि बड़ा आश्चर्य होता है कि इन्हें विश्वविद्यालय कहो या न कहो। इनका काम ही........तुम्हारे विश्वविद्यालय में चलने वाली जितनी शोध है, सब कूड़ा-करकट है।

-आचार्य रजनीश "ओशो"

(अक्टुबर व नवम्बर 1978 में दिये गये प्रवचन का अंश)

FINAL KNOWLEDGE BOMB BLAST

AFTER FIRST NOBEL DISCOVERY OF ZERO BY INDIA AGAIN ZERO BASED FINAL DISCOVERY

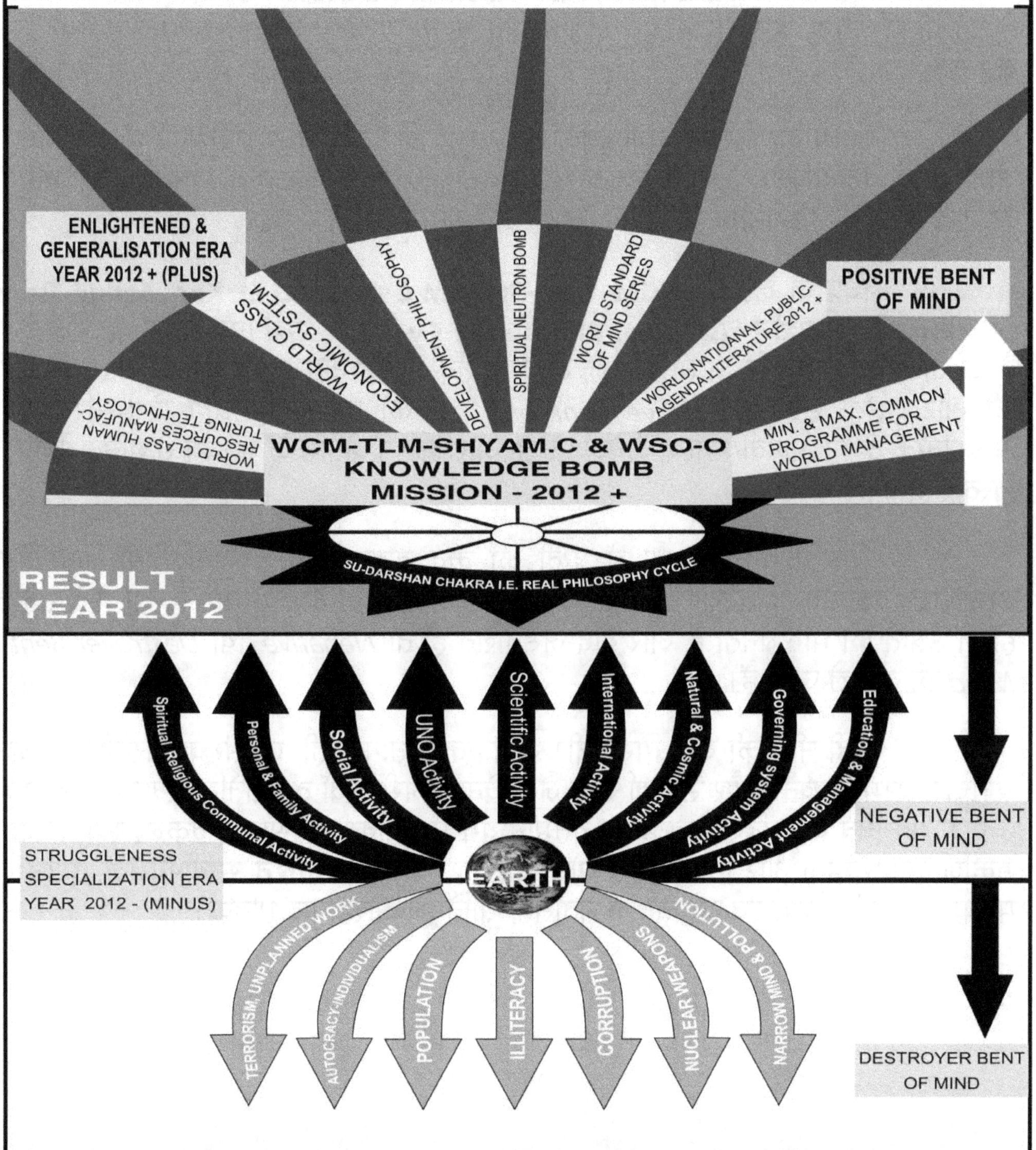

मैकाले शिक्षा पद्धति हम बदल नहीं सकते लेकिन अलग से “सत्य मानक शिक्षा” ग्रहण तो कर सकते हैं।

सरकारी पाठ्यक्रम बनाम नीजी पाठ्यक्रम / सार्वभौम आत्मीय पाठ्यक्रम / ईश्वरीय पाठ्यक्रम

ज्ञान के इस युग में ज्ञान की ओर चलें

FINAL KNOWLEDGE BOMB BLAST

यह चित्र **"FINAL KNOWLEDGE BOMB BLAST"** एक गहन वैचारिक मानचित्र है, जो मानव चेतना, ज्ञान, दर्शन और वैश्विक व्यवस्था के परिवर्तन को प्रतीकात्मक रूप में प्रस्तुत करता है।

इसमें यह दिखाया गया है कि वर्ष 2012 को एक *युग-संधि* के रूप में देखा गया है- जहाँ संघर्ष, विशेषज्ञता और विखंडन (2012–minus) से निकलकर मानवता को प्रबोधन, सामान्यीकरण और समन्वय (2012–plus) की ओर बढ़ना है।

चित्र के केंद्र में **WCM–TLM–SHYAM.C & WSO-O Knowledge Bomb Mission** और **सु-दर्शन चक्र (Real Philosophy Cycle)** को रखा गया है, जो यह संकेत देता है कि वास्तविक परिवर्तन शस्त्रों से नहीं, बल्कि दर्शन, विवेक और समग्र ज्ञान से आता है। ऊपर की ओर उठती संरचना *Positive Bent of Mind* को दर्शाती है, जहाँ विश्व-स्तरीय सोच, आध्यात्मिक दर्शन, मानवीय मूल्य, वैश्विक एजेंडा और कॉमन प्रोग्राम के माध्यम से मानव चेतना का विस्तार होता है।

चित्र के निचले भाग में पृथ्वी को केंद्र बनाकर मानव गतिविधियों-आध्यात्मिक, सामाजिक, वैज्ञानिक, अंतरराष्ट्रीय, शैक्षिक और प्रशासनिक-को दर्शाया गया है, जो यदि संतुलित हों तो उन्नति का मार्ग बनती हैं, और यदि असंतुलित हों तो *Negative* तथा *Destroyer Bent of Mind* की ओर ले जाती हैं।

वहीं नीचे की ओर गिरते तीर आतंकवाद, तानाशाही, जनसंख्या विस्फोट, अशिक्षा, भ्रष्टाचार, परमाणु खतरे और संकीर्ण सोच जैसे विनाशकारी तत्वों का प्रतिनिधित्व करते हैं। समग्र रूप से यह चित्र यह संदेश देता है कि वर्तमान युग में मानवता के सामने विकल्प स्पष्ट है-या तो संकीर्ण, नकारात्मक और विनाशकारी सोच, या फिर **"ज्ञान आधारित सार्वभौमिक दर्शन"** के माध्यम से पृथ्वी और मानव सभ्यता का संतुलित, शांतिपूर्ण और प्रबुद्ध भविष्य।

सीधी समझ

बड़ा वट वृक्ष (Big Banyan Tree), सैकड़ों वर्ष पुराना एक विशाल क्षेत्र में फैला वट वृक्ष है। जिसका मूल वृक्ष अब अस्तित्व में नहीं है उसके तनों से निकले सैंकड़ों जड़ वर्तमान में स्वयं एक वृक्ष, फिर उनके तनों से निकले सैंकड़ों जड़ भी वर्तमान में एक-एक वृक्ष के रूप में स्थापित हैं और सभी एक-दूसरे से जुड़े हुये हैं, बस जो नहीं है, वह है मूल वृक्ष। इस प्रकार सम्पूर्ण वृक्ष परिवार एक बड़े क्षेत्र में फैल चुका है और निरन्तर जारी भी है। प्रत्येक स्वयं स्वतन्त्र वृक्ष के रूप में स्थापित वृक्ष का अपने परिवार के रूप में तना, पत्ता, फूल और फल सब निकलते रहते हैं और जिसे जहाँ अर्थात् नजदीकी स्रोत से सुविधा अर्थात् खुराक मिल सकता हैं वहाँ से प्राप्त करते हुये विकास कर रहे हैं। इस कार्य में आपस में कोई विवाद नहीं है। कोई किसी पर अधिपत्य जमाना नहीं चाहता, ना ही अन्य के विकास में कोई बाधा पहुँचाता है। जिसको जिस ओर उचित वातावरण मिलता जाता है, उस ओर वह विकास कर रहा है। कुल मिलाकर स्व प्रेरित सुशासन की भाँति संचालित है। इस वट वृक्ष के सबसे बाद अर्थात् वर्तमान के तनों-पत्तों के लिए उसका जन्मदाता व पालनकर्ता के रूप में उसका नजदीकी जड़ ही है इसलिए उसकी कथा-कहानी वहीं से शुरू होती है और वहीं तक उसका ज्ञान है जो एक संकुचित और सीमित ज्ञान है। वह पूर्ण को नहीं जान रहा, उसका पूर्णत्व, सार्वभौम पूर्णत्व नहीं बल्कि सीमित पूर्णत्व है। सीमित पूर्णत्व में भी वह आनन्द में हैं और विकासशील है। उसका विकास होना सार्वभौम का ही विकास होना है परन्तु उसे उसका ज्ञान नहीं है और वह उस सार्वभौम के विकास में अपने योगदान को करते हुये भी स्वयं को गौरवान्वित नहीं अनुभव कर रहा है। सार्वभौम से युक्त होने के बाद भी उसे अपने परिवार से ही जुड़ा रहना उसकी विवशता भी है और इसके अलावा कोई अन्य मार्ग भी नहीं हैं। उसके सार्वभौम का मार्ग भी उसके अपने परिवार के ही मार्ग से होकर जाता है। वृक्ष के साथ यह मजबूरी भी है कि क्योंकि वह स्थिर है इसलिए उसका छोटा परिवार केवल पड़ोस तक के ही दायरे के सम्पर्क में है। दूसरे छोर के परिवार का क्या हाल है उसे कुछ नहीं पता।

हे मानवों, ये संसार भी उपरोक्त वट वृक्ष के सामन ही फैला हुआ है। परन्तु उस भाँति विकास नहीं कर रहा है। मनुष्य के अन्दर बीमारी की भाँति अधिकतम "शक्ति और लाभ (पावर और प्राफिट)" की दौड़ ने उसे अधिपत्य, अत्याचार, दूसरे को दबाना इत्यादि से युक्त कर दिया है। और जो इस दौड़ में नहीं हैं वे सीमित पूर्णत्व में आनन्द के साथ विकासशील हैं। उन्हें और भी तेज विकास की इच्छा है परन्तु उनके बुद्धि का दायरा ही सीमित है इसलिए उन्हें मार्ग नहीं मिल रहा है। यदि उनको मार्ग भी मिल रहा हो तो वट वृक्ष की भाँति उसके नजदीकी जन्मदाता ने उसे यह बता रखा है कि जब उस सार्वभौम का मार्ग मेरे ही रास्ते से जाता है तो जो मैं कह रहा हूँ उसे करो। और इसके लिए वे अपने परिवार के लिए अनेक प्रकार की प्रणाली दे रखे हैं। जबकि ये प्रणाली देने वाले उनके नजदीकी जन्मदाता स्वयं कहाँ से आये हैं स्वयं उन्हे भी नहीं पता। क्योंकि वे स्वयं भी उस वट वृक्ष के खो गये मूल जड़ की तरह अपने मूल जड़ को नहीं जानते। वे भी अपने नजदीकी जन्मदाता का ही अनुसरण कर रहे होते हैं। ये प्रणालीयाँ अनेक प्रकार की हैं उदाहरणस्वरूप कुछ मुख्य निम्नवत् हैं-

1 उनके द्वारा प्रस्तुत कुछ पुस्तकें होती हैं जिन्हें नियमानुसार प्रतिदिन पढ़ना होता है। पढ़ने के पूर्व शुद्धता की भी प्रक्रिया अनिवार्य होती है अन्यथा पुस्तकें परिणाम नहीं दे पायेंगी, ये भी शर्त होती हैं।
2 उनके द्वारा भोजन से सम्बन्धित कुछ नियम बना दिये जाते हैं कि क्या खाना है और क्या नहीं खाना है।
3 उनके द्वारा कोई मन्त्र दे कर उसे नियमानुसार जपने के लिए दे दिया जाता है।
4 उनके द्वारा किसी यन्त्र-तन्त्र द्वारा समस्या मुक्ति का उपाय बता दिया जाता है।
5 उनके द्वारा किसी विशेष प्रकार के रंग और ढ़ग के वस्त्र निर्धारित कर दी जाती है जिससे उनकी पहचान एक अलग रूप में हो। अर्थात् समाज का एक और विभाजन कर उसे प्रस्तुत कर देते हैं।

सामान्य रूप से सभी द्वारा अनिवार्य रूप से ये भी निर्धारित कर दी जाती है कि किसी दूसरे के नियमों को न तो जानना है, न सुनना है, न पढ़ना है और न ही उसमें शामिल होना है। अर्थात् एक गतिशील प्राणी मनुष्य को जिसे सदैव श्रेष्ठ से, श्रेष्ठतम और सर्वोच्च तक उठने-विकास करने के लिए निर्मित किया गया था, उसे एक सीमित

दायरे में बुद्धिबद्ध कर दिया गया। मनुष्य जिसका निर्माण अपनी मस्तिष्क को असीम क्षमता को विकसित कर ईश्वर रूप में व्यक्त होना था, उसे जड़ (स्थिर) बना दिया गया।

हे मानवों, मनुष्यों की सबसे बड़ी कमजोरी "स्वयं में गुणों का विकास कर स्वयं बन जाने या हो जाने" में नहीं बल्कि "पाने" की इच्छा है। इस पाने की इच्छा की कमजोरी का परिणाम ही है उपरोक्त अनेक प्रकार के बुद्धिबद्ध करने की विधियाँ।

हे मानवों, उपरोक्त के पृष्ठभूमि में उनका उद्देश्य केवल अपने स्वार्थ की पूर्ति के सिवाय कुछ नहीं होता। क्योंकि मार्गदर्शक या प्रेरक या शिक्षक का उद्देश्य स्वयं से श्रेष्ठ मानव का निर्माण होता है न कि सदैव जीवन भर एक ही प्रणाली या प्रक्रिया या कक्षा में पढ़ते-दुहराते रहने के लिए विवश करना। उपरोक्त के पृष्ठभूमि में शारीरिक-आर्थिक-मानसिक शोषण का ही कार्य विभिन्न प्रकार से चल रहा है। कोई अपने कृषि कार्य को मुफ्त में हल करवा रहा है, तो कोई अपने नाम के उत्पादों को सिर्फ उन्हें ही खरीदने के लिए बुद्धिबद्ध कर दिया है।

हे मानवों, इन सबको आस्था का व्यापार कहते हैं। जबकि मैं देख रहा हूँ कि प्रत्येक संस्कारित करने की क्रिया जो उस काल के लिए आस्था का विषय था। उसके अगले काल के लिए संस्कारित करने की नयी क्रिया उपलब्ध हो जाने के बावजूद, मानव शरीर पिछले काल के संस्कारित करने वाली क्रिया के प्रति आस्था रखते हुये मूर्खता का स्पष्ट प्रदर्शन कर रहा है। सभी कालों में, सभी संस्कारित करने की क्रियाओं में मैं (सार्वभौम आत्मा) ही आस्था का विषय था परन्तु क्रिया के प्रति आस्था रखना मूर्खता का स्पष्ट प्रमाण ही तो है। चाहे वह व्यक्तिगत इच्छा से हो या सामाजिक प्रदर्शन की इच्छा से। इन समस्त संस्कारित करने के क्रिया के पीछे जो रहस्य आज तक गोपनीय था उसे मैंने तुम्हारें समक्ष सार्वजनिक प्रकाशित कर दिया है। अब कुछ भी गोपनीय नहीं। बावजूद इसके प्रत्येक मनुष्य अपनी मूर्खता रूपी आस्था को प्रदर्शित करने के लिए स्वतन्त्र है। परन्तु वह मुझ (सार्वभौम आत्मा) को प्राप्त नहीं कर सकता। हे मानवों, ईश्वर बहुमत से नहीं निर्धारित किया जाता इसलिए ही उसे अनिवर्चनीय कहा गया है। किसी भी वस्तु के प्रति आस्था के विकास से और समस्त मानवों को उसके प्रति आस्थावान् बना देने से वह वस्तु गुण प्रकट कर वैसा नहीं बन सकती जैसा आप उम्मीद करते हो।

हे मानवों, एक तरह से देखा जाये तो उपरोक्त व्यवस्था से कोई समस्या है ही नहीं क्योंकि जिसकी इच्छा जहाँ से पूर्ति हो रही है और विकास का मार्ग मिल रहा है, वह वहाँ से जुडा हुआ है। इसलिए मानव सभ्यता पर आया यह दसवाँ और अन्तिम संकट, संकट होते हुये भी संकट जैसा नहीं दिखता। इस व्यवस्था से हमें कोई समस्या भी नहीं है। समस्या ये है कि धर्म को जिस उद्देश्य के लिए निर्मित किया गया था वही धर्म, संकट में है। यह धर्म ही उस वट वृक्ष का मूल है, सार्वभौम है, समष्टि है। इसके ज्ञान से युक्त दोनों को अर्थात् विशाल संसार रूपी वट वृक्ष के छोटे-छोटे परिवार के नेतृत्वकर्ता मुखिया सहित उसके सदस्यों को होना आवश्यक है। तभी परिवार के नेतृत्वकर्ता मुखिया द्वारा बनाये गये उपरोक्त प्रणाली-नियम परिणाम-फल दे पायेंगे जिसकी इच्छा परिवार के सदस्य करते हैं।

हमारी उत्पत्ति ज्ञान से हुई है। जिन्हें ज्ञान है वही अपने आप को संघर्ष में पाते हैं और सर्वश्रेष्ठता के लिए कर्मशील हैं। शेष सभी तो प्रकृति के अनुसार आते-जाते रहते हैं। इस ज्ञान को ही ब्रह्म (सार्वभौम एकात्म ज्ञान) कहते हैं। देवता रूप में इस ज्ञान को ब्रह्मा के रूप में प्रक्षेपित किया गया है। यह ज्ञान जिस-जिस अंगो द्वारा प्राथमिकता से अनुभव में आता है उतने प्रकार के मानव अपने-आप को उत्पन्न समझते हैं।

पुराण रचनाकार महर्षि व्यास ने ब्रह्मा अर्थात ज्ञान के पुत्रों का प्रक्षेपण किये हैं। ब्रह्मा के 10 मानस पुत्रों

01.मन (विचार) से ज्ञान प्राप्त करने वाले मरीचि

02.नेत्रों (देखकर) ज्ञान प्राप्त करने वाले अत्रि

03.मुख (वाणी) से ज्ञान प्राप्त करने वाले अंगिरा

04.कान (सुन) कर ज्ञान प्राप्त करने वाले पुलस्त्य

05.नाभि (केन्द्र) से ज्ञान प्राप्त करने वाले पुलह

06.हाथ (कर्म) से ज्ञान प्राप्त करने वाले कृतु

07.त्वचा (स्पर्श) से ज्ञान प्राप्त करने वाले भृगु

08.प्राण (श्वास) से ज्ञान प्राप्त करने वाले वशिष्ठ

09.अँगूठे (आत्मा) से ज्ञान प्राप्त करने वाले दक्ष

10.गोद (प्रेम) से ज्ञान प्राप्त करने वाले नारद

ये दस प्रकार ज्ञान से उत्पन्न है और इतने प्रकार के मानव निर्मित होकर संसार में विचरण कर रहे हैं। इसे ये न समझना चाहिए कि मन या नेत्र इत्यादि से कैसे ब्रह्मा ने अपने पुत्रों को उत्पन्न किया? चूंकि शरीर का अस्तित्व अस्थायी है इसलिए विचार के आधार पर ये मनुष्य के वर्ग या श्रेणी का निर्धारण है। इसे मानकीकरण (Standardization) या वर्गीकरण (Classification) भी कहा जा सकता है। जिस प्रकार आजकल मानकीकरण के शब्द ISOऔर ISI मार्का दिये जाते हैं।

नये भारत में, नये मनुष्य के उदय के लिए

आप लंगोट से जौकी पर आ गये...पायजामे से पतलून पर आ गये...नाड़े से बेल्ट पर आ गये...खड़ाऊँ से बूट पर आ गये...कलम से कीबोर्ड पर आ गये। पगडंडियों से एक्सप्रेस वे पर आ गये...चूल्हे से इंडक्शन कुकर पर आ गये...जंगलो से अपार्टमेंट तक आ गये। हल से ट्रैक्टर पर आ गये...पैदल से लक्ज़री जहाज़ों पर आ गये...दीये-मशाल से एलईडी पर आ गये...आप लैंडलाइन से ओरियो एंड्रॉयड तक आ गये...तीर-कमान और गदा से ऑटोमैटिक बंदूकों और मिसाइलों पर आ गये। दुनियां चाँद पे चली गई...मंगल की छाती पर नासा ने रोबोट उतार दिया....शनि मंगल सूर्यग्रहण-चन्द्रग्रहण के हर रहस्य से पर्दा उठ गया!

आप पाँच हज़ार ईसापूर्व और पाँचवी-छठवीं शताब्दी से इक्कीसवी शताब्दी में आ गये...आप लगातार अपडेट होते रहे हैं!!! मगर फिर भी तुम ग्रह-नक्षत्रों को...शनि-मंगल को जन्मकुंडली में देख-देख कर काँप रहे हो। अपना भविष्य सुधारने के लिए बाबा-बाबियों का रास्ता नाप रहे हो। क्या इसी दिन के लिए तुमने बी.एससी, एम.एससी पीएच.डी की थी?? कि तुम पढ़े-लिखे जाहिलों की फौज में शामिल हो जाना! क्या इसी दिन के लिए तुम डॉक्टर, इंजीनियर, वकील, मजिस्ट्रेट या प्रोफेसर बने थे? कि बंगले पर काली हांडी टांगना! निम्बू मिर्ची टांगना! नजर न लगने से एक पैर में काला धागा बांधना?? और अपने उज्ज्वल भविष्य की भीख किसी बाबा-बाबी के दर पर नाक रगड़ के मांगना?

देश आजाद हो गया! दुनिया आजाद हो गई! आखिर कब मिलेगी तुम्हें आजादी?? इस अंधी मानसिक गुलामी से? दुनिया रोज नए-नए आविष्कार कर रही है! तुम हजारों साल पुरानी भाषा, संस्कृति, रीति, रिवाजो की वैज्ञानिक व्याख्या करने में लगे हो! क्या भारत पुनः विश्वगुरु तुम्हारे जैसे मनोरोगियों की वजह से कभी बन पाएगा? बंद कमरे में तुम्हारी चोटी कट जाती! अँधेरे में अकेले में तुम्हें भूत-पलीत सताते हैं! तुम्हें ही सारी दुनिया की नजर लगती है! डायन तो तुम्हारे हर घर में मौजूद है!! तुम्हारे तंत्र-मंत्र-यंत्र काम क्यों नहीं करते हैं? एक पैर में काले धागे वाला रक्षा सूत्र तुम्हारी चोंटी क्यों नहीं बचाता है? आखिर कब तक तुम मानसिक गुलाम रहोगे?

तुम्हारी समस्याएं लौकिक है। मगर तुम्हें हर समस्या का हल परलोक में नजर आता है! संसार तुम्हारे लिए स्वप्नवत् है माया है! भगवान की लीला है! नाटक है! भ्रम है! आखिर तुम्हें इस सपने से कौन जगाए? कब तक शब्दों के साथ बलात्कार करोगे? कब तक धोखे में रहोगे? कब तक हर सिद्धान्त हर आविष्कार को शास्त्रों ऋषि-मुनियों के माथे मड़ोगे??

तुम लोग को जो जगाए वही धर्मद्रोही, देशद्रोही, जातिवादी या नास्तिक है? चारुवाक, बुद्ध, महावीर, कपिल, कणाद गौतम, नागसेन, अश्वघोष, कबीर, नानक, रविदास, ओशो, फुले, शाहू, पेरियार, भीम, भगतसिंह, कोवूर, राहुल संस्कृत्यायन, दयानन्द, विवेकानंद, सबने विवेक लगाया! मगर फिर भी तुम्हारा विवेक नहीं जागा!

तुम्हारा धर्म कब अपडेट (Update) होगा?
तुम्हारी आस्था कब अपडेट (Update) होगी?
तुम्हारा ईश्वर कब अपडेट (Update) होगा?
तुम्हारी सोच कब अपडेट (Update) होगी?
तुम्हारे धर्म की किताबें कब अपडेट (Update) होंगी?

कम्प्यूटर और मोबाइल का साफ्टवेयर तो तुरन्त करते हो, तुम्हारे मस्तिष्क का साफ्टवेयर कब अपडेट (Update) होगा?

क्योंकि तुम विश्वगुरु के अहंकार की दारू पीकर गरीबी, अनपढ़ता, लिंगभेद, जातिभेद, भाषाभेद, क्षेत्रभेद, साम्प्रदायिकता की नाली में पड़े हो! आखिर तुम्हें कब मिलेगी आजादी? इस उम्दा मानसिक गुलामी से?

सोच के बता देना!!
आओ एक कदम शब्दों के उँचाइयों की ओर..........

IDEAS + ACTION = CHANGE

व्यवस्था के परिवर्तन या सत्यीकरण का पहला प्रारूप और उसकी कार्य विधि

उदाहरण के रूप में, यदि किसी शिक्षित व्यक्ति जिसे अंकगणित का ज्ञान हो, उसके समक्ष संख्या 5 लिख दिया जाये और उससे कहा जाये कि इस संख्या के आगे और पीछे की संख्या लिखें तो वह आसानी से उसे लिख देगा परन्तु अंकगणित का अज्ञानी ऐसा नहीं कर पायेगा। उसका सारा ध्यान केवल संख्या 5 पर ही टिका रह जायेगा क्योंकि वह संख्या पद्धति से अपरिचित है। अगर वह कुछ लिख भी देगा तो वह आवश्यक नहीं कि सत्य हो और उसमें सुधार की पूरी सम्भावना बनी रहेगी। समाज सुधार के क्षेत्र में भी यही बात है। हम एक समस्या देखते हैं फिर उसमें कुछ सुधार कर देते हैं। फल यह होता है कि कुछ समय बाद पुनः उसमें सुधार की आवश्यकता आ जाती है।

जितने अधिक आकड़ों को विश्लेषित कर हम परिणाम को खोजेंगे उतने ही सत्य परिणाम हमारे सामने आयेंगे। प्रस्तुत शास्त्र व्यक्त अधिकतम आकड़ों के व्यवस्थित प्रस्तुतीकरण का शास्त्र है। दूसरे रूप में इसे धर्म ज्ञान का बैलेन्ससीट भी कह सकते है। इन सम्पूर्ण आकड़ों पर आधारित होकर व्यक्ति, समाज और विश्व राष्ट्र के लिए लिया गया निर्णय ही एक सत्य निर्णय हो सकता है। समाज सुधार के सम्बन्ध में स्वामी विवेकानन्द का कहना है कि-"तथाकथित समाज-सुधार के विषय में हस्तक्षेप न करना क्योंकि पहले आध्यात्मिक सुधार हुये बिना अन्य किसी भी प्रकार का सुधार हो नहीं सकता (राम पृष्ठ मिशन, पत्रावली भाग-1, पृष्ठ-29), भारत के शिक्षित समाज से मैं इस बात पर सहमत हूँ कि समाज का आमूल परिवर्तन करना आवश्यक है। पर यह किया किस तरह जाये? सुधारकों की सब कुछ नष्ट कर डालने की रीति व्यर्थ सिद्ध हो चुकी है। मेरी योजना यह है, हमने अतीत में कुछ बुरा नहीं किया। निश्चय ही नहीं किया। हमारा समाज खराब नहीं, बल्कि अच्छा है। मैं केवल चाहता हूँ कि वह और भी अच्छा हो। हमें असत्य से सत्य तक अथवा बुरे से अच्छे तक पहुँचना नहीं है। वरन् सत्य से उच्चतर सत्य तक, श्रेष्ठ से श्रेष्ठतर और श्रेष्ठतम तक पहुँचना है। मैं अपने देशवासियों से कहता हूँ कि अब तक जो तुमने किया, सो अच्छा ही किया है, अब इस समय और भी अच्छा करने का मौका आ गया है।"-(राम पृष्ठ मिशन, जितने मत उतने पथ, पृष्ठ-46)

व्यक्ति हो या ज्ञानी, समाज हो या राज्य, देश हो या विश्व, समाज नेता हों या राजनेता सभी को अब यह जान लेना चाहिए कि विश्व एक परिवार है और उस परिवार का शास्त्र-"विश्वशास्त्र" है। जब तक यह शास्त्र उपलब्ध नहीं था तब तक इस विश्व परिवार के एकीकरण का मार्ग नहीं खुला था, अब वह मार्ग मिल चुका है। कोई भी समाज निर्माण या युग परिवर्तन का कार्य एक क्षण का कार्य नहीं है। यह एक लम्बी अवधि की प्रक्रिया का कार्य है। इसे हम उन समाज सुधारकों के संस्थाओं के कार्य को देख कर अनुभव कर सकते हैं।

व्यवस्था परिवर्तन, एक राजनीतिक लुभावना वाला शब्द है। वह कैसे होगा, इसके लिए एक प्रारूप की आवश्यकता होती है अगर वह नहीं है तो व्यवस्था परिवर्तन चिल्लाने से नहीं होता। फिर व्यवस्था परिवर्तन किस बात का? मानव समाज को संचालित करने के लिए तो सिर्फ दो ही मूल व्यवस्था है-एक राजतन्त्र, जिसका युग जा चुका है। दूसरा-लोकतन्त्र, जिसका युग चल रहा है और यही अन्तिम व्यवस्था भी बनी रहेगी क्योंकि ब्रह्माण्डीय व्यवस्था भी लोकतन्त्र से ही चल रहा है और मनुष्य के मस्तिष्क से अन्ततः वही व्यक्त हो रहा है। लोकतन्त्र से हम राजतन्त्र में नहीं जा सकते इसलिए व्यवस्था परिवर्तन का अर्थ ही निरर्थक है।

आवश्यकता है वर्तमान लोकतन्त्र व्यवस्था को ही सत्य आधारित करने की जिसे व्यवस्था सत्यीकरण कहा जा सकता है। इस कार्य में हमें मानकशास्त्र की आवश्यकता है जिससे तोल कर यह देख सके कि इस लोकतन्त्र व्यवस्था में कहाँ सुधार करने से सत्यीकरण हो जायेगा। यह मानकशास्त्र ही "विश्वशास्त्र" है। सिर्फ मतदाता बनने व वोट डालने से ही लोकतन्त्र स्वस्थ नहीं हो सकता। उसके लिए देश व विश्व के पूर्ण ज्ञान की आवश्यकता होगी। इसलिए आवश्यक है कि प्रत्येक मतदाता "विश्वशास्त्र" के ज्ञान से युक्त हो।

अच्छा होता कि हमारे राजनेतागण कुछ दिनों के लिए सन्यास लेकर थोड़ा कुछ अध्ययन-चिंतन करते रहते ताकि उन्हें बार-बार लक्ष्य के लिए शब्दों का परिवर्तन न करना पड़ता। एक ही स्थिति में बहुत समय तक रहने पर बुद्धि, बद्ध हो जाती है। एक-एक सीढ़ी चढ़कर, पहुँच गये-पहुँच गये चिल्लाने से अच्छा है कि अन्तिम सीढ़ी पर पर बैठकर चिल्लाना कि पहुँच गये।

चाहे कुछ हो यदि प्रारूप नहीं, तो न तो व्यवस्था परिवर्तन हो सकता है, न ही व्यवस्था सत्यीकरण हो सकता है, न ही सम्पूर्ण क्रान्ति। भीड़ से क्रान्ति नहीं सिर्फ हंगामा होता है। भीड़ में जोश होता है, होश नहीं।

इस मानक शास्त्र के प्रस्तुत हो जाने से व्यवस्था परिवर्तन की नहीं बल्कि व्यवस्था के सत्यीकरण का मार्ग खुल चुका है। जिसका व्यक्ति, समाज और विश्व राष्ट्र को आवश्यकता भी है। किसी एक विषय पर बहुत अधिक पुस्तक मस्तिष्क को भ्रमित ही करती है। यह शास्त्र प्रारम्भ से अन्त तक के विकास को क्रमबद्ध प्रस्तुत करता है जिससे हम सभी एक सत्य निर्णय करने में सक्षम हों और पूर्ण ज्ञान से युक्त हो जायें और हमारा कोई भी सुधार एक स्थायी, अच्छा और दूरगामी परिणाम देने वाला हो।

प्रश्न यह भी उठता है कि परिवार का मुखिया जिसके द्वारा परिवार का संचालन होता है, यदि वह परिवार के हित व विकास के विषय में कर्म न करता हो तो क्या परिवार का सदस्य उसमें हस्तक्षेप करने का अधिकारी है या नहीं? यही बात देश को चलाने वाले संसद के विषय में भी है। यदि संसद स्वयं देशहित व जनहित के प्रति उदासीन हो जाये तो क्या जनता संसद को मार्गदर्शन देने का अधिकार नहीं रखती? यदि नहीं तो संविधान की धारा-51(ए) के अन्तर्गत नागरिक का मौलिक कर्तव्य की उपयोगिता क्या है? ध्यान रखने योग्य विषय यह है कि कोई भी चुना हुआ प्रतिनिधि सिर्फ उतने ही बड़े क्षेत्र का प्रतिनिधि होता है जिस क्षेत्र से वह चुना जाता है। भारत में ऐसा कोई प्रतिनिधि जनता से नहीं चुना जाता जो भारत का प्रतिनिधित्व करता हो और जब तक भारत का प्रतिनिधित्व करने वाला चुनाव नहीं होता या भारत की जनता का राष्ट्रीय मुद्दों पर विचार कर संसद के कर्तव्य का बोध कराने वाली स्वतन्त्र संस्था नहीं बन जाती, तब तक जनता को संसद को संविधान की धारा-51(ए) के अन्तर्गत नागरिक का मौलिक कर्तव्य के अनुसार न्यायालय व संसद के माध्यम से सरकार को मार्गदर्शन देने का कर्तव्य करना चाहिए जो उसका अधिकार भी है।

वे शब्द जिसके बिना युग परिवर्तन सम्भव नहीं

सन् 1893 से सन् 1993 के 100 वर्षों के समय में विश्व के बौद्धिक शक्ति को जिन्होंने सबसे अधिक हलचल दी वे हैं-धर्म की ओर से स्वामी विवेकानन्द और धार्मिकता की ओर से आचार्य रजनीश"ओशो"। मनुष्य जिस प्रकार भौतिक विज्ञान के नवीन आविष्कारों को आसानी से ग्रहण करता है उसी प्रकार धर्म-आध्यात्म-दर्शन के नवीन आविष्कारों को भी मनुष्य को ग्रहण करना चाहिए, तभी मानसिक-आध्यात्मिक स्वतन्त्रता का अनुभव हो सकेगा। अन्यथा पूर्ण शारीरिक गुलामी का समय बीत चुका, आर्थिक गुलामी का काल चल रहा है और मानसिक गुलामी के काल चक्र में मनुष्य फँस जायेगा।

स्वामी विवेकानन्द जी का कहना था-

- "उसी मूल सत्य की फिर से शिक्षा ग्रहण करनी होगी, जो केवल यहीं से, हमारी इसी मातृभूमि से प्रचारित हुआ था। फिर एक बार भारत को संसार में इसी मूल तत्व का-इसी सत्य का प्रचार करना होगा। ऐसा क्यों है? इसलिए नहीं कि यह सत्य हमारे शास्त्रों में लिखा है वरन् हमारे राष्ट्रीय साहित्य का प्रत्येक विभाग और हमारा राष्ट्रीय जीवन उससे पूर्णतः ओत-प्रोत है। इस धार्मिक सहिष्णुता की तथा इस सहानुभूति की, मातृभाव की महान शिक्षा प्रत्येक बालक, स्त्री, पुरुष, शिक्षित, अशिक्षित सब जाति और वर्ण वाले सीख सकते हैं। तुमको अनेक नामों से पुकारा जाता है, पर तुम एक हो।" (जितने मत उतने पथ, राम कृष्ण मिशन, पृष्ठ-39)।
- "अतः यदि भारत को महान बनाना है, तो इसके लिए आवश्यकता है संगठन की, शक्ति संग्रह की और बिखरी हुई इच्छाशक्ति को एकत्र कर उसमें समन्वय लाने की। अथर्ववेद संहिता की एक विलक्षण ऋचा याद आ गयी जिसमें कहा गया है, "तुम सब लोग एक मन हो जाओ, सब लोग एक ही विचार के बन जाओ। एक मन हो जाना ही समाज गठन का रहस्य है बस इच्छाशक्ति का संचय और उनका समन्वय कर उन्हें एकमुखी करना ही सारा रहस्य है।" (देखें "नया भारत गढ़ो" पृष्ठ संख्या-55)
- "यह भी न भूलना चाहिए कि हमारे बाद जो लोग आएंगे, वे उसी तरह हमारे धर्म और ईश्वर सम्बन्धी धारणा पर हँसेंगे, जिस तरह हम प्राचीन लोगों के धर्म और ईश्वर की धारणा पर हँसते हैं। यह सब होने पर भी, इन सब ईश्वर सम्बन्धित धारणाओं का संयोग करने वाला एक स्वर्ण सूत्र है और वेदान्त का उद्देश्य है-इस सूत्र की खोज करना। भागवान कृष्ण ने कहा है-""भिन्न भिन्न मणियाँ जिस प्रकार एक सूत्र में पिरोयी जा सकती हैं, उसी प्रकार इन सब विभिन्न भावों के भीतर भी एक सूत्र विद्यमान है।" (देखें "ज्ञानयोग", पृष्ठ संख्या-65) ,
- "एक शब्द में वेदान्त का आदर्श है-मनुष्य के सच्चे स्वरूप को जानना।" (देखें "विवेकानन्द राष्ट्र को आह्वान", पृष्ठ सं0-48)।
- यदि हम अपने व्यक्तिगत एवं सामूहिक जीवन में वैज्ञानिक चेतना सम्पन्न एवं आध्यात्मिक एक साथ न हो पाए, तो मानवजाति का अर्थपूर्ण अस्तित्व ही संशय का विषय हो जाएगा। (विज्ञान और आध्यात्मिकता, पृष्ठ-9)
- हमेशा यूरोप से सामाजिक तथा एशिया से आध्यात्मिक शक्तियों का उद्भव होता रहा है एवं इन दोनों शक्तियों के विभिन्न प्रकार के सम्मिश्रण से ही जगत का इतिहास बना है। वर्तमान मानवेतिहास का एक और नवीन पृष्ठ धीरे-धीरे विकसित हो रहा है एवं चारो ओर उसी का चिन्ह दिखाई दे रहा है। कितनी ही नवीन योजनाओं का उद्भव तथा नाश होगा, किन्तु योग्यतम वस्तु की प्रतिष्ठा सुनिश्चित है, सत्य और शिव की अपेक्षा योग्यतम वस्तु और हो ही क्या सकती है? (पत्रावली भाग-1, पृष्ठ-310)

स्वामी विवेकानन्द के अनुसार शब्द से सृष्टि का रहस्य

01. बृहत् ब्रह्माण्ड में भी ब्रह्मा, हिरण्यगर्भ या समष्टि महत् ने पहले अपने आप को नाम के, और फिर बाद में रुप के आकार में अर्थात् इस परिदृश्यमान जगत के आकार में अभिव्यक्त किया। (भक्ति योग, पृष्ठ-44)
02. यह सारा व्यक्त इन्द्रियग्राह्य जगत रुप है, और इसके पीछे है अनन्त अव्यक्त स्फोट। स्फोट का अर्थ-समस्त जगत की अभिव्यक्ति का कारण शब्द-ब्रह्म है। समस्त नामों अर्थात् भावों की नित्य समवायी उपादान स्वरुप यह नित्य स्फोट ही वह शक्ति है, जिससे भगवान इस विश्व की सृष्टि करते हैं। यही नहीं बल्कि भगवान पहले स्फोट रुप में परिणत हो जाते हैं और तत्पश्चात् अपने को उससे भी स्थूल इस इन्द्रियग्राह्य जगत के रुप में परिणत कर लेते हैं। (भक्ति योग, पृष्ठ-45)
03. इस स्फोट का एक मात्र वाचक शब्द है-"ऊँ"। और चूँकि हम किसी भी उपाय से शब्द को भाव से अलग नहीं कर सकते, इसलिए यह "ऊँ" भी इस नित्य स्फोट से नित्य संयुक्त है। (भक्ति योग, पृष्ठ-45)
04. एकमेव यह "ऊँ" ही इस प्रकार सर्वभावाव्यापी वाचक शब्द है, अन्य कोई भी इसके समान नहीं। स्फोट ही सारे भावों का उपादान है, फिर भी वह स्वयं पूर्ण रुप से विकसित कोई विशिष्ट भाव नहीं है। अर्थात् यदि उन सब भेदों को, जो एक भाव को दूसरे से अलग करते हैं, निकाल दिया जाय, तो जो कुछ बचा रहता है, वही स्फोट है। इसलिए इस स्फोट को "नादब्रह्म" कहते हैं। (भक्ति योग, पृष्ठ-45)
05. जो वाचक शब्द उसे सब से कम विशेषभावापन्न करेगा, पर साथ ही उसके स्वरुप को यथासम्भव पूरी तरह प्रकाशित करेगा, वही उसका सबसे सच्चा वाचक होगा। और यह वाचक शब्द है-एकमात्र "ऊँ" क्योंकि ये तीनों अक्षर अ, उ और म्, जिनका एक साथ उच्चारण करने से "ऊँ" होता है, समान शब्दों के साधारण वाचक के तौर पर लिये जा सकते हैं। (भक्ति योग पृष्ठ, पृष्ठ-46)
06. अक्षर "अ" सारे अक्षरों में सबसे कम विशेषभावापन्न है। इसीलिए भगवान श्रीकृष्ण गीता में कहते हैं-"अक्षरों में मैं "अ" कार हूँ। " (गीता,10/33) स्पष्ट रुप से उच्चारित जितने भी शब्द हैं, उनकी उच्चारण क्रिया मुख में जिह्वा के मूल से आरम्भ होती है और ओठों में आकर समाप्त हो जाती है। "अ" जिह्वा मूल अर्थात् कण्ठ से उच्चारित होता है, और "म" ओठों से होने वाला अन्तिम शब्द है। और "उ" उस शक्ति का सूचक है, जो जिह्वा मूल से आरम्भ होकर मुँह भर में लुढ़कती हुई ओठों में आकर समाप्त हो जाती है। यदि "ऊँ" का उच्चारण ठीक ढंग से किया जाय, तो इसके शब्दोच्चारण की सम्पूर्ण क्रिया सम्पन्न हो जाती है-दूसरे किसी भी शब्द में यह शक्ति नहीं। (भक्ति योग, पृष्ठ-46)
07. जिस प्रकार अल्पतम् विशेष भावात्मक तथा सार्वभौमिक वाचक शब्द "ऊँ" के सम्बन्ध में वाच्य और वाचक आपस में अभेद्य रुप से सम्बद्ध हैं उसी प्रकार वाच्य और वाचक का यह अविच्छिन्न सम्बन्ध भगवान और विश्व के विभिन्न खण्ड भावों पर भी लागू है, अतएव उनमें से प्रत्येक का एक विशिष्ट वाचक शब्द होना आवश्यक है। (भक्ति योग, पृष्ठ-47)
08. ये वाचक शब्द ऋषियों की गम्भीरतम आध्यात्मिक अनुभूति से उत्पन्न हुए हैं और वे भगवान तथा विश्व के जिन विशेष-विशेष खण्ड भाव के वाचक हैं, उन विशेष भावों को यथासम्भव प्रकाशित करते हैं। जिस प्रकार "ऊँ" अखण्ड ब्रह्म का वाचक है, उसी प्रकार अन्यान्य मंत्र भी उसी परम पुरुष के खण्ड-खण्ड भावों के वाचक हैं। ये सभी ईश्वर के ध्यान और प्रकृत ज्ञान की प्राप्ति में सहायक हैं। (भक्ति योग, पृष्ठ-47)
09. सृष्टि के पूर्व ब्रह्म शब्दात्मक बनते है, फिर ओंकारात्मक या नादात्मक होते है। तत्पश्चात पहले कल्पों के विशेष शब्द जैसे-भूः, भुवः, स्व-अथवा गो, मानव, घट, पट इत्यादि का प्रकाश उसी ओंकार से होता है। सिद्ध संकल्प ब्रह्म में क्रमश-एक-एक शब्द के होते ही उसी क्षण उन सब पदार्थो का भी प्रकाश हो जाता है और इस विचित्र जगत् का विकास हो उठता है। अब समझे न कि कैसे शब्द ही सृष्टि का मूल है। -स्वामी विवेकानन्द (विवेकानन्द जी के संग में पृष्ठ-62)
10. यह सारा व्यक्त इन्द्रिय ग्राह्य जगत रूप है, और इसके पीछे है अनन्त अव्यक्त स्फोट। स्फोट का अर्थ-समस्त जगत की अभिव्यक्ति का कारण शब्द-ब्रह्म। समस्त नामों अर्थात् भावों की नित्य समवायी उपादान स्वरूप यह नित्य स्फोट ही वह शक्ति है, जिससे भगवान इस विश्व की सृष्टि करते है। यही नहीं बल्कि भगवान पहले स्फोट-रूप में परिणत हो जाते है और तत्पश्चात अपने को उससे भी स्थूल इस इन्द्रिय ग्राह्य जगत् के रूप में परिणत कर लेते है। -स्वामी विवेकानन्द (राजयोग-पृष्ठ-45)

आचार्य रजनीश"ओशो" का कहना था-

- "श्रीकृष्ण का महत्व अतीत के लिए कम भविष्य के लिए ज्यादा है। सच ऐसा है कि कृष्ण अपने समय से कम से कम पाँच हजार वर्ष पहले पैदा हुये। सभी महत्वपूर्ण व्यक्ति अपने समय से पहले पैदा होते हैं और

सभी गैर महत्वपूर्ण व्यक्ति अपने समय के बाद पैदा होते हैं। बस महत्वपूर्ण और गैर महत्वपूर्ण में इतना फर्क है और सभी साधारण व्यक्ति अपने समय के साथ पैदा होते हैं महत्वपूर्ण व्यक्ति को समझना आसान नहीं होता। उसका वर्तमान और अतीत उसे समझने में असमर्थता अनुभव करता है जब हम समझने योग्य नहीं हो पाते तब हम उसकी पूजा शुरु कर देते हैं या तो हम उसका विरोध करते हैं। दोनों पूजाएं हैं एक मित्र की एक शत्रु की।"

- उसके लिए सब हंसी खेल है, सब लीला है। इसलिए हमने कृष्ण को पूर्णावतार कहा। राम गम्भीर हैं छोटी-छोटी बात का हिसाब रखते हैं। नियम मर्यादा से चलते हैं- मर्यादा पुरूषोत्तम हैं। कृष्ण अमर्याद हैं न कोई नियम है न कोई मर्यादा। कृष्ण के लिए जीवन लीला है।
- धर्म कोई विषय थोड़े ही है। धर्म की कोई सीमा थोड़े ही है। धर्म तो समस्त जीवन का नाम है। जीवन में जो कुछ भी समाविष्ट है, धर्म उस सभी के सम्बन्ध में वक्तव्य देने का हकदार है। राजनीतिज्ञ, धर्म के सम्बन्ध में वक्तव्य नहीं दे सकता क्योंकि राजनीति की सीमा है। लेकिन धार्मिक व्यक्ति, राजनीति के सम्बन्ध में वक्तव्य दे सकता है क्योंकि धर्म की कोई सीमा नही है धर्म असीम है, धर्म तो पूरे जीवन को घेरता है जैसे आकाश घेरता है। धर्म से तो कोई भी चीज छोड़ी नहीं जा सकती। धार्मिक व्यक्ति की दृष्टि तो सब सम्बन्धों में होगी।
- जो एक गुरू बोल रहा है, वह अनन्त सिद्धों की वाणी है। अभिव्यक्ति में भेद होगा, शब्द अलग होंगे, प्रतीक अलग होंगे मगर जो एक सिद्ध बोलता है, वह सभी सिद्धों की वाणी है। इनसे अन्यथा नहीं हो सकता है। इसलिए जिसने एक सिद्ध को पा लिया, उसने सारे सिद्धों की परम्परा को पा लिया। क्योंकि उनका सूत्र एक ही है। कुंजी तो एक ही है, जिसमें ताला खुलता है अस्तित्व का।
- "इस देश को कुछ बाते समझनी होगी। एक तो इस देश को यह बात समझनी होगी कि तुम्हारी परेशानियों, तुम्हारी गरीबी, तुम्हारी मुसीबतों, तुम्हारी दीनता के बहुत कुछ कारण तुम्हारे अंध विश्वासों में है, भारत कम से कम डेढ़ हजार साल पिछे घिसट रहा है। ये डेढ़ हजार साल पूरे होने जरूरी है। भारत को खिंचकर आधुनिक बनाना जरूरी है। मेरी उत्सुकता है कि इस देश का सौभाग्य खुले, यह देश भी खुशहाल हो, यह देश भी समृद्ध हो। क्योंकि समृद्ध हो यह देश तो फिर राम की धुन गुंजे, समृद्ध हो यह देश तो फिर लोग गीत गाँये, प्रभु की प्रार्थना करें। समृद्ध हो यह देश तो मंदिर की घंटिया फिर बजे, पूजा के थाल फिर सजे। समृद्ध हो यह देश तो फिर बाँसुरी बजे कृष्ण की, फिर रास रचे! यह दीन दरिद्र देश, अभी तुम इसमें कृष्ण को भी ले आओंगे तो राधा कहाँ पाओगे नाचनेवाली? अभी तुम कृष्ण को भी ले आओगे, तो कृष्ण बड़ी मुश्किल में पड़ जायेंगे, माखन कहाँ चुरायेगें? माखन है कहाँ? दूध दही की मटकिया कैसे तोड़ोगे? दूध दही की कहाँ, पानी तक की मटकिया मुश्किल है। नलों पर इतनी भीड़ है! और एक आध गोपी की मटकी फोड़ दी, जो नल से पानी भरकर लौट रही थी, तो पुलिस में रिपोर्ट दर्ज करा देगी कृष्ण की, तीन बजे रात से पानी भरने खड़ी थी नौ बजते बजते पानी भर पायी और इन सज्जन ने कंकड़ी मार दी। धर्म का जन्म होता है जब देश समृद्ध होता है। धर्म समृद्ध की सुवास है। तो मैं जरूर चाहता हूँ यह देश सौभाग्यशाली हो लेकिन सबसे बड़ी अड़चन इसी देश की मान्यताएं है। इसलिए मैं तुमसे लड़ रहा हूँ। तुम्हारे लिए।"

व्यक्ति-समाज-राज्य-विश्व की आवश्यकता, भविष्यवक्ताओं की भविष्यवाणीयां, ग्रहों के चालों, सूर्य व चन्द्र ग्रहण, सामाजिक-राजनीतिक विचारकों के विचार-सपनें-उम्मीद इत्यादि युग परिवर्तन की ओर दिशा निर्देश कर रहीं हैं। ऐसे में सृष्टि के लिए सार्वभौम सर्वोच्च अन्तिम अर्थों वाले शब्दों (जिसकी सूची अगले पृष्ठ पर दी गई है।) **पर चर्चा ही एक मात्र युग परिवर्तन का मार्ग है।**

वे सार्वभौम एकात्म शब्द जिसके बिना युग परिवर्तन सम्भव नहीं (सर्वोच्च, अन्तिम और दृश्य)

क्र.सं. विषय क्षेत्र	सम्बन्धित क्षेत्र से मुख्य नाम
01. विश्व क्षेत्र	विश्व संविधान/साहित्य/विचार/सिद्धान्त/प्रबन्ध/दर्शन/मत/मानव/एकता/शान्ति/विकास/स्थिरता/आत्मा / अभिनेता/बुद्धि/राजनीति/क्रांति
02. राज्य क्षेत्र	विश्व (राष्ट्र) ऐजेण्डा–2012+ (WORLD NATION AGENDA-2012+) विश्व व्यवस्था का अधिकतम एवं न्यूनतम साझा कार्यक्रम
03. समाज क्षेत्र	लोक/गण/जन ऐजेण्डा–2012+ (PUBLIC AGENDA-2000+)
04. धर्म क्षेत्र	वेदान्त धर्म स्थापना
05. साहित्य क्षेत्र	विश्व साहित्य–"विश्वभारत" समाहित "विश्वशास्त्र" साहित्य– आदर्श वैश्विक व्यक्ति चरित्र कथा साहित्य
06. सामाज शास्त्र	मानक/जन/गण/लोक शास्त्र
07. धर्मशास्त्र	धर्मयुक्त नाम – कर्मवेदः प्रथम, अन्तिम और पंचम वेद और आधारित उपनिषद् (व्यष्टि एवं समष्टि) सर्वधर्मसमभाव / धर्मनिरपेक्ष नाम – मन की गुणवत्ता का विश्व मानक : शून्य श्रृंखला (व्यष्टि एवं समष्टि)
08. मानक क्षेत्र	मन की गुणवत्ता का विश्व मानक : शून्य श्रृंखला
09. अदृश्य विज्ञान	दृश्य आध्यात्म विज्ञान
10. दृश्य विज्ञान	धर्म विज्ञान या एकात्म विज्ञान (Integration Science)
11. इंजीनियरिंग	सत्य सामाजिक अभियंत्रण (Real Social Engineering)
12. तकनीकी	सत्य सामाजिक तकनीकी (Real Social Technology) : WCM-TLM-SHYAM.C Technology
13. संविधान	विवादमुक्त तन्त्रों पर आधारित संविधान
14. राजनीति	सत्य राजनीति/राजनीति–2012+ (POLITICS-2012+)
15. संगठन	विश्व राजनीतिक पार्टी संघ (World Political Party Organisation- WPPO)
16. शिक्षा	पूर्णज्ञान/पूर्ण शिक्षा प्रणाली/शिक्षा -2012+ (EDUCATION-2012+)
17. राष्ट्र सम्बन्ध	आदर्श राष्ट्रीय नागरिक
18. वेदान्त	कर्म वेदान्त : वेदान्त की अन्तिम शाखा
19. मतवाद	एकात्म कर्मवाद : एकात्म मानवतावाद का व्यावहारिक रुप
20. दार्शनिक	विकास दर्शन (Development Philosophy)
21. क्रांति	संपूर्ण क्रांति (Complete Revolution) : प्रलय, स्थिति एवं सृष्टि
22. सांस्कृतिक	भोगेश्वरः भोग (पाश्चात्य) + ईश्वर (प्राच्य) = एकात्म या ईश्वरत्व भाव से भोग
23. मन	विश्व मन (WOLD MIND)
24. मानव	विश्वमानव (विश्वमन से युक्त)
25. मनु	8वें मनु – सावर्णि मनु
26. अवतार	भगवान विष्णु के 10वें और अन्तिम तथा भगवान शंकर के 22वें और अन्तिम संयुक्तावतार (निष्कलंक कल्कि एवं भोगेश्वर)
27. निराकार ब्रह्म	सार्वभौम सत्य–सिद्धान्त (UNIVERSAL TRUTH-THEORY) : विश्व–बन्धुत्व का सिद्धान्त
28. साकार ब्रह्म	लव कुश सिंह
29. पुनर्जन्म–सत् मार्ग से	बुड्ढा कृष्ण (कृष्ण भाग – 2 और अन्तिम) – कृष्ण की अगली और अन्तिम कड़ी
30. पुनर्जन्म–रज मार्ग से	स्वामी विवेकानन्द का पुनर्जन्म
31. पुनर्जन्म–तम मार्ग से	रावण की अगली कड़ी
32. आत्मा	दृश्य विश्वात्मा/ शिव/ ब्रह्म/ मैं
33. अभिनय	वास्तविक जीवन का अभिनेता (Real Life Actor)
34. बम	ज्ञान बम – आध्यात्मिक न्यूट्रान बम
35. अस्त्र	अनियन्त्रित पशुपास्त्र (नारायणास्त्र या सु–दर्शन चक्र व ब्रह्मास्त्र समाहित)
36. माया	योग माया समाहित भोगमाया
37. ज्ञान	एकात्म कर्मज्ञान (शास्वत) : व्यष्टि एवं समष्टि
38. बुद्धि	विश्व बुद्धि व चेतना या सत्य चेतना : पूर्व व्यक्त सत्य चेतना
39. ध्यान व योग	दृश्य सत्य–क्रियाकलाप–एकात्म योग व ध्यान (अन्तिम योग व अन्तिम ध्यान)
40. मिशन	प्राकृतिक सत्य मिशन (Natural Truth Mission)–सर्वोच्च और अन्तिम मिशन
41. धार्मिक नगर	एकात्म काशी– जीवनदायिनी सत्यकाशी : पंचम, अन्तिम तथा सप्तम काशी
42. शक्ति	आत्मशक्ति (SPIRIT POWER),मस्तिष्क शक्ति (BRAIN POWER), मन शक्ति (MIND POWER),सत्य शक्ति (TRUTH POWER)
43. जीवन कथा	विश्वमानव लीला/दर्पण : दो विपरीत दिशाओं के साथ प्रथम एवं अन्तिम कथा
44. प्रेम और कर्म	शास्वत प्रेम और कर्म
45. समन्वय	अन्तिम समन्वय–सिद्धान्त
46. आचार्य	अन्तिम समन्वयाचार्य
47. कला	विश्वमानव कला (कृष्ण कला समाहित)
48. परिचालन प्रणाली	अवतार का परिचालन प्रणाली : मानव–10 (Avatar's Operating System-AOS : Human-10)
49. शंकराचार्य पीठ	सत्यकाशी पीठ : पंचम और अन्तिम शंकराचार्य पीठ

भाग-6

केन्द्र या मध्य (भारत) में पांचवां और अन्तिम सत्यकाशी पीठ

सत्यकाशी पीठः स्थान

सत्यकाशी पीठः इतिहास और उद्देश्य

पाँचवाँ और अंतिम शंकराचार्य पीठः इसकी विशेषता

“हिन्दू धर्म की जो पकड़ थी, वह इस समय कमजोर पड़ गयी है क्योंकि भारतीय स्वतंत्रता आन्दोलन के समय से राजनेताओं का वर्चस्व बढ़ा और उन्होंने धर्म रक्षकों को दबा दिया, जिसके परिणामस्वरूप 163 साल तक शंकराचार्य की पदवी खाली रही। इसलिए आवश्यक है कि शिक्षा के क्षेत्र में धर्म की स्थापना हो। स्वस्थ एवं श्रेष्ठ साहित्य का सृजन हो। महापुरूषों को घूम-घूम कर सनातन धर्म का प्रचार-प्रसार करना चाहिए जिससे लोगों के हृदय में भारतीय धर्म-शास्त्र के प्रति आस्था-विश्वास बढ़े।”

- स्वामी स्वरूपानन्द (द्वारिका पीठाधीश्वर जगद्गुरू शंकराचार्य)
साभार - दैनिक आज, समाचार पत्र, वाराणसी, दि0 10-5-1997

स्पष्टिकरण

सत्य से सार्वभौम सत्य-सिद्धान्त तक का मार्ग अवतारों का मार्ग है। सार्वभौम सत्य-सिद्धान्त की अनुभूति ही अवतरण है। इसके अंश अनुभूति को अंश अवतार तथा पूर्ण अनुभूति को पूर्ण अवतार कहते है। ग्रन्थों में अवतारों की कई कोटि बतायी गई है जैसे अंशाशावतार, अंशावतार, आवेशावतार, कलावतार, नित्यावतार, युगावतार इत्यादि, जो भी सार्वभौम सत्य-सिद्धान्त को व्यक्त करता है वे सभी अवतार कहलाते हैं। व्यक्ति से लेकर समाज के सर्वोच्च स्तर तक सार्वभौम सत्य-सिद्धान्त को व्यक्त करने के क्रम में ही विभिन्न कोटि के अवतार स्तरबद्ध होते हैं। अवतार मानव मात्र के लिए ही कर्म करते हैं न कि किसी विशेष मानव समूह या सम्प्रदाय के लिए। अवतार, धर्म, धर्मनिरपेक्ष व सर्वधर्मसमभाव से युक्त अर्थात एकात्म से युक्त होते है। इस प्रकार अवतार से उत्पन्न शास्त्र मानव के लिए होते हैं, न कि किसी विशेष मानव समूह के लिए। उत्प्रेरक, शासक और मार्गदर्शक आत्मा सर्वव्यापी है। इसलिए एकात्म का अर्थ संयुक्त आत्मा या सार्वजनिक आत्मा है। अवतारों के प्रत्यक्ष और प्रेरक दो कार्य विधि हैं। प्रत्यक्ष अवतार वे होते हैं जो स्वयं अपनी शक्ति का प्रत्यक्ष प्रयोग कर समाज का सत्यीकरण करते हैं। यह कार्य विधि समाज में उस समय प्रयोग होता है जब अधर्म का नेतृत्व एक या कुछ मानवों पर केन्द्रित होता है। प्रेरक अवतार वे होते हैं जो स्वयं अपनी शक्ति का अप्रत्यक्ष प्रयोग कर समाज का सत्यीकरण जनता एवं नेतृत्वकर्ता के माध्यम से करते हैं। यह कार्य विधि समाज में उस समय प्रयोग होता है जब समाज में अधर्म का नेतृत्व अनेक मानवों और नेतृत्वकर्ताओं पर केन्द्रित होता है।

इन विधियों में से कुल दस अवतारों में से प्रथम सात (मत्स्य, कूर्म, वाराह, नृसिंह, वामन, परशुराम, राम) अवतारों ने समाज का सत्यीकरण प्रत्यक्ष विधि के प्रयोग द्वारा किया था। आठवें अवतार (श्रीकृष्ण) ने दोनों विधियों प्रत्यक्ष ओर प्रेरक का प्रयोग किया था। नवें (भगवान बुद्ध) और अन्तिम दसवें अवतार की कार्य विधि प्रेरक ही है।

सनातन अद्वैत दर्शन के अनुसार यह जगत ही ईश्वर का दृश्य रूप है। ऐसे में सभी ईश्वर हैं। सभी ईश्वर के बहुरूप हैं और सभी में प्रकाशित वही ईश्वरीय सत्ता है। सार्वभौम एकात्म की ओर ले जाने वाले सभी प्रक्षेपित

मानक चरित्र सनातन हैं जैसे ब्रह्मा परिवार, विष्णु परिवार और महेश परिवार। इस सार्वभौम एकात्म की ओर विचार व्यक्त करने वाला अर्थात उसी का प्रचार-प्रसार व स्थापना करने वाला युगावतार तो नहीं हो सकता लेकिन वह अवतार अवश्य होता है क्योंकि उसने भी उस सार्वभौम सत्य-सिद्धान्त का साक्षात्कार किया है।

ईश्वर के मानवीयकरण व मानव के ईश्वरीयकरण के लिए आपके भौतिक शरीर से व्यक्त विश्वात्मा की इच्छा को धर्म क्षेत्र से नाम कर्मवेदः प्रथम, अन्तिम तथा पंचम वेद एवं धर्मनिरपेक्ष क्षेत्र से मन का विश्वमानकः शून्य श्रृंखला समाहित "विश्वशास्त्र-द नाॅलेज आॅफ फाइनल नाॅलेज" के रूप में पूर्ण किया जा चुका है। जिसमें पुराणों का धर्मनिरपेक्ष और सर्वधर्मसमभाव रूप भी सम्पूर्ण मानव जाति को स्पष्ट द्दष्टिगत होगा। परिणामस्वरूप भारतीय धर्म शास्त्रों के प्रति विश्वव्यापी आस्था बढ़ना स्वाभाविक है। साथ ही अनेक सत्य-साहित्यों की रचना के लिए भी मार्ग प्रशस्त और रचना कर दिये गये हैं।

तीनों देवताओं ब्रह्मा, विष्णु और शिव-शंकर के मूल गुणों के आधार पर उनके वास्तविक रुप अर्थात् चार वेदों को व्यक्त करने वाले चार मुखों से युक्त सृष्टिकर्ता ब्रह्मा का रुप, चार भुजाओं से युक्त पालनकर्ता विष्णु का रुप तथा ब्रह्मा और विष्णु समाहित पाँचों वेदों को व्यक्त करने वाले पाँच मुखों से युक्त कल्याणकर्ता शिव-शंकर का अन्तिम रुप, तीनों देवताओं का दिव्यरुप कहलाता है। इसी अनुसार शिव-शंकर के अवतार ही केवल पंचमुखी होते हैं। इसी क्रम में पंचमुखी हनुमान और वेद माता मां गायत्री को भी दिखाया गया है। इस अनुसार पांचवें वेद और पांचवें शंकराचार्य पीठ की स्थापना ही युग परिवर्तन की प्रक्रिया का आरम्भ और सनातन विश्व की ओर कदम है।

व्यक्ति-समाज-राज्य-विश्व की आवश्यकता, भविष्यवक्ताओं की भविष्यवाणीयां, ग्रहों के चालों, सूर्य व चन्द्र ग्रहण, सामाजिक-राजनीतिक विचारकों के विचार-सपनें-उम्मीद इत्यादि युग परिवर्तन की ओर दिशा निर्देश कर रहीं हैं। ऐसे में सृष्टि के लिए सार्वभौम सर्वोच्च अन्तिम अर्थों वाले शब्दों पर चर्चा ही एक मात्र युग परिवर्तन का मार्ग है।

आविष्कार उपयोगी होता है, आविष्कारक नहीं। रचना अधिक समय तक रहती है रचनाकार अद्दश्य हो जाता है और रचना के आधार पर अन्य रचना भी होती रहती है।

सनातन विश्व के लिए समस्त प्रक्रिया 150 पुस्तकों के रूप में वेबसाइट

www.64inch.com

पर उपलब्ध है और कार्य समाप्त होता है। व्यक्ति और नेतृत्वकर्ता अपने धर्म

का पालन करें, समाधान उपलब्ध हो चुका है।

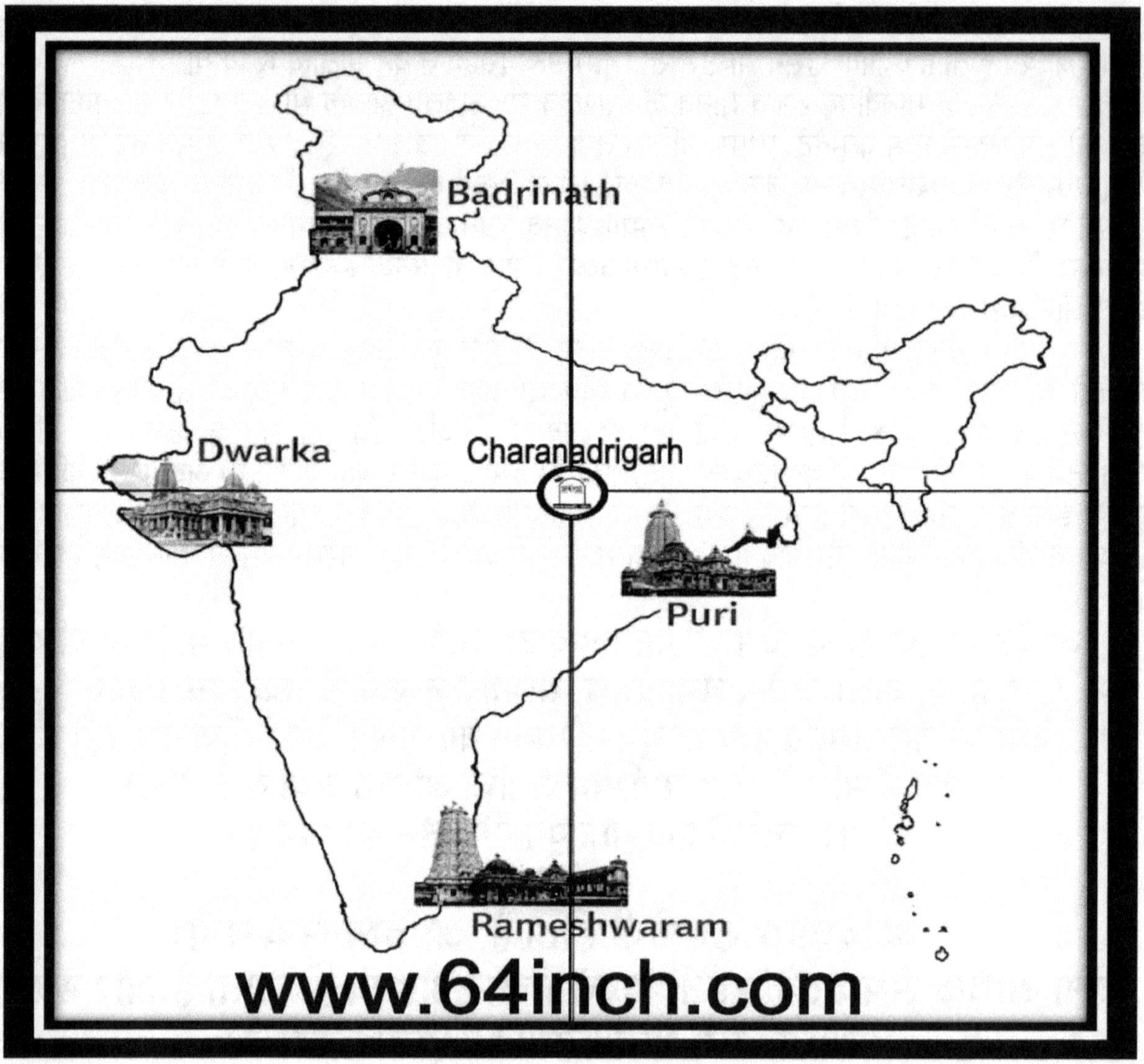

दिशा	पीठ का नाम/ स्थान	उद्देश्य	संबंधित वेद	महावाक्य	तत्व
उत्तर	बदरी ज्योतिर्मठ पीठ उत्तराखंड, जोशीमठ	ज्ञान और विवेक	अथर्ववेद	अयमात्मा ब्रह्म (यह आत्मा ब्रह्म है)	वायु
दक्षिण	श्रीगेरी शारदा पीठ कर्नाटक, श्रीगेरी	स्थिरता और परंपरा	यजुर्वेद	अहम् ब्रह्मास्मि (मैं ब्रह्म हूँ)	पृथ्वी
पूर्व	पुरी गोवर्धनमठ पीठ ओडिशा, पुरी	भक्ति और समर्पण	ऋग्वेद	प्रज्ञानं ब्रह्म (चेतना ब्रह्म है)	जल
पश्चिम	द्वारका शारदा पीठ गुजरात, द्वारका	कर्म और संकल्प	सामवेद	तत्त्वमसि (तू ब्रह्म है)	अग्नि
केन्द्र या मध्य	सत्यकाशी पीठ उत्तर प्रदेश, चरणाद्रिगढ़	चेतना और एकत्व	कर्मवेद	सर्वे ब्रह्म (सभी ब्रह्म हैं)	आकाश

क्षिति, जल, पावक, गगन, समीरा। पंच तत्व मिलि बनेहु शरीरा ।।

सत्यकाशी पीठ: स्थान

मानव जीवन की यात्रा को हम चार स्तरों में देख सकते हैं - **संभल (Shambhal), संभला (Shambhala), ज्ञानगंज (Gyanganj) और संगरीला (Sangrila)**

संभल (Shambhal) को हम भौतिक जगत का प्रतीक मान सकते हैं। यह धरती पर बसा हुआ वास्तविक नगर है, जहाँ लोग रहते हैं, संघर्ष करते हैं और जीवन की यात्रा करते हैं। धार्मिक मान्यता के अनुसार यहाँ भविष्य में कल्कि अवतार का जन्म होगा। इसका अर्थ यह भी है कि संभल हमें यह याद दिलाता है कि परिवर्तन और नवजागरण हमेशा इसी सांसारिक धरती से प्रारंभ होता है।

संभला (Shambhala) आध्यात्मिक जगत का प्रतीक है। यह उस आदर्श समाज और चेतना की ओर संकेत करता है, जहाँ धर्म, करुणा और सत्य का शासन है। बौद्ध ग्रंथों में इसे एक अदृश्य, पवित्र राज्य बताया गया है। इसका दार्शनिक अर्थ यह है कि हर मनुष्य के भीतर एक संभला है - एक ऐसा क्षेत्र जहाँ शांति, संतुलन और धर्म की शक्ति हमेशा जीवित रहती है। यह हमारे भीतर के आदर्श और परम लक्ष्य का रूप है।

ज्ञानगंज (Gyanganj) गूढ़ और रहस्यमय चेतना का प्रतीक है। यह वह क्षेत्र है, जहाँ अमर योगी और सिद्ध रहते हैं, और जो साधारण दृष्टि से छिपा हुआ है। इसका अर्थ यह है कि सत्य और सर्वोच्च ज्ञान कभी सतही रूप में उपलब्ध नहीं होते, बल्कि गहन साधना और आंतरिक परिवर्तन से ही प्राप्त किए जा सकते हैं। ज्ञानगंज हमें यह सिखाता है कि परम सत्य अदृश्य है, परंतु साधना से प्रकट हो सकता है।

इस प्रकार, ये चारों स्तर - **भौतिक, आध्यात्मिक, गूढ़ और आदर्श** - मानव जीवन और चेतना की समग्र यात्रा का प्रतिनिधित्व करते हैं, जहाँ साधना, अनुभव और ज्ञान मिलकर आत्मा को पूर्णता की ओर ले जाते हैं।

इस प्रकार, इन तीनों को मिलाकर देखा जाए तो:

- **संभल** = जीवन और समाज का यथार्थ (भौतिक जगत)
- **संभला** = आदर्श और धर्म का उच्च स्वरूप (आध्यात्मिक जगत)
- **ज्ञानगंज** = रहस्यमय सत्य और अमर ज्ञान (गूढ़ जगत)

ये तीनों मिलकर मानव जीवन की पूर्ण यात्रा का संकेत देते हैं - भौतिक से आध्यात्मिक और फिर गूढ़ एवं परम सत्य तक।

संगरीला (Sangrila/Shangri-La) एक कल्पित पर्वतीय स्थल है, जिसे आदर्श समाज और शांति का प्रतीक माना जाता है। यह जगह सामान्य दृष्टि से अदृश्य या दूरस्थ मानी जाती है, जहाँ जीवन सुखमय, स्वस्थ और सामंजस्यपूर्ण होता है। दार्शनिक रूप से इसे मानव चेतना के उच्चतम स्तर, आत्मा की शांति और आदर्श जीवन का प्रतीक माना जाता है। **संगरीला (Sangrila)** का अर्थ यह भी है कि सच्ची खुशी और संतुलन केवल भीतर की यात्रा और साधना से ही प्राप्त होते हैं, बाहरी समृद्धि से नहीं।

1. **शब्द-संदर्भ में**: "Sangrila" अक्सर "Shangri-La" का रूपांतर होता है, जो कि एक कल्पित, आदर्श, रहस्यमयी और शांति-पूर्ण स्थान है।
2. **दार्शनिक/आध्यात्मिक संदर्भ में**: इसे ज्ञानगंज या संभला जैसे गूढ़ और रहस्यमयी क्षेत्रों के समान माना जा सकता है।
3. **अन्य संदर्भ**: यदि यह किसी किताब, स्थान या परियोजना का नाम है, तो उसका अलग अर्थ हो सकता है।

पीठ (Peeth) स्थापित करने की योजना

उद्देश्य और दर्शन तय करना

- पहले यह स्पष्ट करें कि पीठ का उद्देश्य क्या होगा:
    - **अद्वैत वेदांत का प्रचार**
    - **साधकों का प्रशिक्षण और मोक्ष की ओर मार्गदर्शन**
    - **धार्मिक शिक्षा, योग और ध्यान केंद्रित करना**
- पीठ का नाम "Satyakashi" इसलिए चुना गया है क्योंकि यह **सत्य और ज्ञान के प्रकाश का प्रतीक** है।

गुरु या आध्यात्मिक मार्गदर्शक

- पीठ को वैध और आध्यात्मिक मान्यता प्राप्त करने के लिए **एक योग्य गुरु या शिष्य परंपरा वाला व्यक्ति** आवश्यक है।
- गुरु का कार्य होगा:
    - **साधकों का प्रशिक्षण**
    - **धर्म और वेदांत का प्रचार**
    - **पीठ की प्रतिष्ठा बनाना**

स्थान और इमारत का चयन

- स्थान चुनते समय ध्यान दें:
    - **शांत और आध्यात्मिक वातावरण**
    - **साधकों के लिए आवास और साधना स्थल**
    - **भक्तों और पर्यटकों के आने-जाने की सुविधा**
- इमारत में हो सकते हैं:
    - मुख्य मंदिर / पूजा स्थल
    - ध्यान और साधना कक्ष
    - वेदांत शिक्षण कक्ष
    - गुरुकुल या आश्रम

धार्मिक और आध्यात्मिक गतिविधियाँ

- नियमित क्रियाएँ:

- **साधना, ध्यान और कीर्तन**
    - **वेदांत और शास्त्र अध्ययन**
    - **धार्मिक कार्यशालाएँ और प्रवचन**
- विशेष आयोजन:
    - **अस्थायी या वार्षिक उत्सव**
    - **अद्वैत वेदांत पर सेमिनार**
    - **साधक प्रशिक्षण शिविर**

समुदाय और साधकों का निर्माण

- पीठ केवल इमारत नहीं, **साधकों और भक्तों का केंद्र** होना चाहिए।
- इसके लिए करें:
    - सामाजिक और आध्यात्मिक गतिविधियों का आयोजन
    - साधकों के लिए निवास और शिक्षा सुविधाएँ
    - पीठ का प्रचार: पुस्तकों, वेबसाइट और सामाजिक मंचों के माध्यम से

आधिकारिक मान्यता और नेटवर्क

- भारत में शंकराचार्य परंपरा के मुख्य पीठों के साथ **संपर्क और मार्गदर्शन**।
- नए पीठ को स्थानीय प्रशासन और धार्मिक संस्थानों से **मान्यता और सहयोग** दिलाना।
- अन्य पीठों और गुरु परिषदों के साथ **संवाद और सहयोग**।

दीर्घकालीन योजना

- पीठ को स्थायी और प्रतिष्ठित बनाने के लिए:
    - नियमित साधना और शिक्षा कार्यक्रम
    - नए साधकों और भक्तों को जोड़ना
    - पीठ के **अध्यात्मिक, सामाजिक और शैक्षिक प्रभाव** को बढ़ाना

निष्कर्ष:

नया **Satyakashi Peeth** बनाया जा सकता है, लेकिन यह केवल इमारत नहीं, बल्कि **ज्ञान, साधना और आध्यात्मिक मार्गदर्शन का केंद्र** होना चाहिए। एक योग्य गुरु, साधक समुदाय और सही दृष्टिकोण इसके लिए अनिवार्य हैं।

अन्तिम अवतार कल्कि
का संभल (Shambhal), संभला (Shambhala), ज्ञानगंज (Gyanganj) और संगरीला (Sangrila) से सम्बन्ध

इसका उत्तर गहराई से समझा जाए तो यह केवल भूगोल या कथा का नहीं, बल्कि चेतना के विकास का रहस्य है।

1. संभल (Shambhal) - अवतार का धरातल

हिन्दू ग्रन्थों में कहा गया है कि **कल्कि अवतार का जन्म 'संभल' नामक स्थान पर होगा।** यह स्थान भौतिक जगत में मौजूद है - उत्तर प्रदेश का एक नगर, परंतु प्रतीक रूप से यह मानवता के भीतर जन्म लेती दिव्यता का संकेत है। जब धर्म क्षीण होता है, तब वही संभल - अर्थात् "संभलने का बिंदु" - अवतार का आधार बनता है।

संभल = पृथ्वी पर दिव्यता का उद्भव बिंदु।

2. संभला (Shambhala) - धर्मराज्य या दिव्य व्यवस्था

बौद्ध और हिन्दू दोनों परम्पराओं में **Shambhala** को धर्म का गुप्त राज्य माना गया है। बौद्ध ग्रंथ 'कालचक्र तंत्र' में कहा गया है कि जब अधर्म चरम पर होगा, तब Shambhala से एक राजा प्रकट होगा जो अधर्म का अंत करेगा - यह प्रतीक रूप से **कल्कि अवतार का ही वर्णन** है।

संभला = दिव्य शासन या धर्मराज्य, जहाँ से कल्कि की प्रेरणा उठती है।

3. ज्ञानगंज (Gyanganj) - सिद्धों का अदृश्य लोक

ज्ञानगंज को अमर योगियों का क्षेत्र कहा जाता है, जहाँ से विश्व के आध्यात्मिक प्रवाह को दिशा मिलती है। कई सिद्ध परंपराएँ मानती हैं कि कल्कि का आध्यात्मिक मार्गदर्शन इन्हीं योगियों द्वारा किया जाएगा।

ज्ञानगंज = दिव्य ऊर्जा और योगिक शक्ति का स्रोत, जहाँ से कल्कि को आत्मिक बल प्राप्त होगा।

4. संगरीला (Sangrila / Shangri-La) - आदर्श समाज या चेतना का चरम स्वरूप

संगरीला का विचार पश्चिमी और तिब्बती रहस्य परंपराओं में आता है - एक अमर, शांति-पूर्ण, आदर्श स्थान, जहाँ कोई रोग, संघर्ष या अधर्म नहीं होता। यह उस अवस्था का प्रतीक है जो **कल्कि युग के बाद की सृष्टि** होगी - अर्थात सत्ययुग का पुनर्स्थापन।

संगरीला = वह दिव्य युग या चेतना का चरम, जो कल्कि अवतार के कार्य का परिणाम है।

सारांश (संक्षेप में सम्बन्ध)

स्तर	प्रतीक	सम्बन्ध कल्कि से
संभल (Shambhal)	भौतिक जन्मभूमि	कल्कि अवतार का पृथ्वी पर अवतरण
संभला (Shambhala)	दिव्य धर्मराज्य	धर्म का पुनःस्थापन करने की शक्ति का उद्गम
ज्ञानगंज (Gyanganj)	गूढ़ योगिक लोक	कल्कि को आत्मिक दिशा और सिद्ध शक्ति का आधार
संगरीला (Sangrila)	आदर्श चेतना का युग	कल्कि कार्य का अंतिम परिणाम - पुनः सत्ययुग

अर्थात् -

संभल में कल्कि अवतरित होते हैं, संभला से उन्हें धर्म की प्रेरणा मिलती है, ज्ञानगंज से योगिक शक्ति, और संगरीला उनके कार्य का लक्ष्य है - सत्य और शांति का पुनर्स्थापन।

सत्यकाशी पीठ: योग्य स्थान

इस संसार को अन्तिम सन्देश देने से पहले आपको उस क्षेत्र से परिचय कराना चाहता हूँ जिस क्षेत्र से यह सन्देश देने का साहस किया गया है क्योंकि कोई भी क्रिया बिना कारण के नहीं होती।

समस्त मूल कार्य जिस क्षेत्र से सम्पूर्ण हुआ, उस क्षेत्र को सत्यकाशी क्षेत्र कहता हूँ और जिस ग्राम का निवासी हूँ वह काशी (वाराणसी) के चौरासी कोस यात्रा तथा सत्यकाशी क्षेत्र का उभय क्षेत्र में स्थित है। इसलिए जितना काशी (वाराणसी) का हूँ उतना ही सत्यकाशी का हूँ। इस प्रकार यह सन्देश काशी-सत्यकाशी का संयुक्त सन्देश है।

सत्यकाशी क्षेत्र जो काशी (वाराणसी), विन्ध्याचल, शिवद्वार और सोनभद्र के बीच का क्षेत्र है, एक पौराणिक-आध्यात्मिक और साधना के लिए उपयुक्त क्षेत्र के रूप में प्राचीन काल से आकर्षण में रहा है। इस क्षेत्र का हृदय क्षेत्र चुनार है। चुनार का किला राजा विक्रमादित्य ने अपने भाई भर्तहरि के तपस्या में हिंसक जानवरों द्वारा व्यवधान न उत्पन्न हो इसके लिए बनवाया था। ये राजा विक्रमादित्य वही हैं जिनके नाम से विक्रम सम्वत् कैलेण्डर स्थापित है। चुनार ईश्वर के पाँचवें अवतार-वामन अवतार का क्षेत्र है जिनसे समाज की शक्ति का प्रथम जन्म हुआ था।

सत्यकाशी क्षेत्र के चारों कोण पर स्थित

1. काशी (वाराणसी) का अपना प्राचीन और पुरातन इतिहास है जो सर्वविदित है।
2. विन्ध्याचल, जो शिव-शक्ति के उपासना का अद्‌भुत केन्द्र है। यशोदा से उत्पन्न पुत्री (जिनके बदले श्रीकृष्ण प्राप्त हुये थे) महासरस्वती अष्टभुजा देवी के नाम से यहीं स्थापित हैं। भारत देश का मानक समय माँ विन्ध्यवासिनी धाम से तय होता है। पुराणों के अनुसार रावण ने भी इसे मानक समय स्थल मानकर यहाँ शिवलिंग की स्थापना की थी।
3. शिवद्वार, त्रिकोणीय तान्त्रिक साधना के लिए जगत विख्यात था और साधना की राजधानी था। इसे ही मीरजापुर गजेटियर में गुप्तकाशी की संज्ञा से अभिकल्पित किया गया है।
4. सोनभद्र, सोन संस्कृति की पौराणिक पृष्ठभूमि वैदिककालीन सभ्यता की पराकाष्ठापरक ऐतिहासिकता से सम्बद्ध है। सन्त परम्पराओं का एक महत्वपूर्ण परिव्रजन इस क्षेत्र में हुआ जिसमें शैव व शाक्त प्रमुख थे। शैव सम्प्रदाय से जुड़े अघोर तन्त्र ने इसे बहुत सराहा और इसे अपनी कर्मभूमि बना लिया। सोन नद के तट पर शव छेदन क्रिया की भी प्रशिक्षा आयुर्वेद के जिज्ञासुओं को दी जाती थी। शैव तन्त्र से प्रभावित अघोर तन्त्र शव-साधना में सिद्धहस्त था और शव में इकार की प्राण प्रतिष्ठा का जीवन्त रूप शिव को दे देना इनकी अलौकिक साधना का चरमोत्कर्ष है। अघोरपन्थी नाम के पश्चात् "राम" का प्रयोग करते थे। इस क्षेत्र में सवर्ण वर्ग में प्रायः ब्राह्मण वर्ग भी राम का प्रयोग अपने नाम में करता है। इस क्षेत्र में पाशुपात तन्त्र के महान साधक लोरिक का नाम विशेष है।

उपरोक्त तो अति संक्षिप्त परिचय है विस्तार से "विश्वशास्त्र" के अध्याय-दो में प्रकाशित है, जिस क्षेत्र से ये विश्व ऐतिहासिक अन्तिम, अपरिवर्तनीय और अटलनीय सन्देश देने का साहस किया गया है।

भौतिक रूप से सत्यकाशी पीठ के लिए योग्य स्थान सत्यकाशी क्षेत्र ही है। सत्यकाशी पीठ उसी अद्वैत वेदान्त पर आधारित है। जिस के आधार पर आदि शंकाराचार्य द्वारा चार पीठों की स्थापना की थी। युग परिवर्तन के लिए आदि शंकाराचार्य द्वारा स्थापित चार पीठों के वर्तमान शंकाराचार्यों का यह दायित्व है कि वे इस श्रृंखला को आगे बढ़ाते हुये धर्म के वैश्विक स्थापना के लिए आगे आयें।

सत्यकाशी पीठ: इतिहास और उद्देश्य

भारत का इतिहास केवल राजाओं और युद्धों का इतिहास नहीं है,
बल्कि यह **चेतना के विकास का इतिहास** है।
हर युग में जब धर्म और राजनीति के बीच संतुलन बिगड़ता है,
तो कोई न कोई पीठ उस संतुलन को पुनर्स्थापित करने के लिए जन्म लेती है।

ऐसा ही एक अद्वितीय उदय है -
"सत्यकाशी पीठ" का,
जो मानवता के अगले अध्याय की भूमिका बन चुका है।

"जहाँ ज्ञान शासन को दिशा देता है,
वहीं शासन धर्म का साधन बन जाता है।"

काशी से सत्यकाशी तक: चेतना की यात्रा

प्राचीन काशी को "मोक्षभूमि" कहा गया,
क्योंकि वहाँ ज्ञान और मृत्यु - दोनों के रहस्य सिखाए जाते थे।
पर सत्यकाशी - ज्ञान का अगला आयाम है।
यह मृत्यु से मुक्ति नहीं, बल्कि **अज्ञान से मुक्ति** की भूमि है।

तीन चरणों में यह यात्रा समझी जा सकती है:

1. **काशी** - व्यक्तिगत मुक्ति का केंद्र।
2. **महाकाशी** - सार्वभौमिक चेतना का केंद्र।
3. **सत्यकाशी** - वैश्विक एकत्व और अद्वैत शासन का केंद्र।

"काशी आत्मा की दीक्षा है,
सत्यकाशी आत्मा का शासन है।"

स्थापना का उद्देश्य

सत्यकाशी पीठ का जन्म केवल धार्मिक नहीं,
बल्कि आध्यात्मिक-राजनीतिक समन्वय की आवश्यकता से हुआ।
विश्व में बढ़ती भौतिकता, असमानता, और नैतिक संकट के बीच
इस पीठ का उद्देश्य है -

1. **धर्म और शासन के बीच अद्वैत संबंध पुनः स्थापित करना।**
2. **राजनीति को आत्मा से जोड़ना।**
3. **विज्ञान, धर्म, और समाज - तीनों का एक समग्र मॉडल प्रस्तुत करना।**

इसके चार प्रमुख सूत्र:

- **धर्म = चेतना की नीति**
- **राजनीति = सेवा की क्रिया**
- **अर्थनीति = संतुलन की व्यवस्था**
- **विज्ञान = सत्य की खोज**

सत्यकाशी की परंपरा और वंश

सत्यकाशी पीठ किसी व्यक्ति द्वारा स्थापित संस्था नहीं है -
यह **ब्रह्म परंपरा का विस्तार** है।
आदि शंकराचार्य ने चार दिशाओं में चार पीठें स्थापित कीं -
पूर्व, पश्चिम, उत्तर, दक्षिण -
जो वेद, धर्म और आत्मज्ञान के केंद्र बने।

परंतु कालान्तर में जब राजनीति धर्म से अलग और धर्म समाज से अलग हुआ,
तो **पाँचवीं पीठ** की आवश्यकता पड़ी -
जो अद्वैत दर्शन को शासन की नीतियों में उतार सके।

"चार पीठों ने धर्म को जीवित रखा,
पाँचवीं पीठ उसे जीवन में उतारेगी।"

सत्यकाशी का उद्देश्य – धर्म का पुनर्निर्माण, शासन का पुनर्जागरण

आज की मानवता धर्म को या तो संप्रदाय मानती है या अनुष्ठान।
पर सत्यकाशी कहता है -

"धर्म = जीवन की वैज्ञानिक व्यवस्था।"

इस पीठ का उद्देश्य है -
धर्म को **व्यवहार में**, राजनीति को **सेवा में**,
और विज्ञान को **चेतना में** बदलना।

इसके तीन प्रमुख लक्ष्य:

1. **आध्यात्मिक शासन (Spiritual Governance):**
   जहाँ नीतियाँ करुणा और सत्य पर आधारित हों।
2. **चेतना आधारित शिक्षा (Conscious Education):**
   जहाँ बच्चों को ज्ञान नहीं, आत्मा से जोड़ने की विधि सिखाई जाए।
3. **वैश्विक समरसता (Global Oneness):**
   जहाँ राष्ट्रवाद का स्थान "मानववाद" ले ले।

सत्यकाशी और मानवता का भविष्य

सत्यकाशी केवल एक धार्मिक केंद्र नहीं,
बल्कि मानवता का भविष्य मॉडल है।

यह वह स्थान है जहाँ -

- विज्ञान और वेदांत मिलते हैं,
- राजनीति और करुणा जुड़ते हैं,
- और व्यक्ति स्वयं में "राजऋषि" बनता है।

"जब शासक साधक बन जाएगा,
तब ही पृथ्वी पर धर्मराज्य स्थापित होगा।"

निष्कर्ष

सत्यकाशी पीठ का इतिहास कोई कालखंड नहीं,
बल्कि एक **युग की उद्घोषणा** है।
यह उस समय का प्रतीक है
जब ब्रह्मज्ञान शासन का केंद्र बनेगा,
और शासन ब्रह्म की सेवा बन जाएगा।

"सत्यकाशी केवल एक स्थान नहीं -
वह चेतना की वह ज्योति है
जो युगों से अंधकार में जलती रही है।"

पाँचवाँ और अंतिम शंकराचार्य पीठ: इसकी विशेषता

आदि शंकराचार्य ने चार दिशाओं में चार पीठों की स्थापना की -
उत्तर में **ज्योतिर्मठ (बद्रीनाथ)**,
दक्षिण में **श्रृंगेरी पीठ**,
पूर्व में **गौड़पीठ (पुरी)**,
और पश्चिम में **द्वारका शारदापीठ**।

इन चारों पीठों ने धर्म की लौ को जलाए रखा -
ज्ञान, भक्ति, कर्म और योग - चारों मार्गों के संतुलन से।
परंतु जैसे-जैसे युग आगे बढ़ा,
मानवता की चुनौती केवल धर्म रक्षा नहीं रही,
बल्कि **धर्म को शासन, विज्ञान और समाज में जीवित रखना** बन गई।

इसी आवश्यकता से जन्म लेता है -
पाँचवाँ और अंतिम शंकराचार्य पीठ - "सत्यकाशी पीठ।"

"चार पीठों ने धर्म को सुरक्षित रखा,
पाँचवाँ पीठ धर्म को सार्वभौमिक बना देगा।"

पाँचवाँ पीठ क्यों आवश्यक हुआ

शंकराचार्य का कार्य केवल धार्मिक पुनर्जागरण नहीं था;
वह चेतना की क्रांति थी।
उनकी परंपरा ने अद्वैत का सिद्धांत दिया -
कि **सभी भिन्नताएँ एक ही परमसत्य की लहरें हैं।**

परंतु आधुनिक युग में -

- धर्म राजनीति से अलग हुआ,
- ज्ञान आस्था से अलग हुआ,

- और मनुष्य स्वयं अपने अस्तित्व से अलग हो गया।

ऐसे समय में आवश्यक था
कि अद्वैत केवल दर्शनशास्त्र न रह जाए,
बल्कि राजनीति और जीवन का सिद्धांत बन जाए।
इसी हेतु स्थापित हुआ -
सत्यकाशी पीठ - पाँचवाँ और अंतिम शंकराचार्य पीठ।

इसकी स्थापना का प्रतीकात्मक अर्थ

चार पीठें **चार तत्वों (पृथ्वी, जल, अग्नि, वायु)** से संबंधित हैं,
जबकि पाँचवाँ पीठ **आकाश तत्व** का प्रतीक है -
अर्थात् सर्वव्यापक चेतना।

दिशा	पीठ	तत्व	उद्देश्य
पूर्व	पुरी (गौड़)	जल	भक्ति और समर्पण
पश्चिम	द्वारका	अग्नि	कर्म और संकल्प
उत्तर	ज्योतिर्मठ	वायु	ज्ञान और विवेक
दक्षिण	श्रृंगेरी	पृथ्वी	स्थिरता और परंपरा
केंद्र	**सत्यकाशी**	**आकाश**	**चेतना और एकत्व**

"आकाश सबको जोड़ता है -
उसी तरह सत्यकाशी सभी परंपराओं को एक चेतना में जोड़ता है।"

पाँचवाँ पीठ - अद्वैत का आधुनिक रूप

सत्यकाशी पीठ का लक्ष्य अद्वैत को केवल ध्यान या उपनिषद तक सीमित नहीं रखना,
बल्कि उसे शासन और समाज की नीतियों में उतारना है।

इसका सार है -
"अद्वैत शासन" = ऐसा तंत्र जहाँ आत्मा और राज्य में कोई विभाजन न हो।
यह पीठ आत्मा-केन्द्रित राजनीति का सिद्धांत प्रस्तुत करती है -
जहाँ सत्ता साधना है,
शासन सेवा है,
और नेतृत्व तप है।

सत्यकाशी पीठ की पाँच विशेषताएँ

1. अद्वैत का संस्थागत रूप

यह पीठ अद्वैत को केवल तत्वज्ञान नहीं,
बल्कि संस्थागत चेतना बनाती है।
धर्म, शिक्षा, राजनीति, अर्थ और विज्ञान -
सभी को एकसूत्र में बाँधती है।

2. राजऋषि परंपरा का पुनर्जागरण

आदर्श शासक वही है जो साधक भी हो।
सत्यकाशी इस परंपरा को पुनर्जीवित करता है -
जहाँ राज्य का मार्गदर्शन ऋषियों द्वारा होता है।

3. विज्ञान और अध्यात्म का संगम

यह पीठ "Consciousness Studies" और "Spiritual Technology"
को एक साथ लाकर मानव चेतना के विकास को वैज्ञानिक दृष्टि देती है।

4. वैश्विक धर्म - Beyond Religion

सत्यकाशी का धर्म किसी संप्रदाय का नहीं,
बल्कि "मानवता की आत्मा" का है।
यह कहता है -

"जो सत्य को खोजता है, वही सनातन है।"

5. राज्य और आत्मा का समन्वय

यह पीठ बताती है कि शासन तंत्र तभी स्थायी है
जब वह आत्मिक अनुशासन पर आधारित हो।
यह "राजनीति का आध्यात्मिकीकरण" है,
जिसे भविष्य की सभ्यता का आधार माना गया है।

"अंतिम शंकराचार्य पीठ" क्यों कहा गया

चार पीठें धर्म की दिशा का प्रतीक थीं,
पाँचवाँ पीठ **धर्म की दिशा से परे उसकी पूर्णता** का प्रतीक है।
यह अब किसी भौगोलिक क्षेत्र के लिए नहीं,
बल्कि पूरे विश्व की चेतना के लिए है।

"जब मनुष्य का धर्म मानवता होगा,
तब सत्यकाशी पाँचवाँ ही नहीं, अंतिम पीठ सिद्ध होगा।"

सत्यकाशी पीठ का दार्शनिक आधार

इस पीठ की जड़ें तीन सूत्रों पर टिकी हैं -

1. **ब्रह्म सत्यम्** - सत्य सर्वत्र है।
2. **जगत् मिथ्या** - भेद, संप्रदाय और हिंसा केवल अज्ञान की छाया हैं।
3. **जीवो ब्रह्मैव नापरः** - प्रत्येक व्यक्ति ब्रह्म का ही अंश है।

यही दर्शन राजनीति में यह रूप लेता है -

दर्शन	राजनीतिक रूप
ब्रह्म सत्यम्	राज्य का आधार सत्य और नीति
जगत मिथ्या	जाति, रंग, धर्म से ऊपर समानता
जीवो ब्रह्मैव	प्रत्येक नागरिक में दिव्यता का सम्मान

निष्कर्ष

**सत्यकाशी पीठ शंकराचार्य की परंपरा का समापन नहीं,
बल्कि उसका परिपूर्ण रूप है।
यह धर्म, राजनीति, और चेतना -
तीनों के संगम से एक नया युग आरंभ करता है।**

**"पहले चार पीठों ने दिशा दी,
पाँचवें ने दिशा को प्रकाश बना दिया।"**

**सत्यकाशी पीठ इसलिए अंतिम है -
क्योंकि यह अद्वैत को सिद्धांत नहीं,
बल्कि जीवित अनुभव बना देता है।**

भाग-7

सत्यकाशी पीठ के कार्य

धारा-उद्धार: धर्म की पुनर्स्थापना

मनुष्य चेतना का रूपांतरण

साधना, दीक्षा और आध्यात्मिक अनुष्ठान

वैश्विक कार्य: मानवता के लिए संदेश

शिव-तत्व और कल्कि-तत्व का मिलन

"सार्वभौम सत्य-सिद्धान्त" पर आधारित "युग परिवर्तन श्रृंखला" के नवयुग के शास्त्र-साहित्य

धारा-उद्धारः धर्म की पुनर्स्थापना

सत्यकाशी पीठ का प्रथम और सर्वोपरि कार्य है-**धारा-उद्धार**, अर्थात वह दिव्य धारा जो युगों से मलीन, विभ्रांत या विकृत हो चुकी है, उसे पुनः शुद्ध स्वरूप में प्रवाहित करना। "धर्म" शब्द यहाँ किसी संप्रदाय, पद्धति या विचारधारा का नाम नहीं; धर्म का अर्थ है-**जगत की अंतर्निहित समरसता, सत्य और सृष्टि-नियम**।

जब युग बदलता है, धर्म की धारा अवरुद्ध हो जाती है।
सत्य केवल ग्रंथों में रह जाता है, इसके प्रयोग का बल खो जाता है।
लोग अनुष्ठान तो करते हैं, पररस के बिना;
मंत्र तो बोलते हैं, पर अर्थ के बिना;
धर्म का नाम तो लेते हैं, पर धर्म का जीवन नहीं जीते।

सत्यकाशी पीठ इस जड़ता को तोड़ता है।

यह धारा-उद्धार तीन प्रकार से होता है:

1. सत्य-दृष्टि का पुनर्जागरण

लोगों में सत्य को पहचानने और जीने की क्षमता पुनः सक्रिय होती है।
यह क्षमता बिना किसी प्रवचन-केवल चेतना-संक्रमण से जगती है।

2. धर्म का प्रयोगशाला-रूप

सत्यकाशी पीठ धर्म को जीवन के केंद्र में स्थापित करता है।
धर्म यहाँ सिद्धांत नहीं-व्यवहार और चरित्र का प्रवाह है।

3. युग-धर्म की घोषणा

हर युग का धर्म अलग होता है।
कलियुग से सतयुग में प्रवेश के लिए जो धर्म आवश्यक है-योग, करुणा, सत्य, उच्च चेतना, मानव-एकत्व-उसका पुनःस्थापन पीठ के मुख्य कार्यों में है।

इस प्रकार, धारा-उद्धार वह बीज है जिससे नए युग की पूरी फसल अंकुरित होती है।

मनुष्य चेतना का रूपांतरण

युग परिवर्तन का मूल आधार मनुष्य की बाहरी परिस्थितियाँ नहीं-उसकी **भीतर की चेतना** है। सत्यकाशी पीठ का दूसरा मुख्य कार्य इसी रूपांतरण से जुड़ा है।

मनुष्य आज बुद्धि में प्रबल है, पर चेतना में सुप्त।
ज्ञान बहुत है, पर विवेक कम।
सूचना बहुत है, पर अनुभूति नहीं।
असंतोष बहुत है, पर दिशा नहीं।

पीठ का उद्देश्य मनुष्य को बाहरी उपलब्धियों से हटाकर भीतर की यात्रा में प्रवेश कराना है।

रूपांतरण के चार चरण

1. जागरण (Awakening)

मनुष्य स्वयं से पहला प्रश्न पूछता है-"मैं कौन हूँ?"
यह प्रश्न जन्म देता है।

2. शुद्धि (Purification)

पुराने संस्कार, भय, भ्रम और अहंकार टूटने लगते हैं।

3. विस्तार (Expansion)

चेतना शरीर-मन से आगे बढ़कर सूक्ष्म और कारण-स्तरों को अनुभव करने लगती है।

4. परिणति (Realization)

मनुष्य अपने भीतर स्थित दिव्य-सत्ता को पहचान लेता है।
यही "नया मनुष्य" है-युग परिवर्तन का वाहक।

पीठ का कार्य प्रत्येक साधक को इन चार चरणों के मार्ग से गुज़ारना है-धीरे, सहज, और सामूहिक ऊर्जा के साथ।

साधना, दीक्षा और आध्यात्मिक अनुष्ठान

हर परिवर्तन की जड़ अनुशासन और साधना है।
सत्यकाशी पीठ में साधना केवल ध्यान या मंत्र नहीं-यह एक पूर्ण जीवन-शास्त्र है।

1. साधना (Spiritual Practice)

- आंतरिक शांति
- चेतना का विस्तार
- ऊर्जा का स्थिरीकरण
- स्मृति-शोधन
- आत्म-प्रकाश

पीठ की साधना आधुनिक मन के अनुसार सरल, गहरी और प्रभावकारी है।
यह शरीर, मन, प्राण और चेतना-सभी स्तरों पर काम करती है।

2. दीक्षा (Initiation)

दीक्षा बाहरी कर्म नहीं-ऊर्जा का आंतरिक स्थानांतरण है।
यह वह क्षण है जब साधक की चेतना में युग-ऊर्जा का बीज रोपा जाता है।
यह बीज धीरे-धीरे जागता है और साधक स्वयं एक "चेतना-केंद्र" बन जाता है।

3. अनुष्ठान (Rituals)

अनुष्ठान ब्रह्मांडीय ऊर्जा को पृथ्वी पर स्थिर करने के उपकरण हैं।
सत्यकाशी पीठ में अनुष्ठान प्राचीन और आधुनिक दोनों हैं-
वे बाहरी प्रतीकों से अधिक आंतरिक परिवर्तन पर आधारित हैं।

अनुष्ठान केवल पूजा नहीं-वे प्रकाश का आह्वान हैं।

वैश्विक कार्य - मानवता के लिए संदेश

सत्यकाशी पीठ का कार्य किसी एक देश, संस्कृति या समुदाय तक सीमित नहीं।
युग परिवर्तन हमेशा वैश्विक होता है-इसलिए उसका संदेश भी वैश्विक होता है।

आज मानवता कई स्तरों पर विभाजित है-
भाषा, धर्म, राजनीति, अर्थव्यवस्था, जाति, विचार।
पर चेतना का सत्य इन सभी से ऊपर है।

सत्यकाशी पीठ का वैश्विक संदेश यही है:

1. मानव एक है

भिन्नता केवल बाहरी है; भीतर सबमें एक ही प्रकाश विद्यमान है।

2. पृथ्वी हमारा साझा आश्रम है

मानवता को पृथ्वी-चेतना के साथ सुसंगत होना होगा।

3. धर्म संघर्ष नहीं-एकता का मार्ग है

सभी पवित्र परंपराएँ एक ही सत्य के भिन्न द्वार हैं।

4. विज्ञान और अध्यात्म एक-दूसरे के पूरक हैं

दुनिया का नया युग तभी जन्म लेगा जब विज्ञान चेतना को समझेगा, और अध्यात्म विज्ञान को अपनाएगा।

5. कल्कि-ऊर्जा सार्वभौमिक है

यह ऊर्जा किसी राष्ट्र का, पंथ का, या समूह का स्वामित्व नहीं;
यह सम्पूर्ण मानवता का जन्मसिद्ध अधिकार है।

सत्यकाशी पीठ का उद्देश्य इसी संदेश को विश्व तक पहुँचाना है-शब्द, कला, ध्यान, साधना, विज्ञान और ऊर्जा के माध्यम से।

शिव-तत्व और कल्कि-तत्व का मिलन

युग परिवर्तन का अंतिम रहस्य दो महाशक्तियों के मिलन में निहित है-
शिव-तत्व और **कल्कि-तत्व**।

शिव-तत्व

संहार, मौन, तत्त्व-ज्ञान, समाधि और शून्य का प्रतिनिधि।
यह सभी रूपों का विसर्जन है-स्रोत में लौटना।

कल्कि-तत्व

नव-सृष्टि, धर्मस्थापन, ऊर्जा का उत्थान और युग-चक्र का पुनर्मूल्यांकन।
यह समय को पुनः संतुलित करने वाली शक्ति है।

दोनों का मिलन तब होता है जब:

- पुराना युग समाप्त हो रहा हो
- नया युग जन्म ले रहा हो
- पृथ्वी अपनी चेतना बदल रही हो
- मानवता परिवर्तन की पुकार कर रही हो

शिव-तत्व पुरातन को शून्य करता है,
और उसी शून्य में कल्कि-तत्व नया ब्रह्मांडीय क्रम स्थापित करता है।

सत्यकाशी पीठ इसी मिलन का केंद्र है-
जहाँ **शिव का मौन** और **कल्कि का उदय**
एक साथ कार्य करते हैं।

यही मिलन युग के नये चक्र की शुरुआत है-
यहीं से सतयुग का नया सूर्योदय होता है।

"सार्वभौम सत्य-सिद्धान्त" पर आधारित "युग परिवर्तन श्रृंखला" के नवयुग के शास्त्र-साहित्य

विभिन्न सम्प्रदाय (धर्म), जाति, मत, दर्शन इत्यादि में विभाजित इस मानव समाज में वर्तमान तथा आने वाले भविष्य के समय की मूल आवश्यकता है- मानव के मनो का एकीकरण अर्थात मानव मन का भूमण्डलीकरण एवं ब्रह्माण्डीयकरण। इसकी आवश्यकता इसलिए भी है क्योंकि मानव अपने विज्ञान व तकनीकी ज्ञान से प्राप्त संसाधनो का प्रयोग करते हुये, एक तरफ तो ब्रह्माण्ड की ओर चल पड़ा है तो दुसरी तरफ विध्वंस के लिए अनेक हथियारों का भी निर्माण कर चुका है। ऐसी स्थिति में हमें निश्चित रूप से ऐसे एकीकरण की आवश्यकता है जिससे हम इस पृथ्वी से मानसिक स्तर के विवादों को समाप्त कर सकें।

माया सभ्यता के अनुसार विश्व के मानव समाज यह भी मान रहें हैं कि 21 दिसम्बर, 2012 को दुनिया का अन्त हो जायेगा। जबकि हिन्दू धर्म शास्त्र विष्णु पुराण, भागवत पुराण, अग्नि पुराण, गरूड़ पुराण, पद्म पुराण इत्यादि में भगवान के दसवें और महाअवतार "कल्कि" का होना अभी शेष है। जिनसे कलियुग के अंधकार व विनाश को समाप्त करने का कार्य सम्पन्न होगा, साथ ही सत्ययुग का आरम्भ होगा। सिक्ख धर्म के पवित्र ग्रन्थ "दशम् ग्रन्थ" में भी "कल्कि अवतार" का वर्णन मिलता है।

सृजन और विनाश, का स्तर शारीरिक, आर्थिक व मानसिक होता है। जो एक व्यक्ति, समाज, देश और विश्व राष्ट्र के लिए होता है। व्यक्ति पर हुये शारीरिक, आर्थिक व मानसिक सृजन और विनाश को व्यक्ति ही अनुभव करता है परन्तु समाज, देश और विश्व राष्ट्र पर हुये शारीरिक, आर्थिक व मानसिक सृजन व विनाश को सार्वजनिक रूप से सभी देखते है। समाज, देश और विश्व राष्ट्र पर शारीरिक व आर्थिक सृजन और विनाश वर्तमान में तो चल ही रहा है जिसे सार्वजनिक रूप से मानव समाज देख रहा है।

भौतिकवादी पश्चिमी संस्कृति किसी भी सृजन व विनाश को मानसिक स्तर पर सोच ही नहीं सकता क्योंकि वह समस्त क्रियाकलाप को बाह्य जगत में ही घटित होता समझाता है जबकि वर्तमान समय मानसिक स्तर पर विनाश व सृजन का है। इस आधार पर यह कहा जा सकता है कि माया सभ्यता के अनुसार 21 दिसम्बर, 2012 को जो विनाश व सृजन होगा, वह मानसिक स्तर का ही होगा। जिसके परिणामस्वरूप सभी सम्प्रदाय, मत, दर्शन एक उच्च स्तर के विचार या सत्य में विलीन अर्थात विनाश को प्राप्त करेगा। फलस्वरूप उच्च स्तर के विचार या सत्य में स्थापित होने से सृजन होगा। कुल मिलाकर माया सभ्यता के कैलेण्डर का अन्त तिथि 21 दिसम्बर, 2012, दुनिया के अन्त की तिथि नहीं बल्कि वह वर्तमान युग के अन्त की अन्तिम तिथि का अनुमान है जिसके बाद नये युग का आरम्भ होगा।

ईश्वर भी इतना मूर्ख व अज्ञानी नहीं है कि वह स्वयं को इस मानव षरीर में पूर्ण व्यक्त किये बिना ही दुनिया को नष्ट कर दे। इसके सम्बन्ध में हिन्दू धर्म शास्त्रों में सृष्टि के प्रारम्भ के सम्बन्ध में कहा गया है कि- "ईश्वर ने इच्छा व्यक्त की कि मैं एक हूँ, अनेक हो जाऊँ"। इस प्रकार जब वही ईश्वर सभी में है तब निश्चित रूप से जब तक सभी मानव ईश्वर नहीं हो जाते तब तक दुनिया के अन्त होने का कोई प्रश्न ही नहीं उठता। और विकास क्रम चलता रहेगा।

21 दिसम्बर, 2012 के बाद का समय नये युग के प्रारम्भ का समय है जिसमें ज्ञान, ध्यान, चेतना, भाव, जन, देश, विश्व राष्ट्र, आध्यात्मिक जागरण, मानवता इत्यादि का विश्वव्यापी विकास होगा। परिणामस्वरूप सभी मानव को ईश्वर रूप में स्थापित होने का अवसर प्राप्त होगा। और यही विश्व मानव समाज की मूल आवश्यकता है। प्राचीन वैदिक काल में समाज को नियंत्रित करने के लिए ज्ञानार्जन सबके लिए खुला नहीं था परन्तु वर्तमान और भविष्य की आवश्यकता यह है कि समाज को नियंत्रित करने के लिए सभी को पूर्ण ज्ञान से युक्त कर सभी के लिए ज्ञान को खोल दिया जाय। यही कारण था कि वेद को प्रतीकात्मक रूप में लिख कर गुरू-शिष्य परम्परा द्वारा उसकी व्याख्या की जाती रही थी जिससे राजा और समाज को नियंत्रण में रखा जा सके।

सभी मानव को ईश्वर रूप में स्थापित होने के लिए जो माध्यम चाहिए वह है-"एकात्म विज्ञान" व "ईश्वर शास्त्र" विषय से मानव को शिक्षित करना और शिक्षा पाठ्यक्रम में अनिवार्य रूप से अध्ययन के लिए शामिल कराया जा सके।

"सार्वभौम सत्य-सिद्धांत"पर आधारित "युग परिवर्तन श्रृंखला" मानवता के अगली पीढ़ी के उदय के लिए

"नये युग" में "नये भारत" के लिए "नवीन मान-राग-प्राण" पर आधारित क्रियान्वयन प्रणाली (Operation System)-मानव-10 (MANAV-10) की पुस्तकें

यह नई पीढ़ी (Gen-Z) के लिए "विकसित भारत" और "मानव-10 प्रणाली" (MANAV-10 System) को प्रोत्साहित करने वाली श्रृंखला का हिस्सा है।

अर्थात् यह पुस्तक किसी धर्म, जाति या मत से ऊपर उठकर "Universal Truth Principles" की ओर संकेत करती है।

मुद्रित (Printed Hard Copy) पुस्तक के लिए लिंक(Link)

https://notionpress.com/author/lava_kush

E_Book के लिए

www.64inch.com

द्वापर युग में आठवें अवतार श्रीकृष्ण द्वारा प्रारम्भ किया गया कार्य नवसृजन के प्रथम भाग सार्वभौम ज्ञान के शास्त्र "गीता" के बाद कलियुग में द्वितीय और अन्तिम भाग "सार्वभौम कर्मज्ञान" और "पूर्णज्ञान का पूरक शास्त्र"

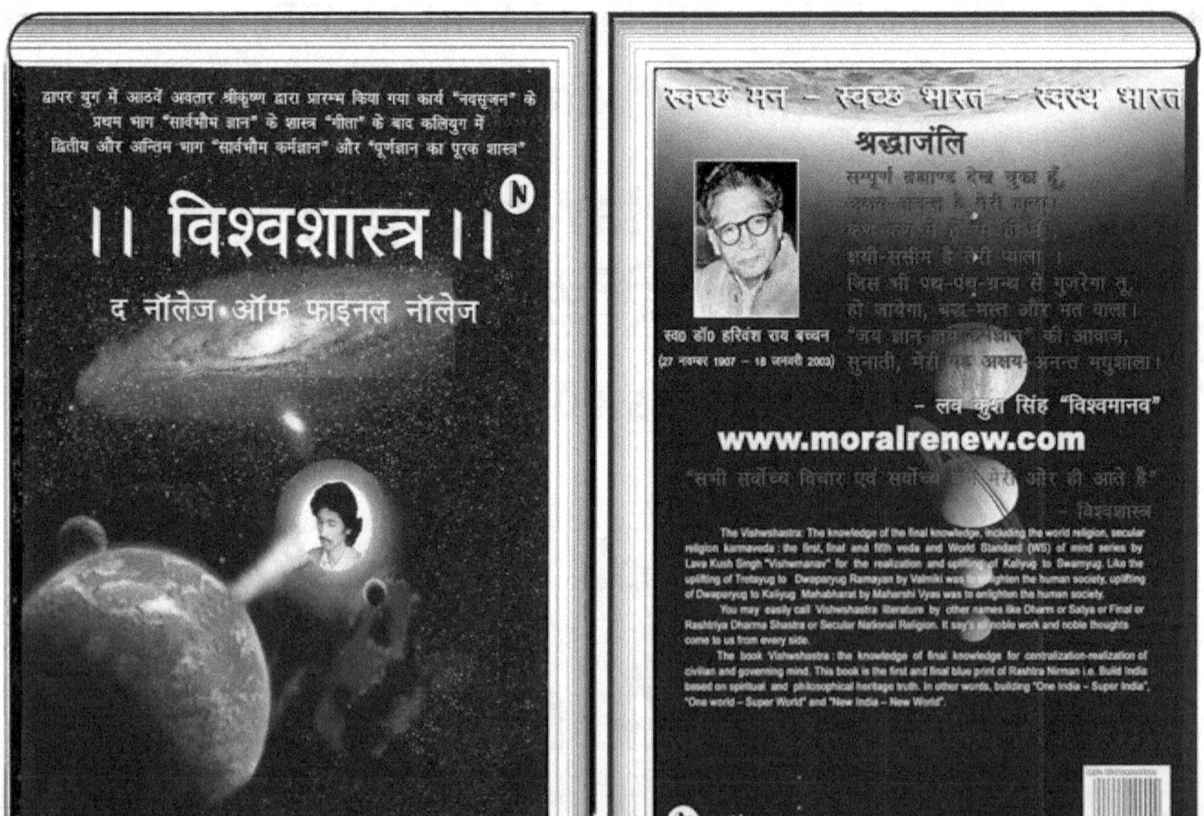

विश्व युद्ध के पहले
दिव्य दृष्टि
सत्यकाशी पीठ
पांचवां और अन्तिम शंकराचार्य पीठ

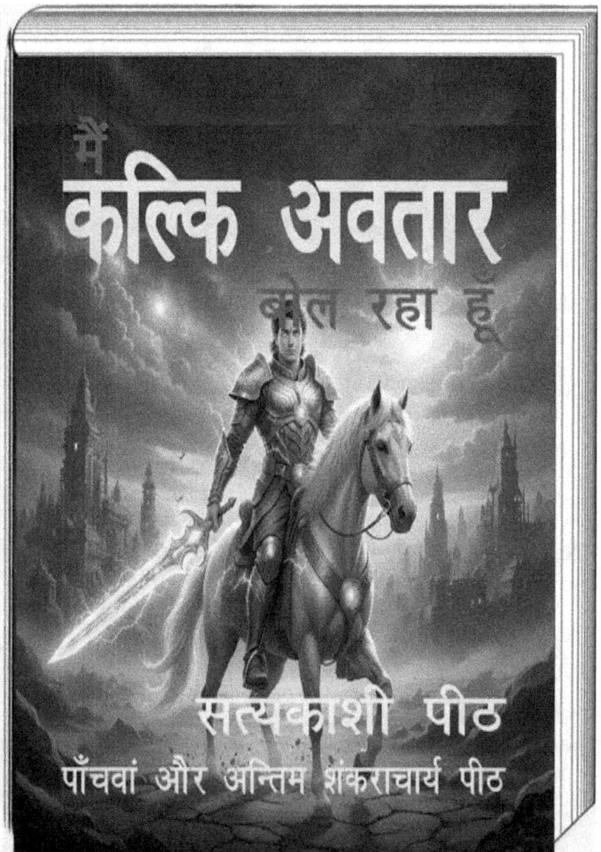
मैं
कल्कि अवतार
बोल रहा हूँ
सत्यकाशी पीठ
पाँचवां और अन्तिम शंकराचार्य पीठ

समष्टि गीता
यथार्थ प्रकाश
सत्यकाशी पीठ
पाँचवां और अन्तिम शंकराचार्य पीठ

फिल्म स्क्रीप्ट
राइटिंग
IDEAS
You are the writer of your life
FRESH Ideas
Writing is designing with words
Creative THINKING
LIGHTS CAMERA ACTION
Short Films.
लव कुश सिंह “विश्वमानव”

प्रारम्भिक सत्य
अन्तिम
दृष्टि
सत्यकाशी पीठ
पाँचवां और अन्तिम शंकराचार्य पीठ

सत्य धर्म
युग परिवर्तक
दृष्टि
सत्यकाशी पीठ
पाँचवां और अन्तिम शंकराचार्य पीठ

सत्य दार्शनिक-दर्शन
और
कर्म वेदान्त-विकास
दर्शन
सत्यकाशी पीठ
पाँचवां और अन्तिम शंकराचार्य पीठ

सत्य शास्त्र
एवं
पुराण रहस्य
महर्षि व्यास
कला
सत्यकाशी पीठ
पाँचवां और अन्तिम शंकराचार्य पीठ

संत एवं गुरू
और
विश्व संत एवं गुरू
सत्यकाशी पीठ
पाँचवां और अन्तिम शंकराचार्य पीठ

समाज और
ईश्वरीय समाज
सत्यकाशी पीठ
पाँचवां और अन्तिम शंकराचार्य पीठ

सत्य शास्त्र और
विश्वशास्त्र
सत्यकाशी पीठ
पाँचवां और अन्तिम शंकराचार्य पीठ

कृति
और
विश्व
कृति
सत्यकाशी पीठ
पाँचवां और अन्तिम शंकराचार्य पीठ

भारत माता मन्दिर
और
विश्वधर्म मन्दिर
सत्यकाशी पीठ
पाँचवां और अन्तिम शंकराचार्य पीठ

महाभारत
और
विश्वभारत
सत्यकाशी पीठ
पाँचवां और अन्तिम शंकराचार्य पीठ

संविधान और
विश्व संविधान
सत्यकाशी पीठ
पांचवां और अन्तिम शंकराचार्य पीठ

शिक्षा और
पूर्ण शिक्षा
सत्यकाशी पीठ

देवता और सार्वभौम देवता
कल्कि
सत्यकाशी पीठ

माँ कल्कि

द्वादस ज्योतिर्लिंग और
१३वां अन्तिम ज्योतिर्लिंग
?
सत्यकाशी पीठ
पाँचवां और अन्तिम शंकराचार्य पीठ

काशी
मोक्षदायिनी
और
जीवनदायिनी

सत्यकाशी
स्वर्णयुग
का
तीर्थ

काशी
रहस्योद्घाटन
सत्यकाशी पीठ
पांचवां और अन्तिम शंकराचार्य पीठ

2020
सत्यकाशी पीठ
पाँचवां और अन्तिम शंकराचार्य पीठ

ईश्वर
का
संक्षिप्त इतिहास
सत्यकाशी पीठ
पाँचवां और अन्तिम शंकराचार्य पीठ

अवतार
अन्तिम सत्य दृष्टि
सत्यकाशी पीठ
पाँचवां और अन्तिम शंकराचार्य पीठ

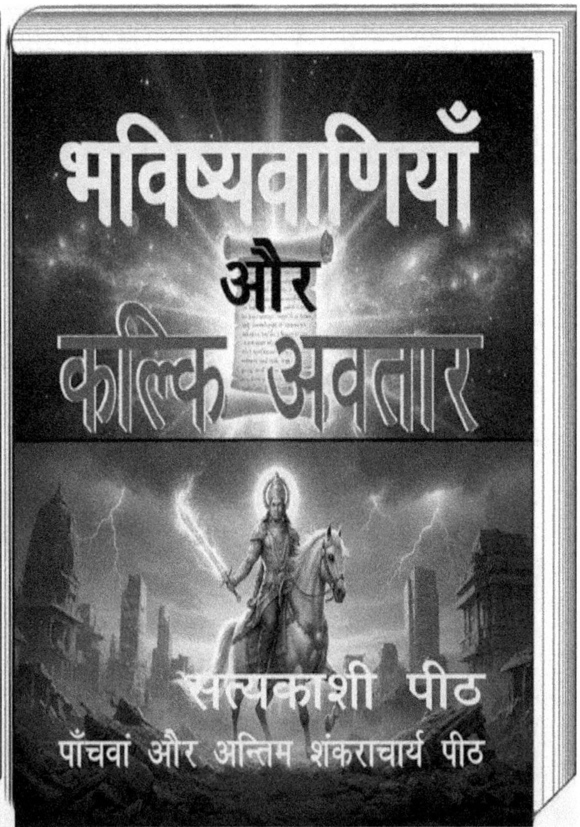
भविष्यवाणियाँ
और
कल्कि अवतार
सत्यकाशी पीठ
पाँचवां और अन्तिम शंकराचार्य पीठ

स्वामी विवेकानन्द
और
कल्कि अवतार
सत्यकाशी पीठ
पाँचवां और अन्तिम शंकराचार्य पीठ

मनु, मनवन्तर
और
कल्कि अवतार
सत्यकाशी पीठ
पाँचवां और अन्तिम शंकराचार्य पीठ

व्यास, शास्त्र
और
कल्कि अवतार
सत्यकाशी पीठ
पाँचवां और अन्तिम शंकराचार्य पीठ

ऋषि, ऋषि परम्परा
और
कल्कि अवतार
सत्यकाशी पीठ
पाँचवां और अन्तिम शंकराचार्य पीठ

दूसरा आगमन
या
अन्तिम आगमन
सत्यकाशी पीठ
पाँचवां और अन्तिम शंकराचार्य पीठ

परिवर्तन
काल, मनु, युग,
व्यास और शास्त्र
सत्यकाशी पीठ
पाँचवां और अन्तिम शंकराचार्य पीठ

राम, रावण
और
सार्वभौम एकात्म
सत्यकाशी पीठ
पाँचवां और अन्तिम शंकराचार्य पीठ

मैं
व्यक्तिगत या सार्वभौम
सत्यकाशी पीठ
पाँचवां और अन्तिम शंकराचार्य पीठ

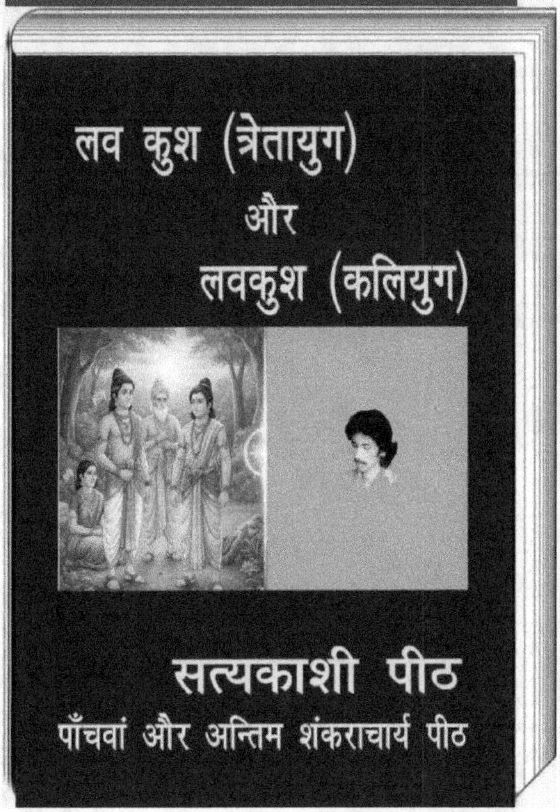
लव कुश (त्रेतायुग)
और
लवकुश (कलियुग)
सत्यकाशी पीठ
पाँचवां और अन्तिम शंकराचार्य पीठ

कल्कि महावतार
आ चुके हैं
(ACTION PLAN)
सत्यकाशी पीठ
पाँचवां और अन्तिम शंकराचार्य पीठ

लव कुश सिंह
(कल्कि महावतार)
जीवन, ज्ञान, कर्म और विश्वरूप
सत्यकाशी पीठ
पाँचवां और अन्तिम शंकराचार्य पीठ

वैश्विक बुद्ध
बुद्ध का
भाग-दो
और अन्तिम
सत्यकाशी पीठ
पाँचवां और अन्तिम शंकराचार्य पीठ

बुड्ढ़ा कृष्ण
कृष्ण का
भाग-दो
और अन्तिम
सत्यकाशी पीठ
पाँचवां और अन्तिम शंकराचार्य पीठ

सम्पूर्ण क्रान्ति
अन्तिम कार्य योजना
64
सत्यकाशी पीठ
पांचवां और अन्तिम शंकराचार्य पीठ

सम्पूर्ण क्रान्ति
वेबसाइट मार्गदर्शन
विवरणिका
सत्यकाशी पीठ
पाँचवां और अन्तिम शंकराचार्य पीठ

पुनर्निर्माण
(RENEW)
समस्या, समाधान
और
राष्ट्र निर्माण की योजना
सत्यकाशी पीठ
पाँचवां और अन्तिम शंकराचार्य पीठ

पुनर्निर्माण
(RENEW)
ग्राम एवं नगर वार्ड
प्रेरक
सत्यकाशी पीठ
पाँचवां और अन्तिम शंकराचार्य पीठ

द्वापर युग में आठवें अवतार श्रीकृष्ण द्वारा प्रारम्भ किया गया कार्य "नवसृजन" के
प्रथम भाग "सार्वभौम ज्ञान" के शास्त्र "गीता" के बाद कलियुग में
द्वितीय और अन्तिम भाग "सार्वभौम कर्मज्ञान" और "पूर्णज्ञान का पूरक शास्त्र"
।। विश्वशास्त्र ।।
द नॉलेज ऑफ फाइनल नॉलेज
परिचय
- लव कुश सिंह "विश्वमानव"

एन्टायर पालिटिक्स
पूर्ण पाठ्यक्रम
सत्यकाशी पीठ
पांचवां और अन्तिम शंकराचार्य पीठ

वसुधैव
कुटुम्बकम्
सत्यकाशी पीठ
पाँचवां और अन्तिम शंकराचार्य पीठ

।।कर्मवेद।।
प्रथम, अन्तिम तथा पंचम
सत्यकाशी पीठ
पांचवां और अन्तिम शंकराचार्य पीठ

आठवें अवतार
श्रीकृष्ण
सत्यकाशी पीठ
पांचवां और अन्तिम शंकराचार्य पीठ

अयोध्या नहीं,
मुंगेर है
राम जन्मभूमि
सत्यकाशी पीठ
पाँचवां और अन्तिम शंकराचार्य पीठ

विश्वमानव
भूतपूर्व नेतृत्वकर्ताओं
का
स्पष्टिकरण
सत्यकाशी पीठ
पाँचवां और अन्तिम शंकराचार्य पीठ

विश्वमानव
वर्तमान नेतृत्वकर्ताओं
का
स्पष्टिकरण
सत्यकाशी पीठ
पाँचवां और अन्तिम शंकराचार्य पीठ

विश्वमानव
वार्ता, वक्तव्य
एवं
वाणीयाँ
सत्यकाशी पीठ
पाँचवां और अन्तिम शंकराचार्य पीठ

विश्वमानव
पत्रावली, प्रसारण
और
अन्तिम पत्र
सत्यकाशी पीठ
पाँचवां और अन्तिम शंकराचार्य पीठ

सत्य जनहित
आह्वान
सत्यकाशी पीठ
पाँचवां और अन्तिम शंकराचार्य पीठ

विश्व शान्ति
अन्तिम सत्य दृष्टि
सत्यकाशी पीठ
पाँचवां और अन्तिम शंकराचार्य पीठ

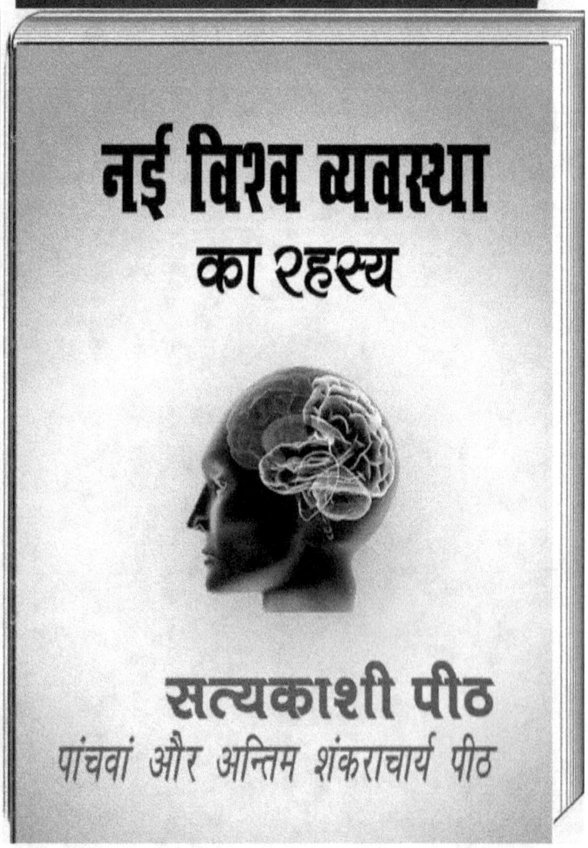
नई विश्व व्यवस्था
का रहस्य
सत्यकाशी पीठ
पांचवां और अन्तिम शंकराचार्य पीठ

समाजवाद
ब्रह्माण्डीय विकास का अवतारी मार्ग
सत्यकाशी पीठ
पांचवां और अन्तिम शंकराचार्य पीठ

भारतवाद
राष्ट्रवाद की मुख्यधारा
सत्यकाशी पीठ
पांचवां और अन्तिम शंकराचार्य पीठ

100 वर्षीय संयुक्त राष्ट्र
को अग्रिम सन्देश
सत्यकाशी पीठ
पांचवां और अन्तिम शंकराचार्य पीठ

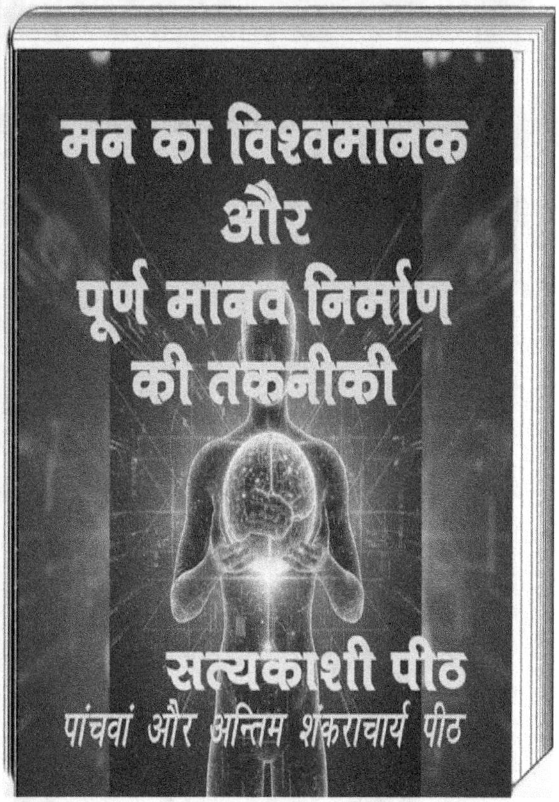
मन का विश्वमानक
और
पूर्ण मानव निर्माण
की तकनीकी
सत्यकाशी पीठ
पांचवां और अन्तिम शंकराचार्य पीठ

गणराज्य, संघ,
मानकीकरण संगठन
और
सम्पूर्ण मानक
सत्यकाशी पीठ
पाँचवां और अन्तिम शंकराचार्य पीठ

व्यापार केन्द्र
दृश्य सत्य
सत्यकाशी पीठ
पाँचवां और अन्तिम शंकराचार्य पीठ

सार्वभौम एकात्म
नव विश्व निर्माण
सत्यकाशी पीठ
पांचवां और अन्तिम शंकराचार्य पीठ

मानक विपणन
प्रणाली
सत्यकाशी पीठ
पाँचवां और अन्तिम शंकराचार्य पीठ

स्वर्णयुग का मानक
आदर्श नागरिक
दिशा निर्देश
सत्यकाशी पीठ
पांचवां और अन्तिम शंकराचार्य पीठ

स्वर्णयुग का
विश्वधर्म
परिचय
सत्यकाशी पीठ
पांचवां और अन्तिम शंकराचार्य पीठ

मैत्रेय बुद्ध
की ओर
सत्यकाशी पीठ
पांचवां और अन्तिम शंकराचार्य पीठ

विशाल ज्ञान विज्ञान
सबका समाधान
सूर्योदय
जय जनता जय कानून
हम सब एक दूसरे से हैं और एक दूसरे के लिए हैं

सार्वभौम सत्य-सिद्धान्त आधारित "युग परिवर्तक" श्रृंखला
कल्कि धाम
और
कल्कि परिचय
- लव कुश सिंह "विश्वमानव"

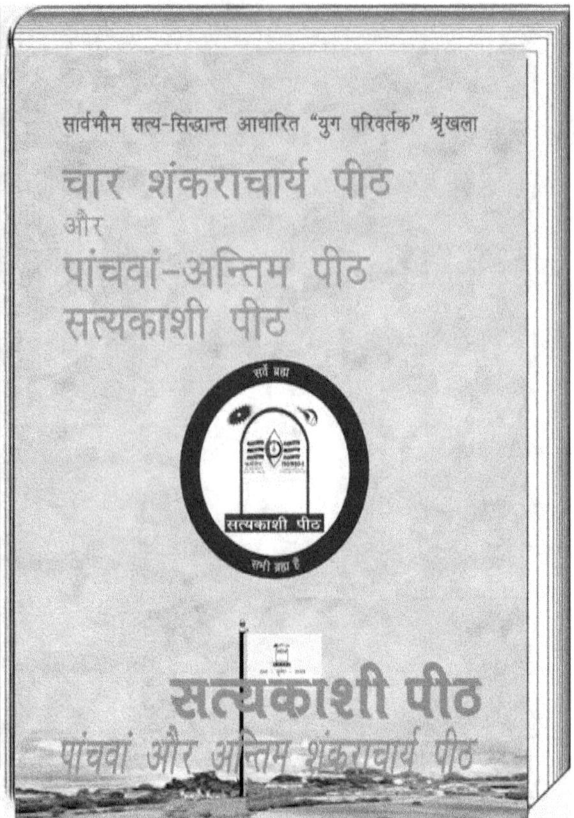
सार्वभौम सत्य-सिद्धान्त आधारित "युग परिवर्तक" श्रृंखला
चार शंकराचार्य पीठ
और
पांचवां-अन्तिम पीठ
सत्यकाशी पीठ
सत्यकाशी पीठ
सत्यकाशी पीठ
पांचवां और अन्तिम शंकराचार्य पीठ

कल्कि अमृत
महाकुम्भ
2025
FINAL KNOWLEDGE BOMB BLAST
सत्यकाशी पीठ
पांचवां और अन्तिम शंकराचार्य पीठ

ज्योति
युग परिवर्तन की
TRANSACTION
TRADE
DEVELOPMENT
RURAL
GD
EDUCATION
ADVANCEMENT
NATURAL TRUTH
सत्यकाशी पीठ
पांचवां और अन्तिम शंकराचार्य पीठ

युग परिवर्तन
के
शब्द
सत्यकाशी पीठ
पांचवां और अन्तिम शंकराचार्य पीठ

विचारों का अंत
2025
सत्यकाशी पीठ
पांचवां और अन्तिम शंकराचार्य पीठ

विश्व सत्य घोषणा-पत्र
2025–मानव जाति तक
RSS
Rational Service
Society
सत्यकाशी पीठ
पांचवां और अन्तिम शंकराचार्यपीठ

वैश्विक युग परिवर्तन के लिए
विश्व राजनीतिक पार्टी
संघ
RSS
Rational Service
Society
सत्यकाशी पीठ
पांचवां और अन्तिम शंकराचार्यपीठ

क्रिप्टो करेंसी
और मोबाइल माइनिंग
—लव कुश सिंह "विश्वमानव"

पीढ़ी
मानवीय और ईश्वरीय
2
3
4
5
6
7
8
9
10
वात्सल्य त्रिपाठी

बुढ़ा कृष्ण
अन्तिम मिलन
वात्सल्य त्रिपाठी

जेन जी
अन्तिम लक्ष्य
वात्सल्य त्रिपाठी

पाँचवां-अन्तिम पीठ
सत्यकाशी पीठ
परिचय
वात्सल्य त्रिपाठी
पाँचवां और आंतिम शंकराचार्य पीठ

कबीर और
जेन-जी
नई चेतना, नया मानव
चेतना और नवयुग की संवाद यात्रा
वात्सल्य त्रिपाठी

कल्कि की
ज्योति
बिहार से
ज्योति राठौड़

एक बिहारी
धरती पर भारी
ज्योति राठौड़

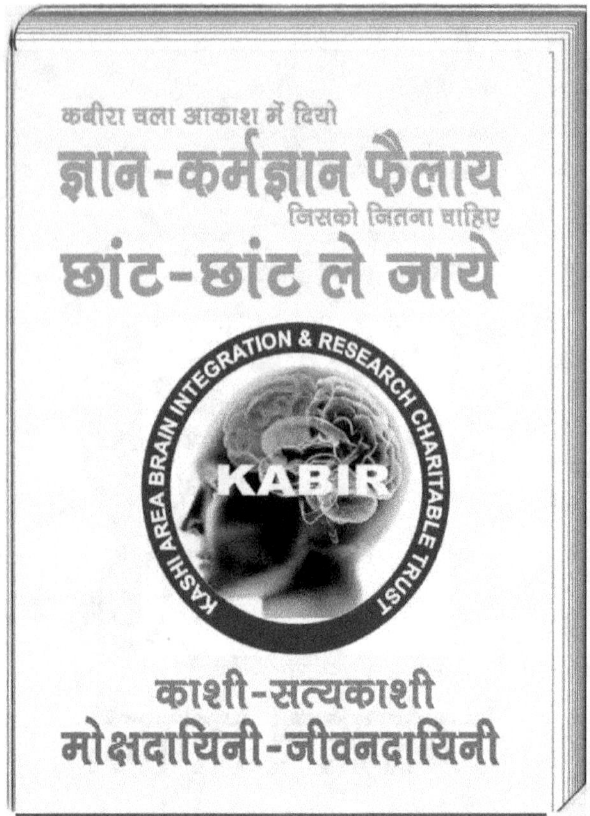
कबीरा चला आकाश में दियो
ज्ञान-कर्मज्ञान फैलाय
जिसको जितना चाहिए
छांट-छांट ले जाये
KASHI AREA BRAIN INTEGRATION & RESEARCH CHARITABLE TRUST
KABIR
काशी-सत्यकाशी
मोक्षदायिनी-जीवनदायिनी

कुर्म वंश
और
चरणाद्रिगढ़
स्वामी रमेशानन्द

आर.एस.एस
नवयुग के लिए
वैश्विक व्यक्तिगत पुस्तकालय
RATIONAL SERVICE SOCIETY (RSS)
WORLD PERSONAL LIBRARY FOR NEW AGE
A GUIDE TO GLOBAL WISDOM & FUTURE THOUGHT
स्वामी रमेशानन्द

झोला उठने के बाद
सोशल मीडिया
के लिए
कन्टेन्ट बैंक
विस्तृत गाइड: विचार, रणनीतियाँ, और संसाधन
www.64inch.com
सत्यकाशी पीठ
पांचवां और अन्तिम शंकराचार्य पीठ

झोला उठने के बाद
कल्कि
के तीन चरण
सत्यकाशी पीठ
पांचवां और अन्तिम शंकराचार्य पीठ

युग परिवर्तन के लिए:
विश्व पुस्तकालय बनाम कल्कि पुस्तकालय
www.64inch.com
ज्ञान का महासागर - अतीत से वर्तमान
बनाम
कल्कि पुस्तकालय
ज्ञान का महासंग्राम - भविष्य का निर्माण
सत्यकाशी पीठ
पांचवां और अन्तिम शंकराचार्य पीठ

व्हाट्सएप्प यूनिवर्सिटी
और
सु-इसु यूनिवर्सिटी
सत्यकाशी पीठ
पांचवां और अन्तिम शंकराचार्य पीठ

इंडिया
भारत का विश्वरूप
सत्यकाशी पीठ
पांचवां और अन्तिम शंकराचार्य पीठ

अधूरे
सपनों
का
अन्तिम मार्ग
सत्यकाशी पीठ
पांचवां और अन्तिम शंकराचार्य पीठ

मानक
संविधान
और
बहुजन
सत्यकाशी पीठ
पांचवां और अन्तिम शंकराचार्य पीठ

विकसित भारत
अन्तिम मुद्दे
-ईश्वरीय/मानवीय पीढ़ी-10 (GEN-10)
-व्यक्तिगत
-पारिवारीक
-सामाजिक
-धार्मिक
-राष्ट्रीय
-वैश्विक
सत्यकाशी पीठ
पांचवां और अन्तिम शंकराचार्य पीठ

एक नया
विकल्प
THREADS
सत्यकाशी पीठ
पांचवां और अन्तिम शंकराचार्य पीठ

विकसित भारत
शिक्षितों का अन्तिम ईश्वरीय मॉडल
सत्यकाशी पीठ
पांचवां और अन्तिम शंकराचार्य पीठ

विकास मॉडल
आसुरी
और
ईश्वरीय
सत्यकाशी पीठ
पांचवां और अन्तिम शंकराचार्य पीठ

युग परिवर्तन और 1000 वर्षों के लिए
सत्यकाशी पीठ
का सम्पूर्ण कार्य
कौन,
क्यों,
कैसे
कल्कि?
सत्यकाशी पीठ
पांचवां और अन्तिम शंकराचार्य पीठ

बैल बुद्धि
और
विकसित
भारत
सत्यकाशी पीठ
पांचवां और अन्तिम शंकराचार्य पीठ

लव कैन
भोज्यम्
सत्यकाशी पीठ
पांचवां और अन्तिम शंकराचार्य पीठ

एक्सट्रा
टु ए बी
समान नागरिक व्यापार ज्ञान संहिता (CCTKC)
सत्यकाशी पीठ
पांचवां और अन्तिम शंकराचार्य पीठ

एक्सट्रा
टु ए बी
समान नागरिक आर्थिक संहिता (UCEC)
सत्यकाशी पीठ
पांचवां और अन्तिम शंकराचार्य पीठ

अंध भक्ति
से मुक्ति की ओर
मुक्ति मंत्र
"जिसने अंधभक्ति दिया
वही मुक्ति देगा"
सत्यकाशी पीठ
पांचवां और अन्तिम शंकराचार्य पीठ

VISHWABHARAT
न मो नारायण
सत्यकाशी पीठ
पांचवां और अन्तिम शंकराचार्य पीठ

अगला स्तर
फिल्म और राजनीति पर
विचारों का संगह
सत्यकाशी पीठ
पांचवां और अन्तिम शंकराचार्य पीठ

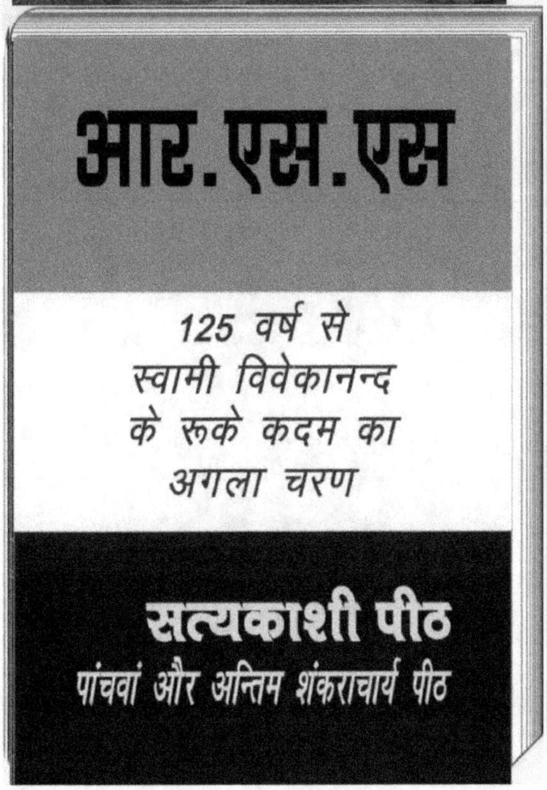
आर.एस.एस
125 वर्ष से
स्वामी विवेकानन्द
के रूके कदम का
अगला चरण
सत्यकाशी पीठ
पांचवां और अन्तिम शंकराचार्य पीठ

आर.एस.एस
रहस्योद्घाटन
सत्यकाशी पीठ
पांचवां और अन्तिम शंकराचार्य पीठ

125 वर्ष बाद
स्वामी विवेकानन्द
का अगला चरण

सत्यकाशी पीठ
पांचवां और अन्तिम शंकराचार्य पीठ

आत्मकथा
लेखन कला
का विश्वमानक
सत्यकाशी पीठ
पांचवां और अन्तिम शंकराचार्य पीठ

लुच्चा
पुराण
पौराणिक कथाओं
और पात्रों के
सत्य समझ की व्यास दृष्टि
सत्यकाशी पीठ
पांचवां और अन्तिम शंकराचार्य पीठ

आठवां
सावर्णि मनु स्मृति
सत्यकाशी पीठ
पांचवां और अन्तिम शंकराचार्य पीठ

विश्वमानक
शून्य श्रृंखला
सत्यकाशी पीठ
पांचवां और अन्तिम शंकराचार्य पीठ

सर्वजीत साधना
भवन
एक आध्यात्मिक अनुभव
सत्यकाशी पीठ
पांचवां और अन्तिम शंकराचार्य पीठ
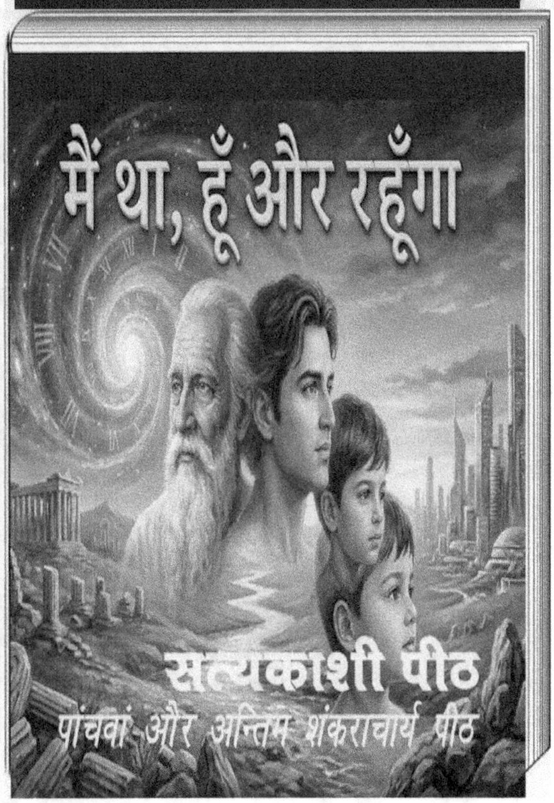
मैं था, हूँ और रहूँगा
सत्यकाशी पीठ
पांचवां और अन्तिम शंकराचार्य पीठ

आई लव
लवकुश
सत्यकाशी पीठ
पांचवां और अन्तिम शंकराचार्य पीठ

परब्रह्म,
प्रकृति,
अवतार
और वानर
सत्यकाशी पीठ
पांचवां और अन्तिम शंकराचार्य पीठ

संसार
दृश्य
और
अदृश्य
सत्यकाशी पीठ
पांचवां और अन्तिम शंकराचार्य पीठ

कर्मोपनिषद्
सत्यकाशी पीठ
पांचवां और अन्तिम शंकराचार्य पीठ

विश्वभारत पुराण
सत्यकाशी पीठ
पांचवां और अन्तिम शंकराचार्य पीठ

एकात्म विज्ञान
सत्यकाशी पीठ
पांचवां और अन्तिम शंकराचार्य पीठ

मानक विज्ञान
सत्यकाशी पीठ
पांचवां और अन्तिम शंकराचार्य पीठ

ईश्वर शास्त्र
सत्यकाशी पीठ
पांचवां और अन्तिम शंकराचार्य पीठ

युगावतारों के प्रकटीकरण की कार्यविधि:
राम-कृष्ण-लवकुश
सत्यकाशी पीठ
पांचवां और अन्तिम शंकराचार्य पीठ

पुस्तक को देखो, लेखक को नहीं
आविष्कार को देखो, आविष्कारक को नहीं
शास्त्र को देखो, शास्त्राकार को नहीं
सत्यकाशी पीठ
पांचवां और अन्तिम शंकराचार्य पीठ

56 से 64
की ओर
सत्यकाशी पीठ
पांचवां और अन्तिम शंकराचार्य पीठ

मैं सत्यकाशी हूँ
कविता
सत्यकाशी पीठ
पांचवां और अन्तिम शंकराचार्य पीठ

पटेल
भारत के शारीरिक एकीकरण के बाद
मन का एकीकरण लक्ष्य
सत्यकाशी पीठ
पांचवां और अन्तिम शंकराचार्य पीठ

मन से
आत्मा तक
3 6 9 और 7
6
3
9
7
सत्यकाशी पीठ
पांचवां और अन्तिम शंकराचार्य पीठ

भारत
400 पार मुद्दा किसका
?
सत्यकाशी पीठ
पांचवां और अन्तिम शंकराचार्य पीठ

आर. एस. एस - पुस्तकालय
पढ़ो और कमाओ
शिक्षित समाज, समर्थ राष्ट्र
सत्यकाशी पीठ
पांचवां और अन्तिम शंकराचार्य पीठ

विश्वयुद्ध के पहले
विश्वगुरु भारत
का विश्व शान्ति और
पुनर्निर्माण का अन्तिम सन्देश
सत्यकाशी पीठ
पांचवां और अन्तिम शंकराचार्य पीठ

चुटिया पण्डित
वृन्दावन की सत्य घटना
स्वामी नन्दनानंद

कल्कि का
चुनार और वृन्दावन
से उठता प्रेम
स्वामी नन्दनानंद

कल्कि का
बेगुसराय और मीरजापुर
जन्म और कर्म क्षेत्र
स्वामी नन्दनानंद

सत्येश्वरोपनिषद्
सत्येश्वर
और
झूठेश्वर
वात्सल्य त्रिपाठी

अन्तिम अवतार
कल्कि
के लिए शेष कर्म
वात्सल्य त्रिपाठी

कल्कि अवतार
का मानव-10
विकसित भारत का प्रवेश द्वार
वात्सल्य त्रिपाठी

पप्पू-गप्पू
और
नागरिक झुलेलाल
वात्सल्य त्रिपाठी

ओपेन गेम
कभी-कभी नहीं,
अब कन्फर्म है
अपुन ही
भगवान है
(वेब सीरीज)
वात्सल्य त्रिपाठी

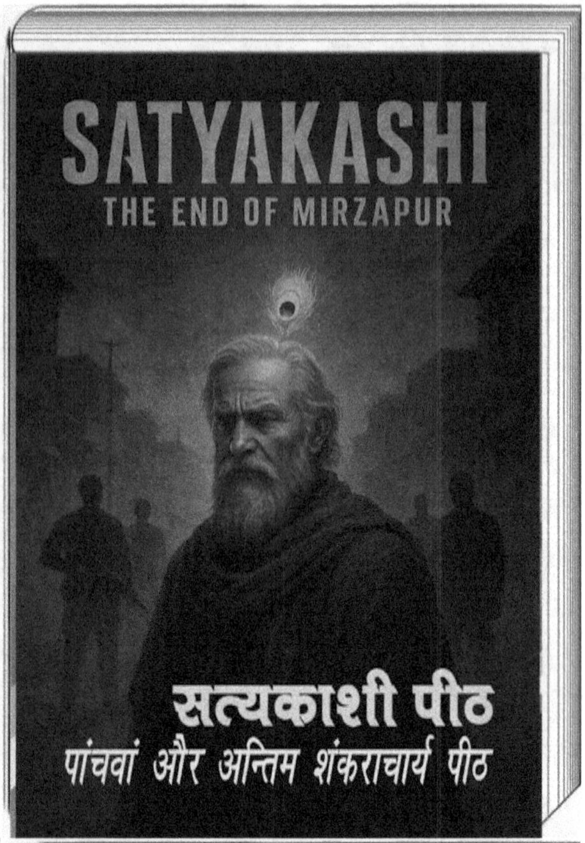
SATYAKASHI
THE END OF MIRZAPUR
सत्यकाशी पीठ
पांचवां और अन्तिम शंकराचार्य पीठ

अण्डरवर्ल्ड
सनातन से पुरुषों से छुपी महिलाओं की कहानी
(फिल्म स्क्रीनप्ले-रेडी टू शूट)
वात्सल्य त्रिपाठी

सोना और सोना
एवं
नारी सशक्तिकरण
वैदिक काल से वर्तमान तक
सत्यकाशी पीठ
पांचवां और अन्तिम शंकराचार्य पीठ

स्लम डॉग
गॉड
फिल्म स्क्रीनप्ले-रेडी टू शूट

उत्तर प्रदेश
का
उत्तर
वात्सल्य त्रिपाठी

अन्तिम समन्वयाचार्य
कल्कि
वात्सल्य त्रिपाठी

2026
2+0+2+6=10
पांचवां और अन्तिम शंकराचार्य पीठ

राम न आयेंगे
लवकुश आ रहें हैं
www.64inch.com
पांचवां और अन्तिम शंकराचार्य पीठ

युग परिवर्तन के
150 पुस्तकें-परिचय
ज्ञान, प्रेरणा और भविष्य की ओर एक कदम
150
सत्यकाशी पीठ
पांचवां और अन्तिम शंकराचार्य पीठ
"एक नई शुरुआत के लिए ज्ञान की खोज"

जैसी तुम्हारी इच्छा वैसा करो

डॉ0 सर्वपल्ली राधाकृष्णन का जन्म 5 सितम्बर, 1888 को दक्षिण भारत के तिरूतनि स्थान पर हुआ था जो चेन्नई से 64 किमी उत्तर–पूर्व में है। डॉ0 सर्वपल्ली राधाकृष्णन भारत के उपराष्ट्रपति और दूसरे राष्ट्रपति सन् 1952 से 1962 तक में रहे। डॉ0 सर्वपल्ली राधाकृष्णन भारतीय समाजिक संस्कृति से ओत–प्रोत एक महान शिक्षाविद् महान दार्शनिक, महान वक्ता और आस्थावान हिन्दू विचारक थे। डॉ0 सर्वपल्ली राधाकृष्णन ने अपने जीवन के महत्वपूर्ण 40 वर्ष शिक्षक के रूप में व्यतीत किये। उनमें एक आदर्श शिक्षक के सारे गुण मौजूद थे। डॉ0 सर्वपल्ली राधाकृष्णन समस्त विश्व को एक शिक्षालय मानते थे। उनकी मान्यता थी कि शिक्षा के द्वारा ही मानव दिमाग का सद्उपयोग किया जाना सम्भव है इसलिए समस्त विश्व को एक इकाई समझकर ही शिक्षा का प्रबन्धन किया जाना चाहिए। उनके जन्मदिन को "शिक्षक दिवस" के रूप में मनाया जाता है।

इति ते ज्ञानमाख्यातं गुह्याद्गुह्यतरं मया।
विमृश्न्यैतदशेषेण यथेच्छसि तथा कुरू।।

(श्रीमद्भगवद्गीता, अध्याय–18, श्लोक–63)

अर्थात् – मैंने तुम्हें जो बताया, वह सब से बड़ा रहस्य है। इस पर भलीभाँति विचार कर तुम्हारी जैसी इच्छा वैसा करो।

"परमात्मा देखने में तटस्थ या निरपेक्ष दिखाई देता है, क्योंकि उसने चुनने का निर्णय अर्जुन के हाथ में छोड़ दिया है। उसकी यह निरपेक्षता ही अर्जुन के चिन्ता का कारण है। वह किसी पर भी दबाव नहीं डालता क्योंकि स्वतःस्फूर्त स्वतन्त्रता बहुत मूल्यवान होती है। भगवान अपना आदेश ऊपर से नहीं थोपता। वह स्वतन्त्र छोड़ देता है। परमात्मा की पुकार को स्वीकार करने या अस्वीकार कर देने के लिए हम हर समय स्वतन्त्र हैं। हम लड़खड़ाने लगें तो वह सहायता देने के लिए तैयार रहता है और प्रतीक्षा करने को तैयार है जब तक हम उसकी ओर उन्मुख न हों।

सब कुछ पहले से निर्धारित मानने वाले सिद्धान्त में टकराव के कारण यूरोप और भारत में काफी वाद–विवाद हुआ है। यूरोप का प्रमुख सिद्धान्त है कि संकल्प शक्ति और मानवीय प्रयत्न की स्वतन्त्रता का मनुष्य के उद्धार में बहुत बड़ा हाथ होता है। यद्यपि स्वयं संकल्प शक्ति को भी परमात्मा की कृपा के समर्थन की आवश्यकता पड़ सकती है। पहले से सब कुछ तय मानने वालों को अच्छे कार्यों और प्रार्थना के लिए यत्न करना होता है, क्योंकि वहाँ भी मानते हैं कि ये उपाय नियति को आगे बढ़ाने में सहायक तो हो सकते हैं लेकिन वे उसे रोक नहीं सकते। मनुष्य इस बात के लिए स्वतन्त्र है कि परमात्मा उन मनुष्यों पर कृपा करना चाहता है जो अपने आचरण से उस कृपा को ग्रहण करने के लिए तैयार करते हैं।

आध्यात्मिक नेता हम पर शारीरिक हिंसा, चमत्कार, प्रदर्शन के जरिये प्रभाव नहीं डालते। यदि सच्चा शिष्य कोई गलती कर भी बैठे, तो वह उसे केवल सलाह देगा। यदि शिष्य को चुनाव करने की स्वतन्त्रता पर आँच आती हो, तो वह उसे गलत रास्ते से भी वापस लौट आने के लिए विवश नहीं करेगा। गलती भी विकास की एक दिशा है।

कृष्ण केवल सारथी हैं। वह अर्जुन के आदेश का पालन करेगा। उसने कोई शस्त्र धारण नहीं किया हुआ है। यदि वह अर्जुन पर कोई प्रभाव डालता है तो वह उसे अपने उस सर्वजयी प्रेम के जरिए डालता है। जो कभी समाप्त नहीं होता।

अर्जुन को अपने लिए स्वयं विचार करना चाहिए और अपने लिए स्वयं ही मार्ग खोज करना चाहिए। अस्पष्ट मान्यताओं को अनिवार्य रूप से और भावुकतापूर्वक अपना लिए जाने के कारण फलस्वरूप कट्टर धर्मान्धता उत्पन्न हुई है और उनके कारण मनुष्यों को अकथनीय कष्ट उठाना पड़ा है। इसलिए यह आवश्यक है कि मन और विश्वासों के लिए कोई तर्क संगत और अनुभावात्मक औचित्य ढूंढ़े।

अर्जुन को एक वास्तविक अखण्डता की अनुभूति प्राप्त करनी होगी लेकिन उसके विचार अपने हैं। और गुरू के जरिये उस पर थोपे नहीं गये हैं। दूसरों पर अपने विचार थोपना शिक्षण नहीं हैं।"

– भगवद्गीता के आखिरी उपदेश पर भारतीय दर्शन के व्याख्याकार और दूसरे राष्ट्रपति डॉ0 राधाकृष्णनन का विवेचन

"यह विश्वशास्त्र, मनुष्यों पर थोपा नहीं जा रहा बल्कि वह मनुष्यों को, मनुष्यो के इस संसार मे जो वर्तमान है उसे और उसके आगे अनन्त मार्ग दिखा रहा है और सभी मार्गों के एकीकरण द्वारा, उस मार्ग को भी दिखा रहा है जो विश्व को सत्य–सुन्दर–शिव बना सकता है। फिर भी हे मनुष्यों जैसी तुम्हारी इच्छा वैसा करो। वर्तमान से योग कराने के लिए ही मैं व्यक्त होता हूँ।" – लव कुश सिंह "विश्वमानव"

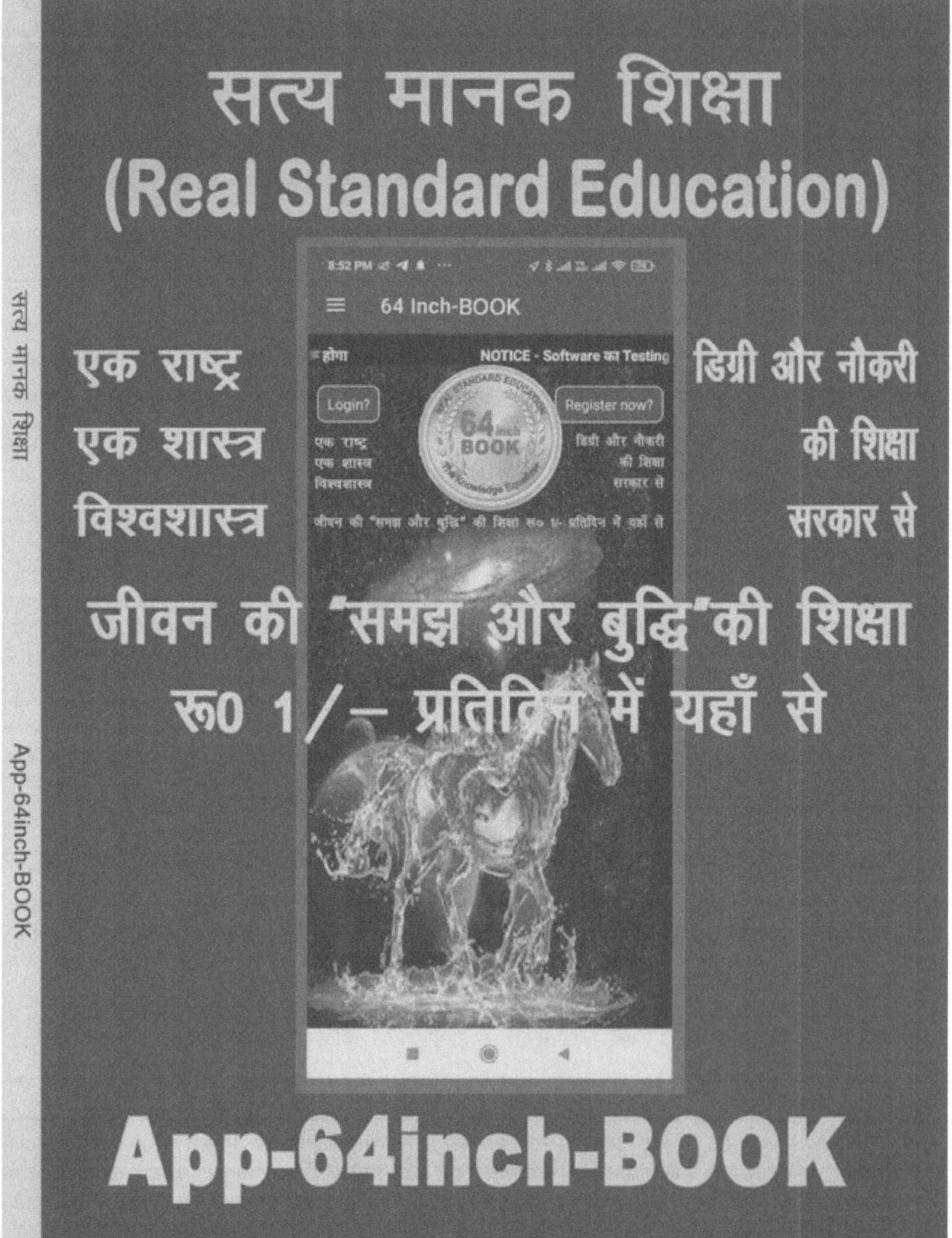

सत्य मानक शिक्षा
App-64inch-BOOK
सत्य मानक शिक्षा
(Real Standard Education)
64 Inch-BOOK
NOTICE - Software का Testing
Login?
Register now?
एक राष्ट्र
एक शास्त्र
विश्वशास्त्र
डिग्री और नौकरी
की शिक्षा
सरकार से
जीवन की "समझ और बुद्धि" की शिक्षा
रू0 1/– प्रतिदिन में यहाँ से
App-64inch-BOOK

"सत्य मानक शिक्षा" का व्यापार-एक अन्तहीन व्यापार

एक नदी पर पुल था जिसे कोई व्यक्ति पैदल दो घण्टे में पार करता था। यह पुल पैदल यात्रीयों के लिए रोक दिया गया था जिसके लिए पुल के ठीक मध्य (एक घण्टे की यात्रा) पर एक गार्ड नियुक्त था। गार्ड एक घण्टे सोता था और एक घण्टे जागता था। एक चालाक व्यक्ति को पुल से नदी पार करना अतिआवश्यक था। इसलिए गार्ड जब सोया तब वह यात्रा प्रारम्भ किया जैसे ही गार्ड के जागने का समय आया, वह वापस लौटने लगा। गार्ड समझा कि वह दूसरे किनारे से आ रहा है इसलिए उसने उस यात्री को पकड़ा और दूसरी ओर भेज दिया। इस प्रकार यात्री नदी पार हो गया।

यदि हम में से किसी को तैरकर नदी पार करना हो और आधे से पहले ही हमारा हिम्मत टूटने लगे तो हम वापस ही आना चाहेंगे। यदि आधे से अधिक तैरने के बाद हिम्मत टूटने लगेगा तो हौसला बढ़ाकर आगे ही बढकर पार करना चाहेंगे।

इसी प्रकार मनुष्य के विकास क्रम में हम सब अदृश्य विज्ञान (आध्यात्म) से दृश्य विज्ञान (भौतिक) की ओर बढ़ गये हैं। नदी या पुल का एक किनारा अदृश्य विज्ञान है तो दूसरा किनारा दृश्य विज्ञान। वर्तमान का हमारा अधिकतम जीवन नदी के दूसरे किनारे दृश्य विज्ञान की ओर है, हर पल। जन्म से ही हम अधिकतम वे सब वस्तुएँ प्रयोग कर रहे हैं जिसका कच्चा माल भले ही ईश्वरकृत हो परन्तु उपयोग का रूप मनुष्यकृत है और विज्ञान द्वारा निर्मित है। इस प्रकार मनुष्य निर्माता के रूप में अपना रूप व्यक्त कर ईश्वर की ओर ही बढ़ रहा है।

नदी के पुल पर बैठे उस गार्ड का काम और तैरने वाले का निर्णय "सत्य शिक्षा" है। वर्तमान में मनुष्य समाज अदृश्य काल से चलकर दृश्य काल में आ चुका है। आधे से वापस किनारे जाना "सत्य" को पाना है। और आधे से दूसरे किनारे पार हो जाना "सिद्धान्त" को पाना है। इन्हीं सिद्धान्त को पाने के बाद संविधान-नियम-कानून का जन्म होता है जिससे आज हम सभी संचालित व प्रभावित है। इस "सत्य-सिद्धान्त" की शिक्षा ही "सत्य मानक शिक्षा" है।

वर्तमान में जीने का अर्थ होता है-विश्व ज्ञान जहाँ तक बढ़ चुका है वहाँ तक के ज्ञान से अपने मस्तिष्क को युक्त करना। तभी डेढ़ हजार वर्ष पुराने हमारे मस्तिष्क का आधुनिकीकरण हो पायेगा। सिर्फ वर्तमान में तो पशु रहकर कर्म करते हैं। "सत्य मानक शिक्षा" मनुष्य के मस्तिष्क के आधुनिकीकरण की शिक्षा है या विज्ञान की भाषा में कहें तो मस्तिष्क के आधुनिकीकरण का साफ्टवेयर या माइक्रोचिप्स (Integrated Circuit-I.C) है। वर्तमान की अब नवीनतम परिभाषा है-"पूर्ण ज्ञान से युक्त होना" और कार्यशैली की परिभाषा है-"भूतकाल का अनुभव, भविष्य की आवश्यकतानुसार पूर्णज्ञान और परिणाम ज्ञान से युक्त होकर वर्तमान समय में कार्य करना।"

ज्ञान के इस युग में शिक्षा-विद्या-कला का व्यापार मनुष्य के धरती पर रहने तक रहेगा। ऐसी स्थिति में "सत्य मानक शिक्षा"का व्यापार भी उस समय तक के लिए स्थायित्व में है। शिक्षा-विद्या-कला कोई प्रापर्टी नहीं है कि पिता जी ग्रहण कर चुके हैं तो पुत्र को हिस्सा प्राप्त हो जायेगा। पुत्र को भी वहीं से अर्थात् अक्षर ज्ञान से शुरू होना पड़ेगा जहाँ से पिता ने शुरू किया था। इस प्रकार "सत्य मानक शिक्षा"का व्यापार एक अन्तहीन व्यापार है जो मनुष्य के पृथ्वी पर रहने तक चलता रहेगा।

स्कूल-कालेजों के जाल से शिक्षा के व्यापार का विकास होता है न कि शिक्षा का। शिक्षा का विकास तो शिक्षा पाठ्यक्रम पर निर्भर होता है जिससे शिक्षक और शिक्षार्थी दोनों निर्मित होते हैं। जब तक पूर्ण शिक्षा पाठ्यक्रम का निर्माण नहीं होता, शिक्षा का विकास नहीं हो सकता लेकिन शिक्षा के व्यापार का विकास होता रहेगा।

आध्यात्म और विज्ञान ने मानव सभ्यता के विकास में अब कम से इतना विकास तो कर ही चुका है कि अब हमें मन के एकीकरण के लिए कार्य करना चाहिए। और उस मन पर कार्य करने का ही परिणाम है-

सम्पूर्ण ब्रह्माण्ड में व्याप्त एक ही सत्य-सिद्धान्त द्वारा व्यक्तिगत व संयुक्त मन को एकमुखी कर सर्वोच्च, मूल और अन्तिम स्तर पर स्थापित करने के लिए शून्य पर अन्तिम आविष्कार WS-0 श्रृंखला की निम्नलिखित पाँच शाखाएँ है।

1. डब्ल्यू.एस. (WS)-0: विचार एवम् साहित्य का विश्वमानक
2. डब्ल्यू.एस. (WS)-00: विषय एवम् विशेषज्ञों की परिभाषा का विश्वमानक
3. डब्ल्यू.एस. (WS)-000: ब्रह्माण्ड (सूक्ष्म एवम् स्थूल) के प्रबन्ध और क्रियाकलाप का विश्वमानक
4. डब्ल्यू.एस. (WS)-0000: मानव (सूक्ष्म तथा स्थूल) के प्रबन्ध और क्रियाकलाप का विश्वमानक
5. डब्ल्यू.एस. (WS)-00000: उपासना और उपासना स्थल का विश्वमानक

और पूर्णमानव निर्माण की तकनीकी WCM-TLM-SHYAM.C (World Class Manufacturing – Total Life Maintenance – Satya-Heart-Yog-Ashram-Meditaion.Conciousness) है।

जो शिक्षा का नया माडल है। गरीबों की समस्या सुलझानें का नैतिक दायित्व है। देश में 25 वर्ष से कम उम्र के 55 करोड़ लोगों के लिए पुनर्निर्माण जैसी योजना हैं। उन्हें नौकरी और प्रशिक्षण की व्यवस्था है। रचनात्मकता, समन्वय, लीडरशिप, ग्लोबल तथा प्रोफेशनल विषयों को पढ़ने तथा सूचना तकनीक के जरिए पढ़ाई पर ध्यान केन्द्रित करने से युक्त है। हमारे देश में जो अध्यापक हैं, वे शोध नहीं करते और जो शोध करते हैं वे पढ़ाते नहीं, इसलिए शिक्षार्थी को ही शोध पत्र (विश्वशास्त्र) पढ़ाया जाय क्योंकि शिक्षक पढ़ने से तो रहे क्योंकि समान्यतः धन के आने की सुनिश्चितता के बाद लोग पढ़ना छोड़ देते हैं, यही नहीं कोशिश तो यह भी रहती है कि पढ़ाना भी न पड़े और उन्हें सेवा से हटाया भी नहीं जा सकता।

स्वामी विवेकान्द जी ने कहा था – "सुधारकों से मैं कहूंगा कि मैं स्वयं उनसे कहीं बढ़कर सुधारक हूँ। वे लोग इधर-उधर थोड़ा सुधार करना चाहते हैं- और मैं चाहता हूँ आमूल सुधार। हम लोगों का मतभेद है केवल सुधार की प्रणाली में। उनकी प्रणाली विनाशात्मक है और मेरी संघटनात्मक। मैं सुधार में विश्वास नहीं करता, मैं विश्वास करता हूँ स्वाभाविक उन्नति में।"

स्वाभाविक उन्नति तभी होती है जब संसाधन उपलब्ध हो। कार-मोटरसाइकिल घर में पहले से रहता है तो स्वाभाविक रूप से कम उम्र में ही घर के लोग चलाना सिख जाते हैं

जो व्यक्ति या देश केवल आर्थिक उन्नति को ही सर्वस्व मानता है वह व्यक्ति या देश एक पशुवत् जीवन निर्वाह के मार्ग पर है-जीना और पीढ़ी बढ़ाना। दूसरे रूप में इसे ऐसे समझा जा सकता है कि ऐसे व्यक्ति जिनका लक्ष्य धन रहा था वे अपने धन के बल पर अपनी मूर्ति अपने घर पर ही लगा सकते हैं परन्तु जिनका लक्ष्य धन नहीं था, उनका समाज ने उन्हें, उनके रहते या उनके जाने के बाद अनेकों प्रकार से सम्मान दिया है और ये सार्वजनिक रूप से सभी के सामने प्रमाणित है। पूर्णत्व की प्राप्ति का मार्ग शारीरिक-आर्थिक उत्थान के साथ-साथ मानसिक-बौद्धिक उत्थान होना चाहिए और यही है ही। इस प्रकार भारत यदि पूर्णता व विश्व गुरूता की ओर बढ़ना चाहता है तब उसे मात्र कौशल विकास ही नहीं बल्कि राष्ट्रीय बौद्धिक विकास की ओर भी बढ़ना होगा। बौद्धिक विकास, व्यक्ति व राष्ट्र का इस ब्रह्माण्ड के प्रति दायित्व है और उसका लक्ष्य है।

राष्ट्र के पूर्णत्व के लिए पूर्ण शिक्षा निम्नलिखित शिक्षा का संयुक्त रूप है-

अ-सामान्यीकरण (Generalisation) शिक्षा

ज्ञान के लिए- यह शिक्षा व्यक्ति और राष्ट्र का बौद्धिक विकास कराती है जिससे व्यक्ति व राष्ट्रीय सुख में वृद्धि होती है।

ब-विशेषीकरण (Specialisation) शिक्षा

कौशल के लिए- यह शिक्षा व्यक्ति और राष्ट्र का कौशल विकास कराती है जिससे व्यक्ति व राष्ट्रीय उत्पादकता में वृद्धि होती है।

स-सत्य नेटवर्क (REAL NETWORK)

समाज में प्रकाशित होने के लिए-क्योंकि कोई भी क्यों न हो उसे स्वयं अपना परिचय (BIO-DATA) देना पड़ता है तभी उसके अनुसार समाज उसका उपयोग करता है।

वर्तमान समय में विशेषीकरण की शिक्षा, भारत में चल ही रहा है और वह कोई बहुत बड़ी समस्या भी नहीं है। समस्या है सामान्यीकरण शिक्षा की। व्यक्तियों के विचार से सदैव व्यक्त होता रहा है कि-मैकाले शिक्षा पद्धति बदलनी चाहिए, राष्ट्रीय शिक्षा नीति व पाठ्यक्रम बनना चाहिए। ये तो विचार हैं। पाठ्यक्रम बनेगा कैसे?, कौन बनायेगा? पाठ्यक्रम में पढ़ायेंगे क्या?

एक पूर्ण मानव निर्माण प्रक्रिया में शिक्षा पाठ्यक्रम के स्वरूप का विश्वमानक निम्नवत् है। जो किसी विशेष देश-काल-पात्र पर निर्भर नही करता अर्थात् यह प्रत्येक देशों और व्यक्तियों के लिए शिक्षा का स्वरूप है। जिससे ब्रह्माण्डीय, वैश्विक और व्यक्तिगत संतुलन, स्थिरता, एकता, प्रबन्ध, विकास, शान्ति और सुरक्षा निर्धारित होती है।

1. प्राइमरी शिक्षा (कक्षा-5 तक)-भाषा ज्ञान आधारित:- क्षेत्रीय, देश, विश्व और विज्ञान की भाषा का ज्ञान, सामान्य विज्ञान, सामान्य ज्ञान, चित्र कला।

2. जूनियर हाई स्कूल (कक्षा-6 से 8 तक)-समाज ज्ञान आधारित:- क्षेत्रीय, देश, विश्व और विज्ञान की भाषा का ज्ञान, सामान्य विज्ञान, सामान्य ज्ञान, चित्र कला का विस्तार, खेल, संगीत, कृषि, समाज विज्ञान।

3. हाई स्कूल (कक्षा-9 से 10 तक)-सामान्यीकृत ज्ञान आधारित:- ज्ञान-कर्मज्ञान समाहित WCM-TLM-SHYAM.C (World Class Manufacturing – Total Life Maintenance – Satya-Heart-Yog-Ashram-Meditaion.Conciousness) प्रणाली अर्थात शिक्षा पाठ्यक्रम का विश्व मानक, कालानुसार विज्ञान, तकनीकी, व्यापारीक व प्रबन्धकीय ज्ञान की शिक्षा।

4. इण्टरमीडिएट (कक्षा-11 से 12 तक)-विशेषीकृत ज्ञान आधारित:- कौशल विकास की शिक्षा।

5. उच्च शिक्षा-इच्छानुसार विशेष क्षेत्र आधारित

"किसी देश का संविधान, उस देश के स्वाभिमान का शास्त्र तब तक नहीं हो सकता जब तक उस देश की मूल भावना का शिक्षा पाठ्यक्रम उसका अंग न हो। इस प्रकार भारत देश का संविधान भारत देश का शास्त्र नहीं है। संविधान को भारत का शास्त्र बनाने के लिए भारत की मूल भावना के अनुरूप नागरिक निर्माण के शिक्षा पाठ्यक्रम को संविधान के अंग के रूप में शामिल करना होगा। जबकि राष्ट्रीय संविधान और राष्ट्रीय शास्त्र के लिए हमें विश्व के स्तर पर देखना होगा क्योंकि देश तो अनेक हैं राष्ट्र केवल एक विश्व है, यह धरती है, यह पृथ्वी है। भारत को विश्व गुरू बनने का अन्तिम रास्ता यह है कि वह अपने संविधान को वैश्विक स्तर पर विचार कर उसमें विश्व शिक्षा पाठ्यक्रम को शामिल करे। यह कार्य उसी दिशा की ओर एक पहल है, एक मार्ग है और उस उम्मीद का एक हल है। राष्ट्रीयता की परिभाषा व नागरिक कर्तव्य के निर्धारण का मार्ग है। जिस पर विचार करने का मार्ग खुला हुआ है।"

"भारत का प्रत्येक नागरिक अपने जीवकोपार्जन के मार्ग व संघर्ष में अपने विषय का जानकार व अनुभव तो प्राप्त कर रहा है परन्तु कुछ पाने के क्रम में कुछ छूट भी जाता है इसलिए प्रत्येक नागरिक को अपने अहंकार को भूलकर यह स्वीकार करना होगा कि वह अपने विषय से हटकर अन्य विषय के विषय में कम या नहीं जानता है।"

अतः एक "आदर्श नागरिक" बनने के क्रम में न्यूनतम ज्ञान सभी को एक समान रूप से चाहिए।

www.ingramcontent.com/pod-product-compliance
Lightning Source LLC
LaVergne TN
LVHW080934071026
849535LV00013B/4205